赵泽仁　张云　著

说手

太极拳静思录

肆·诚修篇

北京科学技术出版社

图书在版编目（CIP）数据

说手：太极拳静思录. 诚修篇 / 赵泽仁，张云著. — 北京：北京科学技术出版社，2020.8

（百家功夫丛书）

ISBN 978-7-5714-0821-3

Ⅰ.①说… Ⅱ.①赵… ②张… Ⅲ.①太极拳 – 基本知识 Ⅳ.①G852.11

中国版本图书馆CIP数据核字(2020)第036601号

策划编辑：王跃平
责任编辑：苑博洋
责任校对：贾　荣
封面设计：何　瑛
版式设计：何　瑛
封面题字：宿　悦
封底篆刻：骆舒焕
责任印制：张　良
出 版 人：曾庆宇
出版发行：北京科学技术出版社
社　　址：北京西直门南大街 16 号
邮政编码：100035
电　　话：0086-10-66135495（总编室）　0086-10-66113227（发行部）
网　　址：www.bkydw.cn
印　　刷：保定市中画美凯印刷有限公司
开　　本：710mm × 1000mm　1/16
字　　数：418 千字
印　　张：36.25
插　　页：16
版　　次：2020 年 8 月第 1 版
印　　次：2020 年 8 月第 1 次印刷
ISBN 978-7-5714-0821-3

定　　价：142.00 元

王培生先生演练高级动功

1993 年王培生先生在美国讲学时，演示太极拳之技击应用

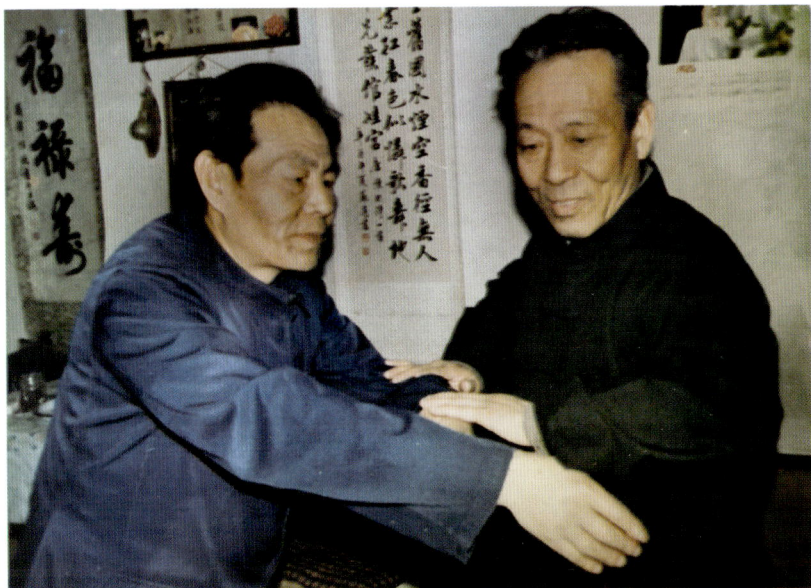

王培生先生（右）与大弟子骆舒焕推手

王培生先生（左三）给骆舒焕（左二）、张旭初（左一）、赵泽仁（右一）说手

王培生先生给赵泽仁说手

王培生先生给张云说手

王培生先生给骆舒焕门内弟子演示太极拳之发放技术

赵泽仁在美国讲学时演示太极拳之发放技术

說手
太极拳静思录

王培生先生演练太极枪

王培生先生演示太极粘杆的用法

赵泽仁演示太极枪

张云演示太极剑套路

赵泽仁、张云练习太极粘杆之应用

张云演示太极枪之应用

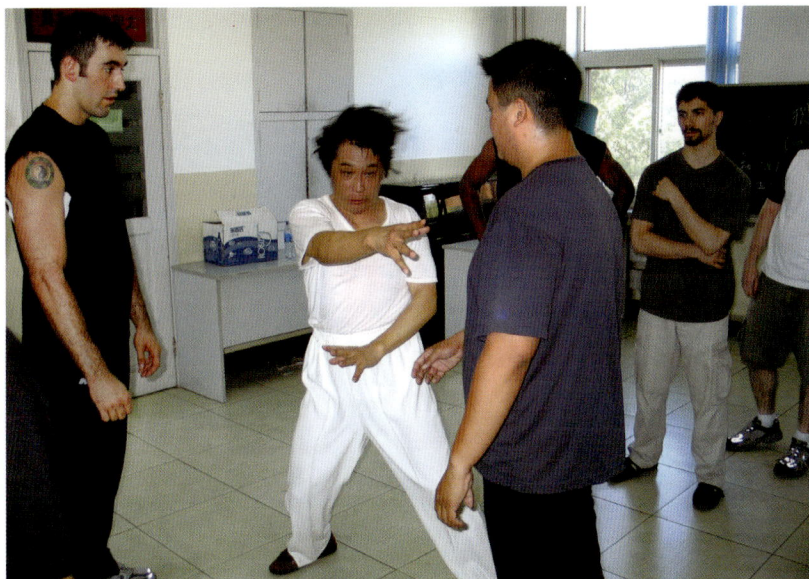

赵泽仁演示太极拳打法中的发劲练习

赵泽仁演示太极拳打法中的发放

說手
太极拳静思录

赵泽仁演示太极拳技击技术

赵泽仁教授太极拳技击技术

张云与弟子练习活步推手

赵泽仁讲解太极拳原理

赵泽仁指导少年班学生练习太极拳

赵泽仁（右）与张云（左）

写在前面

本书在理论上，全面讲述了太极拳在中国传统文化中的位置，太极拳与传统武术的关系，太极拳的历史源流、基本理论以及理论指导下的技术应用；在实践上，全面系统地阐述了传统太极拳的训练方法与步骤，并给出大量教学与实践的实例。本书也对太极拳的现状、传统的继承与发展等问题进行了深入的讨论。全书为四卷本。

第一卷：承道篇

本卷的主题是在继承传统的基础上，给出太极拳的本质定义，讨论太极拳创立的思想基础与技术的理论基础。从太极拳的基本理论构成、拳理拳法以及历史源流等方面，全面讨论了太极拳在传统文化中之特殊性，太极拳的境界，太极拳在传统求道、养生、技击方面的理论与实践。学习太极拳首先要解决的问题是太极拳是什么、为什么，需要明确的是，独具特色的武术技击是太极拳的根本、基础，是其他功能的必要条件，太极拳的训练是对人的体能与思想进行脱胎换骨式的改造。为此，本卷深入细致地阐述了建立在传统文化基础上的太极拳拳理与技术的理论纲要，拳法中的基本概念解释，太极拳"非先天自然之能"的技击原理与特点，以及太极拳技击技术所需要的基本能力基础等。这些都是传统传承中的精华，是学习太极拳所必须掌握的知识基础，是贯穿于完整训练体系中的指导原则。

第二卷：躬行篇

关于太极拳的实践，本书以训练的初级、中级、高级、顶级四个阶段为核心，全面分析了太极拳训练的内容、方法、步骤和关系，是学习、练习太极拳的具体指导。太极拳的理论不是空中楼阁，而是建立在坚实的实践基础上的，太极拳的功夫是靠练习者自身的勤奋努力练出来的，而正确、准确的训练方法则是不走弯路、事半功倍的保证。本卷的主题就是太极拳的训练原理与具体方法，首先概述了太极拳训练的完整过程与基本方法；进而具体详细地论述了初级阶段与中级阶段的训练内容。初级阶段的训练包括基本功训练与基本动作要领，拳架练习中的身法要求与技术要领，以及部分桩功等辅助训练。中级阶段的训练包括拳架练习中的内功训练，拳架中的基本技击方法，基本定势推手训练，以及动功等辅助训练。在这些训练内容里，既有理论讲述，也有大量具体的实践实例，旨在达到理论与实践相结合的目的。

第三卷：述真篇

本卷详细论述了太极拳训练高级阶段的内容与具体方法。高级阶段的训练包括拳架练习中的高级内功心法训练与追求懂劲的推手训练。懂劲是推手训练的核心，是真正理解太极拳的门槛。通过学习、练习，从大量的接触性训练中，真正懂得太极阴阳之理在拳法中的意义，准确地理解、掌握太极拳的技击原理，为以后的实战技击训练打下坚实的基础。

本卷中开始引入传统太极拳的器械训练，包括刀、剑以及粘杆。

器械训练是完整的太极拳训练体系中不可缺少的重要组成部分，与徒手训练相辅相成。在器械训练中，一方面要通过练习掌握各种器械自身的特殊性，另一方面又必须使所有技术应用都符合太极拳的原理。本卷中讲解了传统器械训练与徒手训练之间的关系，太极拳中各种器械在理论与实战应用方面的特点，以及在中级、高级阶段中各种器械的训练方法。中级训练中的重点，是各种器械的基本技术与套路练习；高级训练中的重点是各种器械的应用，其中详细介绍了独具特色的双手刀法、粘黏剑练习、粘杆对练等实战内容，训练的核心是达到懂劲后，如何能够将太极拳理应用到器械技术之中。

太极拳器械训练往往超越器械本身的意义，是对徒手太极拳训练的补充，尤其对加深、加强太极拳高级内功训练有重要的促进与辅助作用。

第四卷：诚修篇

本卷详细论述了太极拳训练顶级阶段的内容与具体方法。顶级阶段是太极拳的升华，以实战技击为核心，从传统武术技击的视角论述太极拳的技击特点，在更高层次上研究拳架、推手以及实战技击的原理与方法，有关打法的训练是其中的重点。

与顶级训练相对应的器械训练是枪术。枪是传统器械之王，是最强劲、也最难掌握的器械，其中的高端理论与训练方法是传统武术中的精髓。太极枪以太极阴阳之理演绎枪术，使之达到更高的境界。在顶级阶段中拳与枪的糅合，是功夫"阶及神明"的重要阶梯之一。

本卷中的另一个主题是以"说手"的形式对在高级阶段以后的训练与应用中的问题进行解答，包括对太极拳的认识、拳理拳法、拳架、推手与技击中的常见问题之解答，以及对于太极拳现状与未来的思考。这部分的核心就是以切身的经验与实例答疑解惑，讲解技术要点与练习时身上的真实感受，是对太极拳理论与实践中大量精华、经典的经验总结。太极拳的训练是一个学习过程，学习完成后的修炼是一个诚心研习、修养的过程。从训练到修炼，艺无止境，需要不断地自我完善。

本书的特点可以概括为：第一，全面。书中几乎囊括了传统太极拳从理论到实践所有方面的问题，内容十分丰富。第二，清晰。本书的整体结构与语言描述清楚、直接，读者易读。特别是对许多传统传承中含混不清的概念、方法等，给出了清晰、明确的解释。第三，深入。本书在太极拳的理论与技术方面，有深入细致的分析，使读者能够更深刻地理解、掌握太极拳。第四，独特。本书从新的角度对太极拳的理论与技术问题，给出了前人所没有用过的描述，有独到的见解。第五，实用。本书写作的目的之一是要为传统太极拳练习者提供一本实用参考书，以"是什么、为什么、怎么做"为纲，解决学习、训练中所面临的问题。本书既是太极拳的理论著作，又是可以直接用于太极拳实践的实用手册。

本书所面对的读者，是以有一定基础的太极拳练习者为主体，对各个层次的练习者都会有不同程度的帮助。由于传统教学中存在着问题与缺陷，当代也衍生出许多新的问题，致使很多人学习太极拳多年，但是收获不大，甚至有些迷茫，以致有些人已经走在错误的道路上。本书对这些问题有很强的指导作用，希望能产生拨云见日、豁然开朗之效果；也希望能够帮助部分已经达到相当程度的练习者更上一层楼。希望本书能够对继承发展传统太极拳起到较大的推进作用。

为了帮助读者更好地理解太极拳的训练内容，书中还配有大量的技术照片。必须提醒读者的是，静态的照片往往不能够准确地表现出动态的技术行为。因此，在使用过程中，需要与文字描述相结合，有不清楚的地方，应以文字描述为准。在写作过程中，由于时间、地域等一些客观原因，在拍摄这些技术图像时，服装、背景、灯光等在一致性方面有所不足，略感遗憾，还望读者见谅。

目 录

第二章　太极拳顶级训练之实战技击训练　055

第五章 艺无止境——太极拳的修炼 537

后记：太极拳的昨天、今天与明天 553

第一章

太极拳顶级训练概述及拳架与推手训练

太极拳训练的顶级阶段，是指通过这个阶段的训练，习艺者不但能够全面理解掌握太极拳的原理与技击方法，而且还要在太极拳的技击、健身、求道等方面都能达到相当高的程度。如果单从技击的角度讲，就是「由懂劲而阶及神明」的阶段。

高级阶段训练的目标是追求懂劲，能够达到懂劲就是懂得太极拳。顶级阶段就是将训练更加深入、精确地全面推进，追求高尚、完美的境界。从应用角度讲，顶级阶段训练的主体是太极拳实战技击训练，通过学习、练习，达到对太极拳乃至传统武术本质的认识。

太极拳训练的顶级阶段

太极拳训练的顶级阶段，是指通过这个阶段的训练，习艺者不但能够全面理解掌握太极拳的原理与技击方法，而且还要在太极拳的技击、健身、求道等方面都能达到相当高的程度。如果单从技击的角度讲，就是"由懂劲而阶及神明"的阶段。在懂劲之前的所有训练主题是研究如何能够正确地理解掌握太极拳，故懂不懂、对不对是必须面对的。如果不懂、做不对，就没有程度可言。"由着熟而渐悟懂劲"说的是从开始练拳到懂劲是一个长时间的、缓慢的领悟过程。当训练的高级阶段完成以后，该学的东西基本上都已学会，达到懂劲了，自己能够明理，也能够以理服人，这时可以说是已经真正懂得了太极拳。懂劲之后的所有训练主题是程度问题，即在懂了太极拳以后再下功夫，精益求精，是程度上的提高。在顶级阶段中，就是要把已经学到的东西——懂劲，从理论到实践，都能融会贯通，加深理解，用已经清晰掌握的技术方法，对训练进行强化，达到对太极拳完全彻底地理解与通透地掌握的程度。从技击角度讲，顶级阶段中训练的主题就是实战技击的能力，通过训练使个人的整体水平产生大幅度的提高，而这种提高常常是跳跃性的，甚至是质的飞跃。因为已经"登堂入室"，所以许多训练方面的细节都可以看得很清楚，能够明白为什么如此，可以保持不走弯路、错路，这是使技术水平大幅度提高的保证。如果仅从训练的内容与手段上讲，顶级阶段的训练中，除了一些有关实战技击的技术之外，并没有太多新的东西，主要是对以前诸阶段中所学的梳理与强化练习，使已经理解、掌握的技术更加熟练、自然，从而得到更深入的体会、更紧密的内部关系。

顶级阶段的训练目的是"神明"，是懂劲后向更高层次发展的训练。"神明"一词是对太极拳技术应用程度的描述，略有夸张，本质上是说在技击中能够做出一些让一般人难以理解的效果。譬如，有时看似没有用劲就可以将人打出很远；有时可以完全控制对手，轻松地使之蹦跳倒地。必须注意的是，虽然"神明"的技击技术常常会给人"如有神助"的效果，但并非真的有神相助，也没有超出自然规律，都是符合太极拳拳理的实实在在的功夫，是练出来的。只是这些功夫效果常常与人们所熟悉的、基于"先天自然之能"的功夫所表现出来的形式与效果有很大的不同，不易被多数人所理解而已。这里我们要特别提醒读者的是，在太极拳界，有一些人喜欢打着这种顶级技术的旗号，以相互配合的形式，大搞虚假的技术演示。他们的所作所为，对太极拳的声誉有极大的伤害。请务必认清这点，保持清醒的头脑，明辨真假，不要误入歧途。

在进入此阶段时，太极拳所需的改变人体自然本能的工作已经基本完成，以太极理论为指导的推手与一些基本的技击方法已经掌握。也就是说，已经能够准确地理解太极拳理论，并能正确地运用太极拳技术。因此，这个阶段的训练是为了在整体上使技术进一步整合、提高，进而达到炉火纯青之境界。这个阶段训练的重点是在推手基础上的实战技击。能否实战是检验太极拳整体技术水平的一个重要尺度。太极拳的实战技击都应该是在瞬间完成的，所谓"搭手见输赢"，用意都嫌太慢了，这时只有心神的作用。因此，我们平时练的就是心神的指导作用。"神意贯通"是指与神相结合的自然之意。在这一阶段，训练所追求的是技击中神意的自然变化，所呈现的是"应物自然"的状态。也就是说，以太极理论为基础、经由第二反应系统所建立起来的新的行为模式已经完善。这时如何炼神，并使之更加自然是训练的核心，称之为"炼神还虚"。这种训练最终要达到心神一动，意、气、劲、身形等无不随之而动，达到"以心行意，以意导气，以气运身"，也就是自然状态下的周身六合。

中国传统武术中的技击

　　由于神明阶段训练的重点是实战技击，这里有必要先对传统武术中的技击问题做一个简要的分析，从而认识太极拳技击技术的特殊性。在传统武术中，广义地讲，技击的基本意思就是以战胜对手为目的的打斗，其中包括方式、技法、程度、规矩等，从有限到无限。当我们将太极拳当作一门有关实战的实用武技时，那么技术就是无限的，譬如在命悬一线的生死搏斗中，即使咬人一口又有何不可。而当我们将太极拳当作一门有关格斗的人体艺术看待时，我们只在有限范围内讨论纯技击问题。这个有限范围就是指一对一的、徒手的（有关器械技击会分开讲）、以研究纯技术为主要目的、以遵守武德而尽量避免伤害的技击方法。图1-1所示的即是在这个有限范围内的技击课程。而在现实生活中可能会发生的某些极端情况，其中牵扯许多武术技击技术之外的因素，需要具体情况具体分析，不在这里讨论。

技击的有效性与境界

　　长期以来，武术界在技击上只讲简单意义上的胜负，即有效性，而忽视了对技法内涵上的探求。譬如你能一脚将对手踢翻，如果单从比武的意义上讲，你胜了，但是在技法技术方面你真的就比对手高明了吗？也许你会觉得，只要能赢就不必在乎别的。正是由于武术界许多人目光短浅，从而造成了中国武术高级技法的大量流失。要想中国武术能再现辉煌，需要认清技术技法的有效性与境界之间的辩证关

图 1-1
赵泽仁传授太极拳技击方法

系，在有效性的基础上寻求更高的境界。

如果认真研究现在世界上流行的各种技击流派，可以很清楚地看到，在他们之中仍然是"虽势有区别，概不外壮欺弱，慢让快耳。有力打无力，手慢让手快，是皆先天自然之能，非关学力而有为也"。而这些年国际上的搏击比赛，基本上都是走综合搏击（MMA - Mixed Martial Arts）的路子，除了多种技术体系的融合以外，在具体技术技法上虽然有完善的地方，但是没有实质性的发展。与以前最大的不同之处，第一是在高科技的介入与应用下，现在在体能训练的水平上有大幅度的提高。也就是说现在有更清晰有效的方法，能在较短时间内把人训练得更快、更有力。因此，对于基于力量、速度这类先天自然之能的搏击方法，从其有效性方面讲，高效的体能训练带来了直接的、巨大的进步；但是从境界上讲，并没有什么改变。第二个不同之处是，由于比赛系统的完善，现在有条件进行商业运作，大量的资金涌入，从而有更多的人投身于专业训练，很大程度上促进了选手整体水平的提升，同时他们也积累了更多的比赛经验。这两个方面的不同，使得以先天自然之能为基础的系统在实战技击的执行能力方面达到了空前的程度。中国现在散打比赛的发展，也是在向综合搏击靠拢，没有自己的特色。

　　而中国传统武术从几百年前就对追求更高的境界有明确的认识，也有杰出的成果。从有准确记载的内家拳开始，以太极拳为代表的中国内家拳流派，以全新的观念诠释武术技击，在原有外家拳的基础上，将境界整体提升到一个全新的高度，这正是我们民族在武术发展上的最大贡献。如果我们自己不能从传统武术中发掘出优势，在武术技击上只是盲目地追求低层次的有效性，那么中国武术技击就很难超越他人。当前，由于种种原因，内家拳整体上呈现倒退的趋势，特别是其有效性正在降低。譬如内家拳的难度很大，现在大多数练内家拳的都是业余人士，而现代快速的生活节奏使得练习者每天能坚持训练一两个小时已经是很难的事了，仅仅在训练量这一项上就无法与专业练散打搏击的人相比。所学的东西难度大，又没有足够的训练时间，这正是内家拳有效性不能充分展现的重要原因之一。技击有效性的降低使人们对其境界认识不足，甚至产生怀疑。如何能够在保持对内家拳高境界的认识的同时，提高内家拳技击的有效性，使传统技艺得以复兴与提高，这是必须有清醒认识的。

　　近年来，国际上的各种搏击门派在整体技术水平与对抗能力等方面，都有长足的进步，其中各类比赛起到了很强的促进作用。比赛是对有效性最好的检测，也是对训练最有力的刺激。但是对于太极拳而言，比赛又往往起着副作用。从这些年的太极拳推手与散打比赛的情况可以清楚地看到，这类比赛已经将太极拳完全曲解。不可否认，内家拳技击的有效性是需要长时间的训练才能显现的，因此对于希望通过比赛尽快赢得名誉的人，太极拳并不是一个好的选择。由于绝大多数比赛都是短期的、功利性的；短期内有效的技术，必然是参赛者的最佳选择。所以可以看到，在搏击比赛中，太极拳的技术技法完全是稀有物，虽然也有些技术打着太极拳的旗号，但是实际做法却与太极拳原理完全相悖，这个矛盾是摆在我们面前的事实。因此，能否发展出合理的比赛系统，能否将追求短期内有效性的技术与需要长期训练才能掌握的高效率、高境界的技法结合起来，是太极拳发展的一个重要课题。

关于技击技术的有效性与境界，是每个太极拳修炼者需要清楚认识的问题。王培生师爷曾经讲过："练技击，半年有半年的练法，三年有三年的练法，十年有十年的练法。"也就是说，对于不同的追求，有不同的训练方法，会产生不同层次的效果。追求短期效果的，必然只能是寻求低层次的技术，无法达到高境界；同样，高境界的追求也不可能在短期内见效。我们并不否认各个层次的技术在实践中的有效性，而是说要厘清武术技击技术的发展规律。现代社会有许多人太急功近利，只看眼前，缺乏耐心、恒心，这种心态是学习太极拳的大忌。

在谈到有效性与境界时，必须明白传统武术发展的高级阶段，特别是对太极拳而言，已经是一种修身之术，是文化的承载，而非追求功利的工具，所以就要有所为、有所不为。譬如现代多数短期内见效的方法往往都会带来对人体的长期伤害，因此从更高的境界上看，无论有多少利益都不应该去追求。

综合技击能力

武术技击是一种综合能力，包括体能、技术、心理、经验等诸多方面。要想达到高水平，则在各个方面都要全面发展。对于一般习武者而言，特别是非专业的，这不是一件容易的事。

体能是技击的基础，这一点对于一般拳术来讲，自是不言而喻的。而对于太极拳来讲，这里有一个误区。因为太极拳技击讲的是松柔、以柔克刚、用意不用力，从而导致长期以来很多人认为练太极拳不需要很好的体能，这是一种误解。事实上，练太极拳不是摸鱼睡觉，它不但需要好的体能，而且还需要适用于特殊技术的特殊体能。譬如太极拳对于肌肉松紧幅度的要求，就比其他拳术高得多。所以，太极拳的体能基础有不同于其他拳术的要求，需要使用特殊的方法、花更多的工夫去练习。

技术常常是习武的核心问题，对于技术问题的认识是区分习武境界的主要标准。很多人不能正确看待武术发展中的技术问题，总在胜负上较真儿，总是认为只要能赢就是最高级的。事实上，武术的技术问题是有高低层次之分的，如同学校的分类，学校有小学、中学、大学，它们之间的不同是知识层次上的不同，这里没有对错问题，更没有好坏之分。有些中学层次的数学题难度极大，大学教授见了也会头疼，但是不能因此就说中学的知识层次高于大学。习武求进者必须在这个问题上有清醒的认识。在武术技术中，练与用之间的关系是技术观念上的重要分界。譬如很多人总爱强调所谓简单实用的技术，这类技术一般就是在练与用上基本相同的技术。如果单从技术的角度看，这类多数是技术含量较小、层次较低、简单易学的技术。而所谓简单易学，就是说是那些与人们日常生活中的行为更接近的动作。当然，并不是说这类技术不好或者缺乏有效性，只是在技术层次方面属于低级。在讲技术问题时，也常常容易与其他问题混淆，譬如技术的有效性常常是与体能结合在一起的，一个使用低层次技术但是有超好体能的人，仍然可以在整体上表现得极为突出，这时低层次的技术往往会被他的超好体能带来的胜利所掩盖。有一种说法，即身体强壮的人，可以在技击中取胜，但是不适合当老师。因为这类人往往会由于其身体条件占优势而不在技术上精益求精，故缺乏对技术的深入理解与全面领悟。虽然这种说法不一定准确，但是这种现象至今仍很常见。

很多习武者对心理问题的认识都不够深入，王培生师爷常说："轻敌必败，惧敌必败。"就是讲最常见的心理问题。"轻敌"常常会造成技击时精神不够集中，导致中枢神经系统不够兴奋，从太极拳角度讲就是心不静、意不专、过于松懈，其结果就是反应迟钝、行动缓慢。在这种状态下，一旦遇到麻烦，就会惊慌失措、手忙脚乱。"惧敌"常常造成过于紧张、心理负担过重，导致肢体动作僵硬、走形，头脑不清、判断失据，其结果是整体水平大打折扣。另一个技击中常见的心理问题是犹豫不定，抓不住时机。过去说"当堂不让步，举手不留情""机不可失，时不再来"，都是讲如何克服犹豫的问题。心理训练现在已经是一个很专业的领域，好的心理素质可以更好地展现技术水平。但是心理问题常常带有一定的先天性，不是单靠训练可以解决的，这在各种体育比赛中都可以见到。紧张型的运动员，在激烈的比赛中往往发挥失常；而所谓有天赋的运动员，多属于兴奋型，越是在比赛激烈时，越能够超水平发挥。这种心理问题在武术技击中也同样存在。

临场经验在实战技击中很重要，临场经验与实战环境有着密切的关系。在一般场合比手与在大型场地比赛所需的临场经验是完全不同的。对于一般习武者而言，临场经验的第一要点就是稳定情绪，集中精神，心理平静，不受外界干扰；第二就是"量敌"，也就是从直接观察或技击刚开始的简单触摸中判断对手的水平、能力、特点等，以便能够随时调整自身的应敌方案。临场经验是要靠自身不断积累的，因此必须多实践，纸上得来的可以参考，但没有经过实战检验的，不可全信。现在由于种种原因，练传统武术的人往往实战经验不足，特别是缺乏现代场地比赛的经验，如果与有丰富擂台经验的人对战，仅在临场经验这一方面已然处于下风。因此，打擂台并非对所有人都是公平公正的。

最终一个人能够达到的实战水平是以上各方面的综合能力，譬如身体素质较低者或体能较弱者，就需要以更高、更强的技术水准来弥补；年岁大、体力较差的人，可以用经验弥补。当只是简单争胜负时，可能看不到很多东西，但如果是严肃认真地将技术当艺术来研究，那么就必须学会看到胜负背后的东西，认真研究每一次胜负的原因，及时总结，从中获取最大的收益。

从近二十几年来国际上综合搏击的发展，结合我国这些年散打的发展情况来看，总体上讲水平都提高了很多，其中一个最主要的变化是将几大类技击方法进行了比较高效的融合，这也是我们称其为综合搏击的原因。但在具体技术方面，并没有太多的实质性改变。最明显的提高是由于更加科学化、专业化的训练方法，将体能训练提高到前所未有的程度。同时，由于各类比赛大量增加，使得参赛者的心理素质不断提高，临场经验也更加丰富。而在传统武术方面，由于长期不提倡技击，造成了大量高端技法的流失；由于缺少足够的技击训练与实战经验，对于实战中的真实情况缺乏应对能力；缺乏交流也常常使人故步自封、盲目自信，成为井底之蛙。再加上长期以来，只是一些业余人士在传统武术这个领域中坚守，缺乏各方面的支持；在传承人的选择方面局限性很大；训练时间及日常训练量明显不足；训练的研究与发展也停滞不前，甚至于大幅度后退……这些都造成了传统武术综合技击能力的整体下降。

传统武术技击与搏击比赛的同异

当代搏击比赛起源于世界各地的各种实战技击，中国传统武术也是重要的源流之一。认真考察传统武术，虽然实战技击是核心，但是系统完善的、有延续性的传统武术搏击类比赛并没有真正流行过。因此，我们需要弄明白传统武术的实战技击与现代搏击比赛之间的关系与同异。

实战技击与搏击比赛的最大不同就是它们的基本目的不同。实战技击是可以发生在任何时间、任何地点的生死相搏，几乎没有限制，其本质就是要对敌人进行最大程度的伤害；而搏击比赛则是在特定范围内、使用规定的技能进行比试，在不过分伤害对手的前提下，公平公正地决出胜负。在古希腊的奥林匹克，拳击、摔跤等都是比赛，而古罗马的角斗士打斗就不能算是比赛了。

传统的武术技击，一般是指同门练习之外的比武或比手，包含许多不成文的形式、层次。所谓不同的形式、层次，就是指技术的应用范围与允许的激烈程度，当激烈程度达到最高时，就是实战技击。普遍的武术技击形式有：比较友好的切磋技艺，不甚友好、往往带有荣誉之争的比武较量，生死相搏的实战等几大类。严格地讲，切磋技艺只能算是准实战范畴的训练，其目的只是为了相互印证所学，并不是要伤害对手。所以过去民间有一些不成文的规定，譬如"点到为止"等。虽然练武者大多都存有胜负之心，但在这类比试中一般都能保持克制，保持以验证自身技艺为主要目标的心态。比武较量属于比较严肃的实战技击训练交流，其主要目的是争胜负，如胜负已分，就不必继续。过去民间在比武前，双方可能会讲一讲限度或胜负标准，例如以倒地为输等，就是限制伤害程度。这里虽然是严肃的技击，但是一般会以武德等来规范参与者的行为，提倡用"以武会友"的心态去对待，因此在某种程度上类似于比赛。生死相搏的实战是以直接伤害对手为目的的搏击，从武术的本源上讲，这才是武术的终极目的，是武术的本质。吴殳在《手臂录》中讲戳法时就说"枪枪见血，以辨真伪""不这样练，上阵无以杀人"。因此，武术中大多数技法，从本源上讲，确实是为这种生死相搏的情况所设计的，即如何伤害对手，如戳眼、踢裆、反关节等；很多技术即使不杀人，也会造成终身伤害。但是在现代社会，对于大多数习武者而言，除了做保镖或警察等特殊工作外，大概一生也遇不到一次实战。因此，在日常生活中，大多数的武术技击就从实战降低为比武较量或切磋技艺，进而又从比武较量演变出现代意义上的各种搏击比赛。

在民间传统的武术技击中，无论是切磋技艺、比武较量，还是实战，都没有太严格的界限，因此在实际进行时，往往是控制不住，打着打着就升级了。为了尽量避免伤害，过去靠的是武德的约束，武德本身是一种规范习武者行为的社会力量，不讲武德的人会被社会所排斥。

从传统武术技击演变出的搏击比赛，其性质是在有限范围内，在不过分伤害对手的前提下，公平、公正地决出胜负。虽然看起来与传统武术技击类同，但实质上有了很大区别。从技术上讲，搏击比赛总会限制使用某些技术，如戳眼。而被限制使用的技术却常常是传统武术中的精华，譬如在八卦掌中，戳眼就叫"二龙戏珠"，是一个非常有效的技术。因此，比赛规则往往使许多实用技法流失。在传统武术技击中，一般并不限制使用技术，而是限制程度，譬如可以使用任何技术，但是要"点到为止"，不能过分。这种限制需要参与技击的双方都认同，但在实际中常常会由于不同的理解而产生争议，也就是所谓的不规范的问题。在搏击比赛中，由于规则对技术的限制，造成许多高技能、高效果的技术无法使用。因此，从武术的综合能力来讲，技术被限制了，要想提高整体水平，最直接的方法就是提高体能。而体能又受先天的局限，所以为了公平，又普遍使用按体重分级的办法限制体能。如果允许戳眼、踢裆，一个小个子还是有很大的机会战胜大个子的。但是在比赛中，为了安全等因素，只能击打皮糙肉厚的部位，那小个子几乎就没有机会了。最明显的例子就是美国的"终极搏击比赛"（UFC – Ultimate Fighting Championship），在刚开始的几届比赛中，对技术没有太多限制，也不分量级，常常能见到以小搏大而胜的战例。之后，由于种种原因，比赛限制越来越多，参赛者的技术越来越简单而趋于一致，按体重所分的量级也越来越细。现在在比赛中所看到的是，同样量级的参赛者使用同类技术的体能比拼。

搏击比赛与武术技击的另一个最大不同点是，搏击比赛是做给其他人看的，所以搏击比赛都要事先约定好时间、地点，以聚齐看客。比赛时，灯光、场地、嘈杂的喧叫声等，都会对参赛者产生很大的影响。所以如果想在这种比赛中打出好成绩，类似的比赛经验就成为非常重要的因素。而这种比赛经验对于传统武术的练习者而言，却很少有机会获得。因此，如果传统武术练习者想去参加比赛，对这个问题必须有充分认识。

从整体上看，传统武术，包括太极拳，经过长期发展，已经成为一种包含多种元素的文化体系。技击只是传统武术训练中的一部分，其主要目的是检验训练成果。对于大多数人而言，除了技击以外，练习太极拳还是人生中的一种身心修养、一种理念追求。而在比赛中获胜是搏击训练的终极目标，由于这些比赛都是关乎名利的比赛，还要兼顾其他人的观赏需求，必然促使人们的注意力都集中在短期的有效性上。显然，这种以胜负为目的的、注重短期效果、为满足他人感官刺激、为名利而战的搏击比赛，与太极拳所追求的目标是有很大不同的。从另一方面看，搏击比赛的目的很单纯，参与的人除了与比赛直接相关的训练外，不必考虑其他。当年龄增长、体能下降后，技术方面也就没有什么上升的空间，这时除了极少数能够转为教练外，多数人只能带着一身伤病离开这个职业。所以，相对于太极拳等传统武术而言，从事搏击比赛的持久性相对较弱。

技击技术的层次

传统武术中常以踢、打、摔、拿来泛指一切技法技术。其中踢与打讲的是对对手进行直接打击的技术，摔是指破坏对手重心平衡稳定的技术，拿是指对对手进行控制的技术。事实上，古今中外的各种搏击术都是建立在这几种技法之上的，各门派之间可能会各有侧重，也或许会产生一些变异。而大多数由这些技术演变出来的各种搏击比赛，则一方面偏重某些技术，另一方面又限制某些技术。对于某些技术的偏重与限制，一方面对某些技术的发展不利，但另一方面也常常使得另一些技术的发挥能够达到极致。譬如拳击运动不但限制了踢、摔、拿等，对打的方式及部位等也有严格的限制。因此，拳击手在直拳、钩拳、摆拳等几个技术的训练上，无论是力量、速度、准确性、有效性以及训练方法等都达到了相当的高度。又譬如中国式摔跤就是只讲摔法，其中各种绊子之多、之精，也是其他门派中的摔法无法相比的。

如果单从技术含量上讲，踢、打、摔、拿是在不同层次上的技术。其中打是最简单的，然后是踢、摔，最难的是拿。这里说技术含量是指掌握技术所需要的各种能力。简单是指技术上容易理解、掌握的技术，而非指应用水平。从理解的角度讲，越是与人们日常生活中的行为接近的技术动作，就越容易被理解掌握。如果要使简单的技术发挥出高级的应用水平，则必然需要超好的体能素质作为基础。这种体能多是指以先天自然之能的方式，进行强化的力量与速度。技术越简单，越需要如此。譬如前拳王泰森的钩拳，从技术上讲并不难，可以说是人人都会，但是他当时的体能能够使他把这简单的技术打出几乎无法防范的水平。

近年来国际上流行的综合搏击中有一大部分是所谓"地面技术"（ground fight），这是在柔术的基础上发展起来的。它是先将对手摔倒，再从与对手在地面翻滚的过程中寻找机会，对其身体的某些关节进行局部控制，因此属于拿法。这种拿法现在已经发展得很全面、系统了。由于某些原因，这类技术在世界各国的传统武术中并不多见，也是中国传统武术中的短板。因此，传统武术的练习者应该对此多加注意。

在讲技击技术的层次时，要特别注意分清技术自身的层次与个人对技术的掌握程度或执行能力之间的区别。如果某个人有极好的体能素质，就可以使低层次的技术展现出超强的执行能力；而某个人也可能因为用功不够，对高层次技术的执行能力很弱，甚至在实战中完全无法使用。因此，个人的技术执行能力只能作为技术层次判断的参考。如果目光只关注于某一次技击格斗中的胜负，自然不必考虑技术层次问题，但是如果要认真研究技击问题，就要能够看到个人胜负背后的各种因素。目光短浅、急功近利、商业炒作是当今武术技术研究中最大的障碍。

太极拳所追求的技术层次与其他武术门派有本质上的不同。它首先追求的是非先天自然之能的体能基础，因此需要对原本的体能进行全面、系统地改造。在此基础上，太极拳追求技法技术在执行中的最高效率，故在对技术的认识方面与其他拳术完全不在一个层面里。太极拳中的技术层次不是某些具体技术本身，而是指整体上的技术能力。单从技术层次上讲，懂太极拳的人，看其他技术一清二楚，没有任何理解上的困难。而其他人看太极拳，多是雾里看花，难以理解。

再论太极拳的技击特点

　　"细细的手指，使人感到可怕，……我们与王培生先生进行了激烈的技术交流。"这是日本武术杂志《阿罗汉》上介绍王培生师爷与日本少林寺拳法联盟总教练交手的文章中的第一句话。正如文中所说，这不是一般性的聊天、试手，而是"激烈的"实战。在这场"激烈的技术交流"背后，王培生师爷留给对手的第一印象是什么呢？对手没有提及王师爷的技术有多好，没有说他出拳、踢腿的速度有多快、劲力有多大，而说的是"细细的手指，使人感到可怕"。这确实抓住了本质，点出了太极拳技击的特点。当时王师爷已年逾花甲，而对手是联盟的总教练，正值壮年，身材魁梧，技法纯熟，在国际上享有盛誉。交手时，对方气势凶猛、志在必得；而王师爷则轻松相对，使对手搭手即翻，须臾间七次跌倒。最使对手感叹的是，他以及在场的其他同伴完全不能理解究竟发生了什么。他们在交手中没有看到他们平时所熟悉的速度、力量、技术，看到的是完全不同的东西，是松柔、是落空。因此，在交流结束时，联盟的团长说："我们来中国八次，这次收获最大。"

　　以上这件往事，使我们十分清楚地看到太极拳的技击效果应该是什么样子。现在许多年轻人练散打一类的东西，水平也很不错，但仔细看，多数还是基于身体素质上的、以先天自然之能为基础的一般技术，鲜有能够超越这个境界的水平。

　　正如王培生师爷所展现的，太极拳的武术技击有其特殊的方式

图 1-2
王培生先生演示
太极拳技击原理

（图1-2），因此它的技击训练也是独特的。但是不能因为它的独特性就把它与其他武术的技术方法完全隔离开。前面已经先讨论了什么是武术技击，它的特点与规律是什么，这里讨论太极拳技击的特殊性以及它的训练方法。

在前面的章节中，我们已经讨论了太极拳是传统武术发展的最高境界，这是我们进一步讨论太极拳技击训练的基础。也就是说，要想学习掌握太极拳的技击技术，首先要理解太极拳技击所属的境界，否则就只能停留在与其他拳术大致相仿的"见招打招，见势打势"的层次上。

传统拳论对太极拳技击状态的描述

在先贤们所写或所传的太极拳老谱、拳论中，对太极拳训练与技击时的感觉、方法、状态等，都有准确的描述。这里摘录其中一些有关太极拳技击时的境界、状态的文字，读者需要结合训练与实战，认真体会其中的意义。

"身虽动，心贵静；气须敛，神宜舒。心为令，气为旗；神为主帅，身为驱使。""一曰心静：心不静则不专，一举手前后左右全无定向，故要心静。""此全是用意，不是用劲。"这些都是讲内功在技击中所起的作用与重要性，特别是心神、意念的领导作用。太极拳的技击不是简单地拼体能，而是通过以内功为主导的内外相合的训练，建立起新的能力，并能够依此达到应物自然的状态。

"一举动，周身俱要轻灵，尤须贯串。""精神能提得起，则无迟重之虞；粘依能跟得灵，方见落空之妙。""立身须中正不偏，方能八面支撑。静如山岳，动若江河。""内固精神，外示安逸。迈步如猫行，运劲如抽丝。""举手不可有呆相。彼之力方挨我毛皮，我之意已入彼骨内。两手支撑，一气贯串。""气如车轮，周身都要相随。""触之则旋转自如，无不得力。"这些都是讲技击过程中身体内外所应有的动态情况，特别是要在放松的状态下保持轻灵圆活、中正安舒、神意气劲的协调。

"人刚我柔谓之走，我顺人背谓之黏。""黏即是走，走即是黏。阴不离阳，阳不离阴，阴阳相济，方为懂劲。""往复须分阴阳，进退须有转合。""左重则左虚，而右已去；右重则右虚，而左已去。""一身之劲，练成一家，分清虚实。""切记一动无有不动，一静无有不静。视静犹动，视动犹静。"这些都是讲太极拳技击中，举手投足都要符合太极阴阳之理，遵循虚实变化之道。太极阴阳之理中最重要的是要把握阴阳一体之对立统一，阴中有阳、阳中有阴之阴阳相济、相互转换。太极阴阳之理是太极拳中追求道家理念的具体技术之理论基础，无论是训练还是应用，都不能须臾离也。

"以心使身，从人不从己。""须要从人，不要由己。从人则活，由己则滞。""随人所动，随曲就伸，不丢不顶，勿自伸缩。""能从人，手上便有分寸。秤彼劲之大小，分厘不错；权彼来之长短，毫发无差。前进后退，处处恰合，功弥久而技弥精矣。""欲要知己知彼，先要舍己从人。"这些都是讲舍己从人，是太极拳技击中首先要遵循的根本，是实战时的第一要点。必须真正理解"本是舍己从人，多误舍近求远"这句话的意义。所有技术都是基于此，但是不能止于此。舍己从人的背后是放松的能力，是粘黏连随的能力，是超级的感知、知己知彼的能力。

"彼不动，己不动；彼微动，己先动。以己依人，务要知己，乃能随转随接；以己黏人，必须知人，乃能不后不先。"这是讲从粘黏连随达到知己知彼，达到黏走相应之阴阳转换，这是太极拳技击能够达到最高境界的基础。

"机由己发，力从人借。发劲须上下相随，乃能一往无敌。迈步如临渊，运劲如抽丝。蓄劲如张弓，发劲如放箭。""形如搏兔之鹘，神似捕鼠之猫。曲中求直，蓄而后发。收即是放，连而不断。""全身意在精神不在气，在气则滞。""有不得机得势处，身便散乱，其病必于腰腿求之。""有上即有下，有前则有后，有左则有右。如意要向上，即寓下意，若将物掀起而加以挫之之力，斯其根自断，乃坏之速而无疑。""周身节节贯串，无令丝毫间断耳。""重里现轻勿稍留。"这些都是讲技术应用时，特别是打法中，神意气劲所需做到的各种要点、感觉。在技击时精神、意念需高度集中，周身需内外相合，劲力能够蓄发流畅，不断地寻求得机得势，这些都是太极拳能够产生高效率技击方法的基础。

"节膜、拿脉、抓筋、闭穴，此四功由尺寸分毫得之，后而求之。膜若节之，血不周流；脉若拿之，气难行走；筋若抓之，身无主地；穴若闭之，神昏气暗。抓膜节之半死，申脉拿之似亡，单筋抓之劲断，死穴闭之无生。总之，气血精神若无，身何有主也？如能节拿抓闭之功，非得点传不可。"这里讲太极拳的技击技术不仅仅是对敌进行身体表面的直接打击，而更重要的是要对敌体内与气相关的地方进行打击。因为"气走于膜、脉、筋、穴"，故需"节膜、拿脉、抓筋、闭穴"。这些技法从内到外都是很精致、细腻的，需要认真研究、熟练运用。

在以上这些描述中并没有讲具体的技术技法，而讲的都是技击时所要求的感觉、状态。如果能够进入状态，就有可能达到"动即是法"的"应物自然"之技击境界。

每当与人面对面时，首先在内功方面要做到：心要静，平静中保持专注，既不要慌张，又不可大意；神要敛，精神集中、不可散漫，不可被对手干扰、牵动；意要专，该用于何处就用于何处，不要犹豫不定；气要顺，"行气如九曲珠，无微不到""气遍周身不稍滞""气宜鼓荡"，不能是现用现运；劲无常态，可厚、可锐、可空、可迅，总是处于一种动态的、"忽隐忽现的"、因敌变化的状态。其次在身体上要做到：放松，松中有紧，是弹性；协调，既可以做多层次、多个多维空间中的阴阳转换，又可以保证周身一家，使动静虚实能够完全按照太极拳的技术要求变化、运动。放松与协调是身体技击状态中最本质、最重要的基础。

太极拳技击技术的基本思想

前面已经讲过太极拳技击的基本理论与要义，总结归纳一下就是按照道家哲学的基本原理，以道法自然、无为、不争、以静制动、以柔克刚为总纲，以新的身体状态，追求最高效率的技击方法。这是与以先天自然之能为基础的武术技击完全不同的新理念、新方法。在这种新理念下的技击技术有其自身的特殊性，因此，在具体应用中，首先需要理解太极拳技击技术的基本思想。

（1）自身从内到外都要做到松、整、正、灵、稳、合、贯串、鼓荡，这些都是相关的，是太极拳技术所要求的身体能力基础。其中贯串与鼓荡是最终在技术执行时所需要展现出的主要能力，如果这些做不好，太极拳的技术就无从谈起。

（2）以感知为基础，达到知己知彼。这里的"知彼"是指在与对手接触的瞬间，能够明确、准确地感受到对手的肢体动作、平衡状态、劲力变化以及思想意图等。这是控制对手的基础。

（3）以粘、黏、连、随为技术基础，任何技术的执行过程都是在此基础之上，都包含这些技术手段。这是太极拳在技术方面最明显的特点。当达到高级阶段以后，这些技术基础就不仅仅表现在形体动作方面，而需要有内功方面的意义，譬如形断气不断，气断劲不断，"劲断意不断，意断神可接"。

（4）在太极拳的技击过程中要尽量避免与对方发生直接的、以体能为本的对抗。

（5）一接手，要舍己从人，不丢不顶。正是由此，感知才能发挥作用。

（6）一动，要黏走相应，即阴阳转换。这是太极阴阳哲理在拳术中的具体应用，是太极拳技击技术中最基本的理论与技术要素，也是太极拳的标志。能够在技击中做到黏走相应就叫懂劲，达到懂劲后，才能算是真正懂得太极拳的技击原理。

（7）因敌变化，这个变化就是松柔基础上的太极阴阳的变化、转换。因此没有、也不需要预先设计好应敌之技。要因敌而动，让对手实时地告诉你，他的弱点在哪里、你应该做什么，因此你总是能够以无法为法做出正确的应对。这就相当于你总能比对手多一招，达到以静制动、后发先至。

（8）在得机得势的状态中，以"用意不用力"的方式，从虚实变化里，追求对于对手的控制，特别是身体平衡的控制，从而达到"引进落空""牵动四两拨千斤""借力打力"等高效率的技击效果。

（9）在技击过程中要抓住时机，根据需要对对手实施有效技术，譬如抓、拿、截、闭、打等。技击不是儿戏，必须有能够将对手制伏之术，甚至造成伤害。由于太极拳平时多以比较温和的推手形式进行技术交流，故许多人认为太极拳中没有打法技术，不能实战。但要注意的是太极拳既不是不能打，也不是拼体能式的硬打。

（10）太极拳技击中并不提倡直接打击类技术，但也不排斥使用。但是须知，第一，要以太极拳所特有的方式发劲；第二，太极拳所追求的是在能够完全控制对手情况下的最高效率的打击能力。

效果与效率

一般拳术只追求效果，而太极拳更注重效率。没有效果何来效率？因此，谈效率必然是在有效果的前提下。太极拳的技击效率就是研究如何以最省力的方法，打出最好的效果，从这里就可以看到太极拳的追求与境界。虽然其他拳术中也有讲效率的，但是其技术本身决定了技术的效果往往与付出的体能成正比，因此整体提高效率的空间不大。与太极拳相比，在效率方面都太粗糙，完全不在一个量级上。太极拳中提高效率的主要方法，第一是研究自己如何能少做事，譬如发人的时机与方向的选择；第二是研究如何能尽量借助对手的力量去给他制造麻烦，譬如通过打截劲的技法，将对手发出的进攻之力转换成将他自己发出去的力；第三是引诱对手犯错误，从而减少自身所需要使用的力，譬如引诱对手失衡后，再顺势将其击倒。

太极拳技击时，最忌讳的是不管对手的状态，只凭自身功力、按照自己的想法去施展技术，譬如使用预设计的方法将对手直接击倒或扳倒、摔倒。这里不是说有无效果，而是讲什么是太极拳所追求的目的。特别是在训练阶段，必须按照太极拳的理念、要求去做，才能逐渐领会太极拳的真意。在太极拳中要特别注意正确区分训练中的要求与实战的目的，要明白，太极拳训练与实战之间的不同要远远大于其他门派。在武术技击中，只看直接效果、以胜负论英雄，是大多数人的习惯性思维。练太极拳则必须端正态度，明白胜负中的道理，要在更高的境界上把持住正确的练功方向，追求更好、最佳的技术应用。当然在某些特殊情况下，当技击胜负有决定意义时，必须十分小心，切不可拘泥，不要被任何条条框框所束缚，越自然越好。

有法与无法

"太极本无法，动即是法。"太极拳技击与其他拳术的根本不同点之一就是有法与无法的问题，这是一个根本性的问题。因此，在太极拳技击训练中，必须时刻注意技术方法背后的道理，要透过现象看本质。一般拳术对于一个技法的练习，是为了最终能够熟练地掌握使用此技法，即练法是为了用法，练与用是直接的对应关系。而太极拳对于某个技法的练习是为了理解其中的道理，培养能力；当懂得道理、建立起新的能力后，并不拘泥于该技法的具体使用形式。太极拳中"有法"的练习是为了达到"无法"的境界，即能够忘掉"法"而自然应对，因而太极拳中的练与用往往不是直接的对应关系。另外从技术层次上讲，太极拳在技击中，并不是必须直接使用预先设计、练习好的技术手段，譬如打一组合拳等，而是通过周身一家的能力，达到身体上哪里与对手发生接触就从哪里打，处处都是手的境界。由于技击中的接触都是随机的、因敌变化的，反应也是自然的，因此不必、也不可能以预设的固定之法对应。譬如对手对你使用拿法，你不必使用预先练习过的反拿招法，只需先顺其势舍己从人，再进行阴阳转换顺其势黏之，就可以很自然地使用其力反制其身。

太极拳技击状态中的感受与体会

太极拳的训练，本质上是对人进行一种脱胎换骨式的改变。从形体动作开始，在特殊的意念指导下，对全身进行从外到内的改造，形成基于高度敏感的感知能力下、以神意为主体的新的运动行为与反应能力。在整个改造过程中，通过正确的形体动作的练习以及准确的神意指导，体内会不断地产生一些新的感觉、体验。这些由外而内的感觉与体验，逐渐形成太极拳的技击状态，再由内而外地指导技术实践。

太极拳的正确技击状态中的感受与体会有以下一些特点。

1. 提起精神

要技击，必然不可萎靡，首要精神集中、振奋；但同时要保持内敛，不可张扬，所谓"内固精神，外示安逸"，保持内心平静又不失机警。与对手一接手，即是以神应对，是神之收放，似以神与之对话。譬如，以神将对手吸过来，再用神将其掷出，意、气、劲、身法随之而动。要提起精神，其训练的要点是提顶，拳论言："精神能提得起，则无迟重之虞，所谓'顶头悬'也。"

2. 全身松而不懈、紧而不僵

我们前面讲过，放松是一种状态，就是说全身总是处于一种轻灵、飘逸，触之即动，能够自然地随对手而动的状态。这种全身放松的状态中必须保持柔和、顺随，同时要能够贯串、协调。所有技术都是在松中有紧、紧中有松、松紧交替、充满弹性的鼓荡过程中完成的。一般而言，松总是全体的，而紧多是局部的；松是常态，紧是瞬间。松紧的转换必须保持流畅、柔和、快速、有度。要松而不懈，松时最忌散、弱与懈怠；要紧而不僵，紧时最忌呆板、迟缓、僵滞无变。

3. 意念的灵活运用

在技击中的"用意不用力"，一方面讲的是不直接用力或不用拙力；另一方面讲的是以意念与意向为引导，依靠身体的协调性去自然引导体内之气的运动，进而带动身体运动，身体运动必然产生劲力，由此实现技术目标。注意，这里讲的劲不是单纯地讲量值，而是以劲的功能为主。在传统训练中，有关意的应用有很多种假借的方式，譬如，若对手双手推我，且我感觉右侧更重，这时我可以通过放松右侧，将对手向我身体右方转。在实践中，不要直接用力去扳他，而是用意念想以我左手指尖去摸对手的右肩井穴，而后想拿他的右肩井穴去撞击其左阳陵泉穴。在这种意念的带动下所自然产生的协调动作，会使对手的身体向其左侧倾斜而失衡，这就是以意打人。进入高级阶段后，所有化、引、拿、发等技术都要以意带动，最终要达到纯以意行。对这些意念或意向的应用，在训练中要细心体会，明白其背后的道理，在实战中必须能够自然地灵活运用。在实战中，意的灵活应用常常是通过神表现出来的，即所谓"以心行意"、神意贯通。而这种神意的运用能够带动气劲之应用，即"意气须换得灵，乃有圆活之趣"。

4. 全身的贯串、鼓荡之感

通过训练，身体逐渐产生节节贯串之感，由此内外均能够达到太极拳要求的协调性；在此基础上，全身应处于一种自然的、在神意引导下的鼓荡状态，所谓"气宜鼓荡"，就是指全身充满一种柔和的、带有弹性的不稳定状态。譬如，在与对手接触之前，全身应保持松柔；一接触则感觉全身以气鼓起来，接触点上有张力。这种"鼓"不能是僵死顶住的状态，而应该是活的，是一种带有悠悠荡荡飘逸之感的状态，就如同充满气的球浮在水面上。在具体实践中，贯串与鼓荡之感常可以与松紧、张弛、开合、吞吐、提放、刚柔等应用相结合，使练拳者能有更强的体会。

5. 沉肩、坠肘、手要绵

技击中手臂的应用最多、最直接，因此手臂必须保持正确的状态。这里最基础、也是最重要的就是沉肩、坠肘、手要绵这三点。沉肩、坠肘能够保证鼓荡之气"布于两臂"、达到指尖；手要绵是为了意念能够灵活运用。在技击中，这三点的自然应用就是"形于手指"，在全身协调的基础上，大多数技术的运用只在于意念在指尖上的引领。

6. 脚下的虚实转换

脚下的虚实转换即是太极阴阳转换，是所有太极拳技术的根基。脚下有虚实，全身才能放松，有鼓荡之感。切记，万不可以腿脚之蹬力形成对上肢与对手接触点在单一方向上的直接支撑。要正确理解拳论中"其根在脚，发于腿，主宰于腰，形于手指。由脚而腿而腰，总需完整一气"这句名言。脚下的根是有虚实变化的，不是单一方向上的蹬劲。虚实转换的训练是从初始阶段中的虚实分清开始，是为形体动作上能够达到沉稳与灵活；而后，在中级与高级阶段，逐渐产生中气晃动与丹田旋转的感觉，使虚实变化从形体动作转向内功变化；在顶级阶段的虚实转换则是内外相合、因敌变化的自然反应。在应对外力的进攻时，脚下能够做到虚实转换，形成从中气晃动到转丹田以应对外力，进而做到气之鼓荡与贯串，这样身体才可以有水上浮球的感受。通过虚实转换与变化，产生类似于球浮于水中，可以任意转动之形态，即"触之则旋转自如"，这是太极拳技击的基础。

当训练达到一定程度后，以上这些感受与体验常常会突然地显现出来，开始可能很不稳定，时有时无，有时越是想有就越没有，不想时又出现。这类感觉与体验很重要，有标志性意义。这说明练习的方法、途径等是正确的。这时需要特别注意，既要精心培养，又要勿忘勿助，要从所谓"有意皆是假，无意方为真，有意无意是真意"中求。王培生师爷曾说："如果能有十之二三，说明开始懂了；能做到十拿九稳，就成了。"太极拳中的许多技术问题，特别是技击技术问题，在达到高级与顶级阶段以后，基本都是感觉问题。而这些感觉只能是从长时间正确、准确的练习中逐渐建立起来的。有关感觉的练习不直观，很难理解，不能立竿见影，常常也不是仅凭下苦功夫就可以得到的，因此，在练习中很容易被忽视，也很容易出差错。在学习太极拳的过程中，态度是很重要的，需要"刻刻留意"，只有"势势存心揆用意"，才能"得来不觉费功夫"；要避免"差之毫厘，谬以千里"；须知"功夫不到终是迷"。

太极拳的境界

太极拳并不是一种单纯的实用技术型的武术门派，它是在看到"先天自然之能"类技术技法的局限性后，以新的指导思想对武术技术的发展进行的新的探讨。在技术上，它不追求短期内的简单实用效果，而是更注重长期的、高水平的、稳定的、最优化的有效性。因此，学习太极拳必须怀有一颗求道之心，要的是一个"诚"字而已。当训练达到顶级阶段后，要把技击技术提高到艺术的角度去追求，因此需要更高的境界，是综合素质的培养。我们不否认其他门派技术的短期效果，主张通过改进训练方法，尽量在短期内提高太极拳技术的有效性，也要研究新的体能训练方法、新的技术体系、新的竞技系统。但是这些都不能影响我们对于太极拳技击技术最高境界的追求，不能因为眼前暂时的有效性而忘记了根本。很多人，特别是年轻人，很容易被眼前的利益所吸引，追求简单实用。如果只是为了应付眼前的需要，譬如去打比赛，当然没有问题。但是如果存有追求技击技术最高境界的愿望，就需要诚心诚意地、踏踏实实地下持久功夫。学习太极拳的技击，同时还能够修身养性，是思想境界、精神面貌、艺术修养、道德修养、体能、身体素质的全面发展，因此太极拳是文化，是一种需要以毕生精力追求的艺术。

太极拳顶级阶段的训练内容与方法

在顶级阶段中，除了一些具体的、实战技击的训练方法外，训练的内容与方法基本上与以前几个阶段相同，主要是向更深入、细致的方面发展。在拳架训练方面，在这个阶段的练习中，由于拳架练习的各种要求已经掌握，已不必拘泥任何形体动作，也不必过多地在意单一的意念运用，更多的是以意向为主、以神意为引导的气血在全身经络的自然运行，就是所谓十二正经与奇经八脉全部打通。在拳架练习中，气的升降鼓荡、聚散贯串，大、小周天运行等方面的感觉都比较清楚，一切都归于神意引导下的十二正经与奇经八脉的自然运动。这种以神意引导、跟着感觉走的拳架训练是一生的功课，其中意境的应用对整体水平的提高有重要的促进作用。这时盘架子就会与高级健身养生的方法自然结合，取得更好的效果。在具体练习时，还可以根据自身状态，特别是在竞技推手或技击中遇到的问题，进行一些有针对性的练习。譬如今天与他人推手时感觉松紧方面做得不够好，那么在盘架子的时候就可以把注意力多集中在松紧练习上。因为仍处于训练阶段，就说明仍然有些东西掌握得不够好，需要修正、强化。

在这个阶段，推手训练的比例要大大提高，在方式方法上与以前有很多不同。在推手时，要大量地使用神来代替意去引导技击技术的实施，以心行意，心与意合，以神领意，神意贯通。在训练中，大量的推手形式是散推，而与前一阶段中的散推不同的是，常常不必先搭手，或者仅仅是虚搭；另外应更注重发放的练习，要多在发放的时机方面下功夫，认真研究时间、位置、方向之间的关系，要精益求精，这是提高发放效率的重要环节。另外在发放的强度上，既要练习如何能够控制而达到收放自如，又要练习如何达到最大值。特别是要练习带有摧毁性、震撼力的打击性发放，这是竞技推手技术练习的最后一步，也是实战中可能需要做的最后一击。但是在练习中必须小心谨慎，不要造成伤害。

实战技击训练是这个阶段的训练主体，是新东西，也是太极拳技击训练的最后一步。在传统意义上，推手与实战之间并没有明确的区分定义，为了描述方便，这里我们以是否允许脱点并使用直接打击性技术为分界，这也是很多门派约定俗成的。以这个分界来看，实战技击与推手的不同之处有速度、力量、运动范围、技法应用、经验等。因此，太极拳实战技击对技术的要求程度比推手更高，特别是在放松、感知等方面；而对技术使用的限制更少。要在训练中认真领悟"拳无拳，意无意，有意无意是真意"的境界。这里"拳"是指拳法，即技术技法。"拳无拳"就是说具体的拳法已经由熟练而成为自然，达到"无形无象""以无法为有法""动即是法"的高度，即是道家所讲的"无为无不为"。"意"是指指导拳法的意念、意向、意境。"意无意"就是说拳法的应用已经可以随心所欲而不必刻意追求，该用意引导的东西都已经成为自然，而不必真的去想如何用意指导，有意的指导成为无意的自然反应。"真意"是讲与神自然结合的"神意贯通"之意。这个"真意"不是训练时那种死板的、程式化的用意方式，而是触景生情、因敌变化的自然之神意，是瞬间的、一闪而过的。技击能达到这个程度，也就是达到了"应物自然"的状态，称之为合道。

　　从训练角度讲，在顶级阶段中的推手训练与实战技击训练是一体的。核心问题：一是如何从推手过渡到实战技击，这里的一个重要方面是心理问题；二是如何在实战技击中应用好从推手中学习掌握的太极拳技法。在从推手过渡到实战技击的训练中，一个重点是第一接触点的获得问题。当面对对手快速多变的招法或强力的冲击时，如何能在保持自身状态完好（譬如放松等）、避免遭受打击的同时还能黏住对手、感知对手，进而施展太极拳技法。有关第一接触点的具体训练内容，包括距离感与空间感、量敌、胆识、反应等。另一个重点是如何应用好从推手中学会的太极拳技法，以达到对于对手的全面控制。要能够做到只要与对手有接触，则马上能"接触一点管全身"。实现全面控制是太极拳技击的必要条件，也是太极拳与其他拳法最大的不同。在顶级阶段中，无论是推手还是技击训练，都应多多益善。还应该尽量找机会多与他人交流，特别是其他门派的同好。通过交流练习去掌握技击中的技术问题，发现自己身上的问题，同时积累经验。实战经验在实战技击中往往能够起到至关重要的作用。

　　在顶级阶段中，仍然有一些辅助训练可以使用，但并没有什么固定、特殊的方法，主要是练习者根据自身情况而定。譬如感觉自己在放松方面需要有所加强，则可以用站桩的形式练习。如果感觉需要更好的粘黏劲，就可以多与同伴推手打轮。总之，对于达到了顶级阶段的练习者而言，应该完全有能力根据自身的状况自我安排，即习拳者自己设计有针对性的辅助训练内容。这些辅助训练大多是随机的，没有固定形式，需要什么就练什么。

　　理论学习在训练的各个阶段中都必不可少，理论的提高是太极拳训练能进步的保证。在训练的顶级阶段中，理论学习的重点在于对以前所学、所练的东西融会贯通。以前学习理论，常常会有不知所云的感觉；对于有些技术，可能是知其然而不知其所以然，能够做得好，但是讲不清楚为什么。而在这个阶段，常常会对某些问题突然开窍，是一种顿悟式的理解领会，即从身上的感觉，突然明白某个理论的深意，或感悟到某个技术背后的理论，有恍然大悟之感。这种现象一旦发生，要马上抓住，以理论分析实践，以实践反证理论，理论与实践相结合，对悟到的问题进行深入分析，想透彻了。由于常常会有顿悟，所以进步也常常是跳跃式或是阶梯式的，即"阶及神明"。

另外，这个阶段的理论学习已经远远超出太极拳论的范围，甚至超出武术的范围，而是多方面、更广阔、更深入的综合学习，是思想境界上的整体提高、升华。要开阔视野，增长见识，哲学、艺术、文学、历史、科学等都要涉及，特别是要提高哲学与艺术方面的修养。这些都是把太极拳从技术上升为艺术的理论基础。一个人的整体修养、素质、知识水平往往决定了其在太极拳修炼中最终能达到的程度。譬如王培生师爷虽然只上过小学，但是他一生从来没有间断过学习新的知识。年轻时自修了大量的传统文化知识，在哲学、艺术、中医等方面都有很高的造诣。中年以后对新的科学成果极其关注，心理学、生理学、运动医学、物理、化学、西医理论等都有涉及，有些还有较深入的探求。他不断地将这些知识融入他的太极拳与武学实践中，使他能够在更高层次上对传统的拳理拳法进行整合，既能够把很多以前的拳理拳法以更清晰合理的方式讲解清楚，又能将自身的经验体会融入传统，为太极拳的发展做出了贡献。因此，从以理论指导实践的技术训练，到从实践中领悟理论，进而达到更高的精神境界上的修养，即是求道、得道。

太极拳架与
应用练习（二）

拳架训练的方法

在拳架训练进入到顶级阶段后，从外形到内功等各个方面并没有很具体的新内容。每天盘架子时，仍然是按以前所学、所练的方式进行，但往往并不需要按部就班、严格地练习每一个步骤。这时练习的重点是要以更自然的方式，更深入、细致地体验已经上身的各种功夫。在这个阶段的练习中，不必拘泥任何形体动作，也不必过多地使用意念甚至意向等。这是因为经过前面的训练，这些东西都已经成为自然。所以，在顶级阶段的拳架训练中，需要做的只是以神触发引导、带有意境的自然运动，或者说是在神意引导下，进入一种特殊的、太极拳所追求的状态。盘架子的目的就是进入状态。这种太极拳的状态包括形体上的正确运动方式，与神相合的意、气、劲、形等的协调运作，整个身体由外到内的放松、贯串、鼓荡、轻灵、沉稳、敏捷以及"全身透空"等感受。这里放松是讲心意平和，身体运动毫无拘束，自由自在，随心所欲。贯串是讲全身运动中的整体协调性。鼓荡是讲在松、柔、轻基础上的身体与劲力方面的松紧开合，是弹性。轻灵是讲全身处处都能随人而动，而又不为人控、不失变化。沉稳是说下盘稳固，但不死板、不僵滞，是稳定中的飘逸。敏捷是讲身体可以按照需求快速反应变化。"全身透空"是讲似乎每根汗毛都能竖立起来，每个汗毛孔都能张开，以此去感受、接受外界信息的超级机警的感知。当能够进入这种状态后，才能够在与外界发生接触时达到"应物自然"。这时无论是训练还是实战中，都会有一种虚拟与现实之间的相互感染、交互作用，这时才能真正体会到前人所说的"练时无人似有人，用时有人似无人"的意境。这样的训练，在形体动作上是跟着感觉走，在神意上有些天马行空，而不拘泥于意静神聚，因此也是一个陶冶情操的过程，如图1-3所示。

在具体的盘架子练习中，要以"顺其自然求自然"的心态去不断地寻求上面所讲的那些感觉。这里需要注意的是，在前面中级与高级阶段中所讲的内功心法多是一些比较固定、具体的内功练习方法；而到了顶级阶段，已经基本不再使用内功心法这个说法了，因为这时的内功练习已经达到了自然状态，从有法达到无法，万法为空，只有感觉。由于是求感觉的训练，一个很重要的特点就是每一次都可能而且可以不同，也就是说没有一个固定的模式。在盘架子时，一方面是求感觉，跟着感觉走；另一方面是以感觉引导，推动、促进内功与外形而动。譬如一开始先入静，而后神微微提起，有一种非常机警、对周围非常敏感的意识，这种敏感能够激发体内气血涌动之感，进而触动身体上的欲动之势，使身体自然随之而动。以身体之运动而产生特殊运动意识（如在水面上行走）与技击意识（如与虚拟之敌接手）。由这些意识触发神的变化，进而引起下一个运动。在这个过程中，由于外界环境的不同，每时每刻的心境、情绪不同，身体的状态不同，每次体内被触发的感受也可能不同，随之而产生的运动意识不同，做的动作也可能不同。这个阶段的训练不是单一技术动作的强化，而是一种内外相互交感、整体上的调整，其效果也是整体上的提高。

在顶级阶段的拳架训练中，开始时，常常会出现进入状态太慢的情况，因此一般都要先做些热身运动。最常用的方法就是先按照以前几个阶段的要求，盘一两遍架子。譬如可以先以注重形体动作的要求

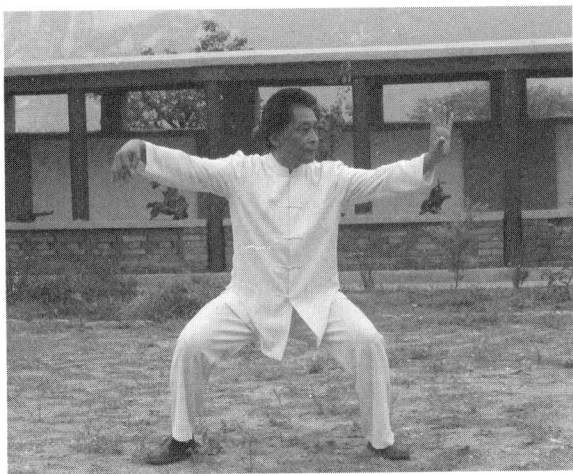

图 1-3
赵泽仁练习太极拳

练习一遍，在练习中，时刻检查自己的每个动作，是否都做到了"身法九要"，在整个行拳过程中是否都做到了"姿势正确""中正安舒""虚实分清""柔慢轻匀""节节贯串"这些要求。当然，这时对于这些内涵的练习已经与以前大不相同。因为这些功夫已经上身，所以练习时只需要用意念略微领一领即可。作为热身练习，另一个常用的方法是使用"练时无人似有人"的方式盘架子。也就是在拳架练习中，每一势、每一动都想着正在与一个虚拟的敌人过招，既要从周身六合、八法应用中体会身体动作与劲力的松紧蓄发关系，又要注意按照太极阴阳之理在每一技术中做好阴阳转换。如果以三十七势拳架为主要练习手段，每次训练时，能先以注重形体动作的方式以及虚拟技击的方式盘两遍架子，再按顶级阶段的要求盘两三遍架子，效果应该是比较好的。

在顶级阶段的拳架训练中，有关意的应用多是指与神密切相关、密不可分的意境。意境也包括心理感受，本质上就是通过虚拟想象，造成心理暗示，产生精神作用，再反作用到身体上，促成身体内外从肢体到心态、精神面貌、思想情绪等的变化。训练中从使用比较具体的意念、意向到飘逸、洒脱的意境，"渐至从心所欲"，才能真正从内到外地体会太极拳中的"凡此皆是意""精神能提得起，则无迟重之虞；意气须换得灵，乃有圆活之趣""用意不用力"，达到神形兼

图 1-4
张云练习太极拳

备、内外相合。

在整个阶段里，气的贯串、鼓荡之感应该成为可控的常态。通过气感，使内功中的神、意与形体上所表现出来的劲力和行为自然连成一体，达到心意动则全身内外均有感应，也就是"凡此皆是意，不是外面"。这并不是说形体、劲力不动，而是自然地在心意的引导下按照太极拳的要求自动。这时盘架子中的内功练习与传统养生功，即道功的结合也会更趋于自然。这种内功练习常常会使身体内产生一些特殊的感觉、感受，譬如行拳时为心神所带动的飘逸之感，由此而达到"炼神还虚"的境界。需要注意的是，这类感觉、感受的出现往往是在有意无意之间，对此，有了就要抓住，没有时也不可强求。图1-4显示盘架子时需要关注内功感受。

顶级阶段的训练是在懂劲之后的求深、求精，许多东西不是特别具体、显而易见的技术问题，因此对于程度还不够的人而言，听起来似乎有些虚无缥缈、把握不住。所以在整个训练过程中，练习者需要明确自身的程度，知道自己处在哪个阶段，不要去盲目追寻超越自身能力的功夫。而对于达到顶级阶段程度的练习者而言，当技术趋于神明时，最需要的是认真体会。虽然已经入门，也还是常会有"只在此山中，云深不知处"之感。

推手训练与实战技击

太极拳的推手与实战都包括训练与竞技两部分。虽然人们常常只是简单地说推手或技击，但是理清其中的关系十分重要。如果单从技术角度讲，推手训练的目的是学习掌握太极拳的原理与技术，达到懂劲；竞技推手的目的是检验推手训练的成果；技击训练的目的是将推手训练中所掌握的太极拳技法技术过渡到实战中；竞技性技击的目的是检验最终的实战能力；而实战技击或实战就是真实生活中的格斗形式。

推手是实战技击的训练手段

由于太极拳技击技法的难度很大，以一般的直接训练方法几乎无法领会掌握，因此太极拳创造了独特的推手训练方法，这是掌握太极拳技击的唯一途径。只有通过大量、细腻、速度上相对较慢的推手训练，才能领会并掌握太极拳的技击原理与方法。先从以肢体接触为主的推手训练中理解掌握太极拳的技击原理，达到懂劲，而后再逐渐完成从竞技推手到实战技击的过渡，将太极拳的技击原理应用于实战，这是太极拳训练的必经之路。因此，可以说推手是通过持续性接触的训练去理解掌握太极拳的技术，实战技击是在间断性接触中应用太极拳的技术。

因此，从武术训练的角度讲，推手是实战技击的训练手段。在训练的高级阶段所追求的目标，就是通过大量的推手训练而达到懂劲，即真正懂得太极拳的原理，并可以正确使用太极拳的技法，为将太极拳技法应用到更加激烈的实战技击中做准备。而顶级阶段训练的目标就是完成对太极拳原理的完整掌握，并且能够将其应用到实战技击之中，也就是说要能按照太极拳之理进行实战。

推手也是技击

事实上，在传统训练中，太极拳的竞技推手与太极拳的实战技击并没有明确的划分。当推手水平进入高层次后，在与对手的接触速度上可以很快，时间上可以很短，与实战大致相同。在与对手的接触点上，常常可以在外形上与之相脱离，这时称之为"虚接"，就是说双方的接触不是实在的肢体接触，而是内在的神、意、气、劲的接触。在打击对手的方式上，高层次的推手也非仅仅是将对手推出去或摔倒一类，常常是用脱钩等方式，发放外劲对对手进行打击。因此，这时的竞技性推手与实战技击已没有什么本质的不同。在现实中，当参与双方以争胜负的心态较技时，特别是双方分属于不同门派时，比的是推手还是技击已经没有意义，只能也必须以实战的心态对待。所以，王培生师爷总说："推手和技击是一回事。"从这个角度看，也可以说太极拳推手是武术技击中的最高形式。

竞技推手与实战技击的关系

由于实战技击存在着较高的危险性，在太极拳同道中，常常以竞技性的推手形式进行技术交流，也就是我们常说的竞技推手。与前面所讲的推手训练不同，在竞技推手中，争胜负的目的性更强，对抗更激烈。这里说的激烈对抗当然不是指单纯的力量方面的对抗，而是指对抗时的心态、状态；即不是朋友之间的摸摸手、听听劲这种非常友善、和缓的方式，而是指更接近于实战的对抗，譬如使用可以将对手摔得很重的脱钩发放等。严格地讲，竞技推手仍是推手，仍然属于训练范畴，但是少了许多限制。虽然直接的强力踢打类技术不应该使用，可是在实际中，脱点的快速转换类技术还是比较常见的。竞技推手与实战技击之间的界限已经很模糊了。

一般而言，严格按照传统训练的人，如果在竞技推手中胜不了对手，那么在实战技击中取胜的机会也就不大。这点，越是在高水平的人中越明显，因此，以推手的形式进行技击交流的结果是被普遍接受的。过去对于练太极拳的人而言，推手的输赢就足以说明技术程度，如果推手输了，又要散打，会被别人认为是既不懂拳，也不明事理，不懂规矩。在太极拳中，这种以推手代替实战技击的交流方式非常普遍，以至于在社会上有些人认为太极拳只能推手，不能实战技击。虽然这是一种偏见，但是在现实中也确实存在着问题，即推手与实战之间的差距太大。如今有很多练太极拳的人都没有完成完整的技击训练，导致他们在推手时可能做得还可以，但是实战能力太差，不能真的使用太极拳的技术。不是传统太极拳没有实战理论与技术，而是今天练太极拳的人缺乏实战训练，无实战能力。因此，追求太极拳真谛的人首先自己要能够清楚地认清竞技推手与实战技击的关系，要明白太极拳的完整训练过程。练太极拳，如果只能推手，而不知道实战技击的训练方法，不能将推手的能力转换为技击能力，不能以太极拳技术进行技击，则是一件很可惜可叹的事。

推手训练

　　进入顶级阶段，练习者在推手方面已经达到了懂劲，即已经完全理解、掌握了太极拳的技击原理与技法。这时的推手训练，从形式上讲没有新的动作、套路需要学习，重点就是要对以前所学的做到精益求精、融会贯通，使整体水平大幅度提高，追求"神明"的效果。

　　在具体的训练中，虽然目的性很强，但形式上很随意，一般采用散推的形式，即没有固定的方法套路，双方随意变化。这时训练的一个重点是神意在推手中的应用。一个技术、一个劲的效果如何，基本上是由神意所决定的。前辈们为我们留下很多"用意不用力"的例子，譬如"天罗地网"等。一方面需要认真学习、练习，体会其中的真义；另一方面须知神意的运用不可以死板、固定，必须是灵活、见景生情、因敌变化的。因此，在训练中，既要有明确的目的，又不可有固定的模式，需要从大量的、与不同人的推手实践中认真体会，要善于总结，多问几个为什么，学会举一反三、触类旁通，最终得出自己的体会。神意的正确运用是顶级阶段推手技术的核心。

　　训练的另一个重点是如何使自己保持在正确的状态中，能保持正确的状态是能够做到应物自然的基础。这种状态与前面所说的拳架训练中正确的太极拳状态是一回事。拳架训练讲的是如何能够进入这种状态，推手训练讲的是如何能够在与人较技时保持这种状态。为此，在训练中每次与人搭手前，都要从内到外认真地检查自己，看看自己是否已经进入状态。每次施展技法后，都要回顾自己是否保持住了状

图 1-5
赵泽仁传授推手

态。这种状态具体包括：形体动作方面的身法九要，运动过程中的周身六合，神之放敛，意之灵变，气之贯串、鼓荡，劲之刚柔，不丢不顶之松紧开合，保持粘黏连随，以及极为敏感的感知等。通过训练，使这些都能够越来越自然。

训练可以遵循以下几步：开始是进入状态后再搭手，如同练拳架时先调整自己，不打无准备之仗；然后是一抬手就进入状态，就是说可以很快地自然进入状态，一触即发；再然后是只要感觉周围环境有异就能马上进入状态，这时身上的状态已经很自然，是时刻准备着；最后是时时刻刻都处在这种状态之中，也就是说这种状态已经完全成为身体的自然状态，不必准备而自在，可以达到应物自然了。图1-5所示的是赵泽仁讲解如何在搭手时进入状态。

虽然顶级阶段训练的是更高级的东西，但是以前各个阶段中的各种训练也应该经常复习，譬如单手平圆、四正、大捋等定势推手练习。这些练习一方面是为了巩固已经得到的功夫，另一方面是从更高的层次上重新审视这些功夫，提高认识，加深理解。也就是说，整体技术水平提高的过程是一个不断的、循环上升的过程。在这个过程中，需要在新的层次上不断地加强、巩固自身的基础。譬如关于周身六球的运用，以前都有比较具体的练习，到这个阶段需要上升到如何以一种自然的、似有似无的意念，通过对六球之开合、旋转、升降的虚拟控制，实现对于推手中劲力的应用操作。

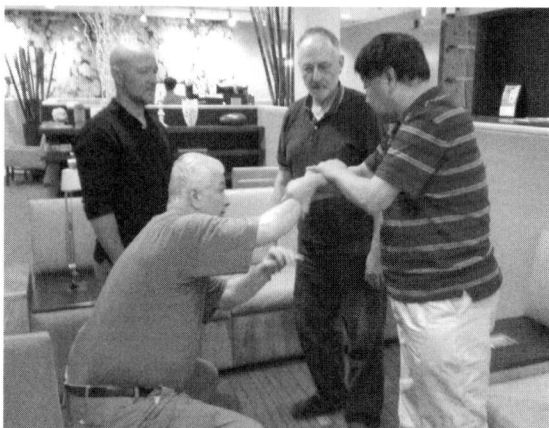

图 1-6
**张云讲解推手中如何破解
缠腕拿法**

　　虽然顶级阶段已经达到了懂劲的程度，但是在具体练习时仍然需要特别关注技术运用中的虚实变化、阴阳转换等问题，需要在神意的运用方面有更清晰的认识，仍然需要不断地以太极之理检验自己。在每一次技术运用之后，都要认真检讨自己，要问自己是否做得完全对，是否可以做得更好。要牢记，太极拳的推手训练不是简单地追求胜负，而是一种不断地寻求改进、自我完善、精益求精的艺术，是一个需要不断地缜密思考、悉心领悟的过程。

　　无论推手的技术水平达到何种高度，有两个能力仍需时时磨炼提高。一是松柔的能力，二是感知能力。这两种能力都是没有极限的，需要锲而不舍、永远追求，没有最好，只有更好。

　　在这个阶段中，除了与同门的同学们一起训练外，还要尽可能多地与其他门派的同好进行竞技性质的推手交流。通过这类交流开阔视野，增加经验，提高应变能力，要有应对任何技术的准备。图1-6所示的是讲解如何以太极之理应对擒拿类技术。也可以适当参加一些推手比赛，以适应高强度的竞争。这里说高强度不是说要与对手拼体能，而是说要有能够以太极拳之理去对付高强度的力量与速度的能力，同时培养应对外部压力的能力。唯需注意的是，这时在比赛中要追求胜负而不唯胜负。既要追求胜利，培养渴望取胜的心态、敢于争斗的精神，又要追求胜在理上，保持理性、平静，以求真、求实的精神看待胜负，不以胜负论是非。

"授秘歌"解说

"授秘歌"不知何时何人所作，最早出现在宋书铭传出的家传老拳谱《宋氏家传太极功源流支派论》中。据宋谱记载，明代中叶，宋远桥与俞莲舟同游武当山时，在南岩宫遇到奇人夫子李，因其不吃熟食，只吃麦麸子，故也称为麸子李。俞氏家传太极功为先天拳，据传祖师为唐代李道子，俞家世代供奉。当宋远桥与俞莲舟见到夫子李时，李先以高超的功夫赢了俞，后又称俞为"重再孙"，并道出俞之先祖的名称，故俞莲舟认为夫子李即是先师祖李道子。夫子李向俞传授了功夫"如此如此"以及"授秘歌"，使"莲舟自此不但无敌，而后亦得全体大用矣"。宋远桥、俞莲舟与俞岱岩、张松溪、张翠山、殷利亨、莫谷生等是老朋友，故对于"授秘歌"，"此歌予七人皆知其句"。后来他们七人曾再入武当山寻找夫子李而未得，只遇到了张松溪、张翠山之师玉虚子张三丰。

宋谱的记载说明"授秘歌"为夫子李所传，而由于俞莲舟认为此夫子李即是家传拳术的祖师李道子，因此人们常常尊"授秘歌"是唐李道子所作、所传。必须指出，唐豪、徐震等把"明代无夫子李其人"当作否定宋传老谱真实性的核心证据之一，并以此说将包括"授秘歌"在内的宋谱拳论均定为宋书铭伪造，这只是基于他们个人能力与认识局限的猜测。最新的研究考证发现，古书中有关夫子李的史料颇多，可确证夫子李实有其人，他是明代中叶最有影响力的武当山"异人"之一。据估测，夫子李生卒年代的宽限在1450—1550年之间，其年代不但符合宋谱的记载，也符合鄞县（今浙江省宁波市鄞州区）当地记载的内家拳张松溪活动时间，是内家拳，包括太极拳在内，与武当山有关联的铁证。

无论"授秘歌"的原始作者是谁，此歌诀的内容有重大意义。它显然是一种"炼内气"或"练内功"的法则，是中国传统炼气养生对人体认识的理论及实践与拳术练习相融合的表现，是拳术升级的重要标志，其内涵显示出了内家拳中技击与健身养生的极高境界。由于其出自有关太极拳的老谱中，自然就被列入太极拳之谱诀系列，以至于被人尊为"太极拳总纲"。练太极拳达到高级、顶级阶段后，准确理解此歌诀对训练有重要的指导意义。

原歌诀并无标题，因宋谱中有"夫子李先师授予莲舟秘歌"之句而被称为"授秘歌"。称之为"秘"就是需要保持秘而不宣的核心要诀，由于珍贵而绝不能轻传。今天虽然此歌诀原文可以轻易得到，但是其内涵中仍有"秘"。这个"秘"就是当训练达到一定水平后，特别是有了正确的内功感觉后，即已经达到"心有灵犀"，而需要老师"一点通"的地方。

授秘歌

无形无象（忘其有己），全身透空（内外合一）。

应物自然（随心所欲），西山悬磬（海阔天空）。

虎吼猿鸣（锻炼阴精），泉清河静（心死神活）。

翻江播海（元气流动），尽性立命（神定气足）。

以上是"授秘歌"的全文，其中八句正文是宋谱中的原文，括号内的小字是后人加的注。由于此歌诀在民国初年被辗转传抄、多次出版，注文也有不同版本，现在也无法确定这些注释文字是何人何时加入的。虽然对于这些注释文字的内容历来多有争议，但是由于已经比较流行，这里我们仍将最流行的版本列出来作为参考，但我们并不对这些注文进行解说，读者可以自己体会。下面是对此歌诀正文的解读。

无形无象

在拳术中，对什么是"形""象"并没有严格定义，一般是指能够被看到或感觉到、能够给人留下印象、可以被描述的实体类的东西。肢体动作是可以被看到的外部形象，内功练习是可以被感觉到的内部现象。"气走于膜络筋脉，力出于血肉皮骨。故有力者，皆外壮于皮骨，形也；有气者，是内壮于筋脉，象也。气血功于内壮，血气功于外壮。"外家拳的基本特征就是对外部肢体形象的强化，而内家拳的练拳过程是先进行外部有形有象的练习，追求内在有形有象的练习，从而达到无须外部形象，而后再进一步达到内也无须形象。这个有无之间的辩证关系是内家拳与外家拳的重要区别之一。

当拳术从外家拳发展成内家拳后，形成这样一个概念：练拳达到高级阶段后，外形已不重要，因为已处于自然的正确状态，就是所谓"形无形"，是"忘我"，这时重要的是内功。对于内功练习而言，"无形"并不是没有外形，而是说无所谓、无须顾及、没有固定形式。太极拳技击训练中特别强调从有形有法到无形无法的过渡，即从外到内，达到内外相合。从内功角度讲，虽然"神、意、气"是看不见、摸不着的，但是可以感觉得到，可以在大脑中建立起形象并受大脑意念控制的，特别是气，是内功练习中的主体，是最重要的组成部分。采外气、运内气，炼真气、养元气，通过意念对气的控制练习达到对身体内部的改造修炼，这些训练都是有内形内象的。通过对神、意、气的修炼，在技击方面能够产生一些特殊的能力，譬如劲力的运用；在健身养生方面也可以产生一些特殊的效果，譬如内气足而精神旺。当练拳达到顶级阶段后，内形内象也不重要了，即所有内功也都成为自然状态，无须去刻意追求，也没有固定的形态，所谓"意无意"，是更高级的"忘我"。太极拳理论中讲的"以心行意，以意导气，以气运身"就是这种无形无象的注释。这时在技击中，于外不必摆架子、讲求着法；于内也不必想怎么运气、怎么用劲。所以无形无象就是太极拳所追求的无为之理，以无法为有法，故无法可以胜有法，即达到无外无内，自然一体的状态。

全身透空

这是讲当内功练习达到顶级阶段以后身体上的一种感觉。这种感觉讲的是在练功中似乎全身的汗毛孔都要张开，无论是站桩还是练太极拳，使体内跟大自然相通，即所谓内气跟外气相结合，能够上接天气，下接地气。这种毛孔都张开的感觉是建立在身体极柔软、极放松的基础上的，一方面会感觉身体有扩张之感，在身体周围形成场势，在技击时就会产生能够压倒一切的气势；另一方面在感知方面会变得极度灵敏，外界任何非常微小的变化、刺激都可以被清楚地感觉到。太极拳技击中能够达到"人不知我，我独知人""忽隐忽现"正是源于此。能够内外合一，则无论外力如何进攻，都可以被融入、化解、管控。对手摸哪儿都没有，想动又处处受制。全身透空就是全身自然放松，气血运行也就非常自然和谐，也就是常说的各条经络全部打通，这样健身的效果必然已经包含在其中。在内功的境界上就是从"忘我"达到"无我"。

应物自然

当身心与自然融为一体，就可以自然地应对一切，就是道法自然。王培生师爷在讲解这句话时，总是举黄四海老师投师学艺的一段故事为例。这个故事是说黄老师学艺之初，老师让他把一个很大的石碌碡推到山顶上。开始他只知用蛮力，每次都因坚持不住而在半途放弃。日久，逐渐领会其中的规律，找到窍门，可以轻松完成。故事的中心意思是说，练武艺要思想端正，专心一意，长期坚持，刻苦锻炼。铁杵磨成针，功到自然成。功夫练到纯熟，发现规律，遇到什么情况都能自然而然地沉着应战，因敌变化，得心应手，随心所欲，运用自如。从太极拳的训练讲，即是顺其自然求自然，就是要自然地完成对身体完全、彻底的改造，使太极拳的各种要求都达到新的自然。对技击而言，就是人身整体上从内到外都进入到太极拳状态，能够触之即发，自然应敌。

西山悬磬

"西山"指的是前胸，即西方庚辛金。肺属金，肺叶全张开，有空的感觉才能舒畅。"磬"是古代的打击乐器，击打发声，有空谷回音之感。磬也是寺庙中的法器，是以铜铁铸成的钵状物，形圆中空，敲击有声。磬也通"罄"，意为空、尽。"悬"即空悬，磬若不悬则敲不响。因而"西山悬磬"即是讲头顶须上悬，前胸要圆、要空，也就是内功训练中讲的要虚其心，虚即是虚空。要像磬那样悬起，一碰就响，其音悠远。太极拳身法中就要求涵胸，即"虚其心、实其腹"，也称空胸实腹，就是内气下沉，使上虚下实，这是内功训练的基础。磬能悬得好，上面不可挂摆任何杂物，声音才能清脆干净，就是说练习气功或练太极拳时，虚其心要虚透，胸部彻底放松，没有一点紧张感，才能特别舒服；同时虚其心要无任何杂念，必须恭而敬之，如此意念才能大，所谓海阔天空之感。有杂念心里就紧张，无论练拳或推手都要心平气和，没有杂念才能心平，不受外界干扰，放松才能气和、不对抗。只有心平，气才能和，心不平，则气也不能和。练内功的重点之一就是心神专注、内气平和，即平心静气，其中感觉上的要点是松、圆、空、净，也就是"西山悬磬"所要表达的境界。

虎吼猿鸣

练拳时讲求内气运行，不要想外气之呼吸，更不能以动作去配合呼吸，而是需要通过调息练习使呼吸自然配合技术动作，内气才能流畅、贯串、鼓荡。如此练习，呼吸会自然与内气相配合，带动技术动作，就是"气与劲合""以气运身"。在技击时，在这种外气与内气之运用上略加一点意念，就是所谓喉头呼吸法。"虎吼"即是虎啸之声，呼气时意想喉头，似乎是发出虎吼般的低沉、有震撼力的声响来，随着这种低音的感觉，把丹田气顺着喉头呼出去，实际上就是内气沿着任脉沉下去，顺势可以发出厚重沉长之劲。"猿鸣"即猿猴的叫声，是指吸气时想鼻子尖，似乎是发出猿鸣般清澈悠远之声，就是想从鼻子尖吸气，实际上就是内气沿着督脉上升，提顶，形成"满身轻利"之势，有敏捷之感，可助粘黏提拿之劲。这种呼吸法与技击技术的结合就是"吸为合、为蓄；呼为开、为发。盖吸则自然提得起，亦拿得人起；呼则自然沉得下，亦放得人出。此是以意运气，非以力使气也"。在内功练习里，"虎吼猿鸣"就是醒气，是指调息，即以外气带动内气的练习，达到浊气降下去，清气升上来，轻灵飘逸与沉稳厚重之感并存。

泉清河静

从内功练习讲，"虎吼"是呼气，是气感从前面下降；"猿鸣"是吸气，有气感从后面上升。因此，通过虎吼猿鸣形成上清下浊，这就开始进入"泉清河静"。"泉清"就是脚心涌泉穴之水升上来，肩井穴之水降下去，即把涌泉穴和肩井穴这两个穴位上下对正，井需在泉上，让它们通畅。"河"就是全身经络；"静"就是清静、清澈，也是"净"，即干净。"河静"即指全身气血静静地、通畅地运行，没有任何阻碍。这时四肢之十二经脉、奇经八脉全在动，在修身中就是所谓将大周天走通。在技击中讲"泉清河静"时，就是内气由涌泉上来，再由肩井下去，带动所谓一松到底的感觉，使横膈膜以上特别舒服，脚底下也有一种整体的、从沉稳中产生的轻灵感，全身成为一体，从"静中触动动犹静"中得到动静相间之感。

翻江播海

"翻江播海"是形容气血的上下翻腾，就是让内气下去然后再上来，升上来再降下去。开始先将内气运行与逆式呼吸相合，即内功中的小周天。"翻江"就是内气由身体后面上来，其运行路线是由涌泉到尾闾，沿督脉而上，经夹脊，向上到玉枕，贯到百会。"播海"

就是内气从身体前面下去，由百会起沐浴，从前面沿任脉下去，经膻中到会阴。然后再将这种内气运行从躯干扩展到四肢，在奇经八脉、十二经脉上有内气的循环升降，就是内功中的大周天。大、小周天是传统养生功中的基础，能通过内功练习达到，太极拳的健身、养生效果即可显现。从技击上讲，就是气在全身的贯串、鼓荡，使劲布于周身，对手挨我何处我即可从何处化打。

尽性立命

"尽性立命"就是性命双修。如果从道功修炼的角度讲，"性"即是心，又叫元神，发于二目；心为离、为火，离中之气为火龙。"命"即是肾，也叫元精，发于淫根；肾为坎、为水，坎中之气为水虎。道家内丹养生功的核心部分就是通过调坎填离等一系列方法，达到精气神的修炼。所以性与命是一个统一体的两个方面，相互依存，性无命不存，命无性不立。由于太极拳之内功与道功相合，故性命双修是太极拳内功修炼的最高追求。

如果从人生的更高层次讲，"性"就是指人心，是讲精神境界方面，包括思想、性情等，"尽性"就是通过修炼完善人性。"命"是指人身，就是生命，是实在的物质，"立命"就是身体保持健康的生命状态，益寿延年。所以"尽性立命"就是追求人的身、心的全面发展、完善，追求最好的生命品质，是太极拳追求的最高境界。

如果仅从平时练习中讲，王培生师爷常说："性在鼻子尖，命在命门穴，就是个'乙'字；一头是性，一头是命。大、小周天做到了，一走周天，这性、命两个头一接上才成圆圈，就是太极。"也就是说性、命如太极阴阳是不可分的统一体，太极拳练习的本质就是性命双修。

　　从以上的解读中可以看到，这些句子相互都有联系、呼应，因此在学习、练习中需要整体看待。这里对"授秘歌"只是做了些字面上的解释，其中有很多更深刻的意义很难用语言形容，需要通过训练去认真体会。在我们学拳的过程中，曾多次聆听王培生师爷讲解此歌诀，由于我们自身水平的提升，每次听都会有新的、不同的体会，有一种越练、越琢磨越有味道的感觉，可见此歌诀的魅力不一般。

第二章

太极拳顶级训练之实战技击训练

在太极拳顶级阶段，训练的核心是理解、掌握实战技击，这是太极拳整体训练的最后一步。虽然每个人的能力、程度可能不同，但是如果不能准确理解、基本掌握实战技击，则是没有完成完整的太极拳训练。

在太极拳顶级阶段，训练的核心是理解、掌握实战技击，这是太极拳整体训练的最后一步。虽然每个人的能力、程度可能不同，但是如果不能准确理解、基本掌握实战技击，则是没有完成完整的太极拳训练。

实战技击训练

从本质上讲，太极拳的实战技击训练，就是将从推手训练中学习掌握到的太极拳技击技法转换到实战技击中。从技击的技术层次上讲，在竞技推手与实战中所要做的基本都一样。如果从武术技击的层面上来讲，竞技推手与实战技击的主要区别有三个方面：

第一个是对象不同。推手时的对手必然也是懂推手，或者至少是认可推手这种竞技形式的人，所以一般可以要求先搭手，即参与竞技的双方先有一定程度上的肢体接触，然后才可以实施攻防技术。虽然在接触的位置、方式、时间等方面没有严格规定，多是以约定俗成的方式进行，但总归是有一个较为确定的起始状态。而在实战技击中，对手可能是任何门派、使用任何技术的人，也就没有先搭手之说。因此，在实战技击中，随意性、突然性都更大，时间、空间方面的判断更难、更复杂，技术上不可预测之变化更多。

第二个是目的不同。竞技推手的主要目的在于破坏对手的平衡，对其进行控制，故在推手中一般不使用脱离接触点的直接打击技术，或者说不使用直接伤害对手的技术。而实战技击的目的是要对对手进行打击，甚至可以是任何程度的打击，任何技术都可以使用。虽然一般会根据具体情况，对打击强度、打击部位有所控制。但是总体上讲，实战技击中无论是力量、速度还是心态，其激烈程度都会比竞技推手强烈得多。

第三个是对胜负的考虑不同。由于竞技推手本身属于训练性质，即便是有胜负之争的竞技推手，仍然带有验证功夫的意义。因此，除一些特殊情况外，一般对于胜负的追求会小于对拳法真意的追求。而在实战技击中，追求胜负的意义一般会更大些，甚至是唯一的考虑。由于对胜负的考虑不同，在推手时，技术方面会比较舒缓；而在实战中会比较紧凑、严实。譬如在做引进落空时，推手中，常常会尽量延长控制时间，以寻求最佳感觉，争取最佳效果；而在实战中，常常不必等到最佳，只要够了即可，宁早勿晚，不能给对手任何机会。

虽然有以上这些不同，但是从技术角度讲，竞技推手与实战技击之间并没有本质上的差别，也不存在不可兼容的理念与技术。太极拳的实战技击训练是建立在竞技推手训练之上的，是推手训练的延续，训练的重点就是在以上这三个方面完成从推手到技击的过渡。

实战技击训练中的有法与无法

在武术技击训练中，多是以练习预先设计好的、在实战中可以直接使用的技术组合为主。这些设计多是前人的经验总结与练习者自身条件相结合的产物。这时摆在练习者面前的就是一套已经设计好的、

图 2-1 赵泽仁指导使用拳架中的技击技术进行有法练习

相对固定的训练模式，因有法可依，故称之为"有法"。练习者通过长时间的刻苦训练，先求对这些技法的熟练掌握，再求灵活运用，最终达到习惯成自然的境界。如图2-1所示，有法的训练，易于理解、掌握，应用时更直接、简单，但是由于熟练而使得惯性较大，因此会影响随机变化的能力的发挥。

太极拳的实战技击追求的是因敌变化，是在与对手接触的瞬间，根据对对手的感知情况而为的，这样才有可能达到最高效率，取得最佳效果。因此，训练中的灵活性、随意性都很大。除了一些基本技法外，很少有固定的技法技术练习，也就是"无法"。在传统教学中，一般都是老师随机挑选一些技术作为例子来讲解，或者是学生提出一些他们遇到的问题请老师解答。这些例子、问题每节课几乎都不一样，也就是说，不要把它们当作固定的练习方式去反复演练，不要形成定势。太极拳的实战技击训练是一种整体能力上的提高，或者说是综合能力的训练，而非某些具体技术的熟练应用。通过这种训练，其中包括对拳理的理解，要求在实战中能够做到知己知彼、舍己从人、因敌变化，以黏走相应之理对应各种进攻；所有技击技法所需的肢体动作都与对手自然相应，达到从有法到无法，以无法为有法。准确地理解熟练的技术与综合能力之间的关系，是理解有法与无法概念的关键。关于无法的原理，理解起来有些困难，但这正是太极拳的特殊之处，是太极拳的精髓，不可忽视。

量敌

"量敌"是说在与对手直接对抗之前，对于对手的能力、特点做出基本估量。一般推手时总是先搭手，即双方先有一个基本接触。这样就有一个了解对手的机会，有经验的人可以从这一搭手的瞬间接触中，体会、了解对手，所谓"行家一伸手，就知有没有"。与推手不同，实战时，大多没有这种预先搭手的情况，因此学会如何量敌，是实战训练中应该考虑的第一件事。

量敌也是一种能力。

实战中的量敌首先是目测，而后再不断地进行调整修正。目测量敌的能力主要源于经验积累，譬如以走路的形态来判断对手的日常训练状况，从而判断其横力好还是冲力强；以身体运动状态来判断对手属于进攻型还是防守型。缺少实战经验的人，不可能具有高水平的量敌能力。目测中，对手的眼神往往是最重要的量敌依据之一，所谓"眼是心之苗"，这也正是太极拳需要的"神宜内敛"，为的就是不让对手看出苗头。然而目测的准确性往往不足，特别容易被假象所欺骗。在武术技击中，绝大多数的假动作都是为了迷惑对手的目测而设计的。所以真正的量敌，最终还是要通过接触。太极拳训练发展出的超高水平的感知能力，是量敌最有效的工具。在实战中接触量敌的水平，除了通过推手训练所获得的感知能力外，在技术方面更强调的是机警的即时能力，要特别防止推手中易产生的怠慢、呆滞现象。以接触量敌，自然需要先接触，因此第一接触点就是关键。

实战中一种高水平的量敌方法，是目测与虚拟接触相结合的方法。通过虚拟接触对对手产生定向干扰，同时通过目测进行判断。譬如以一个虚拟的强力前冲动作来观察对手的反应，从而判断对手是否懂劲。这种方法是从大量的实战经验中很自然地积累、总结出来的，没有固定的练习方法，需要在训练中时刻留心。

接手，第一接触点

实战技击不必先搭手即可以直接进行打击。但对于太极拳而言，直接打击往往不是最佳选择。太极拳追求的是后发制人，就是指将对手完全控制住的、最高效率的打击。要控制就要有接触，从接触中量敌，从而达到控制的目的。推手训练中解决了接触中的控制问题，即懂劲；实战技击训练中，需要解决如何接触的问题。因此，如何取得第一接触点，是实战技击训练中的重点之一。第一接触点可以是身上的任何位置，只是因为在技击中，大多数技术都是以手臂为先导，所以这个第一接触点发生在手臂上的机会更多，故而称为"接手"，这里的"手"可以指对手的进攻之手，也可以是自己用来接住对手进攻的手。与之对应，技击中的任何进攻技术都可称之为"进手"。这里需要强调的是，进入太极拳实战技击训练阶段的人，必然是已经练过推手并且能够达到懂劲程度的人。在懂劲之前，不必急于练习技击，因为练也没用，除了一些实战经验外，得不到什么对太极拳技术真正有帮助的东西，甚至还会造成负面影响。只有在达到懂劲后，与对手接触时才会感觉到接手的意义，才能达到所谓"接触一点管全身"的程度，就是说，通过一个点上的接触，就可以感知对手、控制对手。太极拳没有练到一定水平的人，是很难想象这种状态的。图2-2所示

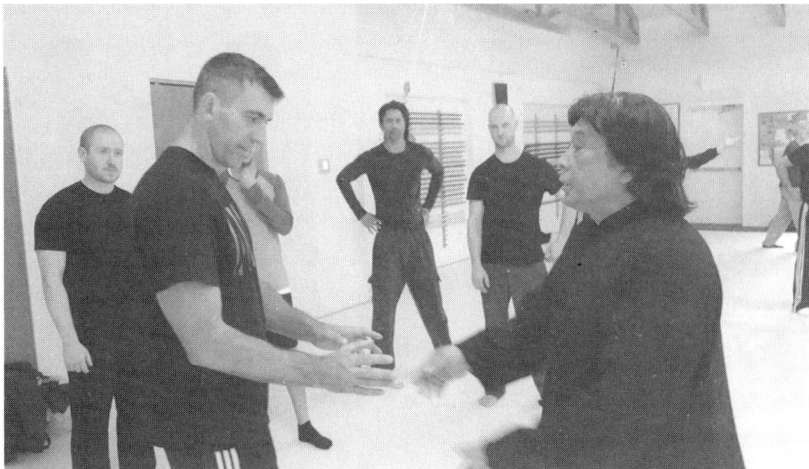

图 2-2 赵泽仁讲解量敌与接手

的是量敌与接手练习的课程。

　　接手也有主动与被动之分，主动是讲主动地伸出手去接触对手身上的特定部位，如主动伸手去抓对手的肘。被动是说当对手主动进攻时发生的接触，譬如对手抓你手腕，你就是被动地与他发生接触。在大多数情况下，太极拳都是以被动接手为主，因为这样做最省事，效率最高。在太极拳的技术中，只要有接触就可以做到感知对手、控制对手，而并不在意在哪里发生接触，谁先主动接触谁。所以王培生师爷常说："与其你追着抓他，不如等着他来找你。"也就是所谓以静制动、以逸待劳、后发制人。有些人在推手或技击时，总是急于先抢占有利位置，特别是手上接触点的位置，如同摔跤中的抢把。这样做说明对太极拳的理解还不够成熟。

　　当需要主动接手时，顺势而接是最重要的原则。顺势接可以在局部使相对的速度减缓，同时使接触的范围更大，因此接手的成功率更高。譬如对手向我脸上打来一拳，如果我以自然反应的方式直接挡架，那么只有在一个时间点与位置点上可以成功。当对手出拳很快时，成功率很低。如果采用顺势而接的方式，对手出手进攻，我的反应是先去接他的肘（图2-3），并顺着他的动作，从肘向着他手运动的方向拦挎（图2-4），这样就造成从他的肘到手这段距离中，我的

图 2-3 顺势接肘　　　　　　　　　　　　　图 2-4 顺势拦捋

手都有与其接触的可能，也就是延长了可能接触的时间，同时扩大了可能产生接触的范围，使接触的成功率大大提高。

当技击训练达到较高水平后，还常常会有所谓"虚接"的情况，即形体上并没有与对手真的接触上，但神、意等已有接触并有感应。由于神、意是人的动作的主导，对于对手神、意的影响、感应也会对其动作与心理产生影响，并以此达到控制对手的目的。这种虚接的现象常常使人不理解，但它是所谓神明技术的基础。然而在训练中必须明确，这种能力不是直接、有目的性地练出来的，而是自然形成的。不可强求，也不必追求，要顺其自然求自然，达到无为无不为。

这里介绍几种简单的接手训练方法。在练习中，练习同伴以直接打击类的技术动作来"进手"或"喂招"。开始时，这些练习都是主动的接手练习，要逐渐将它们转化为被动的接手练习。在接手训练中，喂招是主要练习方法之一。所谓"喂"，就是说参加练习的一方向另一方提供帮助，如同小孩子还不会自己吃饭时，需要大人喂。在练习中，喂招的一方使用某个技术，譬如打出一直拳，也可称之为"进招"或"进手"；而接手的一方则需按照要求练习接手技术，也称"接招"或"接手"。

在接手技术中，从我方角度看，"顺接"即是指我使用与对手进手同一侧（俗称顺边）的手去接触对方，譬如对方以右手进手，我以左手去接手。"对接"是指我使用不同侧的手去接手,譬如以我之右手去接对方之右手。"外接"是指从对手手臂外侧接触,故接手后我在其侧面,这时会形成对手另一侧手臂不方便使用的状态。"内接"是指从对手手臂内侧接触,故接手后我处于对手的正前方,可以对其造成一种直接冲击之势,但是这时会存在较大风险,因此必须在接手时立即进身,并同时实施控制。

以下是以单手做接手的几种情况:若对手以其右手向我头部进攻,我左手从其右臂外侧做单手顺接与外接(图2-5);或从其右臂内侧做单手顺接与内接(图2-6)。对于对手的右手进攻,我也可以右手从其右臂外侧做单手对接与外接(图2-7);或从其右臂内侧做单手对接与内接(图2-8)。

图 2-5 单手顺接与外接　　　　　　图 2-6 单手顺接与内接

图 2-7 单手对接与外接

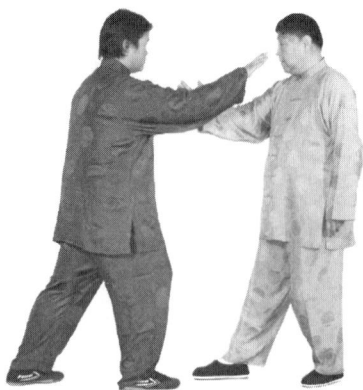

图 2-8 单手对接与内接

以下是以双手做接手的几种情况：若对手以其右手向我头部进攻，我以左手为主、右手为辅，同时从其右臂外侧做双手顺接与外接（图2-9）；或者以左手为主、右手为辅，同时从其右臂内侧做双手顺接与内接（图2-10）。对于对手的右手进攻，我也可以右手为主、左手为辅，同时从其右臂外侧做双手对接与外接（图2-11）。若对手以其左手向我头部进攻，我可以左手为主、右手为辅，同时从其左臂内侧做双手对接与内接（图2-12）。这几种接手方法可作为以下接手练习的参考。

图 2-9 双手顺接与外接

图 2-10 双手顺接与内接

图 2-11 双手对接与外接

图 2-12 双手对接与内接

　　接手练习的基本原则，第一是总要顺势而动，即接手的动作在整体上是按照对方进手的动作而动。对方一动，就要得到其动势，使自身的接手动作与之在节奏上相合、形态上相随，在共同运动中发生接触，要避免发生硬性碰撞或强行改变。第二是要通过训练建立起正确的时间与距离的反应感觉，其中重点是要体会时间方面的不早不晚与距离方面的不多不少刚刚好。因此，在训练时必须特别认真，必须避免任何不小心、不在乎的态度。第三是要训练接触即控制的能力，重点是在不丢不顶中，以顺势柔和的方式实现控制。粘黏连随是这些基本原则的基础。在具体练习中，进行多少控制可以根据具体情况而定，但是要把接触与控制当成一体练习，不可分离。

　　在下面几组接手套路练习中，有些要点需要时刻注意：第一，要提起精神，保持稳定、机警，还要有气势，要有动若惊鸿之感。第二，要保证注意力集中，认真观察对手，视觉是量敌中的重要判断手段。目光需直射目标，以关注对手眼神为主，同时余光需保持扫视对手两肩、两胯。第三，要时刻注意调整接手的时机与接触点的位置，重点是体会时间感，从而训练反应能力。第四，要注意随时调整身体的位置，即双方身体之间的位置关系，也就是距离感。第五，接手练习时需要特别注意掌握节奏，不可将这种练习打成熟套路。这里主要是进手喂劲的一方，需要在速度、频率、角度、距离等方面，经常做一些无规律的变化。

在下面的练习中，开始可以使用定步，即只有身体的前后移动，而无任何步法上的变化。而后可以做半步进退，即在身体前移时，顺势前进半步，身体后移时，顺势后退半步。需要从这种练习中去认真体会接手时的距离感。最后可以是完全没有限制的步法自由、随机进退转换，所谓"步随身换"，当然不能离开太极拳的基本原则。由于篇幅所限，这里只介绍定步练习。

接手练习方法

1. 单手顺接练习

双方对立而站，平视前方对手，余光要扫视对方的两肩，双方左脚均向前一步（图2-13）。我（着浅色衣服，下同）先进招，即身体前移，同时出右手直击对手（着深色衣服，下同）头部左侧。对手随之接手，即身体随势后移，出左手，以我右肘为目标，从下向上掤直到接触我右肘（图2-14）。

接触后，对手顺我右手之动势，意想以其左手摸其右肩，向右后掤、采，使我右手的进攻落空（图2-15）。当我右手掠过对手右肩后，对手顺势将我右手压下；同时，变为进招，即身体前移，出其右手直击我头部左侧。我则顺势退身，同时起左手，顺势接其右肘外侧（图2-16）。

在我左手接触到对手右肘外侧时，需顺着对手右手的动势，意想以我左手摸我右肩，向我右后侧掤，同时身体后移，使其右手失去中心线而落空（图2-17）。当对手右手掠过我右肩后，我应立即顺势将对手右手压下；同时，变为进招，即身体前移，出右手直击其头部左侧。对手则需要顺势退身，同时起左手，欲随势接我右肘（图2-18）。

我继续进身、进手，以右手攻击对手头部左侧。对手继续顺势以其左手接我右肘外侧，向其右后侧将（图2-19）。如此我与对手循环进招、接手，反复练习。

图 2-13 单手顺接对练起势

图 2-14 我进右手，对手起左手顺势接肘

图 2-15 对手顺势退身回将

图 2-16 对手换势进右手，我起左手顺势接肘

图 2-17 我顺势退身回将

图 2-18 我换势进右手

图 2-19 对手起左手顺势接肘

2. 双手顺接练习

双方对立而站，平视前方对手，余光要扫视对方的两肩，双方左脚同时向前一步（图2-20）。对手先进招，即身体前移，出右手直击我头部。我需顺势接手，即身体后移，出左手，以对手右肘为目标，从下向上将。接触后，顺其动势，意想以我左手摸我右肩，向我右后将，可以达到其小臂或手腕处（图2-21）。

同时我右手从左臂下前穿，至左手前方去摸对手右肘；我双手同时将对手右臂向我右后侧将，当对手右手被将而偏过我身体中线后，其身体会略向左前倾（图2-22）。我可继续进左步，身体前移，右手持续横将，同时迅速将我左手挪到对手右肩头上，与右手一起形成向我右前方的推势，我劲力方向从向右后将变为向右前推，即90°的改变。这会使对手重心不稳，向其左后方倾倒（图2-23）。

双方可以如此循环进招、接手，反复练习。在练习时，我左、右手接触对手的时间间隔可以很小，甚至几乎同时，称为"十字手"，如图2-22所示。

图 2-20 双手顺接对练起势

图 2-21 对手进右手，我起左手顺势接手

图 2-22 我以十字手顺势接手并向侧后将

图 2-23 我分手横将，变向右前推

3. 双手对接练习

双方对立而站，平视前方对手，余光要扫视对方的两肩，双方左
脚同时向前一步（图2-24）。对手先进招，即身体前移，出右手直
击我头部。我随势接手，即身体后移，出右手，以对手右肘内侧为目
标，从下向上将。接触后，顺其动势向左后将（图2-25）。同时我左
手从右臂下向前穿，至右手前方去摸对手右肘内侧，接触后两手一起
横将（图2-26）。

当对手右手被将而偏过我身体中线后，我可以进左步，身体前
移，同时迅速将右手挪到对手右肩内侧，与左手一起形成向我左前方
的推按之势，我劲力方向从向左后将变为向左前推，即90°的改变，
这会使对手重心不稳，向其右后方倾倒（图2-27）。

双方可以如此循环进招、接手，反复练习。当我双手做接手横将
的时间间隔极小时，也可看作是十字手的一种变化，如图2-26所示。

图 2-24 双手对接对练起势   图 2-25 对手进右手，我起右手顺势对接

图 2-26 我以十字手顺势接手，并横捋

图 2-27 我分手横捋，变向左前推

接手与跟进

所谓"跟进"是指当对手的肢体动作收回时，我能够顺其退势跟着进手、进身，这是能否实现控制的关键。一般而言，如果接手成功，能够获得第一接触点，那么跟进就可以比较自然地实现。如果没有接到怎么办？取得第一接触点固然重要，但谁也不能保证每次都能顺利接着。如果有接不着的情况出现，多数是因为对手出手与回手的速度都比较快。当然接不着可以等下一次，但是如果老等，就会陷于被动。在太极拳技击中，即使是没接到，也要应用太极拳的粘黏劲，随着其回手之势而跟进，再在跟进的过程中寻找接触。事实上，这种第一点没接到而随势跟进的情况是非常普遍的。既然没接到对方的进手，如何使用粘黏劲呢？这里有一个势态问题。当粘黏劲的练习达到高级阶段后，自身会逐渐产生出一种对于对手形体动态的感应，也就是说粘黏劲不仅仅是在接触点上，而是在整体的身体动作的动态上可以与对手产生一种粘黏不离之势，正是所谓"如能水磨催急缓，云龙风虎相周旋"。在实战技击中，第一点接不着是十分常见的情况。要做到形体上虽然没接到，但势态上却粘黏到了，这时如能顺其回手退势而跟进，如影相随，则实际接触就有很大的把握了。

当训练达到更高的境界后，还会产生神、意相接的状态。就是说使自身的神、意与对手的神、意产生感应。本质上就是通过自己的神、意向对手发出心理暗示，使对手在不知不觉中与你产生一定的默契，有与你的动作相合之意，如同粘黏。能达到这个程度，形体上第一点接触与跟进就都可以变得很自然流畅。由神、意的虚接所产生的粘黏，往往可以使跟进达到更好的效果，因为这样的跟进更容易产生控制效果。跟进的原则是接手练习中的一个重要方面，必须认真练习。下面的几组练习都是讲当获得第一接触点后如何跟进，练习时需要特别注意手法与步法相合。

1. 单手顺接跟进练习

双方对立而站，平视前方对手，余光要扫视对方的两肩，观察对方动向。对手先上左步，出左手向我进攻，我需随势身体略向后移，起右手，以对手左肘为目标，从下向上捋（图2-28）。

当我右手与对手左臂发生接触后，需顺势回捋，同时可以带有抓拿之劲；即使对手欲抽回左臂，也应该能够抓住对手左腕（图2-29）。对手感觉形势不利，欲抽手退身，我需顺势随之而进身；我右手需与对手左腕保持粘黏不离，同时进右肘去粘黏住对手左肘，用以加强对其左臂的控制（图2-30）。

我虽然以右手、右肘控制对手左臂，但是需保持放松，不要用力，随着对手自然而动。当对手退身，且将手臂基本收回到身前时，我需顺势进身，伸展右臂，有追击之势（图2-31）。这个顺接跟进的过程，即是"进之则愈长，退之则愈促"。如此对手与我可以循环进招、接手，反复练习。

图 2-28 对手进左手，我顺势接手

图 2-29 我接手后顺势控制

图 2-30 对手欲回撤，我需进肘保持粘黏不离

图 2-31 对手退身，我需顺势进身、进手，有追击之势

　　在练习中，当对手进攻时，一个常见的情况是我身体退得较快而接手慢了，即虽然对手的进攻失效，但是我也没有接触到对手的胳膊。这时对手会马上收回左手，而我必须立即顺其手臂的回动之势，以连随之法，并用掤、挤之类的技法向前进身跟进。务求当对手左手回到身前时，我右手也能够跟到。跟进时需进步、身体前移，使控制之劲能够直达对手身上。虽然开始时肢体上没有接到，但是整体动态需要如接到了一般，这里关于动态的感觉最重要。

2. 双手对接跟进练习

双方对立而站，平视前方对手，余光要扫视对方的两肩，观察对方动向（图2-32）。对手先上右步，出右手向我进攻，我需随势起右手，在掌心向外翻转的同时，以对手右肘为目标，从下向上捋（图2-33）。

当我右手腕外侧与对手右臂发生接触后，需顺势回捋，同时略向右横带；即使对手欲抽回右臂，也会略有困难（图2-34）。在我右手回捋的同时，向右微转身，起左手去接对手右肘；由于右手已有接触，所以这个接触比较容易获得（图2-35）。

对手感觉形势不利，欲抽手退身，我需顺势随之而进身、进步；双手需与对手右臂保持粘黏不离，而后，翻右手去粘黏住对手左手，同时我左手保持对其右臂的控制（图2-36）。

我虽然以右手、左手一起去控制对手右臂，但是需保持放松，不要用力，随着对手自然而动。当对手将手臂基本收回到身前时，我需顺势进身、上步，伸展右臂有追击圈打之势。这个对接跟进的过程，也具有"进之则愈长，退之则愈促"的意思。如此对手与我可以循环进招、接手，反复练习。

图 2-32 双手对接跟进对练起势

图 2-33 对手进右手，我起右手对接

图 2-34 我接手后顺势回捋

图 2-35 我双手顺势对接后需控制

图 2-36 对手欲回撤，我需保持粘黏不离，顺势进步、进身追击

如果在练习中遇到对手进攻失效，但是我也没有接触到对手的胳膊，这时对手会马上退身并收回右手，我必须立即顺其手臂的回动之势，以连随之法，并用掤、挤之类的技法向前进身跟进。务求当对手右手回到身前时，我双手也能够跟到。跟进时需进步、身体前移，周身相合很重要，使控制劲能够直达对手身上。虽然开始时肢体上没有接到，但是整体动态方面需要有与接到了一般的感觉，这里关于动态的感觉最重要。

控制

在实战情况下，一般双方接触的时间比较短，但是不能因此就把太极拳的技击搞成那种见招打招、见势打势类的硬性碰撞式的踢打摔拿。技击中最重要的是要有控制，能够充分控制对手是太极拳技击中的精髓。太极拳技击中讲的控制，第一是简单的肢体控制，即通过对肢体上某些位置的控制，使对手的肢体动作产生阻力，不能顺利地完成其技术行为。第二是劲力的控制，即在接触中，通过控制对手的劲力源头，或阻断或改变其劲力的运行线路，使对手的劲力无法使用通顺，无法取得预期效果。而最佳的劲力控制则是使对手的劲力对其自身产生副作用，自己给自己制造麻烦，形成越用劲自身麻烦越大的效果。第三是平衡的控制，使对手进入失衡状态，并尽可能地将其维持在这种状态中。第四是精神控制，即通过技术动作与心理暗示相结合的方式，干扰对手的心理、情绪、思想意识等方面，影响其正常思维判断与行为反应模式，这是控制所追求的最高境界。需要注意的是，精神控制是通过大量高质量的推手与技击练习后自然产生的，没有专门的练法，不必也不可刻意追求；凡是专门追求这个的，都必入歧途。因此，我们讲控制时，并不包括精神控制。当训练达到顶级阶段后，就会自然显现，到时自然会有所体会。

在实战中，从与对手一接手，或者说一有接触时，控制就开始了，而且是持续进行，直到竞技结束。太极拳的基础功夫粘黏连随中的一个重要功能，就是与对手保持接触，从舍己从人到我顺人背，从被动相随到主动控制、后发先至，这是保证控制的必要手段。有效的控制，一方面要造成对手不能、也不敢脱离接触，一脱离就挨打；另一方面自己可以在控制的同时进行脱点打击。有两点应该注意，一是有接触才能有控制，这是讲接手的重要性；二是有接触就必然有控制，这是说控制的重要性。在太极拳技击中，接手与控制是不可分的。控制的方法有很多种，这里介绍一组在最典型、最常用的控制原则下的训练方法——顺势走螺旋圈。

顺势走螺旋圈的原理：在与对手接触的瞬间先要舍己从人，在整体上顺着对手的用力方向，随其运动，就是"走"。在运动过程中，同时要"黏"住对手，并逐渐改变接触点上的运动方向，形成一个螺旋圈，就是太极拳黏走相应的懂劲之理。在这个螺旋圈的旋转中，接触点上的运动方向会略有改变，圈的大小也有变化。因此，可以在不经意中令对手失去平衡，达到对其平衡的控制。在技击中，从舍己从人转换到我顺人背、得机得势，进而实现对于对手的整体控制，是应用太极拳打、发技的前奏。这个控制原理必须理解透彻，认真练习，其中转换的时机最重要，须仔细体会。

1. 顺势走螺旋圈之练习一

当对手进右手进攻时，我需顺其动势接手，以我右手接住对手右手腕，欲顺势向我右侧引领，左手向左前伸展与右手相合，成虚向右推赶之势（图2-37）。双方接触一发生，对手可迅速顺势外翻右手，抓住我右腕并略向内拧，欲控制我右臂。我的右腕并不用力与对手对抗，而是保持放松与之相随，即右手、右臂翻转下落，我身体也随之右转，同时以右手食指尖按相随的路径意念在地上画圈，开始与对手的拧腕动作完全相合，而后逐渐加大，呈螺旋状，向我身体右后侧引带，同时逐渐在我右腕上加上粘黏劲，破坏对手的平衡。这时我左手也可以略推对手后颈、背后以助力（图2-38）。

这时如果对手想改变，无论其在何处用力，我都放松随之，使其找不到力点，同时在粘黏点上做些辅助。当旋转到一定程度时，对手的平衡开始被其自己的力量所破坏，这时我可进行阴阳转换，将接触点上的随完全转换为粘黏，并顺势控制住对手，使之陷入失衡状态中（图2-39）。

图 2-37 对手进攻时，我顺势接手引领

图 2-38 对手抓拧我右手，我身体顺势右转，同时右手走螺旋引带

图 2-39 我虚实转换，借对手之力破坏其平衡

2．顺势走螺旋圈之练习二

当对手出右手进攻时，我需顺其动势接手（图2-40）。我起左手接住对手右肘外侧，欲顺势向我右后方引领（图2-41）。

当双方接触一发生，对手可迅速松肩、沉肘，顺势外翻右手，向我左侧横挒。我需顺势沉左肘，同时左手回挒，抓住对手右腕并略向内拧旋，左肘轻轻顶在其右肘外侧，控制住对手右臂（图2-42）。

如果这时对手仍以右臂在前，保持前冲之势，我左手并不用力与对手对抗，而是保持放松，顺其前冲之势撤左步、左转身，同时起右手，协助左手一同抱住对手右手，并随着身体的转动而向外拧翻（图2-43）。

如果对手仍能相随而进，譬如右手、右臂翻转下落，我身体需随势继续左转，使双手贴近我左肋下，以此为圆心，同时身体重心向右腿转移，并以右肘向左前方画圈，即是黏，使对手右臂上的劲落空，并向其右前方倾倒（图2-44）。

图 2-40 对手出右手进攻，我欲顺其动势接手

图 2-41 我左手顺势接手后，欲向我右后方引领

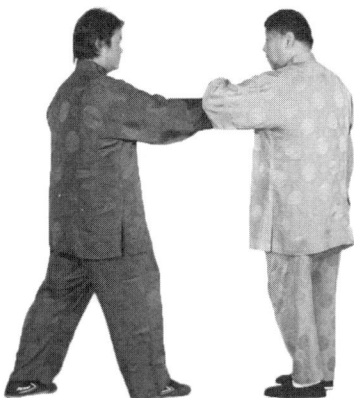

图 2-42 对手横捋，我顺势控制其右臂

图 2-43 对手仍保持前冲之势，我顺其势
撤步、转身，双手随之向外拧翻

图 2-44 若对手能相随，我以左肋下为圆心，右肘画圈，
身体随势左转，使对手落空倾倒

3. 顺势走螺旋圈之练习三

当对手出右手进攻时，我需顺其动势，起右手以手腕外侧接住对手右腕外侧，并顺势向我右侧引领（图2-45）。在顺势引领的过程中，我右手翻腕，向右后下方下采，使对手身体前倾（图2-46）。

这时对手可迅速上左步，松肩、沉肘，使我下采劲落空，并顺势以右肩向我胸前靠撞（图2-47）。我需顺势提顶、涵胸，并以左手从对手背后按在其左肩上，顺其肩靠之势向后扳之，可使对手的肩靠之劲落空，身体向左后旋转（图2-48）。

这时可以以对手右肩头为中心，我右手追其右手，顺其身体向左后旋转之势，从对手左侧围绕其身体走一个大圈，促其持续左转并向后倾倒（图2-49）。

图 2-45 对手进攻，我顺其动势接手，并向右侧引领

图 2-46 顺势引领中，我右手翻腕下采，使对手身体前倾

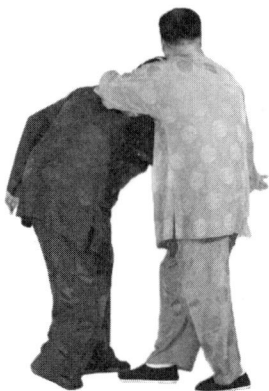

图 2-47 对手放松，并顺势以右肩向我靠撞

图 2-48 我以左手顺对手肩靠之势向后扳之，使其肩靠之劲落空，身体向后旋转

图 2-49 我右手追对手右手，顺其身体向后旋转之势，促其向后倾倒

4. 顺势走螺旋圈之练习四

如果对手以右手抓住我右手腕，左手抓住我右肘，并欲向下、向我身后扳拧我右臂时，我需保持放松，不与其对抗（图2-50）。我需沉右肩、坠右肘，使我右臂顺其扳拧之劲而动；当我右手被拧到右胯附近时，对手的拧劲已减小，这时需以我右手食指为引导，将右手很自然地向我右前方伸展。这会导致对手的扳拧之劲完全落空，同时身体前倾失衡。为了保持稳定，这时对手双手会在我右臂上抓得更紧，其双手不能放松（图2-51）。这时我需提顶，身体略向下沉，同时

右手翻腕，向右后下方下採，借助对手抓在我右臂上的劲将其向左前方带动，并起左手，从对手身体右后方做一个绕过其身体的大圈，与我右手相合，使对手随势围绕着我身体转动，身体加速向前倾倒（图2-52）。

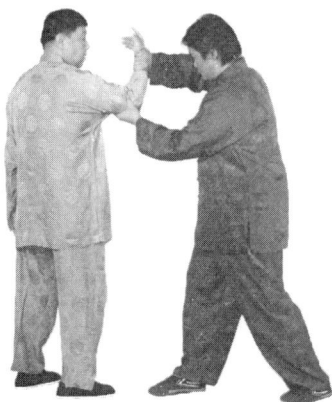

图 2-50 对手抓我右腕、右肘，欲向我身后扳拧我右臂，我需保持顺势放松

图 2-51 我右臂顺对手扳拧之劲而自然旋转、伸展，使其劲落空，身体前倾失衡

图 2-52 我借对手的劲将其带动，并起左手与右手相合，令对手向前倾倒

5. 顺势走螺旋圈之练习五

如果对手以右手反抓住我右手腕，左手抓住我右肘，并欲向我身后、向下扳拧我右臂时，我需保持放松，不与其对抗（图2-53）。我沉右肩、坠右肘，同时重心向左腿转移，使我身体右侧产生松空感，故右臂可以顺其扳拧之劲而动（图2-54）。

当我右臂放松并顺势而动，可使对手的拧劲落空而减小，这时需以我右手食指为引导，右手黏住对手并顺势外翻，使之身体前倾（图2-55）。我右手很自然地向我右后方伸展，这会导致对手的扳拧之劲完全落空，同时失衡。为了保持稳定，对手双手会在我右臂上抓得更紧，其双手不能放松（图2-56）。

这时我需提顶，身体略向下沉，并向右后转身；同时我右手翻腕，向右后下方下采，借助对手抓在我右臂上的劲将其向左前方带动；同时起左手，从其身体右后方做一个绕过其身体的大圈，与右手相合，造成对手随势围绕着我身体转动，使其身体向前倾倒时还向右旋转，顺势加速对手向前翻倒（图2-57）。

图2-53 对手反抓我右腕、右肘，并欲向我身后扳拧，我需保持放松，不与其对抗

图2-54 我沉肩、坠肘，使身体产生松空感，右臂顺其扳拧之劲而动

图 2-55 我顺势而动，使对手拧劲落空，以右手黏住对手并顺势外翻，使之身体前倾

图 2-56 我右手顺势向右后方伸展，导致对手的扳拧之劲落空，并失衡

图 2-57 我向右后转身，右手翻腕、下采，借助对手的劲将其向左前方带动，使其围绕我转动并向前倾倒

发与打

在太极拳技击中，一般而言，"发"包括发放与打击两种意思。由于在推手中多不使用直接打击的技术，所以当说"发"时，多是指发放，即将对手推、扔或摔出去。多数情况下，发放时与对手之间的接触比较柔缓，因此一般不会在接触点上伤及对手。而在实战技击中，说"发"时，虽然也是指任何形式的发放或打击，但是其中多指发放与直接打击并用的技术。直接打击有时称之为"打"，是特指以比较突然、比较大的力量对对手进行打击，与对手的接触会比较刚、

比较急，因此常常可以在打击位置上造成直接伤害。在传统中，虽然对实战技击里的"发"与"打"没有严格定义，但是一般当人们说"发"，即是指发放，说"打"，即是打击。无论是发还是打，之前都要先拿，即控制，拿好后可发可打，也可发打兼顾。是发还是打，要具体情况具体分析。图2-58所示的是打法的应用教学。由于太极拳架的练习总是遵循柔慢轻匀的风格，推手练习也常常看似游戏，所以很多人并不知道太极拳中有打，更不知道打的威力。事实上，太极拳不但能打，而且追求的是能够产生震撼效应的打法，是高效的、摧毁性的打法。在前辈们的传奇故事中，都有一些打死、打伤人的情节，虽然有些故事的真实性现在无法判断，但是至少说明这种程度的打法是太极拳所应具有的。

在太极拳的高级技击中，接手、控制、发或打，常常是一体的。当年王培生师爷与人动手时，常常是"搭手即翻"。这是因为在与对手接触的瞬间，他已经控制住对手，将对手所使用的进攻之力转化为破坏其自身平衡之力，并顺势将其发出。很多时候，发人的形体动作非常小，旁人常常不能看清到底发生了什么。由于有很好的控制，最后是发还是打并不重要，可随意而行。笔者以前遇到过不懂拳理的人，与其比手，把他发倒在地，他并不服气，认为摔个跟头不算什么，他还能继续打。而后笔者使用小力度的打法将其击倒，虽没伤他，但也使其心惊。他难受了几天，从此不再说太极拳只能推推手，不能真打。

太极拳的实战技击中，常常是在发放中加入打击，是一种"落井下石"的效果。当能够控制对手使之失衡后，发或打之前，使用脱钩技术非常有效，这是太极拳技术的一个特点。特别是在使用打时，必

图 2-58 赵泽仁演示打法

须在拿的基础上做好脱钩，这样可以大大增加打的威力。过去说"脱钩必打，打必脱钩"。脱钩的时机最重要，必须牢牢把握，就是拳论中说的"重里现轻勿稍留"。下面介绍两个脱钩打法的例子，读者可以通过练习体会其中的感觉，寻找最佳时机。

1. 脱钩打法之练习一

如果对手以双手按在我右臂上向前上方推我（图2-59），我需涵胸、收腹、溜臀，全身松沉；同时以右手食指引导右臂向前上方掤起，担起对方之力；我左手顺势向右推，带动身体略向右转，使对手身体重心上升，失去稳定（图2-60）。

我保持右臂向上掤起，同时身体向下松沉，这会使对手处于持续不稳定的状态，最终导致失衡。这里要特别注意，当对手失衡的一瞬间，我右臂与对手的接触点上会产生"重里现轻"的感觉，这时我必须立即全身收缩，将右臂撤回，与对手脱离接触，即脱钩，屈身蓄劲，目光射向对手身体左后方，进入发劲状态（图2-61）。

我之神在对手左后方，意在对手右肋下，以意追神，两手追意；当出手时，需要注意调整自己的身形，保证命门穴与右脚尖都对正神的方向，尾骶骨追右脚跟，全身放松协调（图2-62）。

　　接上动不停留，神到、意到、气到、劲到、手到、脚到、身到，上下相随，内外相合，将对手发出去（图2-63）。当我双手与对手身体接触发劲时，可以做比较柔和的推，也可以是快速、猛烈的打击。

图 2-59 对手向前上方推我，我全身松沉，右臂略有掤劲

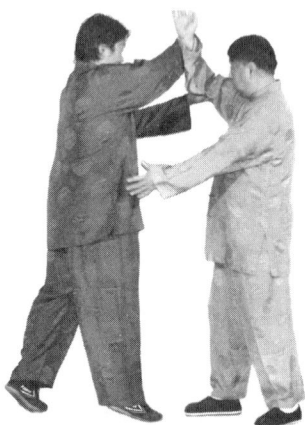

图 2-60 我右臂向上掤起，左手顺势向右推，身体略向右转，使对手身体失去稳定

图 2-61 当对手失衡时，我立即与对手脱离接触，脱钩蓄劲，进入发劲状态

图 2-62 我调整身形，以神领意，命门穴与右脚尖对正神的方向，尾骶骨追右脚跟，全身放松协调

图 2-63 我需上下相随、内外相合，保证发劲流畅

2. 脱钩打法之练习二

如果对手以右手抓住我右腕，左手托在我右肘下，欲向前上方掀推我（图2-64），我不在右肘上与其对抗，而是沉右肩、坠右肘、涵胸、收腹、溜臀，全身松沉，重心向左移动；同时右肘微微下沉，并以右食指引导右臂向前上方掤起，担起对方右手之力，带动身体略向右转，使对手身体向左倾；我左手顺势扶在其右肘上向右推，使对手身体重心上升，失去稳定（图2-65）。

我需保持右臂上的掤劲，同时我右手向外翻转并向下按，左手助力，身体也向下松沉，这会使对手双手上的劲均落空，左手失去控制，右手被控制，最终导致他向左前方失衡（图2-66）。这时对手处于持续不稳定状态，要特别注意，当对手失衡的一瞬间，我右手与对手的接触点上会产生"重里现轻"的感觉，这时我须立即将双手撤回，与对手脱离接触，即脱钩，同时身体略向前探（图2-67）。

我目光射向对手身体左后方，意在对手右肋下，屈身蓄劲，以意追神，两手追意，双手向前扶在对手右肋上，进入发劲状态（图2-68）。当出手时，我需要注意调整自己的身形，保证命门穴与右脚尖都对正神的方向，尾骶骨追右脚跟，全身放松协调；神到、意到、气到、劲到、手到、脚到、身到，上下相随，内外相合，将对手发出去（图2-69）。当我双手与对手身体接触发劲时，可以做比较柔和的推，也可以是强烈的、有冲击性的打击。

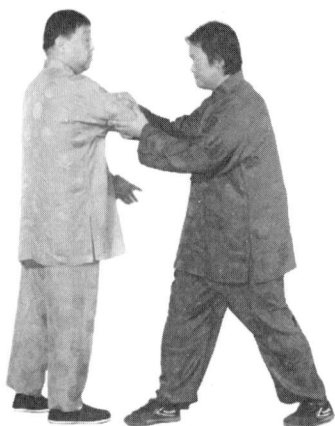

图 2-64 对手抓我右腕、托我右肘，欲掀推我

图 2-65 我全身松沉，右臂向前上方掤起，带动身体略向右转，使对手身体重心上升，失去稳定

图 2-66 我右手向外翻转、下按，左手助力，使对手的劲落空，导致其向左前方失衡

图 2-67 当接触点上产生"重里现轻"的感觉时，我须立即与对手脱离接触

图 2-68 我屈身蓄劲，以神领意，以意追神，进入发劲状态

图 2-69 我需要注意调整身形，周身相合，保证发劲流畅

图 2-70
赵泽仁演示打击与发放

太极拳中的打击有两个要点，第一是时机，第二是位置。这里讲的时机与一般发放有所不同，主要是指对手的身体反应，譬如当对手刚要吸气时，其身体的自我保护处于最弱状态，这叫"打呼吸"。位置是指打击对手身体上的哪个部位。人体上有些位置是很脆弱的，遭打击可以致伤，甚至致死。要学习并认清这些位置，一方面为了提高技术水准，另一方面也是为了避免伤害。在传统太极拳中，有专门的打法练习与打法要诀，需要认真学习。图2-70所示的是打法应用。

技击中的手、眼、身法、步

实战技击必然是在运动中进行的，"此为动功非站定，使身进退并比肩"说的就是这个道理。在运动中使用太极拳的技法与对手技击包括三步：接触、控制、打击。接触就是前面所讲的第一接触点问题，没有接触就没有技艺的实施。控制是指按照太极阴阳哲理，以太极拳技法对于对手的整体控制，其中最重要的是平衡控制。打击泛指任何用于完成技击过程的技术，可以是点到为止，可以是在控制下的摔倒，也可以是使人伤残的重击方法，完全由每次技击的具体目的所决定。为了能将这三步做好，技击过程中要特别注意手、眼、身法、步之应用。

手是手法，泛指拳术中的技法技术。眼是眼神，于外是指观察能力，于内是指心神、意念等对技术的引导、指挥作用。身法是指身体的整体运动形态，包括外部的肢体动作与内在的气、劲运行，以及由此产生的身体上的松紧、刚柔等状态。步是步法，是技击中所有运动的基础。在技击中，手、眼、身法、步之间有密切的关系。心神是指导，是总纲；整体上的进退、闪展，靠的是步法；步法又与身法紧密相合，身随步走，步随身换，劲力的作用随着身法变化而生；在此基础上是各种手法的应用。

在实战技击训练中，第一就是要训练眼。观察能力的提高，首先是经验积累，然后总结规律。与其他门派不同，太极拳中眼的训练，更重要的是心神通过眼神的应用，即整体技术动作中的领导作用，所以练眼就是炼神。其中，一要心静，眼神不可慌乱，才能意专；二要神敛，视而不见，不受外界干扰，不被外界牵动；三要学会以神意拿人、放人。所谓以神意拿放，既不虚假，也不神奇，而是靠从眼神中表现出来的神意，配合适当的形体动态，从而形成对于对手强烈的心理暗示所产生的结果。

第二是身法与步法的训练。身法中的第一要素是中正的问题，要达到守中、用中、不离中。其中的核心是提顶，即"顶头悬"，这时全凭神意。身法中的另一要素是气在体内的运行问题，要达到贯串与鼓荡，气的运行本质上就是劲力的应用。步法的重点是转换，即"进退须有转换"，就是阴阳虚实的转换。需要注意的是，在达到高级阶段以后，步法中的虚实转换已经不是简单的身体重心的转移了，而是关于中气晃动、丹田旋转的内功运用问题，是所有太极拳技术的基础。身法与步法关系密切，可以说是一体的。另外，实战中的步法与日常盘架子、推手时所用的步法往往不同。实战步法一般架势较高，而且步幅都比较小，显得更为随意。这主要是为了身法、步法能够更加灵活、快速地转换。虽然练法与用法看似不同，但是用法中包含着所有练习时的细节，故练法是用法的基础。所以说，如果没有足够的拳架与推手的功夫，实战训练就是空中楼阁。

第三是手法训练，主要是将以前推手等训练中学习到的、以懂劲为核心的各种技术转移到实战中的练习，重点是如何使得这些技术能够在技击中自然应用。在传统拳论中有"顾三前，盼七星"之说。"顾"是照顾、看顾、顾及，"三前"是手前、脚前、眼前；"盼"是看待、盼望，"七星"是指头、肩、肘、手、胯、膝、足等身体上的七个重要部分。在太极拳中，顾、盼都带有防守之含义，这些都是手法中需要顾及的。另外"往复须有折叠"讲的就是手法中的阴阳、虚实、动静、开合、吞吐、张弛、刚柔等变化，所以太极拳中的手法不仅是单纯的拳、掌技术动作，更重要的是其内含的劲力变化。

应敌时的心理

当面对实战时，大多数人会有兴奋与恐惧两类心理状态。兴奋是好事，但是过于兴奋也会导致精神不能专注，对于需要大量使用神意为引导的太极拳技术的发挥有副作用。恐惧是多数人都会有的心理，是对可能会发生的伤害的反应。恐惧的程度与个人的性格、经验等有比较密切的关系。恐惧会直接造成紧张，当人紧张时，心理影响生理，导致动作僵硬、迟缓，反应迟钝等。而这些是最影响太极拳技术发挥的因素，因此对于太极拳技击而言，如何能在应敌时保持心理平静是很重要的。心平气和才能头脑清醒；意专神聚，身体才能保持放松状态，使动作协调，劲力通达。

　　当人面对突发事件时，肌肉记忆决定了他对外界刺激的反应时间与反应方式。太极拳的训练可以改变人体本来的、在"先天自然之能"的基础上的反应与运动模式，从而建立起新的、符合太极阴阳之理的反应与运动模式。从生理学上讲，就是在第二反应系统下，通过有意识的引导训练，改变肌肉的原有记忆。这种训练必须经过一个长时间的过程，才能使这种新的反应与运动模式被记住，并能够下意识地进行，即"久而久之出自然"。这种改变是一个渐进的过程，因此在一个相当长的时间段内，肌肉仍会保持一部分旧的记忆，或者说新的记忆还没有被完全彻底地建立起来。如果在这个阶段进行实战技击，就常常会有一些固有的、非太极拳的技法被自然地使用出来，这是正常的现象。人越是在紧张的时候，固有的模式就越容易表现出来。而紧张往往是与事件发生的突然性，或不可预见性相关联的。这也是许多人推手时做得还可以，实战时却表现比较差的主要原因。因此，克服紧张情绪，平复心绪，是保证技术正常发挥的主要因素。

　　要克服紧张，就要多实践，在实践中建立起胆量与勇气。同时从实践中积累经验，提高技击能力，艺高才能胆大。还要在实践中解决轻敌与惧敌的心理问题，轻敌往往使人不够专注，导致各种转换不灵活，也容易使敌人有机可乘；惧敌则会导致动作僵滞，反应迟钝，神意慌乱，失去判断。近代以来，中国传统武术在实战方面出现了巨大的退步，各个主要流派的实战能力整体下降，其主要原因之一就是有关实战的实践不足。这里面有历史、政治、社会等各个方面的因素，我们这里不讨论。我们只是想提醒有追求太极拳高级实战技术愿望的同好们，实战经验只能从实战训练与真正的实战中获得，好的心理素质也只能通过实战训练与真正的实战建立起来。

实战训练与实战经验

实战训练是指有针对性的技术训练，因此并不等同于真正的实战。必须注意的是，太极拳的实战训练是建立在坚实的推手训练基础之上的，如果没有经过推手训练而达到懂劲的程度，那么实战训练必然导致以先天自然之能的技术为主导，与真正太极拳的追求无关，这是太极拳与其他门派在实战训练方面最大的不同。在太极拳实战训练中，要时时刻刻以太极拳拳理要求自己，检验自己，修正方向，要特别警惕所谓简单、实用的技术。

实战训练的内容有几大部分：第一是技术，如何能够将达到懂劲程度的技术运用到实战中，这里主要是技术应用中的时间、速度、距离等的感觉问题。第二是实战状态，如何适应不同的环境，如何调整好应敌时的心理与身体状态等。第三是研究对手，通过训练了解不同门派的技术特点，有备无患。第四是经验，现代社会中的大部分习武者都不可能有太多的真实实战经历，因此实战经验的获得主要是从训练中得到。在实战训练中，应包括一些近似真实实战的训练，使练习者能有一些切身经历。第五是有针对性地备战，对于可预知的实战，无论哪个层次，都要尽可能地做好充分的准备，不打无准备之仗。

虽然实战训练可以增加一些实战经验，但是仍然会有一定差距，真实的实战经验只能来自实战。在真正的实战中，由于所处的环境不同，往往会对技术的发挥有很大影响。因此，如果想在实战中有超水平的发挥，除了个人的性格外，实战经验具有很大的影响。实战经验有心理与技术两大方面。心理方面主要是通过自我调整保持好的状态，譬如当对手的能力、技术超出预期时如何及时调整心态与战术。

技术方面主要是应急反应。

实战经验只能从实战中积累，那什么是实战？广义地讲，可以是任何时间、地点，使用任何技术的格斗。具体地讲，实战有不同层次，可以是日常的武术技艺切磋，可以是比赛类的竞争，也可以是性命相搏。不同层次的实战，激烈程度不同，有不同的技术要求，需要不同的实战经验。现在练习传统武术的人，大多只有一点技艺切磋层次上的实战经验，毫无竞技比赛的经验。这样的人如果上擂台打比赛，基本上没有什么胜算。

事实上，这几十年中，传统武术的整体技击能力一直在下滑。与之相比，散打（严格地讲，今天的散打源于传统武术，但已然分途）或各种搏击类比赛的整体技术水平却有较大的提高。造成这种差别的一个重要的原因是技击实践的比例不同。现在大多数传统武术门派中，实战技击的训练太少，质量也不能保证；大多数人缺乏与其他人的交流，更缺少实战经历。没有实战交流，就没有实战经验；没有实战交流，那些需要经过交流才能理解掌握的技法技术以及各种感觉就无从谈起。太极拳也同样面临着这个问题，很多人练太极拳只满足于能推推手，但从来都没有经过严格的实战技击训练。所以当遇到散打类的强力冲击时，往往既柔化不开，也抵挡不住。这是一个需要认真面对的问题。我们认为，在当前缺乏完善交流机制的条件下，习太极拳者也可以适当地参加一些散打类型的比赛。但是要有明确的目的，不要仅仅为了胜负而比赛，而要从比赛中汲取、总结自己所需要的东西。近年来我们常鼓励学生适度参加比赛，以检验自己的学习和训练成效，并积累实战经验（图2-71）。

图 2-71
张云的再传弟子获得散打冠军

有些人缺乏实战经验，练武多年，很少与他人切磋（这里不是说与人争斗打架），这在当今社会本也不算什么，但是却总有些人想当大师，一方面吹嘘，另一方面对于正常的切磋又躲躲闪闪。最常见的就是以武德为幌子，来掩饰自身技击能力的不足。有些人也许武德很高尚，可是讲武德与练技击本身并没有矛盾，太极拳从不回避技击。事实上，太极拳史中的前辈名家都是以技击成名的，太极拳的名声是靠前辈们打出来的。当然我们并不认为练太极拳就要经常与人实战，而是说缺少实战经验的人不可能达到高水平。那种将武德天天挂在嘴边而又回避正常切磋的人，其真实的实战能力最令人怀疑。实战能力不高并不是错误，但是若以武德来掩饰，本身就是没有武德。

太极拳中的实战技击与打法

在传统武术中，实战技击有时也叫散手、打手、过手，是指无限制的技法技术应用。在讲述太极拳的实战技击时，虽然理论上也遵从无限制原则，但是我们内心还是应该有一个基本原则，即技法技术的应用要符合太极拳的拳理拳法。在太极拳中，用于实战技击的技法技术常常被称为"打法"，主要是指发放与打击类技术的应用，包括基本状态、基本技法原则、基本技术要领与临战时的战略战术。譬如虚实变化，就是基本状态；粘、黏、快、狠、绝等，就是基本技法原则；脚踏中门，就是技术要领；而从侧方分进、避实就虚等，就是战略战术。所有这些都有内在联系，不可能完全区分开来。

从基本原理上讲，太极拳实战技术与推手中所学习的技术没有本质的区别，只是程度不同。有些带有伤害性的"打法"技术在推手时很少应用，或者只是在较低的程度上使用，譬如踢、打、抓、拿、截、闭这类技术；但是在实战中就可能使用，有时还需要出重手。由于太极拳自身的特点，打法中的技术往往在推手训练时不被重视，甚至可能被忽视。下面我们站在实战技击的角度来重点讲述这些技术的应用。必须清楚的是，前面已讲过的所有推手中的原理、概念、技术等，均是这些技术应用的基础，因此就不再一一重述。

技击时的基本状态

从训练角度讲，习拳者需要通过技击练习达到最佳状态，而后能够在实战中保持良好的状态，这里基本状态包括自身的心理状态与身体状态。心理状态就是保持平静、机警，不紧张，不懈怠。身体状态是放松、协调。当这二者均可以做好时，整个身心处在一种放松的、能应物自然、随时可以产生阴阳虚实变化的状态。

心理状态的训练，具体讲就是要保持静、聚、稳、决、势。这些虽然是自身的状态，但也与对手直接相关。在讲心理状态时，需要明白不同的外部环境对心理的不同影响。和武友私下进行技术交流与上擂台比赛，在心理上可能完全不同。

"静"是心静，是说要时刻保持精神集中、头脑清醒，要知己知彼，沉着应敌。"一要心性与意静，自然无处不轻灵。"

"聚"是神之内聚，不受干扰。与敌相对，总要聚精会神，不可惊慌失措，自乱阵脚。要能够"泰山崩于前而色不变，麋鹿兴于左而目不瞬，然后可以制利害，可以待敌"。神聚则可意专，意专才能做到用意不用力。

"稳"是稳定，遇强大之敌而不恐惧，遇弱小对手而不轻视。如果遇强则惧敌怯战，必然惊慌失措，导致进退失据，招法混乱。如果遇弱则轻敌妄动，不能保持正确判断，则易使敌有机可乘，易被人袭。

"决"是毅然决然，当断则断，当机立断。拳谚说"当堂不让步，举手不留情"，这是实战经验的总结。技击中最忌出手时犹豫不决，"机不可失，时不再来"。

"势"是气势，是说要保持压倒一切的气势、勇气，有必胜之信心。以神意形成内在之气势，这种气势不是盲目自大，必须有明确的目标，要有"形如搏兔之鹘，神似捕鼠之猫"之威。王培生师爷常

图 2-72 赵泽仁讲解实战时的基本状态

说："一对敌，马上感觉自己身高十尺，或有十倍于敌之功力。敌进则不可撼动，我进则势不可阻挡。"所谓"静如山岳，动似江河"。同时又能小心谨慎，拿猫当虎待。要注意，这里讲的势是一种心理上、精神上的作用，而非体能上的强行对抗。

身体状态的训练重点是保持放松与协调。放松是说身上处处松轻、松空，脚下、踝、膝、胯都如有弹簧，虚实转换自如；身体如弓，松紧张弛有度；沉中有轻灵，轻中育沉稳；如浮在水上的大球，浮动流畅，内存鼓荡，触之则旋转自如。放松才能轻灵，才能有超级灵敏的感知，才能应物自然，因敌变化。协调是说全身动作，即便是很小的动作，也要能够按照太极拳的要求协调运动。在这种动作的协调之中，要特别注意身体各个部分的不同，可以说这里的重点是不同动作之间的协调。放松与协调是实战中所有技术能够轻灵活泼的基础。

以上这些都有相互的内在联系，内外相合，缺一不可。实战技击中最忌心态懒散、动作迟缓。因此，必须在训练中认真练习，理解掌握正确的技击状态，最终使之达到自然。图2-72所示的是有关技击状态的课程。

技击中的基本技法原则

实战技击中的基本技法原则，除了推手训练中所有技法以外，更强调的是如何应对凶猛的攻击，以及如何能够做出更具杀伤力的打击。

实施技法时，首先须保证粘黏，"粘黏不离得着难"，有粘黏才能知己知彼，才能因敌变化，才易于控制，才能使对手的着法难以执行。有人认为在快速运动变化的实战中无法应用粘黏，那是因为不懂太极拳的技击。能够在快速运动变化的实战技击中保持粘黏的能力，正是太极拳的高级之处，也是其独到之处。正是由于这种能力，才能形成"人不知我，我独知人"之势，使得对对手的全面实时控制成为可能，所谓"英雄所向无敌，皆由此而及也"。

松柔，太极拳的所有技法在应用中都要求与对手接触时保持松柔，使对手进攻之力如同铁锤击于棉絮，大石投入水中。但是这种松柔不是柔弱，而是如水之柔，能随形就势，但不可被压缩。同样，当进攻时，劲力也是松柔中有坚刚，如绵里藏针，如波涛拍岸，如水涌泉，其中蕴含巨大的能量。

快，不是单指形体动作的速度，而重点是讲神意，神意能快起来，则形体动作自然就快起来，动如雷霆，打闪纫针。快也是讲反应快，是高度灵敏的感知。"彼有力，我也有力，我力在先；彼无力，我也无力，我意仍在先。""彼之力方挨我皮毛，我之意已入彼骨内。"另外，快是说在运动中的相对速度，即如何自己走近路，让对手绕远，譬如以轴掼轮。

狠，这点很多人都避而不谈，在现代社会，似乎一讲争强斗狠就是没教养、不文明、缺武德。其实一个人的道德修养程度与技击中的狠劲完全不是一回事。这里讲的狠只是个技术问题，是说在有些技法技术的具体实施过程中，不可温暾，不可半途而废，必须存有一往无前的精神，必须有必胜的信念，有做到底的气概，不给对手留半点机会，即所谓狠劲与韧劲。譬如，要发人时，神向远看，神到意到，然后必须有意到、形到的无坚不摧之狠劲。这样整个发人的技术才能一气呵成，手到人飞。没有这个狠，整个技术就不可能完整，不可能得到预期的效果。

绝，"一举手，前后左右全无定向"，但是一旦有机会，就要马上发打，不给对手留有余地。"中实不发艺难精"，不可犹豫，要毅然决然。绝与狠有内在联系，绝主要是在精神意识方面，狠主要是讲具体实施时的作为方面。在推手训练中，这些往往会做得不足，故在实战训练中需要特别加强。

实战技击中的技术要领

技术要领是说在技术实施时的关键点，是技术应用成败或实现程度的基础。由于太极拳技击的核心是控制，因此在技术实施时，控制点必须准确。王培生师爷提倡的以经络穴位为标准的训练方法，一方面对拳架与推手训练中的细节有提高效率的作用；另一方面就是在技击中对控制点的精确掌握有很大帮助。具体讲，就是每个技术实施时，要知道神在哪里、意在哪里，这些不是固定的，而是通过长期推手训练所形成的一种自然反应。须知，实战中往往没有时间去想，因此必须通过训练，使控制点选择成为自然的行为。

在所有技术实施时，保持身法的状态是关键点。在实战技击中，身体的运动通常要比在推手时多，而且复杂。一旦在身法上出现问题，则会直接影响到技术的应用。譬如当遇到对手的凶猛进攻时，很多人在躲闪中身体都会自然后仰。这种身法上的错误，轻则会使腰部被挤住，上肢变化困难，下肢步法散乱，导致既无招架之功，更无还手之力的完全被动状态；重则会因丢顶而直接导致失去平衡，完全无法抵御强力冲击。

技术实施时的另一个关键点是步法，拳谚说"三分手，七分步"，就是讲步法的重要性。讲步法，一般都是讲灵活、稳定、快速变化，这些都是讲步法的运动能力。作为技术要领而言，实战中最重要的是步法要"到位"，也就是在技术实施中脚步所应该达到的位置。"当堂不让步"，讲的就是步法的位置不能错。"手到脚不到，都是瞎胡闹"，说的也是实战中步法要到位的问题。"手到身要拥"，讲的就是手法、身法与步法之间相合，就是"上下相随"，这是全身协调运动的基础，也是劲力能够发生正确作用的基础。在实战中讲的"三尖相照"，是说"上照鼻尖，中照手尖，下照足尖"，这里并非单纯地指形体动作，而是指神意、技法与步法的协调。在实战中，由于双方都处于运动状态，步法能准确到位并不容易，经常会有差半步的现象。由于太极拳对劲力的使用更加精细，所以对步法到位的要求更高。

步法还包括距离感，两人对峙，中间的距离多大属于安全范围，多大属于危险范围；对手进步，哪里是临界点；对手左右闪展，他会从哪边进？这些都是与距离感有关的技术要领，需要在实践中认真体会。

在实战中，内在神意气的运用对技术实施的效果有至关重要的作用。需聚精会神，中气贯足。要轻灵活泼，如猫戏鼠，身形飘逸。要气势如虹，如鹰下鸡场，有压倒一切之势。静如处子，动似雷霆，虚实变化，忽见忽藏。出手时，以手望枪，快、准、狠、灵、变，有无坚不摧之势；接手时，以轻柔团和之气，粘黏引进，刚柔相济；进退缠绕，随影随形；外示沉稳，内含虚灵。

实战技击中的战略战术

战略是实战中应敌的整体原则，战术是技击格斗中的具体技法应用时的原则。战略、战术都是根据太极拳的原理与技术特点所制定的。这里列出一些常用的主要原则，当然所有这些原则的运用都需灵活机动，切不可过于死板。

1. 战略原则

进身原则：通过接触，以太极阴阳转换之理控制对手，是太极拳实战所追求的第一步，也是推手训练给太极拳带来的优势。为了能够取得更好的接触，实战中就需要进身与近身，即近距离搏击，这样才能更充分地发挥太极拳在感知、懂劲、粘黏连随等方面的技术优势。进身原则中的第一条技术要领就是进身要快、整。"打人如亲嘴，手到身要拥"，就是说技击时要与对手快速地整体贴近，而非只是手脚上的远距离攻防接触。当然这里说的快并非只是绝对速度，更注重的是相对速度。进身原则中的第二条技术要领是要保持自身气势，不能一进身就被对手撞回来。要有"打人如行路，视人如蒿草"的气势，势不可当。第三条技术要领是轻灵活泼，全身各处需转换自如，忽隐忽现。进身不是与对手直接对抗，不能与对手形成僵持状态，否则会造成以力相搏的局面。

以柔克刚原则：本质上就是说不与对手进行体能方面的对抗。对抗是人在遇到危险时的自然反应，所以绝大多数武术系统追求的都是在对抗中以强取胜。而太极拳的产生和发展正是对此理念的否定，在道家哲学思想的启迪下，认识到自然界不仅有弱肉强食，也有以柔克刚、以弱胜强。在实战中，不与对手拼体能。对手有力，但我不与之对抗，而是以柔和的方式应对、引导、化解，使其力不能产生预期的效果，或者反而给对手自身造成麻烦。所以太极拳总要以放松为基础，使自身处于柔和、顺随的状态，不能一碰就紧张僵硬。

粘黏连随原则：进身是为了接触、控制，而为了保持持续控制，就需要保持接触，这就是太极拳中特别强调的粘黏连随原则。"粘黏不离得着难""歉含力蓄使，黏粘不离宗""粘黏连随意气均"。太极拳中的粘黏连随不是强力地抓住、拉扯对手，而是"不贪不歉，不即不离""不丢不顶"。粘黏连随的原则中包括感知能力，又与感知能力相辅相成。没有粘黏连随，感知就没有依托；感知能力不好，粘黏连随也做不好，也不能发挥作用。

因敌变化原则："先，以心使身，从人不从己；后，身能从心，由己仍是从人。由己则滞，从人则活。"太极拳在感知的基础上，从"舍己从人"中达到知己知彼、因敌变化。"因敌"是说太极拳不需要、也不必要预先设计任何攻防技术手段，即"无法"。一切变化与所需的技术动作，都是在实时情况下由对手所触发的，即在"从人"的过程中，由对手直接告诉我此时此刻打他的最好方式是什么，这时即为"有法"。"变化"是说在太极拳原理下，根据实时情况所做的虚实变化、阴阳转换。有法源于无法，从"因敌"中达到"动即是法"的变化，也就是无为无不为。这样才能做到以无法为有法，以不变应万变，"因敌变化示神奇"。这里需要厘清，练拳时是从有法中求无法，应用时是以无法为有法。

后发制人原则：在太极拳中，所谓"后发"并非如某些不懂内家拳的人所想象的，是等着对手先动。太极拳中的"后发"是指自己不妄动，而先引动对手；在感知能力的基础上，通过引动对手而达到知对手，进而控制对手。在具体技术方面，引动对手的方式方法有很多种，从形体动作到神意气劲都有，而且往往是多种组合。引动就是给对手提出必须回答的问题，再根据其答案而"后发"我之对应的制胜技法。

控制原则：虽然在太极拳实战中也可以使用直接打击类技术，但是控制下的打击是太极拳实战所追求的境界，就是过去王培生师爷常说的不打无把握之仗。从技术上讲，控制有局部控制与整体控制。局部控制是指对对方某部分肢体的控制，譬如肘、肩等。整体控制的重点是平衡控制，即如何使对手的身体重心发生偏移，使之失衡，并持续保持失衡。整体控制是太极拳推手训练中的核心，也是实战中必须做到的。当能够对于对手实现完全控制时，称为"得机得势"，也叫"入榫"，这是可以发放或打击的前提。

保持身体状态原则：前面已讲过实战技击中的身体状态是什么，在实战中需要能够保持良好的状态，这是能否正确实施太极拳技术的基础。实战中任何情况都可能发生，需要通过训练而有所准备。譬如头部被对手击中，很可能会导致大脑瞬间空白、头晕眼花，形成短暂的失控，这时需要能够迅速调整，恢复状态。能够保持身体状态的重点是保持心静、神聚、意专、放松。

2. 战术原则

松紧原则：太极拳在训练中总是不断地强调"松"，这是因为放松不易，但是在实战中则不能只讲松，必须是有松有紧，这样才能有弹性变化。在技击过程中，松是常态，紧是瞬间，松在整体，紧在局部。需"松而不懈，紧而不僵"，松中寓紧，紧中有松。松紧的转换体现在接手时就是忽隐忽现，使对手难以判断、应对。

动静原则："静如山岳，动似江河"，讲的是实战技击中的动静。与人接手，内劲变化需动静相间，刚柔相济，忽隐忽现。忽而不动如山，刚中柔，稳定，使对手有进不来、推不动之感；忽而动似江河，波涛汹涌，动作流畅，柔中刚，势不可当。动静有如水中浮球，无外力时很平静，外力一出，则顺势变化，随人而动，外力一过又趋于平静。

以轴掼轮原则：在实战中需要注意不断调整身体位置，总以自己为车轴，对手为车轮；自己走小圈、抄近路，让对手走大圈、绕远路。自己少动，使对手多动，以逸待劳，以静制动，以此提高效率。大多数具体技术的运用，都应用了这个原则。

侧入原则：在实战中，从对手侧面进攻是一个常用的战术，所谓"趁势侧锋入""单臂破双功"，就是说使对手另一侧的手臂被封闭在外，无法发挥作用。更重要的是，这种战术的核心是使对手重心偏移，失去稳定。太极拳有粘黏劲，因此可以做到以很小的身体移动、很柔缓的动作方式，使双方中线在接触中转换，进而达到一种效果，即不是我移动到对手侧面，而是对手偏离了自己的中线，到了我侧面。因此，侧入原则的本质是讲如何使自身保持稳定，同时使对手因重心偏离而被我控制。

中冲原则：太极拳不主张与对手直接对抗，但是在实战中有时也可以使用正面冲击、中路突破的技术，这种打法常常可以产生震撼的效果。做好中冲原则的关键在神意的引导，以及气、劲、形的协调配合。上面神需远放，下面要脚踏中门，上下相合，内外相随，"踩定中诚位，前足夺后踵，后足从前卯，放手便成功"。冲中有分，分中有合，合中寓冲。冲则无坚不摧，忽然又可化于无形。此法对于用力对抗者最为有效。另外，中冲与侧入需因敌变化、灵活转换，"舍直取横进，得横变正冲，生克随机走，变化何为穷"。另外，做中冲时，不是与对手的力量直接对冲，而是通过神意控制时机，通过意向与接触角度的变化，产生借力打力的效果。因此，这时发放的劲力是双方力的叠加，以对手的力为主，借其自己的力将其发出；我的力为辅，是用于控制发放角度、时机的劲。

乱环原则：在实战中的变化需要柔和、顺随、连贯，没有固定方式，要从"陷敌深入乱环内"达到能够自然地因敌变化。"乱"是说随机变化，但是需要符合太极拳之拳理，"手脚齐进横竖找"，就是找对手的重心，要追着打，才能使"掌中乱环落不空"。"乱"是说动作无序，但是神意中有定，就是从控制中发现发落点，这是技击制胜的关键，"发落点对即成功"。

实战技击中的打法要诀

同样的技术，在实施过程中被赋予不同的意念、意向，因此动作上会有些微小差别，可以产生不同的劲力，导致不同的技击效果。这类影响技术使用的关键点，常被称为打法要诀。这些打法要诀中的许多关键点都是感觉问题，因此传授时，只能面对面、手把手地口传心

图 2-73
赵泽仁讲解打击类技术中
的发劲要点与打法要诀

授（图2-73），而且由于保守，过去往往是秘而不传的。以下讲的打法要诀只是一些大的原则、原理，为的是使读者能够有些基本认识，而真正掌握还需有明师指导。所有打法要诀都是建立在能粘黏连随、刚柔相济、虚实转换的懂劲基础之上的。这里面有些概念与前面的技法原则、技术要领中讲的近似，但更强调的是具体实战技术实施时的关键点。

紧：架势紧凑，技术动作须尽量缩小，尽量减少肢体运动的消耗。进攻时需"缩小绵软巧"，练时开展，用时紧凑。防守时"顾三前，盼七星"，上下左右都需要照应到，不能让对手有进手的空隙。无论攻守，步法均不可太大，否则转换不灵。

胆：有胆识、胆气。要敢于发现机会，抓住机会，当进则进，不可犹豫迟缓。有胆并不是贪功、冒进、盲动、硬拼。胆大心细方可克敌制胜。

准：知敌之弱点，出手时目的明确、准确，发点、落点清楚。需直攻敌方之必防之处，若敌防之，则借其力而变；若不防，则一击必中。

引：出手无固定之势，"一举手，前后左右全无定向"，以引动对手为要。即引即进，遇抗则引，遇弱则进，引中有进，进中带引。有手引、身引、脚引、神引，能够引动对手，让对手动起来，才能发现机会。

截：对手欲进，截住其势，封住其力，遮住其神。截其势，让过梢节，截其中节，使其技无后继。截其劲，在其劲力将发未发之际接入，继而再乘势涌入，以借其力发之。截其神，以挫其锋，使之心惊胆寒，意念迟疑，动作呆滞。

跟：搭手即进，步法需"前足夺后足，后足站前踪"，身法是"手到身要拥"。要保持跟进不留间隙，使对手无缓和之机。

敏：心中要机警，动作需敏捷，"举手不可有呆相"。

速：发劲如放箭，需顺、准、快。太极拳练时慢，并不是用时也慢；不与人拼体能，也不是等着挨打，而是说不去拼绝对速度，要走捷径。另外，太极拳中的速，在很大程度上是指在高度灵敏的感知能力下的反应速度。要做到"彼有力，我亦有力，我力在先；彼无力，我亦无力，我意仍在先"。所谓全身都是手，挨哪里从哪里打，"彼之力方挨我毛皮，我之意已入彼骨内"，不必换招变势，而应减少、减小动作，追求"搭手见输赢"的快速效果。

狠：本意是有使对手伤痛以结束格斗的能力。从技术应用上讲就是在实战中要有分筋错骨、抓、拿、截、闭等技术运用。从技击状态或者心意上讲是说要有狠劲，有决断，所以很大程度上是神意与心态问题。实战不是游戏，拳论云："武本无善作，含情谁知情。"当然，在现实生活中，需要根据具体情况掌握分寸。

旋：与对手接触，无论出手、回手，均须在弧形中做螺旋拧转，"力在惊弹走螺旋""气如车轮"，以保持劲力的持续变化。需注意尺度，不可失之太过，要有权衡，能因敌变化。

惊：变化突然、无预兆，忽隐忽现，使对手心惊胆寒，可以直接导致其反应迟钝、动作僵滞。这里讲的惊虽然也包括技术动作，但更多是讲精神、心理等方面。

变：松紧、动静、吞吐、开合、张弛、刚柔、虚实、正斜等，须永远处于不断的阴阳变化、转换之中。需要特别注意的是，太极拳中讲的变是阴阳转换，即阴阳相济、对立统一，不可做成阴阳之差异变化。

打：直接打击，如拳打、脚踢、掌击、肘击、肩靠、膝撞、胯打等可以直接伤害对手的打击方法，也包括一些拿、锁类的伤害方法。实战，就需要有结束战斗的能力，而非只是将对手推出、摔倒。不打则已，打则必将对手制伏，使其丧失继续打斗的能力或意志。当然太极拳技击中强调的是打击时的效率，即寻求最佳的时机、位置、方向，以最小的劲力打出最好的效果，因此太极拳的打必须是控制下的打。控制永远是打的前提，能控制，打还是不打，完全根据需要。打则如"落井下石"，一击必中，中则必伤；不打则如拉弓瞄准，引而不发。要达到"不战而屈人之兵"的境界，在于能够有完美的控制，让对手清楚地知道他已经没有任何机会。以前太极拳师在比手中，虽然有些拿人不发人的故事，但是出手伤人的事，也屡见不鲜。太极拳的训练中，特别是在懂劲之前不提倡练习打法，这是因为在完全理解掌握太极拳的技术原理之前，练打法特别容易误入歧途。以为太极拳中没有或不可以使用打击类技术，是缺乏对太极拳的基本认知。有打击就需要有针对性练习，一方面需要理解掌握打击时劲力在身体内的蓄发、传输，另一方面需要获得打击时与目标的接触感，包括方向、角度、时机等，此练习的一个重要目的是防止自身受到伤害。为了提高打击效果，必要的操手训练还是需要的，事实上，操手的意义更多的是为了在打击对手时保护自己不受伤害。在训练或一般的技艺切磋中，这类打击技术需要严格控制，避免不必要的伤害。既然有打法，实战中就需要有一定的抗击打能力。因此，操手训练也是不可缺少的。

在杨班侯所传的拳谱中有《五字经诀》，其中包括五言二十句：

披从侧方入，闪展全无空。担化对方力，搓磨试其功。

歉含力蓄使，黏粘不离宗。随进随退走，拘意莫放松。

拿闭敌血脉，扳挽顺势封。软非用拙力，掤臂要圆撑。

搂进圆活力，摧坚戳敌锋。掩护敌猛入，撮点致命攻。

坠走牵挽势，继续勿失空。挤他虚实现，摊开即成功。

此文以每句中的第一个字为代表，讲述太极拳的打法要点，所以有时也被称为《二十字诀》。这是一篇重要的文章，需要认真学习。另外传统中还有"打法十八字诀"：残、推、援、夺、牵、捺、逼、吸、贴、蹿、圈、插、抛、托、擦、撒、吞、吐。此两篇诀文在王培生师爷的著作中都有详细解读，这里就不重述了。

实战技击中的打击与劲力

在讲太极拳实战技击时，有关劲力的使用方面有两个走极端的误区必须澄清。第一个误区是很多人认为太极拳不能用力，不应该使用快而狠的劲力，这种观点是片面的。首先，太极拳并不是不能用力，而是不用拙力、不单纯依赖力，是讲如何合理用力或者说是用劲，是讲如何避免使用多余的力或无谓的力，追求的是用力的效率。其次，在实战中如果需要对对手有摧毁性的伤害，打击的力度就是必需的。整体技术水平越高，可能需要的力就越小些，但是不可能完全没有。最后，实战不是比赛，更不是游戏，"不战而屈人之兵"自然是高级的追求，但是如果没有能够摧毁敌人的能力，就是句空话。在以性命相搏的实战中，只将对手控制住或者摔倒是远远不够的，必须有结束战斗的能力与手段，这是实战技击与推手的重要区别之一。

第二个误区是很多人认为实战技击中最主要的技术就是直接的强力打击，认为推手中所练习的技术在实战中无用，以为太极拳中讲的劲就是爆发力类的劲力。因此，将训练的重点放在如何发放外劲的练习上。这是舍本求末，本质上是因为不懂太极拳，把对太极拳的理解与其他先天自然之能拳术等同起来。太极拳不反对爆发力类的劲力的使用，但是强调的是合理、高效地使用；特别反对的是在没有达到有效控制前提下的盲目使用。太极拳技击的完整过程包括听、引、化、拿、发，发劲是在前四部分都能够做好以后，水到渠成的事。如果不懂或不追求听、引、化、拿，而只想去发，就不是太极拳。事实上，在这种错误观念指导下的许多发劲练习，由于形体动作过大、太明显，造成惯性太大、缺少变化，在实战中很难真正用得上。

简而言之，太极拳应用于实战时必须有足够有效的打击类技术，用以完成战斗，也就是要有能够结束战斗的手段。这种打击可以是摧毁性的，甚至是致命的，但是必须在对敌手有充分控制的前提下进行，否则就不是太极拳。有个比喻说，太极拳不是举着大石头追着人去砸，而是引进落空后的"落井下石"，此理甚明。

实战技击中的操手

另外需要提醒注意的是训练中的操手问题。练太极拳达到一定程度后，身体内会有气力充足之感，当这种感觉反应到手上，就可以从手上很轻松、自然地发出极大的力量，足以伤人。在实战技击中，这种气足劲壮的感觉以及所引发出来的发劲，可以伤人，也可以伤己，就是说当双方产生接触时，自己的身体，譬如手，还需要承受自己所发出的力量的冲击。因此，如果单纯从技术角度讲，练习实战技击，必须做一些操手练习。这些练习的主要目的是寻求自身与目标之间相接触时的正确感觉，不是为了伤人，而是保护自己不受伤。在太极拳中，讲操手并没有错，主要是懂得正确的方法与训练量。最忌讳的是蛮练，决不能因操手而损及松柔的状态，更不能伤及轻灵的感觉。对于训练而言，重要的一点是操手练习不能太早进行，一定要等到了高级、顶级阶段以后才可以加入，就是说必须是在懂劲以后，否则很容易出现问题。

打法中的反与忌

与前面所讲的打法中的原则、要领、要诀相违背的意念、行为，称为"反"，所以需要"忌"。其中有一些需要特别注意。譬如，在内功方面，忌精神散漫、意念呆滞、努气运气、情绪冲动。在肢体动作方面，忌身法不正、四肢散乱、老步腆胸、歪斜寒肩、挺腹撅臀。在技击中，忌躲闪丢顶、心生畏惧、贪功冒进、手忙脚乱；最忌的是主观盲动、从己不从人、进退无据、拳打两不知。这里多数问题都必须通过实战才能认识到，通过有针对性的训练去解决。

太极拳中的打法训练

实战技击的打法训练在难度上是比较大的。第一，要保证所练习的是太极拳中的打法，而不能练成以"先天自然之能"为原理的打法，即不能练成拼体能的打法。第二，打法训练分固定技法训练与灵活应用训练。固定技法训练是指对某些具体技术的练习，譬如打顶肘、打肩靠，重点是技法实施中的形、神、意、劲等的准确性。因为有章可循，故比较容易。而灵活应用训练是指技法在实战中的运用，

太极拳架与
应用练习（四）

其中的灵活性常使得训练难以把握。要牢记"因敌变化"的原则，不可练成打套子。第三，打法的练习必然会有一定的危险性，需要特别小心。由于许多打法技术是为了伤人，而且可以是无限度的（与搏击比赛最大的不同点之一），那么练习中就有真实性与虚拟性的矛盾。为了保证训练的安全性，很多技术只能使用虚拟的方式练习，即所谓"点到为止"，譬如戳眼、踢裆等。但是当虚拟应用成为习惯后，必然会在实战中真实应用时大打折扣。为了解决这个矛盾，过去练打法时经常使用棉垫加竹板作为护甲，以防止伤害。现在护具的种类有很多，可以适当选择。但是无论怎么选择，危险性依然存在，对此需要有充分的认识。

太极拳中几种常用打法的练习

"太极本无法，动即是法。"虽然太极拳技击追求的"无法"即是无固定之法的因敌变化，但是"无法"的能力是从"有法"的训练中培养起来的。所以这里演示几种常用的打法，作为例子，读者可以选择练习，但是，切记不可将这些练成固定不变的技术招式。

太极拳实战技击中的打法是在控制下的摧毁性打击，这是需要时刻牢记的总原则。这里所说的"控制"，是指在粘黏连随的基础上，通过太极阴阳变化、转换，即在懂劲的原理指导下所实现的对于对手整体平衡的最佳、最有效的控制。这里所说的"摧毁性打击"，是指一击即可终止战斗的打击。当然终止战斗的前提不同，打击的程度也不同。譬如，如果双方均承认以"点到为止"为终止战斗的标准，那么这个"摧毁性打击"就是只要能够打中要点即可，而不必使用力量；如果终止战斗的标准为以一方认输为止，那么这个"摧毁性打击"就必须达到使对手暂时丧失技击能力的程度。在练习中，打击的意向很重要，意需追神，而后要有远放、贯串之势，形成打击气势，产生震撼作用。而具体的打击力度也需要特别注意，要有清楚的认知。平时练习，为了避免不必要的伤害，总是需要收着点，就是说在大多数情况下不能真打、实打，神、意到了就可以。但是长期这样练习会使身体产生惯性，到了真需要发打的时候，可能就打不出来所需要的力度了。事实上，这是传统武术中长期存在的训练与实战之间的矛盾，这也是很多人在实战中表现不佳的重要原因之一。为此，在练习打法时，当技法的熟练程度达到较高水平后，有时需要借助器械、护具等进行有针对性的实力发放的辅助训练。

练习打法时，双方的间距很重要，要把几个步骤分清。

第一步，是双方发生接触前的对峙阶段。这里首先要保持一个最近的安全距离，同时自身需保持正确的身体状态与心理准备，并且需要有准确的观察能力（图2-74）。这时距离感很重要，一般来说，如果双方间距在三步左右，就是可以发招的距离。在这个距离上，对手一个垫步就可以踢到我们，需要有所防范，特别需要保持步法轻灵，进退有度（图2-75）。但是如果在这个距离上欲发招，形体动作必然会大，不利于发挥太极拳的优势，所以我们一般不会轻易出手。如果双方之间距在两步以内，就是必打的距离（图2-76）。这时无论谁先发，或虚或实，出手必然要产生接触。这时如果对手比较保守，我们往往可以先伸手引之（图2-77）。

图 2-74

图 2-75

图 2-76

图 2-77

第二步，是接触阶段。重点是双方发生接触的那一瞬间，需要以松柔轻缓的状态，以粘黏劲为基本方式与对手接触（图2-78）。在练习中，应该融入前面接手练习中的体验。

第三步，是双方发生接触后的控制阶段。一接触则需马上进步、进身，前脚至少应该能管住对手的前脚（图2-79），从"舍己从人"中感知对手，按照懂劲的原理，以粘黏连随的能力实现控制。这里的情况与推手时大致相同，只是发生得更快、更灵活。

图2-78

图2-79

第四步，是控制下的打击阶段，即打法。这类打击的范围很广，程度也可以有很大的不同。下面举几个例子供参考。再次提醒大家，不要将这些例子当成固定的技术招式来练习，而是应该从练习中领悟其中的道理。

在实际应用中，多数情况下在执行第二步与第三步时，有时甚至在第四步的打击时，肢体动作都很小，也很快，以至旁人往往看不清，甚至看不到。为了使读者能够比较清楚地看到、理解这些技术动作，在下面的演示图中我们有意将许多动作放大；另外，由于演示图是静态的，因此有些动作或身体动态不易表现出来，还望读者能够结合文字描述进行全面理解。

1. 单拳贯耳

双方进入技击状态，以实战距离对峙（图2-80）。对手进右步，以右直拳攻击我头部。我进左步，迎面进身，右掌从对手右肘外侧前穿，穿掌时须沉肩、坠肘，保持食指指尖在中线上，神在对手左耳垂，使对手右拳略偏向他的左侧（图2-81）。

当我右臂与对手右臂发生接触，我左手圈起，以小臂压住对手右肘，微微向右推；同时右转身，将右臂放松，使右手略向后展，形成回抢之势，意向随之向后（图2-82）。我依靠听劲以左臂持续控制对手，若其反抗则略放松，若其欲撤身则紧随，使其不能保持稳定，身体略向其右侧倾斜；同时我右手握拳，神在对手左耳门，拳追神，直接打击对手左耳处，同时意向从其左耳贯穿到右耳；这时我左手边的控制与右手上的打击必须相合（图2-83）。

图2-80

图2-81

图2-82

图2-83

2. 横採上钩拳

双方进入技击状态，以实战距离对峙（图2-84）。对手进右步，以右直拳攻击我头部。我进右步，迎面进身，右掌从对手右肘外侧前穿，穿掌时须沉肩、坠肘，保持食指指尖在中线上，神在对手左耳垂，使对手右拳略偏向其左侧（图2-85）。

当我右臂与对手右臂发生接触，我右手外翻，抓住对手右腕向下採并向回带；同时我左手圈起，以小臂压住对手右肘，身体略向右转，使我两手协调用劲，形成对手向其左前方倾斜之势（图2-86）。这时如果对手欲退身以稳定重心，我需随势松开右手，同时我以左臂向下、向外缠绕对手右臂，神在对手右肩，通过控制其右臂，使其身体向其右侧倾斜而失去稳定；这时我右手握拳、略向后摆，意向随之向后（图2-87）。

我左手继续横採，以听劲随之调整，使对手处于持续失衡状态；同时我右拳随势由下向上钩起，神在对手喉头，拳追神，直接打击对手下颌处；同时意向从其下颌直接贯穿到其后脑玉枕穴；我左手边的控制与右手上的打击必须相合（图2-88）。

图2-84

图2-85

图2-86

图2-87

图2-88

3. 上挑上钩拳

双方进入技击状态，以实战距离对峙（图2-89）。对手进右步，以右直拳攻击我头部。我进右步，迎面进身，右掌从对手右肘外侧前穿，穿掌时须沉肩、坠肘，保持食指指尖在中线上，神在对手左耳垂，使对手右拳略偏向其左侧（图2-90）。

我右臂与对手右臂发生接触，右手向外、向上翻，抓住对手右腕向上举并略向回带；同时我上左步，左手顺势从对手右臂下方挑起，我以小臂贴住对手右大臂下方，身体略向右转，使我两手协调用劲，形成对手向其右侧倾斜之势（图2-91）。

这时如果对手欲退身以稳定重心，我需随势松开右手，同时进身，以我左臂挑着对手右臂并向上、向后滚转。通过控制其右臂，使其身体向其右后侧倾斜而失去稳定。这时我右手略向后摆，意向随之向后（图2-92）。我左手握拳，继续保持向上、向后滚转，需保持听劲，随时调整，使对手处于持续失衡状态；同时我握右拳，并将拳随势由下向上摆起，神在对手胸口膻中穴，拳追神，直接打击对手胸口处，同时意向从其胸口贯穿到其后背夹脊穴；我左手上的控制与右拳上的打击必须相合，同时与身体的摆动相合，如同一个大轮子在滚转（图2-93）。

图 2-89

图 2-90

图 2-91

图 2-92

图 2-93

4. 挑掌中拳

双方进入技击状态，以实战距离对峙（图2-94）。对手进右步，以右直拳攻击我头部。我进右步，迎面进身，右掌从对手右肘外侧前穿，穿掌时须沉肩、坠肘，保持食指指尖在中线上，神在对手左耳垂，使对手右拳略偏向其左侧（图2-95）。

当我右臂与对手右臂发生接触，我左手需立即顺势从其右臂下方穿起，以小臂贴住对手右肘下方，我身体略向右转，右手顺势撤回，神在对手右耳垂，并使对手略向其右侧倾斜（图2-96）。

这时如果对手欲退身以稳定重心，我需以听劲随势保持我左臂挑着对手右臂向上、向前穿，并略向外滚转；同时，我需身体下沉，进右步、进身，通过控制其右臂，使其身体略向其右后侧倾斜而失去稳定。这时我右手置于我右肋下方，眼神直射对手胸前之鸠尾穴（图2-97）。

我左手握拳，继续保持向上、向前穿滚，使对手处于持续失衡状态；同时我持续进身、进右脚，成脚踏中门前冲之势，握右拳，拳追神，随势发出一中拳，直接打击对手胸口处；同时，意向从其前胸贯穿到后背三尺以外。我左手上的控制与右拳上的打击必须相合，同时与身体的下沉相合，打出一个爆发力（图2-98）。

图 2-94

图 2-95

图 2-96

图 2-97

图 2-98

5. 捋手中拳

双方进入技击状态，以实战距离对峙。对手进右步，以右直拳攻击我头部。我进右步，迎面进身，右掌从对手右肘外侧前穿，穿掌时须沉肩、坠肘，保持食指指尖在中线上，神在对手左耳垂，使对手右拳略偏向其左侧（图2-99）。

当我右臂与对手右臂发生接触，我右手需立即顺势外翻，捋其右腕并向下采；同时，我身体略向右转，左手圈起，抓捋对手右肩。我两手需协调用力，使对手略向其左前方倾斜（图2-100）。我左手顺势沿着对手右臂下采回捋，直到其右手腕处，保持回捋之劲以控制其不稳定状态，同时我右手撤回。这时如果对手欲退身以稳定重心，我需保持左手抓着对手右腕的姿势；同时身体下沉并向左转，眼神直射对手胸前之膻中穴，随势进右步、进身，右脚成脚踏中门前冲之势；同时握右拳，拳追神，随势发出一中拳，直接打击对手胸口处，意向从其前胸贯穿到其后背外至少三尺远；我左手上的回捋劲与右拳上的打击劲须前后相冲，形成一个整体爆发力（图2-101）。

图2-99

图2-100

图2-101

6. 挑臂横摔拳

双方进入技击状态，以实战距离对峙。对手进右步，以右直拳攻击我头部。我进右步，迎面进身，右掌从对手右肘外侧前穿，穿掌时须沉肩、坠肘，保持食指指尖在中线上，神在对手左耳垂，使对手右拳略偏向其左侧（图2-102）。

当我右臂与对手右臂发生接触，我上左步，同时左手需立即顺势从其右臂下方穿起，以小臂贴住对手右肘下方，将其右臂隔挡在我左臂外侧；我身体略向右转，神在对手右耳垂，右手顺势撤回，使对手略向其右侧倾斜（图2-103）。

这时如果对手欲退身以稳定重心，我需随势向外翻左掌，抓住对手小臂或手腕，并向我左后上方将；同时，身体下沉并左转，进右步、进身，通过听劲持续控制其右臂，使其身体略向其右前方倾斜而失去稳定；这时我右手放松，置于我左肋下方，眼神内敛（图2-104）。

我左手继续保持向上、向回拽将，使对手处于持续失衡状态；同时，我身体微微下沉，右手握拳，神在对手右肋下，拳追神，向我右前方横摔出去，直接打击对手右侧软肋处；同时意向从其右肋贯穿到左肾。我左手上的控制与右拳上的打击必须相合，同时与身体的下沉相合，打出一个爆发力（图2-105）。

图 2-102 　　　　　　　　　　　图 2-103

图 2-104 　　　　　　　　　　　图 2-105

7. 侧身横採栽拳、钻拳

双方进入技击状态，以实战距离对峙（图2-106）。对手进右步，以右直拳攻击我头部。我进右步，迎面进身，右掌从对手右肘外侧前穿，穿掌时须沉肩、坠肘，保持食指指尖在中线上，神在对手左耳垂，使对手右拳略偏向其左侧（图2-107）。

当我右臂与对手右臂发生接触，右手外翻，抓住对手右腕向下採，并向我右侧回带；同时我左手圈起，以小臂压住对手右肘；我进左手，同时上左步，左脚置于对手右脚后外侧，使我左阴陵泉穴紧贴住对手右阳陵泉穴，管控住对手右腿、右脚；我身体随之向右转，使我两手协调用劲，形成使对手向其左前方倾斜之势（图2-108）。

这时如果对手欲退身以稳定重心，我需保持听劲，以左臂向下、向外采压对手右臂，保持对其右臂的控制；同时，保持我左腿对其右腿的控制，上下相合，使其身体向其左前方或右后方倾斜而失去稳定；这时我需随势松开右手，握拳略向后摆起（图2-109）。

我左手继续横采，左腿保持套锁，使对手处于持续失衡状态；同时我右拳随势摆起，意向随之向后，右拳由后上向前下直接打出栽捶；神向前下方看，拳追神，身追拳。打拳时右腿蹬地，身体左转，使劲力由脚而腿、而腰，直到右臂、右拳，完整一致。根据我的控制与对手的变化，打击目标可以是对手身体中心线上的不同位置，以神引导。譬如最直接就是打击其脸部（图2-110），若其后仰躲闪，则可以打击其咽喉处（图2-111），或前胸处（图2-112）；若其侧身躲避，我可以略低身贴近，打击其腹部（图2-113）。无论哪种打击，意向需贯穿其身体到其身后的地上，甚至入地三尺，我左手、左腿上的控制与右手上的打击必须相合。

如果打击后，对于对手的控制还能够持续，我可以借栽捶的反弹之力，沉右肩、坠右肘，将神放在对手喉头上，拳追神，将右拳翻起、拧钻，右胯向前送，右腿助劲，自下而上，以钻拳直击对手下颌，同时意向从其喉头贯穿到后脑（图2-114）。一般而言，钻拳比钩拳的动作幅度小，而且有更强的拧钻之劲。

图 2-106

图 2-107

图 2-108

图 2-109

图 2-110

图 2-111

图 2-112

图 2-113

图 2-114

8. 摇臂撩阴

双方进入技击状态，以实战距离对峙（图2-115）。对手进右步，以右直拳攻击我头部。我进右步，迎面进身，右掌从对手右肘外侧前穿，穿掌时须沉肩、坠肘，保持食指指尖在中线上，神在对手左耳垂，使对手右拳略偏向其左侧（图2-116）。

当我右臂与对手右臂发生接触，右手外翻，抓住对手右腕向下采并向回带；同时，我左手圈起，以左臂压住对手右肘，左肘进到对手右肘内侧，我身体略向右转，将对手右臂夹在我身体与左臂之间；我以听劲保持两手协调用劲，形成对手向其左前方倾斜之势（图2-117）。

　　这时如果对手欲退身以稳定重心，我需随势松开右手；同时以左肘向下、向外缠绕对手右臂，身体随之向左转，转体与左臂下摇协调一体，使对手身体被摇动而向其右侧倾斜失去稳定，并且将其右臂完全控制、隔离在外侧；这时我右手握成虚钩之鹅头拳，神在对手小腹处，拳追神，向前上方摆起，直击对手裆部，同时意向从其小腹贯穿到其后腰命门穴。我左臂上的摇臂控制与右手上的撩阴打击必须以腰为轴而相合，是一个整劲（图2-118）。

图 2-115

图 2-116

图 2-117

图 2-118

9. 进身砸肘，左右盘肘

双方进入技击状态，以实战距离对峙（图2-119）。对手进右步，以右直拳攻击我头部。我进右步，迎面进身，右掌从对手右肘外侧前穿，穿掌时须沉肩、坠肘，保持食指指尖在中线上，使对手右拳略偏向其左侧。当我右臂与对手右臂发生接触，右手外翻，抓住对手右腕向下采，并向右侧走弧线横带；同时我左手圈起，以左臂压住对手右肘（图2-120）。

我左臂保持压力以控制住对手右臂，同时上左步，以左脚贴靠在对手右脚外侧，用以管控其右腿，身体随之前进并向右转，我随势松开右手，神在对手胸口膻中穴（图2-121）；这时我左手向下、向外缠绕对手右臂，同时进身并向左转体，身体下沉，右臂随之屈肘抢起，以肘追神，向前下方砸下，使用肘尖打击对手胸口，意向肘尖并贯穿对手身体，直接砸到地面上。左臂下摇、左转身、右肘下砸必须协调一体，使对手身体因被肘击而向其右侧倾斜，失去稳定（图2-122）。

如果完成右肘下砸后，我的左臂、左腿、左脚仍能管控住对手，我与对手仍处于贴身而立的状态，我可立即全身放松，提顶长身，神在对手脸上，左臂屈肘向前上方抢起，肘追神，以肘尖直击对手头部右侧；在做左盘肘横扫之前要全身放松，从而造成对手瞬间的落空之感，产生不稳定（图2-123）。

在打左盘肘横扫时，需持续保持左腿、左脚对于对手的管控，使其不能离开；这时我可以进步、进身，保持与对手贴近，左臂向下捋，拢住对手右臂，神仍在对手脸上；同时我右臂屈肘向前上方抢起，肘追神，以肘尖从其头部左侧直击对手。在做右盘肘横扫之

前需全身放松，从而造成对手瞬间的落空之感，产生不稳定（图
2-124）。

图 2-119

图 2-120

图 2-121

图 2-122

图 2-123

图 2-124

10. 挑臂顶肘

双方进入技击状态，以实战距离对峙（图2-125）。对手进右步，以右直拳攻击我头部。我进右步，迎面进身，右掌从对手右肘外侧前穿，穿掌时须沉肩、坠肘，保持食指指尖在中线上，神在对手左耳垂，使对手右拳略偏向其左侧（图2-126）。

当我右臂与对手右臂发生接触，右手外翻，抓住对手右腕向下採并向右侧横带；同时我右脚也向右前方进一小步，手脚的动作须上下相合，使对手向其左前方倾斜（图2-127）。

当对手前倾时，我立即上左步，左脚须迈到对手右脚后侧，并以我左膝贴紧对手右膝，对其右腿进行管控；同时，我右转身，左臂放松，右手紧抓住对手右腕，向前、向上翻手举起过顶，而我身体需随势微微下沉，保持重心稳定（图2-128）。

我保持右手上举，竖顶沉气，身体微微下沉，神在对手胸口处，左臂屈肘，肘追神，向左前方打出顶肘，直击对手胸口或软肋处，意向贯穿对手身体；当我左肘打顶肘时，右手需向右后方拉拽，向身体两侧打出整劲（图2-129）。

图 2-125

图 2-126   图 2-127

图 2-128   图 2-129

11. 上捯扑肘

双方进入技击状态，以实战距离对峙（图2-130）。对手进左步，以右直拳攻击我头部。我上右步横摆，迎面进身，右掌从对手右肘外侧前穿，穿掌时须沉肩、坠肘，保持食指指尖在中线上，略向右横捋，使对手右拳略偏向其左侧，神在其右耳处（图2-131）。

当我右臂与对手右臂发生接触，右手外翻，抓住对手右腕向下采、向回带至我胸前，并保持抓紧；同时，我上左步，左掌前穿，右转身，左臂从对手右臂下穿过，神在对手左耳，意向在其后脑，左掌指尖追神，直刺对手咽喉，形成上捯之劲（图2-132）。

此上捯之劲可使对手向其身后仰倒，我可以松开右手而向前送之（图2-133）。如果对手没有被打倒，反而与我对抗，我需全身放松，左手顺势将对手向回缠挽并向左带，借助对手的对抗之力，使其身体突然摇动前俯；我即刻身体下沉、进步、进身，向对手迎面而上，同时我身体向左转，神在对手胸口，右臂屈肘抡起，有恶虎扑羊之势，肘追神，以肘尖下砸对手胸口，意向贯穿其身体直接砸到地面。左手之缠挽、左转身、右肘扑胸必须完整一气（图2-134）。

图 2-130

图 2-131

图 2-132

图 2-133

图 2-134

12. 进步肩撞

双方进入技击状态，以实战距离对峙（图2-135）。对手进右步，以右直拳攻击我头部。我进右步，迎面进身，右掌从对手右肘外侧前穿，穿掌时须沉肩、坠肘，保持食指指尖在中线上，神在对手左耳垂，使对手右拳略偏向其左侧（图2-136）。

当我右臂与对手右臂发生接触，右手外翻，抓住对手右腕向下采并向回带；同时，左手圈起，以左臂压住对手右肘，左手沿对手右肘内侧向下将，与右手交换，抓住对手右腕继续向下采并向外横带，右手松开并向身后摆，身体略向右转；同时，我需上左步，左脚跟迈到对手右脚跟后侧，左膝内侧阴陵泉穴贴住对手右膝外侧阳陵泉穴，对手右腿被我完全掌控，造成其重心不稳（图2-137）。

这时如果对手欲退身以稳定重心，我需以听劲随势进身，左腿弓持续向前迈，右腿蹬向前，身体略下沉并有前探、前纵、前冲之势，神在对手胸口上；同时，身体随之向左转，转体、身体前冲须协调一体；我右手向后勾起，使右肩随身形而动，追神，向前上方对准对手胸口撞击，意向贯穿对手身体（图2-138）。我左臂的控制与左腿的管控、右手后撩以及右肩冲撞，必须以腰为轴而相合，形成一个整劲。在做肩撞时，步法、身法必须紧贴对手。

説手
太极拳静思录

图 2-135

图 2-136

图 2-137

图 2-138

13. 回身背靠

双方进入技击状态，以实战距离对峙（图2-139）。对手进左步，以左直拳攻击我头部。我进右步，迎面进身，以右掌从对手左肘外侧向我左侧横捋，捋时须沉肩、坠肘，保持食指指尖在中线上，神在对手左耳垂，使对手左拳向其右侧偏斜（图2-140）。

当我以右臂将对手左臂向我左侧捋时，我须立即上左步，左脚置于对手两脚之间，身体随之下沉，右转进身；左手向右摆，使左肩贴到对手左腋下，我身体左侧依靠在对手身体左侧，并有挤压之势，造成其重心不稳（图2-141）。

这时如果对手欲退身以稳定重心，我需以听劲保持随势进身，左腿弓持续向前迈，右腿蹬向前，身体继续左转，两臂向前后分展，眼神随右臂向右后方看，使我左肩随身形而动，与神相冲，产生向前的冲靠之势，撞击对手左肋（图2-142）。在打肩靠时，必须保持左肩紧贴住对手身体；发劲时，必须以腰为轴，全身相合，形成一个整劲。

图 2-139

图 2-140

图 2-141

图 2-142

14. 回身扑面反击掌

双方进入技击状态，以实战距离对峙（图2-143）。对手进左步，以左直拳攻击我头部。我进右步，迎面进身，以右掌从对手左臂内侧向前上方穿起，穿掌时须沉肩、坠肘，保持食指指尖在中线上，神在对手脸上，使对手左拳向其左侧偏斜（图2-144）。

当我右臂与对手左臂产生接触时，我须立即翻手向外、向下缠绕对手左腕，并向我左下方捋带；同时我圈起左手，从对手左臂上方外侧抓住其左肘，向我左下方捋按，使对手身体向其右前方倾斜。同时，我须立即上左步，左脚置于对手两脚之间，与左右手上的劲相合，神向左前下方，形成下捯之势，造成其重心不稳（图2-145）。

通过听劲保持我左手能够持续控制对手，同时将右手提起，神在对手头上，保持进步、进身，以我右扑面掌追神，直击对手头部（图2-146）。

这时如果对手欲以进身靠击截我右掌，我需随势回身转体，眼向右后下方看；同时我右手放下，左手提起，按在对手头部右侧脸颊或下颌上，呈下按之势（图2-147）；以左手右脚追眼神，在左手推按中保持右转身，同时身体略向下沉，重心向右腿转移，形成右弓步，右脚持续向前迈，左腿向前蹬以助劲，左手产生向前的冲按之势，意向将对手的头按入地下，将对手向其左侧击倒（图2-148）。在打回身扑面掌时，必须是当对手已经产生对抗时，这种打击方向上的突然大幅度变化，会因对手缺乏心理准备而产生震撼效果。回身发劲时，必须以腰为轴，全身相合，形成一个整劲。

图 2-143　　　　　　　　　　　　　　　　图 2-144

图 2-145　　　　　　　　　　　　　　　　图 2-146

图 2-147

图 2-148

15. 反手削掌

双方进入技击状态，以实战距离对峙；对手进右步，以右直拳攻击我头部（图2-149）。我进右步，迎面进身，右掌从对手右肘外侧前穿，穿掌时须沉肩、坠肘，掌心朝上，似托起一重物，我右手食指指尖保持在中线上，神在对手脸上，有向前直戳对手双目之势，使对手退步后仰并回收右拳以拦挡我右掌（图2-150）。

当对手右臂与我右臂发生接触，我右手略向外展，同时沉气坐身，右掌随势反采回带至我右胯外侧，使对手右臂上的拦挡之力成为将其自身向前拉拽之力，导致其重心不稳，向前倾倒（图2-151）。我需以听劲随势进身，上左步，左腿向前迈到对手身后；全身松沉，两臂轻松外展，在对手仍然前倾时，我右掌突然抬起，与对手脱离接触，向其下颌或颈部做削掌，这会使对手有突然被空起来的感觉，这时我身体已处于对手身体右外侧，左手略向前展（图2-152）。

这时如果对手欲退身以稳定重心，我可以顺势右腿向前蹬，身体略下沉并有前探、前冲之势，神在对手身后的地上；同时我身体向左转，右手、右臂也随势追神，向前下方劈斩，意向贯穿对手将其劈到地下；同时我左掌回裹，搂打对手后腰命门穴处。转体、身体前冲、右臂劈斩、左掌搂打须协调一体。劈斩的目标可以是下颌、左颈或左锁骨等处，使对手向其后方仰倒（图2-153）。

当对手被空起来身体前俯时，我也可以直接将右臂向前上方抢起，以右削掌直接打击对手咽喉或左侧颈动脉处（图2-154）。打击时必须以腰为轴，全身相合，形成一个整劲，有斩首的意向；这种打击比较危险，练习及运用时都必须小心控制。

图2-149

图2-150

图2-151

图2-152

图 2-153   图 2-154

太极拳的实战技击能力

太极拳到底有没有实战能力，这是现在很多人的疑惑。太极拳过去是能打的，否则也出不了名，这是事实；现在练太极拳的人绝大多数都打不了，这也是事实。打不了的原因，第一是传承，第二是训练。在传承方面，太极拳的难度造成其训练是长期而且精细的。在传统传承中，整个学习过程都是按部就班、一步一步进行的。前一步的功夫没有掌握好，老师往往不教下一步。在有些传承中，或者因为老师的原因，譬如保守；或者因为学生的原因，譬如努力不够或天赋不够，造成很多学生没有机会完成全部训练。再加上这几十年的历史、社会原因，传统传承中的许多精华都已流失。从整体上讲，当由于教学或训练的因素而导致一些技术流失时，那么最先流失的一定是最高端的技术。现在讲太极拳打法的不多，一个重要原因就是，这部分属于整个传承体系中的最后、最高端的部分，也就必然是最容易流失的部分。在讨论太极拳的实战技击能力时，对此必须有充足的认识，要有危机感。

在训练方面，太极拳学习难度很大，在学习训练中都需要更多投入，故短期内无法取得成果，在现代社会中缺少吸引力，特别是对于那些希望借助搏击比赛快速获得名利的年轻人。因此，现在几乎没有职业、专业太极拳训练的土壤，既没有资金支持，也没有良好的选材机制。没有专业训练，而在业余人士中又很少有人能够投入足够的时间、精力去训练，这使得实战技击训练几乎成为空白。传统的训练方法大量流失，不能保证足够的训练量，没有针对性训练，那么打不了就是很自然的事。因此，要想提高太极拳的实战技击能力，就必须解决传承与训练这两个问题。

对于练习者个人而言，除了传承与训练之外，提高实战技击能力最主要、最重要的方法就是多实践，要抓住一切可能的机会与不同门派、不同层次的习武者多交流。需要建立起一套完整有效、能够促进太极拳实战技术发展的竞技机制，使练拳者能够通过交流而提高技艺。缺少交流，必然是闭门造车、纸上谈兵。真正的技击大师都是打出来的，切记。

第三章 ●

太极拳顶级训练之枪术训练

太极枪就是以太极拳的原理使用枪的枪法技术，因此，太极枪法即是枪的使用方法与太极拳原理的结合，这是太极枪训练的两大基础。

　　太极枪就是以太极拳的原理使用枪的枪法技术，因此，太极枪法即是枪的使用方法与太极拳原理的结合，这是太极枪训练的两大基础。一般来说，基本枪法训练是从太极拳中级阶段的训练开始的，在达到顶级阶段时，练习者已经能够充分理解、完整掌握枪的特点与使用方法，能够将手中枪运用自如。在高级阶段训练中，通过粘杆训练的方式进行粘黏枪训练，在达到顶级阶段时，练习者应该能够理解、掌握太极拳原理在枪上的应用，使太极拳的拳理拳法能够通过手中的枪或杆子表现出来。当基本枪法与粘黏枪法这两大基础建立起来以后，顶级阶段的训练就是通过太极枪套路与组合技法训练，将基本枪法与符合太极拳原理的粘黏枪法相结合，形成太极枪，然后再通过对扎训练，完整理解、掌握太极枪的实战技击技术。

　　需要再次强调的是，粘黏枪的训练就是第三卷中已讲过的太极粘杆，由于历史原因，常常被单独传授。但是不要忘记，它是太极枪中的基础功夫之一，学习太极枪必须先练习粘杆。这里我们设定练习者已经完成了枪的基本技法训练与太极粘杆训练，本章中只通过太极枪的套路训练、组合技法训练以及部分对扎训练介绍太极枪的应用，使读者从太极枪的练习中体会太极拳的最高境界。

太极枪二十四势

在完成基本枪法练习与太极粘杆练习后，太极枪的训练进入套路与应用练习，与之相应的是拳术训练的顶级阶段。套路与应用练习是为了能够将前面基本枪法与粘杆中所练的东西更好地结合在一起，形成完整的太极枪。必须强调，进入这个训练阶段的练习者，应该是在徒手训练中已经达到懂劲程度，并可以将懂劲之理应用到粘杆上的人，这是因为其中内功的感觉很重要，如果没有这个基础，则基本上无法掌握控制对太极枪术套路的练习。

由于本书篇幅所限，这里我们将简单介绍太极枪三个传统套路中的二十四势。之所以选择这个套路，主要是因为王培生师爷曾经出版过十三枪的录像以及武当太极枪的专著，唯有这个二十四势没有正式出版。从训练角度讲，十三枪侧重于基础训练，二十四势侧重于基本技法的变化与应用，而武当太极枪则属于锦上添花。二十四势是一个长短适中的套路，其中既包括了如何以太极拳原理使用枪，也包括了太极枪中的所有主要枪法，而且其中有许多实用性很强的古法，即所谓行着。这些古法至少也有几百年的历史，是历代前贤的经验集成。将太极拳原理融入古法之中，可如虎添翼。因此，对于大多数人来讲，如果能把二十四势练好，基本就掌握了太极枪。

这次写二十四势也是为了完成王培生师爷的一个心愿。20世纪80年代中期，王师爷在撰写《武当太极枪》一书时，笔者曾有幸参加了部分编辑工作。当时王师爷有感于枪法写作的难度时说："写枪法，费时费力，而且是花了大量心血还不易被人理解。这次出版仅以武当太极枪的套路为主，共三百八十四势。以后你们有机会时，要把十三枪与二十四势的套路整理、发表出来。"后来到90年代初，赵泽仁主导出版了《王培生先生武学系列》录影DVD，其中王师爷亲自演练了太极十三枪。而二十四势的整理工作始终没有完成，其中的重要原因是我们自认对太极枪法在理解上还没有达到极致。经过30年的练习，现在可以说对太极枪法之精髓的领悟已经成熟，所以自信有能力将我们的体会奉献给读者，也是时候完成王师爷对我们的嘱托了。

太极枪二十四势歌诀

起手中平万法王，搂膝压枪逞刚强。

推裆顺膝当头棒，推裆顺膝劈顶枪。

斜劈拗步遮拦进，金童送书玉臂长。

风扫梅花咽喉锁，翻身蹬脚点蛇香。

金龙摆尾连环转，钩挂中平势最良。

风摆荷叶连环上，金鸡独立势猖狂。

骗马压盖中平势，搂膝当头扫地枪。

猛虎跳涧盘头势，蛟龙出水法最良。

推裆当头虎剪尾，左右中央换步忙。

地蛇拦路藏身势，凤凰展翅对朝阳。

盘头盖顶多巧妙，宿鸟投林回马枪。

金龙摆尾归大海，怀抱琵琶回故乡。

太极枪二十四势套路与技法应用

以下是太极枪二十四势套路演练图解与应用举例。在套路练习时，需要先将每个技术单独练习，练熟后，可以将两三个技术串起来成为小组合练习，再将两三个小组合串连成大组合练习，最后再整套练习，一气呵成。如果一开始就学整个套路，成套练习，极易造成动作粗糙、顾此失彼的后果。由于篇幅所限，这里只对套路中的主要技术应用给出简单解释。各种技术的实际应用都需要在对扎训练中分别练习。

1. 起手中平万法王

这是套路练习之起势，即整个套路是以被称为"枪中王"的中平枪开始，表示万法皆源于此法，此法又可破万法。练习方法包括预备势、起势、中平扎枪以及三组不同步法的拦拿扎，其中均以中平枪为演练的核心，展现其变化与威力，显示中平枪的枪王之尊。虽然中平枪多以对方心口高度为准，但在套路练习中，特别是连续扎枪时，常可以有些变化，譬如略高至咽喉，或略低至腹部。

（1）持枪直立。双脚合并，面朝南直立，目光注视正前方。枪攥位于右脚外侧，戳于地，右手自然下垂握枪于腰下端，枪直立于右肩前；左手下垂贴于左大腿外侧，中指扶在风市穴上（图3-1）。

图 3-1

（2）左掌左推。左手起至左肩前成立掌。头左转向东看，左立掌随之向左侧（正东）推切出（图3-2）。

图 3-2

（3）提枪撤步。回头向右看，左掌随之收回至右肩前，左手握枪，略向上提。眼神向左看，身体随之左转，左脚尖向左摆，指向东；同时撤右步，面向东成左弓步。枪尖向左前方倒下，右手顺枪杆向枪攥方向下滑（图3-3）。

图 3-3

（4）中平扎枪。身体向右转，右手顺势下滑至枪攥处，握紧并向右后方（西）拉枪；在拉枪时，右手向外翻并拧转，枪尖略向下坠；身体重心随势向右腿转移，成右侧弓步，眼神仍注视左前方（图3-4）。双脚以脚掌为轴旋转，右脚跟向右后外侧旋，使右脚出蹬劲，右腿随之以蹬劲将右胯向左前推送，身体随之左转，身体重心左移，成左弓步。眼神注视前方（东）。左手略向上翻，托稳枪杆；右手顺势向前推枪，至右手中指直抵左掌心，使枪尖追眼神，在左手中向前滑动，平稳向前扎出。右脚的蹬劲须直抵枪尖，即中平枪（图3-5）。

图 3-4

图 3-5

（5）抖枪中平。这里的中平是指静态的中四平枪势。保持眼神注视前方，右手拉枪回撤，将枪根拉至右侧腰间，紧贴在腰上；左手保持稳定，枪杆顺左手滑回。同时右脚跟向内横摆，重心后移，成半马步。在向后拉枪时需放松，当右手贴到腰上时，需提顶、全身松沉，持枪的右手骤然一紧，微微下沉；左手同时一紧，微微前推，此时的松紧可使枪杆抖动起来。身体需保持中正，成左持枪势之中四平枪势（图3-6）。

图 3-6

中四平枪势是静态持枪势，也是最常用的预备势，表示已经做好了技击的准备。因此，做此势时需要有"静中触动动犹静"之意。此势是通过抖枪发劲使身体进入临战状态，故称为抖枪中平。此势多是在一些连续的枪法技术后用于调整，准备下一波技术运用，因此，在做此势时，要保证身法稳定，保持心态平和。这是这个套路中多次使用、技法之间连接过渡的势子，在以后出现时就只做简单描述。

（6）坐身左拦。以中四平枪势，左手握枪略向外翻，右手握枪攥略向后拉，使枪尖略向上起。同时，提顶正身，身体重心略向右腿上落，保持眼神注视前方。右手拉枪的同时略向外翻转，使枪尖以逆时针方向画弧，产生向左外侧的拦劲（图3-7）。

图3-7

（7）拧枪右拿。目光注视前方，左手握枪略向内翻，右手握枪攥略向内转，使枪尖略向下落。同时，提顶正身，身体重心略向左腿上落。左手内翻的同时略向下方推枪翻转，使枪尖以顺时针方向画弧，产生向右侧的拿劲（图3-8）。

图3-8

（8）弓步中平。双脚以脚掌为轴旋转，右脚跟向右后外侧旋，使右脚出蹬劲，右腿随之以蹬劲将右胯向左前推送，身体随之左转，身体重心左移，成左弓步。眼神注视前方（东）。左手略向上翻，托稳枪杆；右手顺势向前推枪，至右手中指直抵左掌心，使枪尖略抬追眼神，平稳向前扎出。右脚的蹬劲须直抵枪尖，即左弓步中平枪（图3-9）。

图3-9

（9）抖枪中平。右手拉枪回撤，重心后移，成半马步；在向后拉枪时需先放松，即将完成时骤然一紧，此时的松紧可使枪杆抖动起来。身体需保持中正，面朝东，眼神注视前方，成左持枪势之中四平枪势（同图3-6）。

（10）盖步左拦。以中四平枪势，目光注视前方，左手握枪略向外翻，右手握枪攥略向后拉，使枪尖略向上起。同时，提顶正身，右脚上步，脚尖外摆，成盖步落于左脚前，身体重心随之前移。在上右步的同时，右手拉枪略向外翻转，使枪尖以逆时针方向画弧，产生向左外侧的拦劲（图3-10）。

图3-10

（11）上步右拿。左手握枪略向内翻，右手握枪攥略向内转，使枪尖略向下落。同时，提顶正身，上左步，身体重心随之前移，保持眼神注视前方。左手内翻的同时略向下方推枪翻转，使枪尖以顺时针方向画弧，产生向右侧的拿劲（图3-11）。

图 3-11

（12）弓步中平。双脚以脚掌为轴旋转，右脚跟向右后外侧旋，使右脚出蹬劲，右腿随之以蹬劲将右胯向左前推送，身体随之左转，身体重心左移，成左弓步。眼神注视前方（东）。左手略向上翻，托稳枪杆；右手顺势向前推枪，至右手中指直抵左掌心，使枪尖追眼神，平稳向前扎出。右脚的蹬劲须直抵枪尖，即左弓步中平枪（图3-12）。

图 3-12

（13）背步左拦。目光注视前方，左手保持握枪沉稳，右手握枪攥略向后拉，使枪尖略向上起。同时，提顶正身，右脚上步，从左脚后方做背步倒插，脚掌落于左脚之左后侧，身体重心随之前移。在上右步的同时，右手持续拉枪并略向外翻转，使枪尖以逆时针方向画弧，产生向左外侧的拦劲（图3-13）。

图3-13

（14）上步右拿。左手握枪略向内翻，右手握枪攥略向内转，使枪尖略向下落。同时，提顶正身，上左步，身体重心随之前移，保持眼神注视前方。左手内翻的同时略向下方推枪翻转，使枪尖以顺时针方向画弧，产生向右侧的拿劲（图3-14）。

图3-14

（15）弓步中平。双脚以脚掌为轴旋转，右脚跟向右后外侧旋，使右脚出蹬劲，右腿随之以蹬劲将右胯向左前推送，身体随之左转，重心左移，成左弓步。眼神注视前方（东）。左手略向上翻，托稳枪杆；右手顺势向前推枪，至右手中指直抵左掌心，使枪尖追眼神，平稳向前扎出。右脚的蹬劲须直抵枪尖，即左弓步中平枪（图3-15）。

图3-15

（16）抖枪中平。右手拉枪回撤，重心后移，成半马步，保持眼神注视前方。向后拉枪时先需放松，完成时骤然一紧，此时的松紧可使枪杆抖动起来。身体需保持中正，成左持枪势之中四平枪势（同图3-6）。

应用 此势的应用是几种不同步法的中平枪，以及拦拿扎组合。实际应用中以拦扎或拿扎为主。

拦扎：以左持枪势起，将我枪尖放低，以引诱对手进攻（图3-16）。对手若对我胸前发枪扎我，我后手略向下坠，同时外旋，使枪根贴在右腰间；左手外翻，使枪尖抬起，以我枪之枪胸外侧与对手之枪相粘。在双方枪杆接触到的瞬间，我身体略紧，使我枪杆上产生向左下方的拦劲（图3-17）。当拦劲能够被正确运用，对手之枪必然被开于左下方，使其身体完全暴露；这时我须立即身体前移，发中平枪扎之（图3-18）。

注意 图3-18显示的是发中平枪扎对手的过程，但不是最后完成时；为了安全起见，我右脚没有完全蹬出，右手枪也未完全送出。这种情况在以后的图片中也常发生，请读者在练习时注意调整。

图 3-16

图 3-17

图 3-18

2. 搂膝压枪逞刚强

当对手扎我前腿，我提枪下拦护腿，称为搂膝。继而翻枪将对手枪卷起，再下压至地，使之成为死枪，即无法变化。这种卷起后顺势下压的威力很大，能够展示出极坚刚之意。先管住对手的枪，再借势扎其咽喉。此势中，开始下拦、翻卷时需轻柔缓和，下压时需沉重刚猛，使对手被完全控制而不能动，即所谓"逞刚强"之意。

（1）吸身左撸。以中四平枪势，左手握枪下沉并略向外翻，右手握枪攥略向后上拉并略向内旋，使左手略向上滑，同时枪尖向下落到脚腕的高度，枪杆须保持贴在腰上。同时，提顶正身，眼神注视左前下方，身体重心向右腿上落，微收小腹，左脚顺势回撤成虚点。右手拉枪的同时左右手拧枪杆，使枪尖以逆时针方向画弧，产生向左外侧的横向拦劲（图3-19）。此势为下拦，也称为撸。

图 3-19

（2）翻枪下压。进左步，左手随之拧枪向上、向右再向下翻转，枪尖以顺时针方向画弧，使左手在枪杆上有向下推按之势，右手握枪攥随势内旋。提顶，保持眼神注视前方，身体重心向前移，并有下沉之势，使枪杆产生下压之劲（图3-20）。

图 3-20

（3）弓步刺喉。双脚以脚掌为轴旋转，右脚跟向右后外侧旋，使右脚出蹬劲，右腿以蹬劲将右胯向左前推送，身体随之左转并前移，成左弓步。眼神注视前上方（东）。左手略向上翻，托稳枪杆；右手顺势向前推枪，至右手中指直抵左掌心，使枪杆在左手中向前滑动，枪尖追眼神，平稳向前上方扎出。右脚的蹬劲须直抵枪尖，即左弓步发枪上扎咽喉（图3-21）。

图3-21

（4）坐步崩枪。右手拉枪回撤，重心后移，成半马步。眼神注视前方。向后拉枪时先需放松，完成时随身法下沉而骤然一紧，此时的松紧可使枪尖向上抖起来，称为上崩枪。上崩时身体需保持中正，完成时成左持枪势之中四平枪势（同图3-6）。

应用 如对手以下枪攻击我左膝，我略退身撤左脚；同时左手下沉，右手略向后向上拉枪，使我枪头下沉，枪胸外侧与对手枪杆接触，并随势粘黏（图3-22）。当我枪粘住对手枪时，我右手下沉并内旋，左手随之向上转起，使枪杆以顺时针方向向上画弧，将对手枪杆卷起，我之枪尖须在对手中线上方（图3-23）。保持右手稳定，左手向前下方推压枪杆，并使之保持在对手中线上，枪尖对准对手之前手，左脚随之进步，身体也随之前移，我枪下压之劲可使对手枪尖向其左下方偏离（图3-24）。当我枪压住对手枪后，身体略紧下沉，而后马上放松，借助腿上的反弹之劲，右腿向前蹬，向前送右胯，左转身，重心前移，成左弓步，右手随势向前推枪，枪尖对准对手的咽喉发扎（图3-25）。整个扎枪的动作须一气呵成，使右脚的蹬劲直达枪尖。

　　注意 为了安全起见，图3-25中的扎法并未完成，蹬右脚、左转身、右手前推都差了最后的发劲。

图 3-22

图 3-23

图 3-24

图 3-25

3. 推裆顺膝当头棒

当对手起枪撩我左太阳穴，我提枪上拦；对手顺势调枪下扎我前腿，我略提枪攘从左下拦，而后顺势沿着对手的枪杆向前推枪，以攻击其裆部。如果对手下拦并撩我膝，我需顺势回带；同时涮起枪根，上右步，左步紧随，以反把握枪，用枪根向对手头顶劈砸，所谓"当头棒"。

（1）坐身上钩。眼神注视左前上方，右手握枪攘略下沉，左手握枪杆略上抬，使枪杆略向前滑，枪尖抬起高过头顶。同时，提顶，重心向右腿后移，左脚回收成虚点步。在退左步的同时，右手拉枪略向内拧，左手略向外翻转，使枪尖以逆时针方向画弧，产生向左外侧的上拦之劲，也称为钩（图3-26）。

图 3-26

（2）进步推裆。右手握枪攥略上提，左手握枪杆略下沉，左手略向上滑，使枪尖下落至与膝同高。同时，提顶，重心先向前再向右腿移动，左脚也随之收放。在退左步的同时，右手拉枪略向内拧，左手略向外翻转，使枪尖以逆时针方向画弧，产生向左外侧的下拦之劲。而后进左步，成左弓步，左手顺势推枪向前，枪杆略向前滑，身体随之向前进，使枪尖产生向前上方的撩击之劲（图3-27）。

图 3-27

（3）上步盖顶。右手握枪攥向后、向上提；左手握枪杆略向下沉、向回带，同时左手向上滑，并略向后拉枪杆，使枪尖向下；右手沿枪杆向前滑动，枪杆向后滑动，将枪攥从身体的右后方甩起来。同时，提顶，重心向右腿移动，左脚也随之收回成虚点步（图3-28）。保持眼神注视前方。双手均向枪杆前端滑动，右手滑动到枪腰处，使枪根从后向上、向前抢起。同时，左转身，上右步，成右弓步。右手向前下方推枪，同时左手向回拉枪头，使枪根产生劈头盖顶之劲。此势完成时成反把握枪势（图3-29）。

图 3-28

图 3-29

应用 如对手以下枪攻击我左膝，我略退身撤左脚；同时左手下沉，右手略向后上拉枪，使我枪头下沉，枪胸外侧与对手枪杆接触，并随势粘黏（同图3-22）。当我枪粘住对手枪时，我左手微向外拧，有下拦之势，但无下拦之劲；顺势进身进步，双手同时顺势向前推枪，需保持枪杆粘黏不离，使枪尖扫击对手前腿。在推枪向前的过程中，我右手需快速推送，使枪杆在左手中滑动，以使枪尖能够达到更远；同时，枪尖需保持在中线，使对手之枪在我身体左外侧（图3-30）。如果对手为了护腿而持枪向其左侧横拦，欲使我枪偏离中线，我需顺势向回拉枪，右手向后、向上，并且离开枪攥，将枪根甩出，左手顺枪杆下滑到枪胸附近，略向外推。在拉枪的过程中我枪需保持与对手之枪粘黏不离。在枪向后拉时，我需进身上右步成右弓步，在与对手之枪保持粘黏的同时，我左手需略向外推并顺势向回带，右手继续向枪腰处滑动，使枪根继续向上、向前涮起抡出，对准对手头部，顺着进身进步之势右手推压，使枪根直向对手头顶劈盖（图3-31）。

图 3-30

图 3-31

4. 推裆顺膝劈顶枪

接上势，我以反把握枪。若对手扎我前腿（右腿），我可先提膝躲闪并以枪根下拦，而后顺势向前推枪根以攻击对手裆部。如果对手下拦并撩我膝，我需以枪根顺势回带，同时向前上方推起枪头，撤右步的同时向前涮杆，枪身向前滑动，以枪头劈向对手头顶，所谓"劈顶枪"。

（1）坐身反挂。从反把握枪势起，退身，双手均沿枪杆略向下滑。重心后移到左腿，右膝向左侧提起成独立步。眼神注视前下方。同时，右手先推枪杆，而后向回拉带，使枪根以逆时针方向向左、向下再向后、向右画弧，至身体右下方；同时使枪尖随之转动立起（图3-32）。

图 3-32

（2）进步推裆。保持眼神注视前下方，右脚向前，进身进步成右弓步。同时，右手握枪杆顺势向前直推，枪杆略向后滑，枪攥追眼神，枪根保持在中线上（图3-33）。

图 3-33

（3）撒步劈顶。退身撒右步，身体随之右转。右手随势向后拉枪杆，左手向前、向上推枪杆，使枪杆在右手中滑动，眼神注视前方。保持枪杆在右手中向前滑动，直到右手握到枪攥上，同时在左手向前推枪杆时也略向枪根方向滑动，枪在手中滑动，使枪杆、枪头向前抢起。撒步时身体随势略下沉，使枪尖追眼神，产生向前下方的劈劲（图3-34）。

图 3-34

应用 我以反把握枪时，如果对手进枪扎我右腿，我需退身提右腿以躲避；同时以枪根向下、向右拦格，使其枪尖向我右侧偏离；当我枪与对手之枪接触时，需保持粘黏不离（图3-35）。当对手枪尖偏离中线时，我需立即进身进步，并随势沿对手枪杆向前推枪，使我枪根直击对手左膝或裆部（图3-36）。如果对手强力向其右侧推枪，欲使我枪根偏离中线，我可退身撤右步，同时右手向回拉枪，使对手横拦之劲产生困难；这时我可突然将枪头向上、向前甩起，使枪杆在我手中滑动，直到右手握在枪攥上；同时左手向前推枪杆，将枪头对准对手头顶劈下；劈枪时身体随势略向下沉以助力（图3-37）。

图 3-35

图 3-36

图 3-37

5. 斜劈拗步遮拦进

此势以左右闪身、斜中寓正的拗步斜劈顶枪为主。所谓"拗步枪"，是指斜劈枪的方向与上步的方向相交叉，比如从左向右劈时上右步，从右向左劈时上左步。继之从左右闪展中进退，并以枪根、枪头左右横扫，再以梨花摆头来遮蔽对手，伺机反攻，所谓"遮拦进"。

（1）左步斜缠。右脚向后退半步，左脚随之后撤成虚点步。右手随势向后拉枪，左手自然下落并略向上滑，使枪头下沉。略向左转身，使枪身随之向左摆。眼神注视前方（图3-38）。顺势向左前方进左步，但眼神注视右前方。随着枪身之摆动，将枪头按顺时针方向向左、向上、向右画一个从左下到右上的斜面大弧，使枪头到身体左前上方。当枪杆在身体左前方缠绕时，需注意保持枪根与腹部、腰部相贴，使斜缠之劲发自腰腿（图3-39）。

图 3-38

图 3-39

（2）拗步右劈。保持眼神注视右前方，右脚向右前方上步，上步时右脚先移到左脚旁，再向右前方迈，成右弓步。同时，身体略向右转，枪根沿腰向后转，左手向右推枪杆，身体顺势略沉，使枪头追眼神，向右前方劈下（图3-40）。

图 3-40

（3）右步斜绕。左脚向右前方上步，右手随势向后拉枪，左手自然下落，使枪头下沉。略向右转身，使枪身随之向右摆，眼神注视右前方（图3-41）。顺势向右前方上右步，随着枪身之摆动，将枪头按逆时针方向向右、向上、向左画一个从右下到左上的斜面大弧，使枪头到身体右前上方，眼神转向左前方。当枪杆在身体右前方缠绕时，需注意保持枪根与腹部、腰部相贴，使斜缠之劲发自腰腿（图3-42）。

图 3-41

图 3-42

（4）拗步左劈。保持眼神注视左前方，左脚向左前方上步，上步时左脚先移到右脚旁，再向左前方迈，成左弓步。同时，身体略向左转，枪根沿腰向前转，左手推枪杆，身体顺势略沉，使枪头追眼神，向左前方劈下（图3-43）。

图 3-43

（5）撤步右扫。左脚向后撤一大步，身体随之左转，眼神注视前方；左手拉枪，使枪杆贴在腰腹处顺势转动，并使枪杆向后滑，枪根从右后向前方平甩出去，产生从右侧向前的横扫之劲，右手顺势向上滑到枪腰部分（图3-44）。

图 3-44

（6）撤步左扫。右脚向后撤一大步，身体随之右转。保持眼神注视前方。右手拉枪，并顺势向下滑到枪攥处，使枪杆贴在腰腹处顺势转动并向前滑，枪头从左后向前方平甩出去，产生从左侧向前的横扫劲，左手顺势下滑到枪腰部分（图3-45）。

图 3-45

（7）梨花摆头。保持眼神注视前方，进左步，跟右步，使双脚合并，左脚略在前。左手保持持枪稳定，右手推枪至腹前，腰腹顺势向左转，使枪尖向左摆动；腰腹向左转后马上向右转，左手保持持枪稳定，右手顺势拉枪至右侧腰旁，使枪尖向右摆动（图3-46）。这种以腰的左右转动带动右手小幅度推拉枪杆，使枪尖产生小幅度左右摆动的方式可以连续重复几次。

图 3-46

（8）并步扎枪。保持眼神注视前方，顺着枪尖左右摆动之势，向前进左步。同时，右手拉枪，使枪攥贴在腰上。进右步，右脚跟在左脚旁。顺势右手推枪向前、略向上发扎（图3-47）。

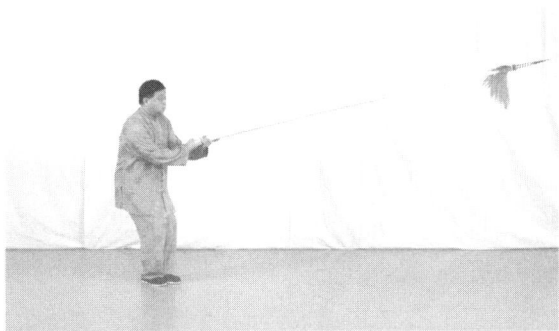

图 3-47

应用 如果对手进下枪攻击我前腿（左腿），我可略退左步，并将枪头下沉，使我枪杆外侧与对手枪杆相交，成下拦之势。当双方枪杆接触时，我左手向上托起并略向左撑，右手向后上方拉枪（图3-48）。我右手继续拉枪，并摇动枪根以顺时针方向从上向下转动，左手随之上托，使枪杆贴在右侧腰上，枪头以顺时针方向转起来。我枪与对手之枪需保持粘黏不离，使对手之枪被顺势搅起。当对手枪头高于我头顶时，我需顺势先向左前方进左步，有迅速进身之势；再向右前方上右步，有进身追击之势；我枪杆与对手枪杆保持接触，同时我左手向前推枪杆，使枪头向右前方直劈对手头顶，即拗步右劈。做此劈劲时，我枪杆直向下落，同时可自然产生横劲，将对手枪杆向右甩出（图3-49）。

图 3-48

图 3-49

如果对手进上枪进攻我头部，我可以将枪轻轻向前送出，以枪尖对准其咽喉或面门处，枪杆与对手枪杆相交，腰胯晃动带动手臂，使枪尖左右摇摆，这时一方面我枪杆可将对手枪头从我面前排开，另一方面我枪尖可以扫划对手之咽喉、面门（图3-50）。

图 3-50

6. 金童送书玉臂长

以拦拿等法使对手前手弃枪、枪头坠地，逼其快步后撤。这时因对手已经基本失去防护能力，我可以快步跟进，以单手出枪前扎，即以上步单杀手追击。单杀手也叫孤雁出群，是扎法中的绝技之一。在实战中，当对手因防守失误而遇到危险时，常会快步跳出我的正常进攻范围，这时我可以用后手单手出枪，同时上右步，甚至可以连续跳步，"欲其深，足稍进可矣"，以骤然增加进攻距离，即"玉臂长"之意，在追击中扎中对手。单杀手很突然，出枪距离远，威力也很大，所谓"十二分硬枪，一发透壁"。但是单杀手也存在着很大风险，由于单手出枪后缺乏对枪的控制，前扎的力量虽然很大，但是侧面会很弱，对手用很小的力量即可使我枪失控。所以使用单杀手时，必须先将对手之枪完全控制，使之成为死枪，也就是没有反击的能力。但是实战中，形势千变万化，无法保证对手不能应对，所以此势也是孤注一掷的招式，即一旦发枪，则或者全赢，或者全输，故在实战中如果没有八九成的把握，不应轻易使用。

（1）翻手上崩。从左持枪势起，目视前方。左手握枪略向上翻，右手握枪攥向外翻，并向上提至右肩前上方，身体重心随势略向后退，枪头下沉，偏向左侧，枪根斜横于胸前（图3-51）。

图3-51

（2）怀中抱月。保持眼神平视前方，提顶、涵胸、收腹。右手握枪攥向右、向下再向左推转，左手位置不变，握枪顺势向内翻转，双手拧翻之劲使枪头以顺时针方向，从左下方向左、向上、向右翻转起来，至枪尖回到中线处（图3-52）。

图 3-52

（3）翻手上崩。目视前方，左手握枪略向上翻，右手握枪攥向后拉，同时向外翻，并向上提至右肩前上方，身体重心随势略向后退，枪头下沉，偏向左侧，枪根斜横于胸前（同图3-51）。

（4）拧枪下砸。保持眼神注视前方，左手向内、向下，右手向外、向上同时拧枪杆；在拧枪的过程中，右手略向回拉枪，使枪根紧贴在腰的右侧，左手略向前下方推。同时，进身上右步成右弓步，以助左手之劲，使枪头、枪胸等处产生一个突然的下砸之劲（图3-53）。

图 3-53

（5）上步突刺。接上势中上右步之势，右手顺势尽力向前推枪，使枪杆顺着左手向前滑动，当右手接近左手时，左手松开枪杆，向后推撑。保持眼神注视前方，身体顺势向左转。右手持续向前推枪去追眼神，以中平扎出，扎枪之劲需快、狠、稳、准。身体随扎枪之惯性前倾，右脚伴随向前轻跳；同时左腿提起，意念想以左膝向右推，以助前扎之劲。左手向左后侧推掌，以平衡枪尖向右侧前方扎出之劲（图3-54）。如果扎枪的劲比较大，右脚可顺势多跳几步调整。

图 3-54

（6）撤步抖枪。待上势中的前扎之劲完全发出，右手需立即向回拉枪；同时左脚落地，右脚马上后撤，落到左脚后方，身体随之向右转并下沉成半马步。保持眼神注视前方。在转身的同时，左手向左前方伸展，并握到枪腰处，成左持枪势（同图3-6）。

应用 在对战中，如果我枪头被拿于左侧，对手进枪扎我前胸，这时我已经来不及将枪头调回中线防守，我需立即将右手抬起，使我枪杆与对手枪杆相交叉，以枪杆向上磕拦对手枪头，使之被崩起（图3-55）。当我上崩时，如果对手快速收枪调枪，从我枪杆下方进枪扎我胸腹；我需涵胸、收腹，同时右手可立即转下，并向右推枪攥，使枪根走一弧线，与对手枪杆相交叉，将对手枪头向我左外侧磕拦；在我枪根下转的同时，双手拧枪，使枪尖从左下方涮起，横扫对手面门（图3-56）。如果对手又快速收枪调枪，从我枪杆上方进枪扎我面门，我需立即将右手抬起，使我枪杆与对手枪杆相交叉，以枪杆向上磕拦对手枪头，使之被崩起（同图3-55）。在此势中，由于我做拦截时双方枪的接触点离我身体很近，故对手可以很快地调枪，所以我的上崩下拦均不需要很大力量，但需快速、有弹性。

图 3-55

图 3-56

　　如果对手进枪从圈里攻击我前胸，我可以右手握枪攥略下沉，使枪尖抬起，枪杆内侧与对手枪杆相交，以拿法拦截对手进攻。在做拿法时，我可以加些爆发力，将对手之枪击开，使其枪头被甩向我右侧并落于地，成为死枪；同时我顺势上右步，借助拿法中产生的反弹之劲将我枪头抬起，对准对手之前胸或面门（图3-57）。我身体紧随上右步之势进身并左转，右手快速向前推枪，当右手推枪抵近左手时，左手张开并离开枪杆，向左后方推掌，以平衡向右前方的扎枪之势；我右手继续推枪向前发扎，直到右臂几乎伸直，身体完全转向左侧，以左腿提膝助力，使枪尖到最远距离（图3-58）。如果对手退步躲闪，我可借助扎枪的惯性，以右脚向前连续跳步去追击对手。如果此扎没有成功，必须迅速撤步抽身，整体向后退，同时左手需尽快恢复抓握枪杆，成左持枪势以应敌（同图3-6），否则极易陷入险境。

图 3-57

图 3-58

7. 风扫梅花咽喉锁

枪尖在对手咽喉前轻轻摆动，如风扫梅花，轻轻飘起，缤纷飞舞，缓缓落地。枪尖不离咽喉称为锁喉，或扎或革都会有致命效果。

（1）圈枪封喉。保持眼神注视前方，身体向后退，右手握紧枪攥紧贴在右侧腰间。以脚带腰微微晃动，使枪根左右轻摆，枪杆在左手中前后略有滑动，使枪尖产生小幅度的左右、上下、前后的摆动，控制摆动中需有使用枪刃攻击对手咽喉之意（图3-59）。在枪尖的摇摆中，顺势以连续的小步幅退步，脚下步法移动需与枪的摆动相随、相配合。

图 3-59

（2）背步刺喉。目视前方，左腿略蹲，右脚向左脚的左后侧上步，成右背步。在枪头的左右摆动中，右手顺势推枪向左前上方发扎，有直刺对手咽喉之势（图3-60）。

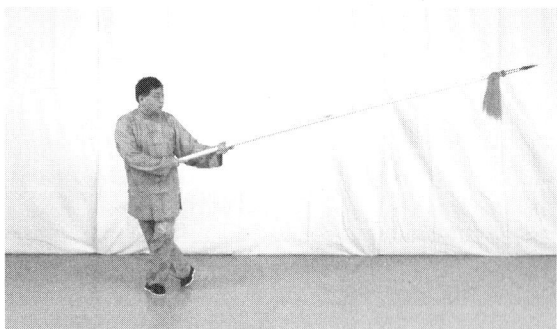

图 3-60

（3）撤步拉枪。右脚撤步收回成马步，身体微向右转，眼神依然注视前方。右手顺势向右后方拉枪，拉枪时需快速向后甩，使枪杆在双手中向后滑动，枪攥有向后杵之势；左手保持稳定，向上滑到枪胸附近，右手顺势向前滑到枪腰附近，枪杆继续在手中向后滑动，使左手握到枪头、右手握到枪胸。身体也随势向右转，目光也转向注视后方（图3-61）。

图 3-61

（4）转身过枪。身体继续向右转，枪杆顺势继续在手中向后滑动，左手握到枪头向前（西）推，使枪头从自己脖子左侧前方绕到右侧，置于右肩之上；右手握枪胸随之而动。身体继续向右转，目光也随之转向，欲注视后方（图3-62）。当枪头达到右肩之上时，身体继续随势向右转，左手将枪头向右后方拉，使枪杆在手中向身体后方（东）滑动。身体继续随势向右转，眼神向回（东）看，左脚前（西）上步。右手握枪向身体右后方（东）推，左手顺势从枪头附近移开，挪到枪腰处向下滑，枪杆横在胸前，枪尖朝前（东），右手为前手，左手为后手（图3-63）。

图 3-62

图 3-63

（5）回身发枪。目视前方（东），左手向前推枪，右手顺势沿枪杆向下滑动。同时，身体向右转，当左右手相交时，右脚向后撤步，枪杆继续向前滑动，身体继续右转并后移，直到右手下滑至握到枪攥上为止（图3-64）。

图 3-64

（6）圈枪封喉。保持眼神注视前方，身体向后退。右手握紧枪攥，使枪根紧贴在右侧腰间，以脚带腰微微晃动，使枪根左右轻摆，枪杆在左手中前后略有滑动，使枪尖产生小幅度的左右、上下、前后的摆动。摆动中需有使用枪刃攻击对手咽喉之意。在枪尖的摇摆中，顺势以连续的小步幅进步，脚下步法移动需与枪的摆动相随、相配合（图3-65）。

图 3-65

（7）盖步刺喉。目视前方，左脚进一小步，右脚上一大步，脚尖
向外横摆，成右盖步，身体重心略向下降。在枪头的左右摆动中，右
手顺势推枪向前上方发扎，有直刺对手咽喉之势（图3-66）。

图 3-66

（8）撤步抖枪。右脚撤步，重心后移，成半马步。同时，右手顺
势拉枪回撤，向后拉枪时需先放松，即将完成时骤然一紧，此时的松
紧可使枪杆抖动起来。身体保持中正，面朝东，眼神注视前方，成左
持枪势（同图3-6）。

应用 如果对手以试探方式向我胸前进枪，虚实不定，我可以小
而灵巧的步子前进，同时使我枪杆、枪头轻轻摇摆，寻机与对手枪杆
发生相交接触。一旦接触发生，比如从圈内，我需立即抖枪进身，将
对手之枪磕离中线（图3-67）。当对手之枪头被开向我右侧，我可

以背右步，有向左躲闪、让开中线之意，同时右手向前推枪发扎（图
3-68）。

图 3-67

图 3-68

8. 翻身蹬脚点蛇香

回身做下、中、上防守后，翻身从上向下扎枪。扎枪时，提膝
蹬脚以助力。有人认为"点蛇香"是借俯身去点燃盘香之意来形容向
下扎；也有人认为应该是"点蛇枪"之误，即有横蛇拦路，用枪向下
扎以点杀。总之，无论哪种说法，本质上都是讲从上向下点扎对手之
膝、足等下三路之技法。

（1）拉枪回身。身体右转，随之右脚向后开一大步，左脚相随。
同时，右手向后上拉枪，左手微微下沉并沿枪杆向上滑，使枪头下
落。眼神注视前下方枪尖处。拉枪时，右手向外翻拧枪杆，使枪头产
生向左侧的横拦之劲（图3-69）。

图 3-69

（2）返身削滑。右脚再向后开一大步，左脚相随。同时，右手向下沉，使枪根贴于腰之右侧；左手略抬起，使枪头按逆时针画弧，提起枪头与头顶同高。眼神注视枪尖前方。左手托枪时略向外翻拧枪杆，使枪头产生向左下方的横拦之劲（图3-70）。而后右手再将枪根摇起来，使枪头顺势落下，与前动连续，完成一个逆时针的圈，出下滑之劲，眼神随枪尖而动（图3-71）。

图 3-70

图 3-71

（3）上钩崩枪。右脚再向后撤步，左脚相随。同时，右手向下沉，使枪根贴于腰之右侧；左手略抬起，使枪头抬起并按逆时针方向在头顶前画圈。眼神注视枪尖前方。左手托枪时略向外翻拧枪杆，使枪头产生向后方的钩劲（图3-72）。身体重心向左腿转移，使身体略向前倾，顺势双手快速托枪向上架，使枪杆上产生上崩之劲。

图 3-72

（4）提膝下点。提右膝，意念想右膝推右手，左手保持稳定，眼神注视前下方，右手推枪向前下方扎出（图3-73）。

图 3-73

应用 如果对手进下枪攻击我左腿，我身体右转，右脚随之向后退，左脚相随；同时我右手向后上拉枪，左手微微下沉，使枪头下落与对手之枪相交。当双方枪杆接触时，我右手向外翻拧枪杆，左手略向左翻，以下拦之劲使对手枪头偏向我左侧（图3-74）。如果对手顺势调枪，将其枪头翻起，从我左侧攻击我头部，我可借助下拦的反弹之劲，右手压把，将我枪头从圈内提起，与对手之枪相交；当双方枪杆接触时，我右手以逆缠摇动枪杆，左手随之摇动且略向前推，使对手枪头偏离中线，同时我枪头可顺势从左侧扫向对手头部（图3-75）。如果对手退身以躲闪对其头部的攻击，我可顺势将枪头落下，进步进身，直接扎对手的胯、膝等处（图3-76）。

图 3-74

图 3-75

图 3-76

9. 金龙摆尾连环转

以反把握枪，用枪根缠搅。枪与腰胯合，枪杆似乎是龙尾，摆尾即是缠搅。练习时连环缠搅，既要随和流畅，又要强劲有力，如果与对手的枪相碰，可以将其搅飞。

（1）背步反插。接上势之提右膝，回头，右转身，目光向后（西）下方看，右脚随之向后落地，左脚顺势做倒插步于右脚后方。同时，右手向右后下方拉枪，左手略推，双手均以略松之法握枪，使枪杆可以在手中向后滑动，至左手滑动到枪胸以上，右手滑动到枪腰附近。眼神注视枪根所指方向（图3-77）。

图3-77

（2）撤步反搅。面朝西，向东撤左步。左手向下推枪，右手向上、向回拉枪，身体略向左转，使枪杆与腰腹部贴紧，由脚而腿、而腰、而手需协调转动，使枪根按顺时针方向从下向左、向上转起来。眼神注视枪攥前上方（图3-78）。右手向上拉枪，再向右、向下推枪，使枪根以顺时针方向转动不停，从上向右、向下转下去，保持枪杆与腰腹部贴紧；由脚而腿、而腰、而手需协调转动。同时左脚撤步，眼神注视枪攥前下方（图3-79）。以上两动中退了两步，完成了一个枪根反搅大圈。在套路演练中可以连续重复练习反搅大圈。

图 3-78

图 3-79

（3）提枪右转。一般做三次枪根反搅大圈后，可以在左脚撤步时，右腿顺势提膝内合，同时使枪根向上搅起；眼神注视枪攥前上方。动作要领与前同（图3-80）。保持枪杆协调运动，当枪攥达到圈顶时，右手顺势向右后方拉枪，左手顺势向右下方推枪，使枪杆竖立起来，枪尖朝下。随着双手推拉枪杆，身体顺势向右转（图3-81）。身体继续向右转，右脚顺势落下，左膝提起，身体朝向北，使枪头在左腿外侧，成倒提枪势。眼神注视左下方（图3-82）。

图 3-80

图 3-81　　　　　　　　　　图 3-82

（4）背步提扎。目光注视左下方，左脚向左侧（西）迈步。同时，双手将枪略向上提，枪根略向右侧倾。右脚从左脚后侧倒插背步，身体顺势下蹲；眼神仍注视左下方。同时，双手顺势推枪，枪尖追眼神，向左侧斜下方发扎（图3-83）。

图 3-83

应用　当我以反把持枪时，无论对手从何处进枪，我均可顺势以枪根粘黏住对手之枪胸，而后以反搅之劲将对手的枪拨开。我缠搅之劲源于腰腿，每次需先轻接，粘黏之后突然加力，可将对手之枪甩出去。当以枪根做缠搅时，可以在缠搅轨迹上的不同位置上发劲。比如当我枪根从下方向左上方缠搅时发带劲，从左上方向右上方发拨劲，从上方向右下方缠搅时发拦压之劲，从右上方向左下方缠搅时发搅甩之劲等。每个位置上的劲略有不同，整个缠搅动作必须顺随、协调、柔和，身法、步法需顺势而动，或进或退，均需灵活。由于实战中对手枪尖可以离我右腿很近，所以在搅枪时常常会顺势提起右腿以躲闪。

如果对手发枪进攻我右腿，我可略撤回右脚，并以枪根从内侧拦格对手枪头、枪胸部分。如果在拦格时，对手之枪仍可以前进，我需提起右膝以躲闪（图3-84）。我枪与对手之枪发生接触后，我需保持粘黏，并按顺时针方向将枪根搅起，使对手之枪被带起来（图3-85）。当对手之枪高于我头后，我需转腰并辅以右手向右下方推按，使对手之枪杆被压下。再继续转腰，将我枪根向我左前下方缠搅，将对手枪头向左前下方甩开。在实战中缠搅进身时，步法需特别灵活，不必拘泥于套路练习中的设计。

图3-84

图3-85

当我枪将对手之枪搅起高于我头顶时（图3-86），我可以选择不继续缠搅，而是在双方枪杆的接触点上保持粘黏，同时右转身、左手推枪头前进，使我枪杆竖立起来，右手略向外推，使得在接触点上保持对于对手之枪的控制；顺势快速上左步、进身（图3-87）；当我进身后，需以小步前进，与对手尽可能贴近，同时我双手略向后上方提枪（图3-88）。我使用背步使身体略向左闪，同时向左侧前下方对手裆部或腿部发扎（图3-89）。

图 3-86

图 3-87

图 3-88

图 3-89

10. 钩挂中平势最良

钩是指枪尖向下，从身体侧面向后上方钩起。挂是指枪根向下，从身体侧面向后上方挂起。钩挂是防止对手从下方进枪的常用技法。当以左手为前手时，一般钩多用在身体左侧，挂多用在右侧。此势中以左钩右挂为主，练习前后、上下涮枪以护身，而后从中平枪中出定步单杀手，也称青龙献爪。

（1）回身抱枪。接上势，转头向后（东）看，随之右转身，上右步成右弓步。右手略拉枪至胸前，左手略下按，使枪杆斜立紧贴在左侧腰间，枪头置于身后，成反抱枪势。眼神注视右前方。可以保持此势，向右前方连续上步走转，即抱枪走圈（图3-90）。保持眼神注视右前方，身体继续右转。同时，右手向上、向后、向下摇动枪杆，使枪根从身体右后方向回挂；左手随之向前、向上托起枪头，并向上、向外拧枪，枪杆紧贴于右侧腰间，成抱枪之势。眼神注视左前方。可以保持此势，向左侧连续上步，抱枪走转（图3-91）。

图 3-90

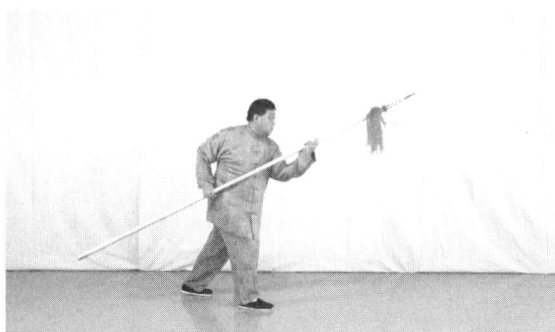

图 3-91

（2）提膝下钩。眼神注视左前下方，上左步提左膝。左手向下、向左回拉枪，右手随之向上、向前推枪，使枪杆竖立起，枪头置于身体左下方，成左下钩（图3-92）。

图 3-92

（3）夹枪前刺。眼神注视前方（东），左脚向前落步成左弓步。

同时，左手向后拉枪，右手向前推枪，使枪根向前下方盖，枪头置于身后（图3-93）。随着枪杆转动之势，右手向左后侧推枪杆，将右手置于左腋下，左手向上、向前推枪杆，前、后手翻转，使枪头向前下方劈盖，枪尖指向前，枪杆夹在左臂下。眼神平视前方。左手保持稳定，右手握在枪腰处向前推枪，使枪杆向前滑，枪尖追眼神，向前平刺（图3-94）。

图 3-93

图 3-94

（4）上步献攒。左转身，上右步成右弓步。保持眼神注视前方。左手上滑，并顺势回拉枪杆；右手略向下滑，并向前推枪杆，手腕略向上翻，使枪攒追眼神，向前上方挑打，即翻手献攒（图3-95）。

图 3-95

（5）提膝右挂。眼神注视前下方，退身，向左前方提起右膝。右手向左、向下再向右摇枪杆，左手略推枪相随，使枪尖立起，枪根向右下方画一弧，在右胯前下方成右下挂之势（图3-96）。

图 3-96

（6）翻枪前砸。眼神注视前方，右手向右后方拉枪根，同时左手向前推枪杆，使枪头向前落。右脚顺势上右步成右弓步。拉枪、推枪、上步等动作需协调一致，使枪头有劈顶之劲（图3-97）。继续上动不停，左手向后拉枪至右腋下，右手向前推枪，使枪杆在身体右侧继续翻转，枪头向下、向后，枪根向上、向前，使枪根有向前下方下砸之势（图3-98）。

图 3-97

图 3-98

（7）背枪推掌。保持眼神注视前方，继续上动使枪杆继续翻转，左手离开枪杆，成立掌向前推切；同时，右手向后拉枪至右胯后方，使枪杆贴紧右臂后侧立起，枪头指向上。保持右弓步，眼神仍向前看（图3-99）。

图 3-99

（8）背枪提膝。提顶立身，上左步，提左膝，眼神平视，成右独立势。同时，右手背枪不变，左手向下、向左再向上画弧，成上撑掌，此势也称苏秦背剑（图3-100）。

图3-100

（9）旋枪下砸。落左脚进步，右手前翻并向前甩枪杆，即枪头先向后、向下，再向前，使枪旋转至枪头到身体前方，枪杆顺势略向前滑，左手抓住枪杆。左脚向后撤步，身体下蹲，成歇步。右手沿枪杆向后滑动至握住枪攒，左手向下滑至枪腰处，并顺势向内翻转、推压，眼神注视前下方，使枪杆有整体下砸之势，称为摔鞭（图3-101）。

图3-101

（10）拦拿献爪。眼神注视正前方，立身上左步，成左弓步。同时，持枪做拦、拿之势。拦、拿后，右手立即向前推枪追眼神，当右手接近左手时，左手离开枪杆并向左前上方做撑掌；右手持续尽力推枪前扎，身体也顺势略向前探，成定步单杀手，也称青龙献爪（图3-102）。

图3-102

（11）抖枪中平。右手出枪扎满后须立即退身，并向后腿上沉坐；同时，右手顺势向后拉枪至身体右侧腰间，左脚也顺势回撤成虚点步，左手收回握在枪腰处。当此势完成时，眼神仍注视前方。身体略沉，双手握枪略紧，使枪头有向上的崩抖之劲（同图3-6）。

应用 如果对手进枪攻击我头部，当我以反把持枪时，可以用枪根内侧拦格对手枪头；两枪接触时我轻轻按顺时针方向摇动枪根，并略向右后方带，保持粘黏；同时向左前方上步进身，有闪展前进之意（图3-103）。当我以正把持枪时，可以用枪头外侧拦格对手枪头；两枪接触时，我左手向外拧枪，并轻轻按逆时针方向摇动枪头，同时略向左后方带，保持粘黏，同时向右前方上步进身，有欺身前进之意（图3-104）。

图 3-103

图 3-104

如果对手进枪扎我胸腹部，当我以反把持枪时，可以枪胸从外侧拦格对手枪头，两枪接触时，我左手略向左侧推，保持粘黏，顺势进步进身（图3-105）。如果对手要撤步退身，我可以随之前进，并使枪根向前下方转，从外侧拦格对手枪腰，这时我与对手更加靠近（图3-106）。如果对手继续撤步退身，我需紧随前进；同时枪杆继续顺势旋转，置于我左臂下方，枪尖朝向前方（东），对准对手前胸，右手推枪向前平扎对手（图3-107）。

图 3-105

图 3-106

图 3-107

如果对手进枪攻击我腿部，当我以反把持枪时，我可以用枪根从内侧拦格对手枪头；两枪接触时要轻。如果对手要撤步退身，我需保持粘黏，并顺势沿着对手枪杆向前推枪，使枪根有向前上方击打对手膝、腿之意（图3-108）。我可进身、进步，以腿带腰、带枪，先略向右后方带，再使枪根在我右侧按照逆时针方向摇起来，产生搅劲。我左手向右推枪根，使枪杆倒立起来，同时向前方上步进身。无论对手欲向内合枪，还是欲退步抽身推枪内合，我需顺势转动枪杆，使枪根在我右侧向前下方劈盖（图3-109）。

图 3-108

图 3-109

如果对手枪杆从我枪杆内侧下落击我，我可以左手顺势抓住对手枪杆，并向左上方举起；同时右手顺势回拉我的枪杆，置于我右臂后方（图3-110）。我左手抓住对手枪杆略向左后上方带，同时右手向前上方举起，将我枪向前抢起。我枪被从后向前抢转起来，当枪尖朝前指向对手时，以右肘将枪根夹在腰间，进身推枪突刺（图3-111）。

图 3-110

图 3-111

　　如果对手进枪从我枪上方扎我胸部，我可将枪从对手枪杆内侧翻起，以枪头对准对手左手做拿法，可使对手枪头偏离中线至我右侧（图3-112）。我立即顺着拿法所产生的反弹之劲，推枪向前发扎。如果对手的枪被我拿开后无法及时收回防守，其唯一可做的就是撤步退身以躲闪，这时我身体可迅速随右手推枪而左转，左手松开枪杆，向左前上方推撑，右手、右臂须尽力、尽快向前伸展，追击对手，推枪前扎，成为单杀手。整个扎枪过程须快速连贯，一气呵成（图3-113）。

图 3-112

图 3-113

11. 风摆荷叶连环上

以枪尖在身前上方轻摇、画圈、左右摆动，如风摆荷叶，用以防守对手从上方进枪。需注意枪尖与身法、步法之协调，意想枪尖如头顶上的犄角，摆头连环前进，古法称之为白牛转角。

（1）右步左旋。枪杆略向下滑，使右手离开枪攥略向前握，枪杆需贴紧腰部。眼神注视前上方，上右步，腰随之略向左拧，带动枪杆转动。枪头抬起，枪尖在中线上，并按逆时针方向从上向左、向下、向右旋转半个圆弧（图3-114）。

图 3-114

（2）左步右旋。保持眼神注视前上方，上左步，枪杆仍需贴紧在腰部，腰随之略向右拧，带动枪杆转动；枪头略向上抬起，使枪尖回

到中线上，并按顺时针方向从上向右、向下、向左旋转半个圆弧（图
3-115）。再将右步左旋、左步右旋连续做一遍。

图 3-115

应用 如果对手进枪攻击我头部，我可略沉后手，使枪头抬起，
以我枪胸外侧从对手圈外与其枪相交，发生接触时需轻，保持粘黏不
离（图3-116）。保持我枪与对手之枪的接触点稳定；我左手略向外
拧，以腰发劲，使枪杆产生向左下方的旋转之劲，可使对手枪头完全
偏离中线；我立即顺势上右步进身，同时向前推枪，使枪尖画一个半
圆，从左向右削割对手咽喉；此动中，旋枪拦格与进枪削喉须连贯一
体（图3-117）。

图 3-116

图 3-117

12. 金鸡独立势猖狂

此势为上崩枪，身体需下沉，单腿震脚，成金鸡独立势，使枪头迅猛强力地崩起来，须做到快、狠、突然，要有能够将对手之枪崩飞起来的爆发力，所谓"势猖狂"。

（1）圈枪拥挫。保持眼神注视前方，身体后移，涵胸收腹，左脚回撤成虚点步。双手持枪，枪杆紧贴在右侧腰间，枪头高于头顶，随着身体后退略向右后转腰，使枪头向后画一个小圈（图3-118）。紧接上动不停，顺着枪头画的圈，右脚蹬，左脚向前轻跳进一大步，右脚相随，身体略沉。眼神向前远望。左手顺势向前推枪，以枪头、枪胸向前下方劈点（图3-119）。

图 3-118

图3-119

（2）齐步突刺。退身退右步，左脚相随。双手握枪顺势回拉，左手下降至腹前，使枪头落下至与膝同高。目光平视，进左步，跟右步，身体前移，右脚置于左脚旁偏后半脚处，右脚落地时，需立即将重心略向后移并下沉到脚上，产生震脚的效果，此步法也称为齐步。随着进步进身，左手抬起至胸前，保持稳定；右手握枪攒向前推枪，追眼神发扎；扎法的最终发力点必须与震脚的时机一致，形成整劲（图3-120）。这种齐步扎枪也称齐步枪，在套路练习时常常可以连续做三次。

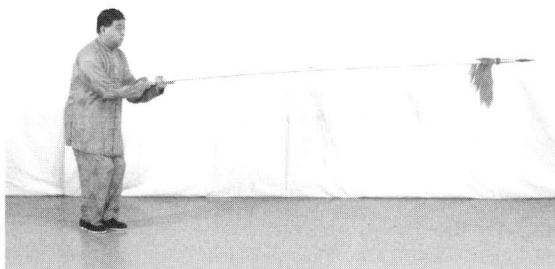

图3-120

（3）提步下点。与上势的齐步扎枪节奏相同，右手向后拉枪，蹬右脚，左脚进步，眼神向前下看；右脚跟上，后提右膝，使右脚贴在左膝后，左腿成独立势。同时，右手推枪追眼神，向下点扎（图3-121）。

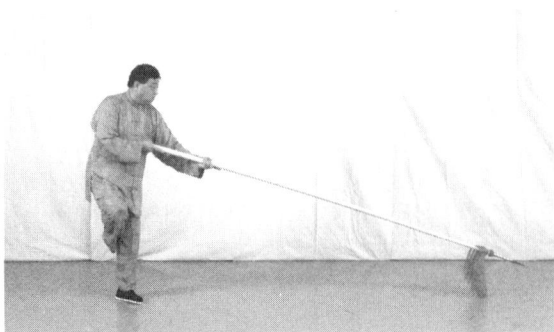

图 3-121

（4）提膝上崩。紧接上势不停，下扎完成后，右脚下落到左脚后侧，重心随之下沉，使右脚产生震脚；同时提起左膝，似坐步。随着右脚下落震脚，眼神向前上方看；右手按枪攥突然下沉，使枪头突然抬起，产生猛烈的上崩之劲，左手可以随势略向上抬枪杆以助力（图3-122）。

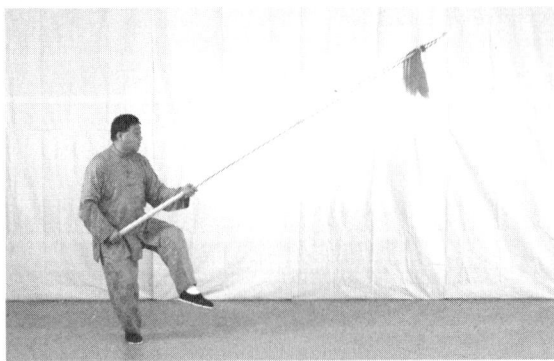

图 3-122

应用 如果对手进枪攻击我头部，我可将枪头抬起，使我枪杆与对手枪杆内侧相交。当双方枪杆接触后，我枪杆向后画圈，保持粘黏不离；同时进身、进步（图3-123）。我之枪圈可使对手枪头偏离中线，并使我以粘黏劲保持对对手枪头的控制；这时我需立即进步，并顺势沿着对手枪杆推我枪杆，使枪头直劈对手头顶；在双方枪杆的接触中，我枪杆上有向前拥堵之意，也有挫敌锋芒之意（图3-124）。

图 3-123

图 3-124

如果对手进枪攻击我胸部，我可略涵胸，同时将枪头向前伸到对手左手下方。这里如果时机能够掌握准确，对手的枪尖不会扎到我（图3-125）。我以右脚做震脚以助力，将枪尖从对手左手下方向上猛然崩起，直击其左手腕（图3-126）。此时因我枪头崩起的高度有限，故与铁牛耕地相似。

图 3-125

图 3-126

如果对手进枪攻击我胸部，我可略涵胸，同时将枪头向前伸到对手左手下方；这时如果对手将其枪杆下压，欲控制我枪，我需略向后退身，右手略向后拉枪并突然下按，同时右脚做震脚以助力，将枪尖从对手之枪下方向上猛然崩起，使对手之枪脱手并被崩飞起来；上崩前可使双方枪杆略微脱离接触（图3-127）。

图 3-127

13. 骗马压盖中平势

骗马是指高摆腿从枪上跨过，实际上是以摆腿踢开对手的枪。此势在实战中属于败中求救之势，即当自己的枪成为死枪时不得已而为之的解救方法。救急后需马上以攻为守，以中平枪稳定败势。

（1）落枪里合。当扎法失败导致枪头落地，这时双手均握在枪攥处，目光平视（图3-128）。上右步，起右腿，在身前做里合踢腿，即右脚从右向左摆腿踢。同时，仅以左手握住枪根，右手离开枪攥，向前拍击右脚面（图3-129）。

图 3-128

图 3-129

（2）转身外摆。接上势不停，右里合踢腿后，右腿从枪杆上方跨过，称为骗马，右脚落于身体左侧，顺势左转身至后背朝东，头也顺势向左后摆。在左转身的同时，右手又握到枪攥上，左手自然从枪根上松开（图3-130）。继续左转身不停，同时起左腿，向左后方外

侧做外摆踢腿，即左脚从右向左摆腿踢。同时，左手向前拍击左脚面
（图3-131）。这时身体转了一圈，仍面朝东。

图 3-130

图 3-131

（3）拧翻下扑。接上势不停，左脚左外摆后向身后落步成背
步，身体也随之下沉。同时，左手迅速抄起枪杆，成背步左持枪势。
目光注视前方。左手握枪时需略向内拧，使枪杆产生下扑之势（图
3-132）。

图 3-132

（4）撒步拦拿。保持眼神注视前方，提顶立身，撒右步成马步；同时，连续左右拧枪杆，做左拦、右拿（图3-133）。

图 3-133

（5）左弓中平。目光平视，右手向前推枪攥。身体随之左转，蹬右脚、右腿，催右胯向前，重心顺势前移成左弓步。左手保持稳定，右手推枪攥至左手，枪尖追眼神，形成一个强有力的中平扎枪（图3-134）。

图 3-134

（6）坐身崩枪。保持眼神注视前方，身体向后退，重心后移，成马步。右手握枪攥向后拉枪，当右手到右侧腰旁时，身体突然微微下沉，右手也顺势下按；同时，左手握在枪杆上微微一紧，使枪头略向上抖动，在枪尖上形成上崩之劲（同图3-6）。

应用 我进枪攻击对手，对手使用拿法拦阻我枪。如果对手的拿法做得很好，能够以小圈加力直击我左手，使我左手松开枪杆以躲闪，并同时将我枪击落在地，这时对手可以立即顺势进枪扎我，而我身体正面处于完全开放的状态，难以调枪防护（图3-135）。当此败势之际，我用右脚起右里合腿，自右向左，从侧面踢开对手之枪头（图3-136）。当对手之枪被踢离中线后，我需顺势快速转身撤步，与对手拉开距离；同时左手尽快托起枪，成持枪势，从败势恢复正常（图3-137）。同理，如果我枪被击落于右侧，我也可用左脚外摆踢开对手的枪。

图 3-135

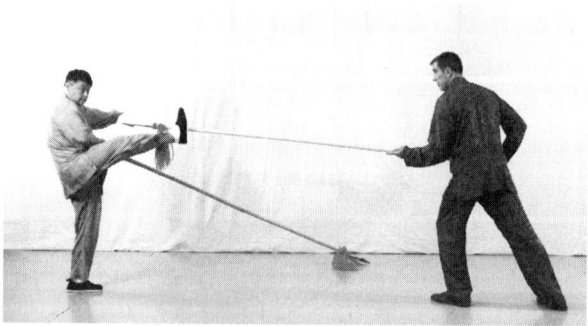

图 3-136

图 3-137

我也可顺势以小圈加力的拿法，以身法助力格挡，使对手枪头以较大幅度偏离中线（图3-138）；而后，在对手调枪回守之前，快速进身进步，以中平枪进攻对手。

图 3-138

14. 搂膝当头扫地枪

搂膝以防下枪，顺势翻枪卷起，当头劈顶，使用时需在粘黏中加力。扫地枪是以枪尖在对手的脚面、膝盖上下摇摆，前后左右拦扫，以攻击对手的下盘或干扰其步法。在练习时需同时配以交叉快步，进退相随。因为拦扫须有力度，故古法中称之为铁扫帚。此法在与短器械对战时经常使用，以控制与对手之间的距离，防止对手快步近身。

（1）圈下搂拦。退身、退左步成左虚点步，保持提顶，略收腹，眼神注视前下方。同时，右手握枪攥快速向后、向右拉枪，保持枪杆紧贴在腹部；左手略向左下方沉，并在拉枪结束时握紧枪杆，使枪头向左下沉，并产生向左下方、向后的搂拦之劲（图3-139）。

图 3-139

（2）上卷前掷。保持立身提顶，枪杆贴紧腹部，转动腰腹，右手摇动枪根，左手相随并略向上滑，带动枪头在身体左侧向下、向后、向上再向前转，卷起一个大圈（图3-140）。枪杆继续转圈之势，进左步拧枪，成左弓步。眼神注视正前方。左手向前推枪杆并略向下滑，有追眼神将枪头向前方掷出之势（图3-141）。

图 3-140

图 3-141

（3）坐身回拦。略退右步，左步随之撤回成虚点步，微微收腹，有退身坐身之势；眼神向左前下方看；右手顺势向回拉枪，左手也向后拉枪并下沉，使枪头落下至膝之高度，并产生向左下的回拦之劲（图3-142）。

图 3-142

（4）右前横扫。眼神注视右前下方，向右前方（东南）进左步，上右步；同时，右手略向后拉枪，左手向右前方推枪，保持枪头高度，枪杆在左手中略向前滑，使枪头向身体左侧之右前（东南）下方扫出。须体会上右步与枪头右扫之间的相合之劲（图3-143）。

图3-143

（5）左前回拦。眼神仍注视右前下方，向右前方（东南）上左步；同时，以腰带动右手略向后拉枪，左手向左后方拉枪，保持枪头高度，枪杆在左手中略向后滑，使枪头向左前（东北）下方回拦。需体会上左步与枪头左回拦之间的相冲之劲（图3-144）。

图3-144

将以上右前横扫、左前回拦两动连续做三次，即两脚交替连续向右前方（东南）上步；同时枪杆在左手中连续前后滑动，使枪头在身体左前下方左右拦扫。

（6）撤步横扫。保持提顶立身，身体略向右转，朝向南。眼神向身体左侧之右前（东南）下方看。左脚向左后方（东北）撤步，同时，右手略向后拉枪，左手向右前方推枪，仍保持枪头与膝同高，枪杆在左手中略向前滑，使枪头向右前下方扫出。须体会撤左步与枪头右横扫之间的相冲之劲（图3-145）。

图 3-145

（7）撤步回拦。眼神注视左前（东南）下方，向左后方（东北）撤右步，成倒插步。同时，以腰带动右手略向后拉枪，左手向左后方拉枪，保持枪头高度，枪杆在左手中略向后滑，使枪头向左前下方回拦。须体会撤右步与枪头左回拦之间的相合之劲（图3-146）。

图 3-146

将以上撤步横扫、撤步回拦两动连续做三次，即两脚交替连续向左后方（东北）撤步；同时枪杆在左手中连续前后滑动，使枪头在身体左前下方左右拦扫。

（8）坐身横枪。连续做完三次撤步拦扫后，眼神注视右前方，左脚向右前方（东南）上一大步，成左弓步，顺势进身、略向前俯。双手向前推枪，使枪杆向前滑动，左手下滑，至双手均置于枪根处，使枪头尽量向右前下方扫出（图3-147）。右手握枪攥向后、向右拉枪，左手顺势向左后拉，使枪杆斜横于腹前，枪头在身体左侧；拉枪时左手需放松并向上滑，结束时骤然一紧，此时的松紧可使枪杆抖动起来，产生回扫之劲；提顶，身体中正，眼神向前下方看（图3-148）。

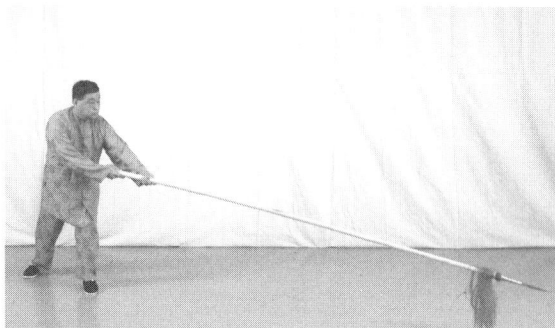

图 3-147

图 3-148

应用 如果对手进枪攻击我左腿，我可将左腿撤回，同时以下拦之法将对手枪头向左拨开；当双方枪杆接触时，我枪杆保持轻柔、粘黏（图3-149）。当对手枪头被我格开中线后，我须立即进左步，同时以右手为主导，以腰带动枪杆，使枪头在我身体左侧先顺势略向后，继而向上、向前，将对手之枪卷起来。所谓卷就是既要柔和又要有很强的控制力，要保持双方的枪粘黏不离。继续上动不停，当我枪头卷起对手之枪至中线时，我可立刻进身、进步，右手握枪攥略向内拉提，左手向前上方推枪杆，使身体产生一个整体的向左前方晃动之劲，带动枪杆继续卷动，并产生突然加力、将枪头向前方掷出之劲。

注意在做前掷时，我枪杆不要、也不必有向右侧的劲，只需向前即可（图3-150）。卷、掷的技术动作必须连贯，先柔后刚，一气呵成。

图 3-149

图 3-150

如果对手进枪攻击我左腿，我可略退身、退左脚以躲闪，再略向右前迈；同时左手握枪下沉，并向左后侧拉枪，产生左下回拦之劲，将对手枪头拨到我身体左侧。这时我需立即进身，并向右前方上右步；同时左手向右前方推枪杆，使枪尖从左前侧向右横扫对手前腿膝盖处（图3-151）。

图 3-151

15. 猛虎跳涧盘头势

猛虎跳涧是指我身体需保持轻利，腿脚需灵活，若对手攻我腿脚，我可以轻松跳跃、躲闪。盘头势是指以枪杆在头顶盘旋防护，并从盘旋中出圈打。

（1）抱枪跳步。将枪横抱于胸前，枪尖朝左。微微收腹、提顶，眼神向前下方看；身体先略向下沉，而后顺势抱枪提右膝，以左脚向上跳步，并使身体略向右移动（图3-152）。当跳起来后，顺势提左膝，右脚先落地，左脚相随，保持抱枪不变（图3-153）。此跳步有跳起来向右横移之势，如同跳起跨过脚下障碍，如下扫枪。

图 3-152

图 3-153

（2）盘头下扫。接上动，右脚落地后，左脚落于右脚前，成虚点步；右脚落地的同时，双手向前上方推枪杆，呈枪杆向上横架之势；眼神注视前方（图3-154）。左手向左后方拉枪杆，右手向右前方推枪攥，使枪杆在头顶上方旋转。同时，顺势向左外侧摆左步，左转身（图3-155）。身体略下蹲，双手继续推枪旋转，使枪头从身后转向前，两臂在胸前交叉。同时，左转身上右步，身体继续左转；同时，蹲身背左步至右脚外侧。枪杆盘头后从右向左横扫（图3-156）。在整个枪杆盘头横扫的过程中没有停顿，眼神始终向前看，全身动作一气呵成。

图 3-154

图 3-155

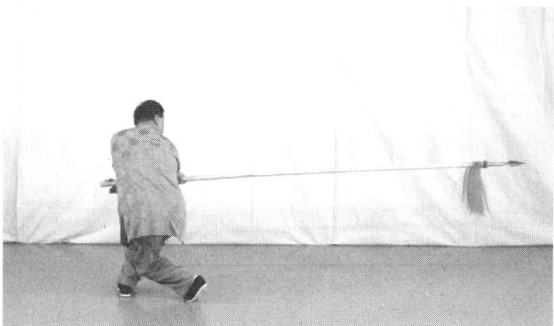

图 3-156

应用 如果对手进枪从我身体右侧向左横扫我脚踝，我可以跳步躲闪；跳时先提右膝向右侧跨跳（图3-157），再提左脚躲闪（图3-158）。

图 3-157

图 3-158

如果对手进枪进攻我头部，而我枪头已经在左外侧来不及回援，这时可以双手向上推枪杆，以枪根将对手之枪横架起来（图3-159）。当双方枪杆接触后，需保持粘黏；同时我顺势左转身、上右步，右手向前、向左推枪攥，使对手之枪被控制（图3-160）。这时我继续略向左前侧推枪，并顺势使枪杆盘头旋转，至枪头从后到右再到对手之前臂或腰部。在做旋枪盘头横扫时，我也可以顺势背左步、进身，身体下蹲，使枪头横扫对手之腰腿（图3-161）。

图 3-159

图 3-160

图 3-161

16. 蛟龙出水法最良

此势体现枪若游龙之意。先是从担枪败势中突然翻身出枪回扎，如蛟龙出水，于败中求胜；再调枪如蛟龙戏珠般上下翻腾，左右闪赚颠提，变化莫测。

（1）担枪反走。接上势，提顶立身，身体左转朝向西，同时进右脚成右弓步；右手握枪攒抬起枪杆，放置于右肩之上，成担枪势；左手离开枪杆，成立掌置于枪根内侧；面朝西，目视前方（图3-162）。保持担枪不变，上左步，继续向西走；同时向左后转头，眼睛余光越过左肩头向后看（图3-163）。由于此前的套路技术多是面朝东前进、以进攻为主的技术，故此时朝西走、眼神回望之势称为反走，也就是所谓败势，有欲与对手脱离接触之意。

图 3-162

图 3-163

（2）伏身反走。保持担枪不变，身体略向前俯，即伏身，上右步，继续向西走，同时保持向左后转头后望；上右步时先蹬右脚，使右脚跟抬起，有脚跟能触到臀部之意（图3-164），而后尽量向前提右膝，有膝盖能触到胸口之意，再顺势向前落右脚。这种后蹬脚、前提膝、略带跳跃势的迈步方式，古法中称为鹿伏鹤行，取伏身、蹬足、前跃如鹿之快速奔跑，提膝、落步如鹤行之轻灵的意思。这是一种轻快灵活、在败势反走中常用的步法。以鹿伏鹤行的步法继续向西上左步，再上右步，两腿交替迈步，有快速离开之势。在担枪败走的过程中需保持回身看，以观察与对手之间的距离。

图 3-164

（3）翻身出枪。当有合适的时机，可以上左步，突然右转身，随之右转头，向身后（东）看。同时，随着右转翻身之势，右手握枪攥向身后推枪，左手扶在右手上以助力，以枪尖追眼神，出枪向身后

扎（图3-165）。在向后扎枪的同时，继续右转身，并随之向西撤右
步，左手顺势回握枪杆（图3-166），完成败势中的调整。

图 3-165

图 3-166

（4）转身拧枪。当身体朝向东后，迅速退身，身体略向下沉；
同时，右手拧枪向回拉至腹前，左手顺势滑向前，成左持枪势（同图
3-6）。

（5）上步右撩。目光注视右前下方，左手先略向下，使枪头下垂
并追眼神，而后眼神向右前上方看，枪尖立即追眼神，沿逆时针方向
从下向右、向上转圈，随之进步、进身；当枪头转至右前上方时，左
手向上、向外拧枪杆，枪尖向右上方旋转撩扎（图3-167）。

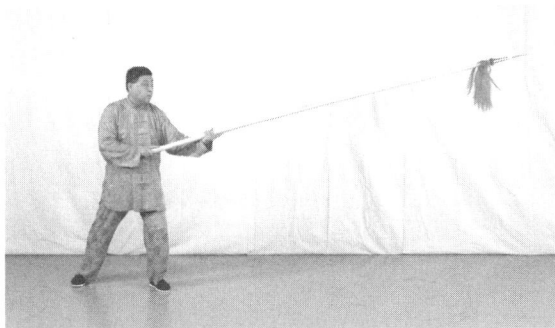

图 3-167

（6）上步左撩。目光注视左前下方，左手先略向下沉，使枪头下垂并追眼神，而后眼神向左前上方看，枪尖立即追眼神，沿顺时针方向从下向左、向上转圈，随之进步、进身；当枪头转至左前上方时，左手向下、向外拧枪杆，枪尖向左上旋转撩扎（图3-168）。

图 3-168

（7）坐身崩枪。后手拉枪回撤，重心后移并略下沉，成半马步。在向后拉枪时需先放松，而后骤然一紧，此时的松紧可使枪杆抖动起来，枪尖有上崩之劲。身体需保持中正，目视前方，成左持枪势（同图3-6）。

应用 如果在实战过程中，我因防守失误而使左手失去对枪的控制，这时可以转身担枪跑，以求与对手快速拉开距离，脱离接触。所谓能跳出去就有救。我在败势转身跑时，需时时回顾对手，以观察双方之间的距离变化（图3-169）。

图3-169

当我能够与对手拉开一定距离、比较安全后，需回头观察，当对手持枪接近我后背时，我突然右转身，同时从右肩上向后面对手发扎。向身后扎枪时，一方面尽量推枪，另一方面退身、退步，枪尖应对准对手头部，需能够产生阻吓作用，使对手因躲避而暂缓追击（图3-170）。只要对手略有迟疑，我可立即退身撤步，与对手保持安全距离；同时左手重新握住枪杆，成左持枪势，以备攻守，完成从败势到预备势的转换（图3-171）。

图3-170

图 3-171

17. 推裆当头虎剪尾

防上攻下，进步枪尖撩裆。涮枪成反把握枪，使枪攥向前，侧身以枪根、枪杆横扫，意念想枪杆如虎尾，故为虎剪尾，体现的是力量与灵活性。再接侧身背步，枪胸贴在腰腹，人枪一体，以腰腿之劲将枪杆甩起，连续做下拦、上撩、当头劈盖。

（1）退步上钩。眼神注视前方，提顶退身，略吸身收腹，左脚收半步，脚尖点地，成右坐步。同时，右手握枪攥略沉，枪头向左上方抬起；左手略向上、向外拧枪杆，做左上钩拦（图3-172）。

图 3-172

（2）圈枪下推。以腰带枪，使枪头向身体左后侧、向下再向前画圈旋转。当枪头转到左前下方时，顺势进左步进身，成左弓步。眼神向右前下方看。左手圈枪追眼神，向右前下；右手推枪攥，使枪杆向前滑动，枪尖顺眼神，向右前下方扫出（图3-173）。

图 3-173

（3）涮棒横扫。眼神注视左前下方，提顶退身，左脚收半步，脚尖点地，成右坐步。右手握枪攥顺势向后、略向上拉枪，使枪杆在左手中向后滑动；同时，左手也向后拉枪至左胯前，使枪头向左下方沉下，枪腰斜横于腹前贴紧；拉枪时，双手同时拧枪杆，做左下回拦（图3-174）。顺着右手拉枪之势，使枪杆向后滑动，将枪攥向后甩出，右手顺着枪杆向上滑动，同时向前推，使枪根从后向右再向前追眼神横扫；左手也顺势向枪头方向滑动，至双手均握于枪胸前端；顺势左转身、上右步，成右弓步（图3-175）。

图 3-174

图 3-175

（4）退步圈拦。保持目光注视前下方，提顶退身，顺势退右步，脚尖虚点地；右手向右后方拉枪，使枪杆贴于腹前；左手略摇枪杆，使枪根向下、向后、向右做圈拦（图3-176）。

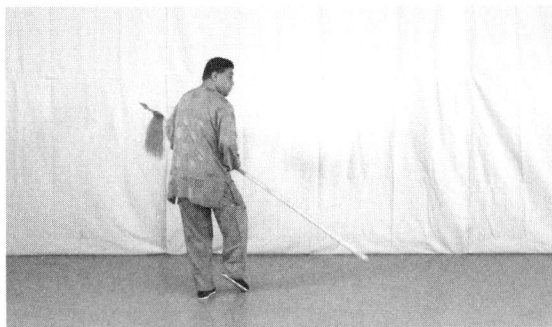

图 3-176

（5）拧腰搅劈。目视前方，左手继续摇枪，右手顺势向前上推枪杆，保持枪胸贴于腰腹，使枪根按逆时针方向向前上方搅起，追眼神，向前做劈顶之势；顺势进右步，成右弓步。进步拧腰与搅劈需协调一致（图3-177）。

图 3-177

（6）背步圈拦。右手向前下方推枪，左手继续摇枪，身体略向左转，使枪根继续按逆时针方向旋转，向下、向右做圈拦。眼神向右下方看，同时向右脚右前方背左步（图3-178）。

图 3-178

（7）拧腰搅劈。目视前方，左手继续摇枪，右手顺势向回、向上拉枪杆，左脚顺势上步。保持枪胸贴于腰腹，左手继续摇枪，右手顺势向前上方推枪杆，使枪根继续按逆时针方向向前上方搅起，追眼神，向前做劈顶之势。身体顺势前移，成右弓步。进步拧腰与搅劈需协调一致（图3-179）。

图 3-179

应用 如果对手从圈外进枪，我可以先用拦法轻轻搭住其枪杆，在双方枪杆的接触点上保持粘黏，顺势略向回带，使对手枪头偏向我左侧（图3-180）。我身体向左转，并立即上右步进身；在保持枪杆前端与对手枪杆粘黏的同时，我右手向前推枪攥，并沿枪杆向枪头方向滑动，使枪根向前方甩出，直接横扫对手左腿（图3-181）。

图 3-180

图 3-181

当我反把握枪时，如果对手调枪攻击我腿部，我可以提腿躲闪，同时枪根向下、向右横拦（图3-182）。

图 3-182

当能够将对手枪杆拦开，使之偏离中线时，我需立即进步、进身；同时保持我枪与对手之枪的粘黏，并向右、向上，按逆时针方向搅起我枪根。在枪根向上缠搅时，沿着对手枪杆略向前推我枪杆，劲力需柔和均匀，将对手枪杆卷起来，并使其难以脱离。当双方枪的接触点与头部同高时，我眼神注视对手，略向左转身，以腰腿之劲带动枪杆向前抢盖，右手向前推以助力，以我枪根对准对手头部劈砸（图3-183）。

图 3-183

18. 左右中央换步忙

此势以低身快步练习左右连续出枪、撤枪、换手，即古法之闯鸿门。要求枪杆在手中变化快速灵活，同时与身法、步法相配合，在大幅度运动中保持身法中正。在身体左右转动中变换左右持枪势，配以快速灵活的出枪、撤枪，即所谓抛梭枪法，步法小而快，属长兵短用练习。其中的要点是练习撤枪的同时换手进步，手、身、步、枪必须协调。

（1）回身持枪。身体向左转，面朝西，目光平视前方，略俯身。左手仍为前手，使枪杆在左手中略向后滑至枪胸处，右手向上滑动至枪腰处，枪杆平置于右胯旁，枪尖朝前，枪根在身后，有进步、进身之势（图3-184）。

图3-184

（2）上步换手。保持目光平视，右手顺势向前推枪，使枪杆在手中向前滑动，直到右手握于枪攥上，保持俯身上步前进（图3-185）。右手继续向前推枪，与左手在身体前方交错，使左手握到枪攥上，同时左手立即向后拉枪，身体随之向左转。继续上步不停，右手顺枪杆向前滑动，成为前手；枪杆在身体左胯旁，保持进步、进身之势。继续上步不停，左手向后拉甩枪攥，使枪杆向后滑动，枪杆仍在身体左胯旁，右手滑到枪胸附近，左手滑到枪腰附近，成枪杆向后退、身体向前进之势（图3-186）。

图 3-185

图 3-186

（3）上步换手。保持目光平视，继续上步不停。左手推枪向前出枪（图3-187），枪杆向前滑动至两手在身前相交，换手，身体向右转。换手后右手向后拉枪，使枪杆向后滑动，枪杆在右胯旁，保持俯身上步，枪攥向后甩出，枪退人进（图3-188）。在不停的左右上步中，连续出枪、拉枪，左右换手，使枪杆在身体左右侧前后滑动，可重复四次，左脚在前，左手为前手，右手握在枪攥上，成左持枪势时为止。

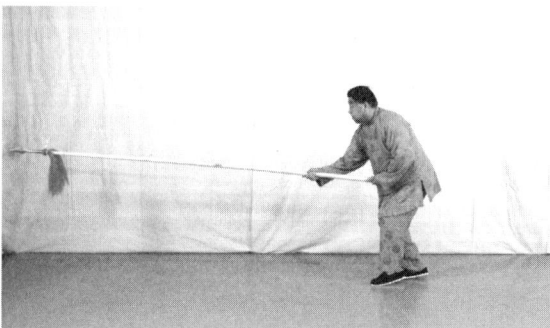

图 3-187

图 3-188

应用 在实战中，此势更多的是一种攻防状态。如果对手从圈里进枪，我可以用拿法去控制；如果对手从圈外进枪，我可以用拦法去控制。无论哪种方法，关键是当双方枪杆发生接触后，我通过拦拿使对手枪头偏离中线；同时在枪杆上保持粘黏之劲，并能够顺势进步、进身，使对手枪尖处于难以使用的状态，而我可以随意攻击（图3-189）。

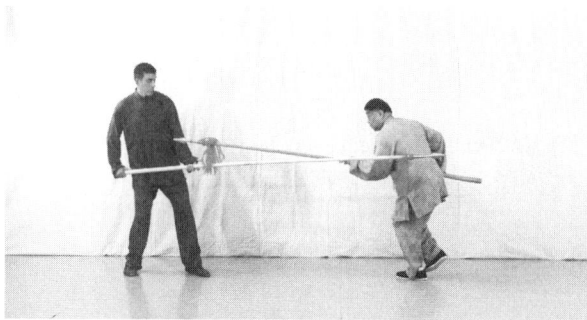

图 3-189

19. 地蛇拦路藏身势

略俯身将枪放低，如蛇在地上左右摆动前进，故称为地蛇枪。枪头在左前方拦扫，步法向右前方前进，身法随之而动，似欲将身体藏在枪后。在躲闪对手进攻的同时，伺机攻击其足、踝、胫、膝等处，如蛇般隐蔽、快速、突然。也可将枪尖突然跃起，自下而上（如同眼镜蛇可以立起身一般，称为腾蛇），攻击对手腹、胸、喉或前手等处，也可变为铁牛耕地。

（1）藏身点膝。面朝西，提顶立身，身体略向左转，眼神注视左前下方。枪头下沉至膝盖高度，右手略推枪，左手相随，使枪尖向左前下方拦扫点膝；顺势向右前方（西北）上右步，身体略向右前倾，有枪后藏身躲闪之意（图3-190）。

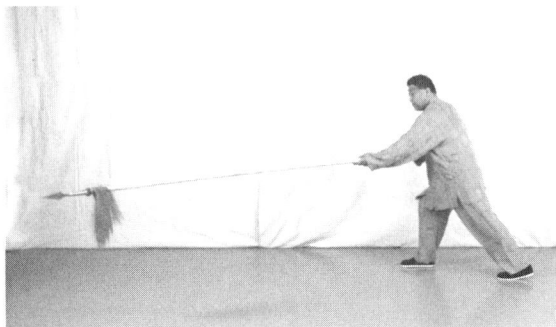

图3-190

（2）藏身刺膝。保持提顶，身体略向右转，眼神注视左前下方。右手略拉枪，左手相随，使枪尖向左前下方拦扫点膝；顺势向右前方上左步，身体略向右前俯，有枪后藏身躲闪之意（图3-191）。

图3-191

（3）俯身点足。身体略向左转，眼神注视左前下方。枪头略下沉至脚踝高度，右手略推枪，左手相随，使枪尖向左前下方拦扫点足。

顺势仍向右前方上右步，身体略向右前俯，有枪后藏身躲闪之意，与图3-190相似，唯枪尖降低至脚踝处。

（4）俯身削足。保持提顶，身体略向右转，眼神注视左前下方。右手略拉枪，左手相随，使枪尖向左前下方拦扫削足。顺势向右前方上左步，身体略向右前俯，有枪后藏身躲闪之意，与图3-191相似，唯枪尖降低至脚踝处。

（5）坐步圈拦。眼神向左前上方看，顺势向左前方（西南）上左步；右手略向下压枪攥至右侧腰间，使枪头上抬，枪尖对准左前上方目光所视处（图3-192）。

图3-192

（6）俯身上穿。右手推枪，使枪尖追眼神，向左前上方发扎；同时进左脚，向左前方垫步，右脚跟步至左脚旁；右脚前移时略做震脚，与发劲扎枪相配合，成进步俯身上穿之势（图3-193）。

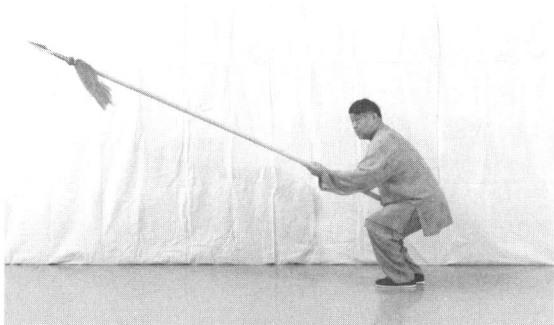

图3-193

应用 当对手进枪攻击我时，我不直接防守其枪，而是侧身向我右侧闪，并向右前上步。在躲闪的过程中，我从下方进枪拦扫对手的左腿（图3-194）。如果对手调枪再进，我可以继续向右前方上步，在躲闪中进下枪点刺对手；我也可以在向右闪的过程中，突然将枪头抬起，以上拦之法使对手枪头偏离在外，而后立即顺势向我左前方进步、进身，同时发枪从侧面攻击对手（图3-195）。

图 3-194

图 3-195

20. 凤凰展翅对朝阳

以对手的头为太阳，我之枪为凤凰。枪杆左右前后舞动如凤凰展翅，以枪尖围绕对手头部左右舞动，如丹凤朝阳。此势中包括一些应急的防守方法。

（1）横枪上掤。眼神仍向左前方（西南）看，向右前方上右步，成右弓步。双手持枪，同时向前上方举起，使枪杆横置于头前，枪尖指向左前方，右手略高于左手，成横枪上掤之势（图3-196）。

图 3-196

（2）横枪下压。眼神注视前下方，上左步，成左弓步。双手持枪同时向前下方推压，使枪杆横置于身前，与腰腹同高，枪尖指向左侧。借助上步之势，身体略向下沉，使枪杆产生向下压截之劲（图3-197）。

图 3-197

（3）立枪横推。提顶立身，眼神向前看；略收腹，左腿略沉，右脚跟半步；同时，左手握枪向上、向右带至头前，使枪头向上立起；右手握枪攥向下、向左推至小腹前（图3-198）。此立枪左横推之势也称海底立幡杆。

图 3-198

（4）退身上撩。眼神看前上方，退右步，左步相随，顺势退身，略向后仰。同时，右手向回拉枪，左手向前推枪，使枪头落下并从左向前甩出，即退身过程中向前出枪，枪尖向前上方撩（图3-199）。

图 3-199

（5）立身反撩。保持眼神注视前上方，身法不变，再退右步、退身。左手顺势推枪向右翻转，并马上向下拧枪回带，使枪头画圈，从向右转到向左转，以枪尖向前反撩（图3-200）。

图 3-200

应用 当我枪处于横置状态时，无法以枪头应敌，这时，如果对手进上枪攻击我头部，我可以横推枪向上崩架，也可以在枪杆接触时，加力上崩（图3-201）。如果对手进下枪攻击我腹部，我可以横推枪向下推压，也可以在枪杆接触时，加力下砸（图3-202）。如果对手进枪攻击我胸部，我可以用右手向我左侧推枪根，横向拦截，也可以在枪杆接触时，加力外磕（图3-203）。

图 3-201

图 3-202

图 3-203

如果对手进枪时我来不及做拦拿类的防守，需立即向后退步、退身，尽量与对手拉开距离；同时，双手握在枪根，将枪头尽量向前甩出，以阻碍对手进身；这时常以枪尖在对手头前左右摇摆成撩扎之势（图3-204）。

图 3-204

21. 盘头盖顶多巧妙

先以枪尖在头顶前上方左右盘绕大圈，以圈拦对手上枪之进攻，我们称之为"盘头"。以枪根从身后甩起，以反把握枪向前下方劈盖；继之再将枪头从身后甩起，向前下方劈盖，接右势背步拦拿扎；再以枪根在头顶前上方左右盘绕大圈，以枪尖从身后甩起，向前下方劈盖，接右持枪势。此势中，练习的是前后、上下、左右大幅度调枪，需保持刚柔相济、灵活变化，使之虚实莫测。

（1）坐步圈枪。提顶立身，眼神向前上方看，退右步、退身，左脚相随，成右坐步。右手拉枪至手腕紧贴在右侧腰腹处，左手略抬，使枪头高起，以腿带腰、带枪缠搅，使枪头按顺时针方向在头顶前上方圈枪旋转（图3-205）。也可以随时改变圈枪的方向或枪头的高度，比如使枪头按逆时针方向在头顶前上方圈枪旋转。这类变化需非常灵活，可以连续反复多次。

图3-205

（2）翻枪劈盖。提顶立身，目光向前看，退右步，左步相随。同时，身体向右转，右手顺势拉枪，并将枪根向后甩出；左手托枪保持稳定，枪杆向后滑动。当左手接近枪头时，左转身，上右步。右手向前上方涮杆，使枪根翻起向前方劈盖；枪根继续劈盖不停，身体随之下降，成左侧弓步，使枪杆直劈到地上（图3-206）。

图 3-206

（3）中平右势。提顶立身，目光向前看。左手向后拉枪，使枪头向后甩出；右手保持稳定，枪杆向后滑动。左手继续向上、向前推枪，并继续沿枪杆向下滑动；同时，右手沿枪杆向上滑动，两手相错，使右手为前手。此动使枪头涮起，目光向上再向前看（图3-207）。枪头涮起后不停，向身体右前方落下，成右中平持枪势。

图 3-207

（4）背步拦拿。当枪杆落平后，目光平视，并立即上左背步，同时做右拦（图3-208）。连续上右步做左拿（图3-209）。枪尖追眼神，立即以右弓步做中平直刺（图3-210）。

图 3-208

图 3-209

图 3-210

（5）抢枪涮棒。保持目光平视，左手拉枪，并将枪根向后甩出；右手保持稳定，使枪杆持续向后滑动，直到右手握到枪头附近，枪根向上涮起。顺势右转身，撤右步，使枪根向前涮起劈盖（图3-211）。

图 3-211

（6）坐步圈枪。提顶立身，眼神向前上方看；身体向后移，左脚回撤，成左步虚点步。枪杆紧贴在右侧腰腹上，以腰带动枪杆晃动，使枪根按逆时针方向在前上方画圈旋转（图3-212）。当此圈枪做几圈后，可以改变方向，仍以腰带动枪杆晃动，使枪根按顺时针方向在前上方画圈旋转。这种灵活变化可以反复多次。

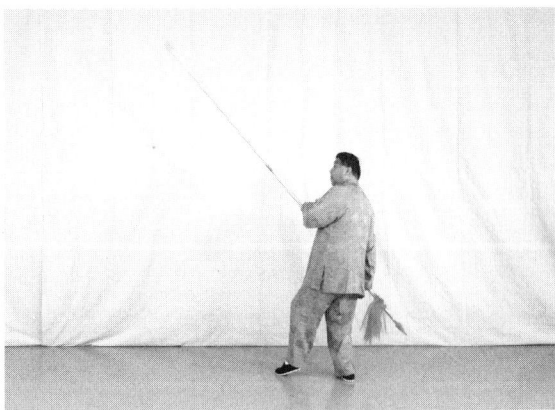

图 3-212

（7）翻手前劈。右手向身后拉枪，使枪杆在手中向后滑动，枪头向后方甩出。右手滑动到枪腰附近，开始向上、向前推枪杆。顺势左转身，上右步。枪头从后向前涮起，向前方劈。在涮枪前劈的过程中，枪杆仍在手中滑动，直到左手握到枪撙上，这时左手需握紧，同时右手向前下方猛推枪杆，并顺枪杆略向后滑动。目光平视，身体顺势下沉，成半马步，使枪头产生迅猛凶狠的劈砸之劲。此势完成时，右手为前手，成右持枪势（图3-213）。

图 3-213

应用 如果对手以下枪进攻我腿，我可向下圈枪，以枪胸处做下拦（图3-214）。当双方枪杆发生接触时，我枪头略向后移，与对手枪杆保持粘黏；同时立即上右步，并顺势将枪根向前上方涮起。我需以粘黏劲保持对于对手枪杆的控制，同时右手向前下方推枪杆，以枪根劈砸对手头部（图3-215）。

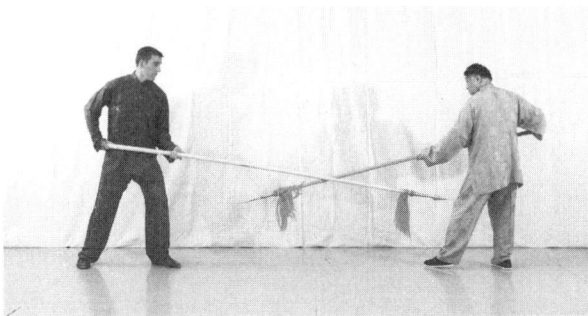

图 3-214

图 3-215

22. 宿鸟投林回马枪

天将黑时，飞鸟归巢，常常飞得快、落得准。这里以"宿鸟投林"表示一组左右换势的快速扎刺，并发单杀手。回马枪原本是指骑兵对战时，与对手之马错镫后回身反扎；在一般枪法中，突然回身向身后反扎之势都可称为回马枪。在此势中连续做三次回身反扎，每次的步法、身法略有不同，如宿鸟投林般快、狠、准。

（1）退步收枪。从右持枪势起，目光平视前方，左脚点地，略向后退左步，随之也略退身。左手顺势向后拉枪，使枪根向身后甩出，枪头收回到身前（图3-216）。

图3-216

（2）撤步换手。左手向前推枪，使枪杆向前滑动；右手顺势助推出枪，直到左手握于枪攥。同时撤右步。左手继续向前推枪，直到在身前与右手交错，右手握于枪攥，向后拉枪；顺势右转身，完成收枪换手。右手继续向后拉枪，使枪根向身后甩出，枪头收回到身前（图3-217）。右手改为向前推枪，使枪杆向前滑动；左手顺势略向前拉，使枪头向前滑出，直到右手握于枪攥，枪贴于右侧腰旁，成左持枪势（图3-218）。以上出枪、收枪、左右换手、转身、进退、身体左右侧转换势等动作可以反复多次，练时需要快速、顺随、灵活、和谐。

图 3-217

图 3-218

（3）刺喉扎足。保持立身中正，目光向前（西）看。略进左步出上枪，左手保持稳定，右手略沉并快速向前推枪，重心随之前移，成左弓步，发枪刺喉（图3-219）。发枪前扎后，右手立即回拉收枪，身体也随之后退，成左持枪势（同图3-218）。目光向前下方看，略进左步出下枪，左手腕略向下沉，使枪尖向下，右手快速向前推枪，重心随之前移，成左弓步，发枪扎足（图3-220）。

图 3-219

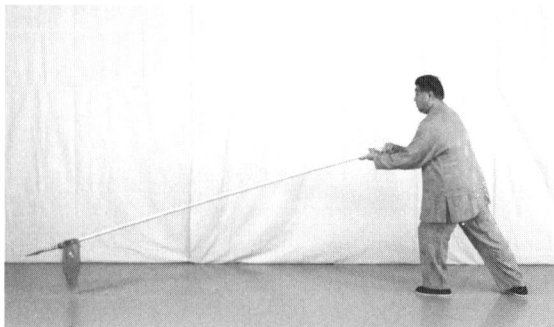

图 3-220

（4）上步突刺。目光注视前方，右手拧枪攥并向后拉枪，身体顺
势回撤；同时，左手向外拧翻，产生向左侧的圈外横拦之劲。右手拧
枪攥并略向前推枪，左手向内拧枪，重心顺势前移，产生向右侧圈内
的拿压之劲。上右步，左拧身，成右弓步。右手顺势快速向前推枪，
枪尖追眼神，发中平枪向前扎；左手保持稳定托枪，当右手向前接近
左手时，左手离开枪杆并向左前上方推出，做上撑掌；右手继续尽力
向前发枪平刺，身体也顺势略向前探，使枪尖尽可能远刺，出枪扎与
上右步需协调一致（图3-221）。此单手出枪之势也称为孤雁出群。

图 3-221

（5）回身拉枪。单手发枪后需立即左转回身，面朝东；同时，右
手迅速向回拉枪，使枪杆担在右肩之上，左手顺势回握到枪杆上（图
3-222）。

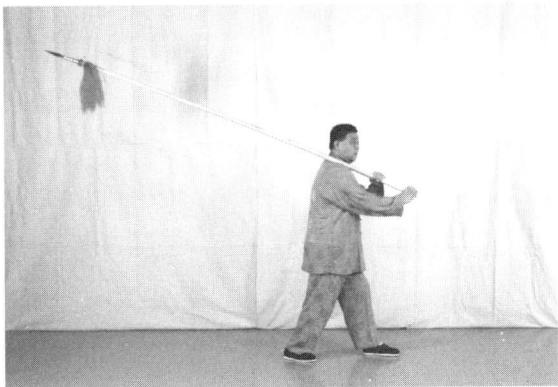

图 3-222

（6）上步摔枪。目光平视前方（东），右手握枪攥向下、向后猛拉，使枪根贴于右侧腰上；左手顺势沿枪根向前滑动，并向前下方快速推压，使枪头从身后向上、向前抢起，落于身前，成下劈摔枪之势；同时，上右步，略做震脚，与摔枪势相合（图3-223）。

图 3-223

（7）回身反扎。上左步，脚尖外摆，身体随势前移，并向左后转身，身体略前倾，头向左后转，眼神向身后（西）看。同时，右手尽量向后、向上拉枪，而后向前推按；左手随之向身后拉枪，使枪头从身前向下转到身后，枪尖指向西（图3-224）。当枪头调到身后，右手立即推枪，枪尖追眼神，向身后发扎（图3-225）。

图 3-224

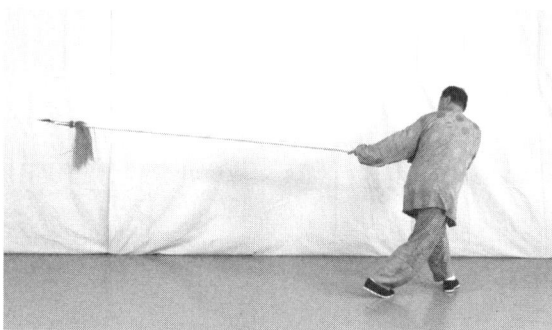

图 3-225

（8）拉枪反走。保持目光向后看，上右步成右弓步，身体略向右转。同时，右手向右前方（东）拉枪（图3-226）。保持目光不变，身体略向前倾；右手保持向右前方拉枪之势。顺势上左步成左弓步，有身体向前（东）快速移动而同时回身向后（西）看、枪尖指向身后之势（图3-227）。此拉枪反走之势可以重复多次。

图 3-226

图 3-227

（9）回身骑龙。保持目光不变，左手向上、向外拧转枪杆，产生向左的横拦之劲。同时，左转回身，顺势右脚先向前上右步，再从左脚前绕过向西上步，面朝西成右弓步。在绕步回身的过程中，左手同时向内拧枪做右拿（图3-228）。此势也称倒骑龙。

图 3-228

（10）拧枪中平。保持目光不变，完成右脚绕步的同时，右手推枪，枪尖追眼神，指向西，左手为前手，以右弓步完成中平扎枪（图3-229）。这类前手与前脚交叉的扎枪之势，也称为拗步扎。

图 3-229

（11）调枪回身。上左步成左弓步，左手回拉，右手前推调枪，使枪头转向下、向后；随势左转身、转头，眼神顺左肩头向身后看（图3-230）。

图 3-230

（12）回身中平。上右步并继续左转回身，成左弓步，面朝东，眼神向前看。顺着左转身之势，右手推枪发中平枪，枪尖追眼神，向前直刺（图3-231）。

图 3-231

应用 如果对手出枪进攻，我随势转身撤步以躲避（图3-232）。在身体后移的同时，左手握枪，突然向身后发枪扎之（图3-233）。

图 3-232

图 3-233

23. 金龙摆尾归大海

枪若游龙，缠枪如金龙摆尾，扎枪如蛟龙入海，既柔和顺遂，又刚猛霸道，刚中柔，柔中刚，刚柔相济，相互转换。这里以多种变化中的顺逆缠战与督枪为主，体现太极枪法中的阴阳变化，从删繁就简中回归到枪法的本质。

（1）大圈逆缠。左持枪势，面朝东，身体略向右侧身，目视前方，提顶立身。右手沿腰腹向前推枪至腹部左侧，手腕内侧紧贴在腹部，枪杆被推向前，左手顺势向后滑；以腿带腰，以腰催手，以手运枪，使枪身在身前画大圈做逆缠，即枪头按逆时针方向转大圈，圈之高点可过头顶，低点可达脚面（图3-234）。在连续做逆缠时，可以顺势交替撤步。

图3-234

（2）中圈逆缠。如前动，继续做逆缠。逐渐将右手向回拉，使手腕内侧贴在肚脐上，枪杆被略向后拉，左手顺势向前滑；仍继续以腿带腰，以腰催手，以手运枪，使枪身在身前做中圈逆缠，即枪头按逆时针方向在对方胸腹之间转圈（图3-235）。在连续做逆缠时，可以顺势交替撤步。

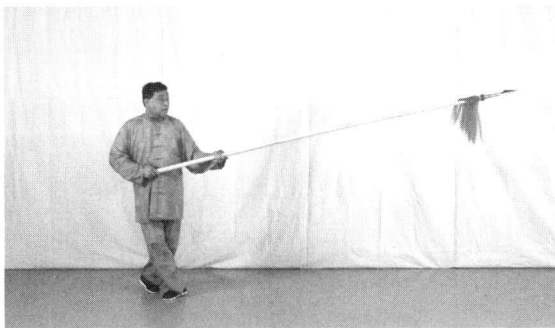

图 3-235

（3）小圈逆缠。如前动，继续做逆缠。将右手再向回拉，使手腕内侧贴在右侧腰上，枪杆被略向后拉，左手顺势向前滑；仍继续以腿带腰，以腰催手，以手运枪，使枪身在身前做小圈逆缠，即枪头按逆时针方向转一个碗口大的圈（图3-236）。在连续做逆缠时，可以顺势交替撤步。

图 3-236

（4）小圈顺缠。接上动，保持提顶立身，眼神注视前方。在小圈逆缠中，以右腕推腰腹，带动腿助力，以非常顺遂柔和的方式使枪头改变运动方向，使枪身在身前做小圈顺缠，即枪头按顺时针方向转一个碗口大的圈（图3-237）。在连续做顺缠时，可以顺势交替上步。

图 3-237

（5）中圈顺缠。如前动，继续做顺缠。逐渐将右手向前推，使手腕内侧贴在肚脐上，枪杆被略向前推，左手顺势向后滑；仍以右腕推腰腹，带动腿助力，使枪身在身前做中圈顺缠，即枪头按顺时针方向在对手胸腹之间转圈（图3-238）。在连续做顺缠时，可以顺势交替上步。

图 3-238

（6）大圈顺缠。如前动，继续做顺缠。将右手再逐渐向前推，使手腕内侧贴在左侧腰上，枪杆略向前推，左手顺势向后滑；仍以右腕推腰腹，带动腿助力，使枪身在身前做大圈顺缠，即枪头按顺时针方向在对手头顶与脚踝之间转圈（图3-239）。在连续做顺缠时，可以顺势交替上步。

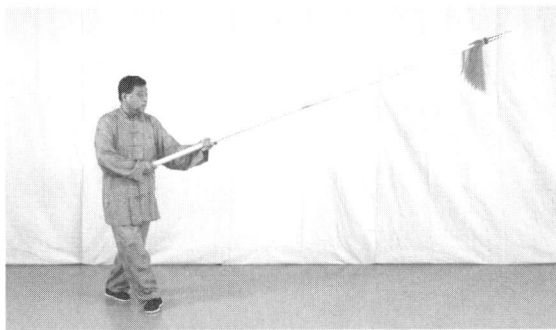

图 3-239

（7）齐步扎肋。进左步，身体略下沉。右手拉枪至右胯后，微收腹，左手保持稳定，目光平视前方（图3-240）。右脚紧跟左脚进步至左脚旁，略做震脚，使身体重心完全转移到右脚之上；同时，左膝顺势略提，左脚尖点地。在右脚前进时，右手向前推枪；当右脚震脚时，右手至左手、枪尖追眼神发中平扎枪，形成整体发劲（图3-241）。连续三次进左步做齐步扎枪，形体动作基本相同；扎枪的目标分别是对手的左肋、右肋与胸口。

图 3-240

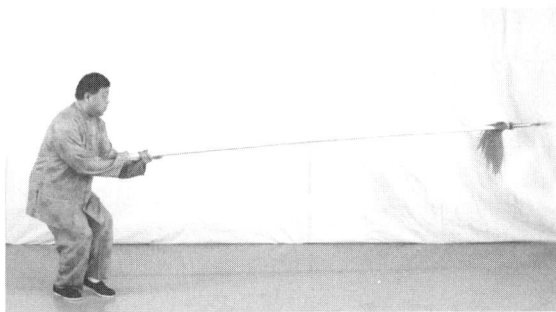

图 3-241

应用 缠战是枪法中的基本技法，可以有很多应用，或者说很多技法都出于缠战。在应用缠战时，无论顺、逆，也无论圈的大小，在每个圈上有四个发劲的位置点，即上、下、左、右，需要特别注意。在使用中，这些点上发劲的方式略有不同，需要在后面的对扎练习中认真体会。

逆缠中（图3-242），上是指枪头运动从12点到10点方向，这时的发劲，是以腰向右后下微转，带动枪攥，左手向外拧枪为主；正确的发劲可将对手之枪开于左外侧。左是指枪头运动从9点到7点方向，这时的发劲，是以腰向左前微转，带动枪攥，左手向外拧枪，同时略屈膝，使身体下沉为主；正确的发劲可将对手之枪掷于左外侧地上。下是指枪头运动从6点到4点方向，这时的发劲，是以腰向右后上微转，带动枪攥，左手向内合拧枪；同时，两腿略蹬地，使身体反弹为主；正确的发劲可将对手之枪向右外侧甩出。右是指枪头运动从3点到1点方向，这时的发劲，是以腰向右后下微转，带动枪攥，左手向外翻拧枪；同时，后腿略沉，前腿略蹬地，使身体略向左转为主；正确的发劲可将对手之枪向左外侧上方掷出。

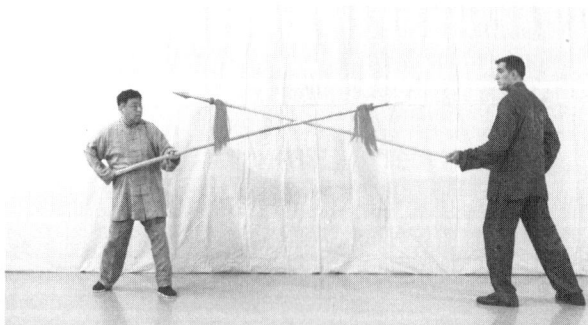

图3-242

顺缠中（图3-243），上是指枪头运动从12点到2点方向，这时的发劲，是以腰向右后下微转，带动枪攥，左手向内拧枪为主；正确的发劲可将对手之枪开于右外侧。右是指枪头运动从3点到5点方向，这时的发劲，是以腰向右后下微转，带动枪攥，左手向内翻拧下压枪；同时，前腿略沉，后腿略蹬地，使身体略向右转为主；正确的发劲可将对手之枪向右外侧下方掷出，使其枪头落地。下是指枪头运动从6点到8点方向，这时的发劲，是以腰向左前上微转，带动枪攥，左手向内翻拧枪；同时，两腿略蹬地，使身体反弹为主；正确的发劲可将对手之枪向左外侧搅起。左是指枪头运动从9点到11点方向，这时的发劲，是以腰向右后下微转，带动枪攥，左手向上、向内翻拧枪；同时，前腿略沉，后腿略蹬地，使身体略向右转为主；正确的发劲可将对手之枪向右外侧上方掷出。

图 3-243

以上缠战中的发劲位置只是为了便于理解而给出的一些典型例子，在实战中，发劲的位置并非固定，需要灵活运用，因敌变化，所谓"他法行，随法行"，切不要过于机械、死板地使用。

如果对手从圈外进枪，我可以使用拦法防守；如果对手调枪再从圈里进枪，我可以使用拿法御之。无论拦、拿，当双方枪杆发生接触后，我需保持粘黏；同时进身、进步，使我枪头保持在中线，并以枪杆顺势向前挤，枪尖对准对手之前手，所谓贴杆而进。当对手枪头被从中线挪开，我须立即以齐步快速进枪扎之（图3-244）。

图 3-244

24. 怀抱琵琶回故乡

借用"文姬归汉"的典故，形容从容圆满的套路收势。从闪赚颠提到连环中平扎枪，动中求静，最后抱枪收势，回归到原点。

（1）左右翻点。目光平视前方，身法略退。先以枪头从左侧向上翻起，而后突然沉枪，按逆缠方向将枪头调整到从右侧向上翻起（图3-245），并立即以枪尖向前下方点扎，即蜻蜓点水（图3-246）。

保持目光平视，进身、进步。同时，以枪头先从右侧翻起（图3-247）；而后突然沉枪，以顺缠再从左侧翻起；并立即向前进身，以枪尖向下点扎，也是蜻蜓点水（图3-248）。

图 3-245

图 3-246

图 3-247

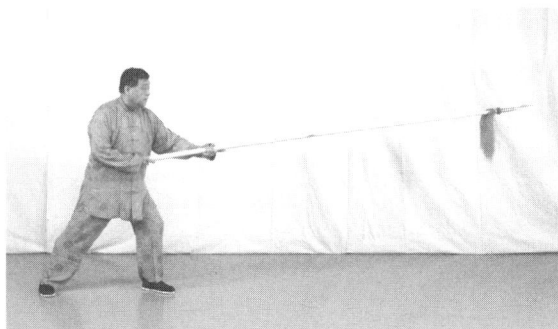

图 3-248

（2）圈枪拥挫。提顶立身，目视前方。右手握枪攥，向回拉枪至右胯后，使枪根紧贴在右侧腰间，枪头抬起，左手略向前推枪。身体随之向前进，吸身，回撤左脚，脚尖点地。略收腹，右手随之略向后拉枪，左手略向上提枪，使枪头画一个略向上、向后的圈（图3-249）。当枪头的圈开始向前转时，顺势进左步、进身，右脚相随，成左弓步。进步时应略有向前跳跃之势，使步幅较大；同时，枪头顺势向前劈点（图3-250）。

图 3-249

图 3-250

（3）跳步中平。撤右步，退身，左脚随之撤回，成虚点步；右手顺势向后拉枪至右胯后方，左手平托枪，保持稳定，枪杆平落，枪尖朝前；保持目视前方（图3-251）。提顶立身，保持中正，身体微微前后晃动，抱枪，随势提起右脚向右侧轻轻跳跃，左脚随之；双脚落地后，马上进左步，成左弓步；同时，右手向前推枪，发中平扎枪（图3-252）。

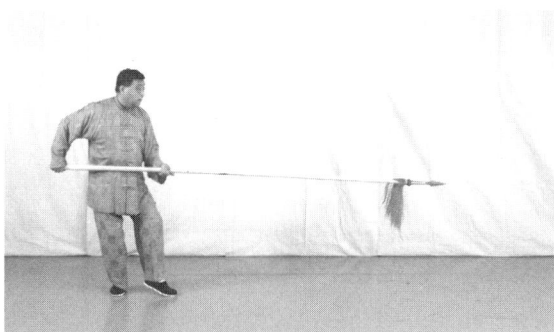

图 3-251

图 3-252

（4）提膝中平。保持眼神注视前方，退身，顺势提起左膝，略收腹；同时，右手向后拉枪至右胯后，左手托枪保持稳定（图3-253）。左脚向前进一大步，身体随之下沉。双手需持枪沉稳。保持身体中正，右脚跟步并略做震脚，左脚虚提。同时，右手向前推枪，成齐步中平扎枪（图3-254）。可重复以上动作，再连续做两次提膝中平扎枪。

图 3-253

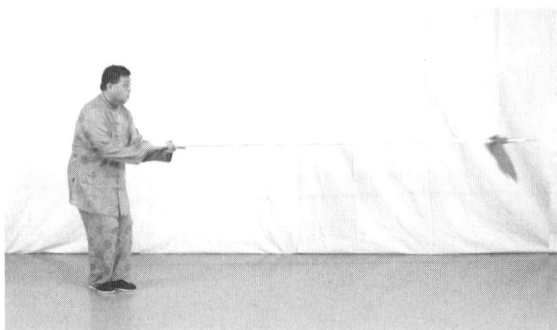

图 3-254

（5）连环三枪。眼神向前看，进左步，身体略向下沉；同时，右手向后拉枪，成左持枪势（图3-255）。右手向前推枪，身体随之向左转，重心向前移，成左弓步；右胯微向前送，催腰、催手，向前发中平扎枪（图3-256）。保持身法不变，右手向后拉枪至右侧腰间，再向前推枪，发中平扎枪。再重复上动做拉枪、扎枪。此连环三扎需保持快、狠、稳、准、连贯、流畅。

图 3-255

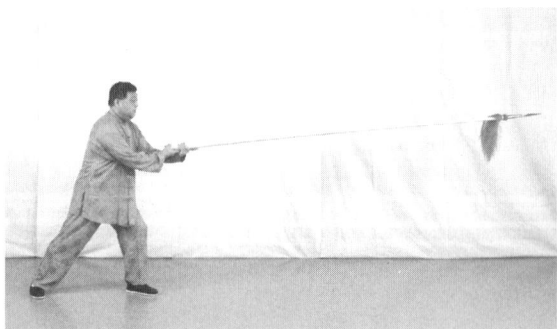

图 3-256

（6）坐步上崩。目光平视，退身向右腿上坐，左脚顺势收回半步，脚尖点地，成右坐步。右手向后拉枪，至腰间时迅速下沉，动作很小，但需一定力度；左手平托枪杆，微微一紧，使枪尖产生向上、向前的崩炸、惊弹之劲（图3-257）。

图 3-257

（7）弓步前撩。眼神向右前下方看，略向右前方进左步，成左弓步。左手顺势推枪向前，并沿枪杆下滑到枪根，使枪头从左向右前方撩枪横扫（图3-258）。

图 3-258

（8）坐步下拦。提顶立身，身体后退，目视左前下方；左脚顺势回撤到右脚之左前侧，脚尖点地，重心完全转移到右腿，成右坐步。同时，右手向后再向右上方拉枪，左手沿枪杆向上滑，同时握枪向左后下方回带，使枪身斜横在身前，枪头在左前下方，成左下拦扫势（图3-259）。

图 3-259

（9）撤步收枪。身体向右转，眼神随之向右看；同时，右脚向身体右侧（西）横撤步。左手向上、向右推枪，使枪身立起，枪尖朝上，同时枪杆在右手中下滑，至枪攥落地，使枪戳立于右脚右侧（图3-260）。

图 3-260

（10）调息收势。提顶立身，左脚回收，并于右脚旁。身体朝向南，头向左转，眼神注视左侧。左手离开枪杆向下掸，再向左，追眼神，立掌推出（图3-261）。提顶，头向右转回，目视前方（南）。左手放下至左腿外侧；保持立身中正，调整呼吸（图3-262）。至此全部套路演练完成。

图 3-261　　　　　　　　　　　图 3-262

应用 如果对手进枪攻击我左腿，我不退步、退身，仅以提膝抬脚来躲闪（图3-263）。当对手抽回枪时，我需立即顺势进步，以追击之势快速进身，同时发中平枪直刺对手（图3-264）。

图 3-263

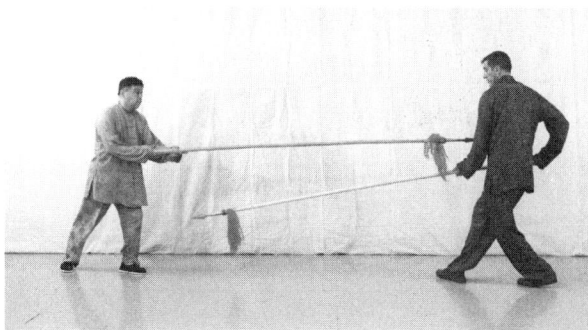

图 3-264

如果对手以中平进枪攻击我，我运用拦、拿之法防御。当我拦、拿开对手枪头时，需立即发枪扎之。扎枪后我可以立即将枪收回一尺左右（图3-265），而后又马上发枪扎回去（图3-266）。这种连续短距离的收枪、发枪需快速、连贯，需含有紧追不舍之意。

图 3-265

图 3-266

如果我发枪进攻对手左腿，对手以下拦之法拦截我枪（图3-267），我立即以右手向右后上方拉枪，同时左手向左下方拉枪，并有沉坠之势，枪杆紧贴在腹前，使对手枪头被拦开至我左前下方（图3-268）。我右手握枪攥迅速下坠，左手向右上方迅速横推；顺势退步拧身，在我枪竖立起来的同时，以腰腿之劲将对手的枪向上甩开，并使其站立不稳（图3-269）。

图 3-267

图 3-268

图 3-269

太极枪套路练习中的要点

太极枪的套路练习比较复杂，难度较大，有多种因素需要兼顾。因此，太极枪的套路练习需要以坚实的太极拳拳架功夫为基础，同时在太极拳的技术应用方面，至少需要达到懂劲的程度。因此，太极枪套路练习，一般应该在太极拳训练达到高级阶段以后才开始。这时可以使练习仅局限于如何将太极拳之理法运用到枪上。在套路练习之前，需要先进行基本枪法训练与粘杆训练，要达到手中枪能够运用自如的程度。基本枪法练不好，则所有技术无根基；粘杆练不好，则无法理解掌握太极拳拳理在枪术中的应用。太极枪的真意在于此，训练中不可偏废。

在太极枪的套路练习中，第一个要点是形体动作的灵活性与协调性。在具体的肢体动作方面，虽然有设计，但是不必特别拘泥于各种标准，可以随机变化，灵活调整。比如在步幅的大小或移动的次数上就可以顺势变化，随时调整。第二个要点是在整个套路的演练中，速度上可以快慢相间，间或略有停顿。同时根据具体的技术要求，有些动作中可以有一些发劲类技术，但整体上仍是以轻柔舒展为主。第三个要点是须特别注重周身六合，也就是形体动作与内功的契合。套路中的所有技术动作都是在神、意、气的引导下完成的。第四个要点是套路练习也必须设立假想敌，总是处于"练时无人似有人"的状态。第五个要点是，套路练习最终追求的是人枪合一，从有法到无法，随心所欲，练套路而无套路，无形无象，心领神会。

对扎练习

枪的基本设计决定了枪法中最主要的进攻技术就是扎，所以扎法就是枪术的核心，无论枪法中有多少技术变化，最后大多都要归结为扎。传统枪法中常说："枪有十扎：一扎脚，二扎手，三点虎口，四穿袖，五扎两肋，六扎心，七扎肩头，八撩眉，九扎咽喉要人命，十扎金鸡乱点头。"这些都是讲扎枪的要点或目标点，实际上还有其他扎法，如穿指、扎腹、扎裆、扎膝等。其中"要人命"的一些扎法，称之为"杀手"。练习好扎法的基本功之后，可以用人形枪靶多进行准确性练习。要能够做到眼到枪到，随心所欲，指哪儿扎哪儿。也可以用厚重的枪靶做力量练习，所谓"透壁之戳""透甲之扎"，在实战中也是极为重要的能力。当准确性与力度练习到一定程度后，可以进入双人对扎练习。狭义地说，对扎属于扎法的实战练习；广义地讲，就是双人相互攻防对练，并不仅限于扎法，所有的攻防技术都要练。由此可以说，枪法中的每个技术都需要通过对扎练习的实践才能真正理解掌握。

对扎练习是指参加训练的双方都使用枪，以相互喂招的形式进行的攻防练习，几乎所有传统门派的枪法训练中都有这类练习。这种互助练习的形式，可以是定势，即双方按照规定技术进行攻防，重点是理解与熟练运用具体技术；可以是组合，即练习时可以在几个规定技术中进行随机转换，重点是掌握各种技术间的变化与实战中的反应；也可以是自由攻防，即练习中双方对技术的使用没有约定，或只有一些基本规则约定，基本上允许使用所有技术，练习的重点是因敌变化的能力，与真正的实战几乎相同。太极枪的对扎练习也基本上按照这些形式训练，主要的目的：第一是为了熟悉掌握太极枪法中的技术；第二是为了锻炼实战中的手、眼、身法、步与枪的配合；第三是实战中对时机的掌握与距离感；第四是太极拳理的应用，这是太极枪中特殊的练习。

从技术层面讲，对扎练习最开始的训练要点是时机感与距离感，包括：第一，发枪的时机、距离；第二，防守时开枪的时机、距离；第三，攻防转换，即调枪的时机与距离。本质上讲，时机与距离是密切相关的，正确的时机必然是在正确的距离中，只是从感觉上讲略有不同。时机多偏重于动态的情况，距离则常常以静态为主。比如发扎枪时常讲"当扎即扎，不可犹豫"，就是偏重时机的说法；防守时常讲的"见肉分枪"，就是更强调距离的说法。总之，时机感与距离感是所有实战技术的基础，需要通过长时间对扎练习的磨炼而逐渐建立起来。

对扎练习分带护具与无护具两类。如果有比较好的护具，这种对扎练习就可以基本按实战距离进行，可视为一种准实战训练。如果没有护具，安全起见，双方间的距离就要比实战中所要求的大一点（开始时至少有一尺），因此，培养出来的距离感会有一些误差。必须充分注意到，在没有护具的情况下，即便是用没有枪头的杆子练习对扎，也可能造成很大的伤害，因此练习时必须十分小心谨慎。同样，即使是在有护具的情况下，由于枪（或杆子）本身的重量、长度，可以轻易地产生很大的力量，所以也要注意避免伤害。对于学生而言，对扎练习应该在老师的严格监督下按部就班地训练，安全第一，不可图快。

刚开始进行对扎练习时，应该使用无枪头的杆子练习，类似于前面粘杆练习中所讲的劈杆练习。但是由于没有枪头，杆子在手里的感觉会与持枪在手的感觉有所不同，特别是在做闪赚颠提之类的精细变化时，尤为不同。所以在条件许可的情况下，也可以使用无枪尖、枪刃的特制枪头。当然如果从最贴近实际情况、最真实的感受上来考虑，还是应该尽量使用真枪练习，但是必须慎之又慎。

下面介绍几种太极枪训练中最常用的对扎练习，这些练习多是由几个攻防技术组成，双方一来一往，进退、攻守转换。因此，除了对其中每个单一的技术进行练习外，更需要从中认真体会调枪、运枪时动作的连续性与劲力的变化。在下面解说练习的图片中，穿浅色衣服的是"我"，穿深色衣服的是"对手"。

预备势

即练习开始时，参与练习的双方所应处的起始状态，所有练习都从此势开始。这里我们只讲解双方均以左持枪势开始用枪，右持枪势道理相同，读者可自行参悟。

练习双方对立站好，两人之间的距离可以根据练习的内容而定。如果是练习定步对扎，则需要站得近一些，由于双方均不用步法进退，所以双方之间的相对距离基本固定，须保证发出扎枪就必然可以扎到对手（图3-270）。如果是练习活步对扎，则需要站得远一些，由于双方之间的距离处于变化之中，在发出扎枪时需与步法配合，才能扎到对手（图3-271）。

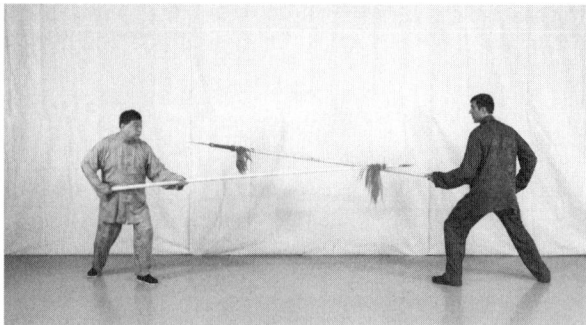

图 3-270

图 3-271

需要提请读者注意的是，在本书中的部分技术照片中，有些技术均属于未完成状态。比如在做扎法时，当枪尖几乎触到对手时就需停止，即后手没有继续向前送满，没有完成最后的发劲，同时身法、腿脚的位置也会因此有些误差，这样做主要是考虑安全因素。对此，读者需要在阅读中，以自己的意念想象去补足、完成这些技术动作。这里涉及实战中的距离感与时机问题，也反映出器械练习中的矛盾之处，即在练习中真实的距离会增加危险性，而安全的距离则会导致失去准确性。如何平衡这个矛盾，获得最佳的训练成果，需要认真体验。

定步对扎

双方做定步对扎练习时，后脚是固定的，不能动，前脚可以做小幅度的移动。当对手进枪时，身体上可做的变化有限，因此，无论进攻、防守，都需特别强调距离的准确性。其中以准确的距离判断，寻求最佳的开枪拦拿的时机是练习的重点。比如练习时一定要等对手的枪进满、几乎沾衣时才开，即所谓"见肉分枪"。下面介绍的几组对扎练习，都是以对手喂招的形式进行的，每次一个回合即停。在实际训练中，双方可以交换喂招，并逐渐增加来回攻防的次数。

1. 拦拿扎

拦拿扎是枪法中最基本的攻防技术，在中级阶段中，介绍了基本技术动作与个人练习方法；在高级阶段的劈杆练习中，介绍了基本对练方法；到顶级阶段后，需要通过真枪对扎练习更深入地感受枪法攻防的内涵。开始可以先分别练拦扎与拿扎，而后练习连续攻防组合。在拦拿时，先要练习手腕翻转拧枪的方法，而后要逐渐体会不翻转手腕的妙处与深意。拦拿扎练习应该天天练，没有止境。由于在前面的套路应用中已经多次讲到拦拿扎，这里就不再重复。

2. 缠战

缠战是枪法中的基本技法，所有变化，特别是防守反击类的应用多出于此。在缠战的对扎练习中，首先需要针对顺缠、逆缠之大、中、小六个圈，每个圈的上、下、左、右四个发劲点分别练习。练习中需特别认真体会发劲时每点上身、手、枪之间的感觉。因前面套路"金龙摆尾归大海"中已经有较详细的应用练习介绍，这里就不重述了。

3. 提拦点腕

如果对手只以虚扎扰我，其枪并未进满，这时我需身法轻移，同时可以将枪头抬起，用枪杆外侧去轻搭对手枪杆（图3-272）。如果能够搭上，则我前手向外翻拧；同时，以腰带枪向右略转，使我枪头按逆时针向左、向下再向右旋一小圈；此圈可使我枪杆产生向左侧的横拦之劲，并顺势略向前推枪，使我枪头产生向右、向前的点扫之劲，以我枪尖点击对手之前手（图3-273）。

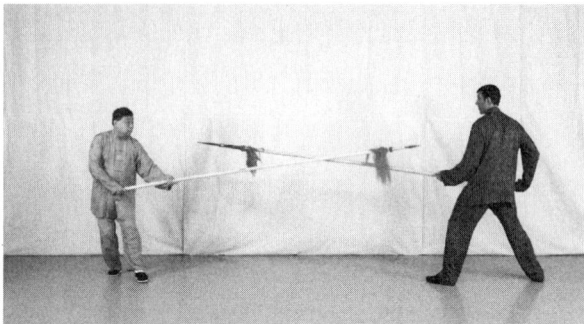

图 3-272

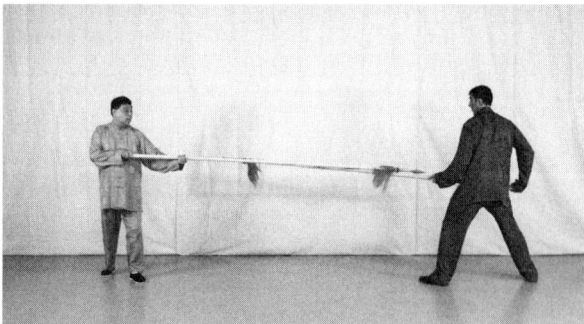

图 3-273

4. 提拿点腕

如果对手只以虚扎扰我，其枪并未进满，这时我需身法轻移，同时将枪头抬起，以枪杆内侧去轻搭对手枪杆（图3-274）。如果能够搭上，则我前手向内翻拧；同时以腰带枪向左略转，使我枪头按顺时针向右、向下再向左旋一小圈；此圈可使我枪杆产生向右侧的横拿之劲，并顺势向前推枪，使我枪头产生向左、向前的点扫之劲，以我枪尖点击对手之前手（图3-275）。

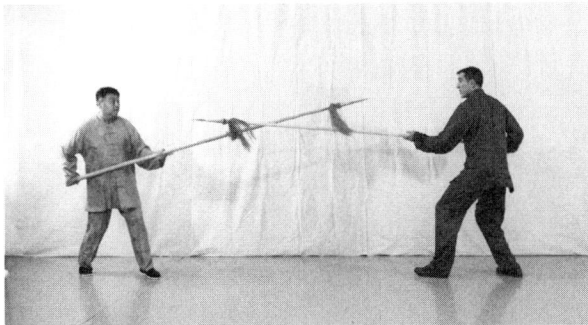

图 3-274

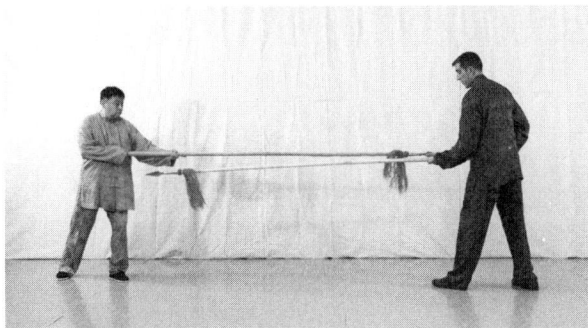

图 3-275

5. 翻搅滑点

如果对手以拿法将我枪头开向左侧并马上进枪，我立即双手向上抬起枪杆，以粘黏劲保持枪杆与对手枪杆之接触，并将对手枪头略抬起，这样即使对手能够继续进枪，枪尖也会偏高（图3-276）。当双方枪杆接触后，我需身体略下沉，后手下按枪攥，并向腹下回带；同时，左手向右略推枪杆，以腰腹助力，使我枪头向左、向上，从对手圈内翻转起来（图3-277）。保持我枪头旋转之势不变，右手继续往怀里带，使我枪头向右、向下再向前，随势推枪进身，保持粘黏，使我枪杆沿对手枪杆向前滑动，我枪尖直接点扫对手前手（图3-278）。

图 3-276

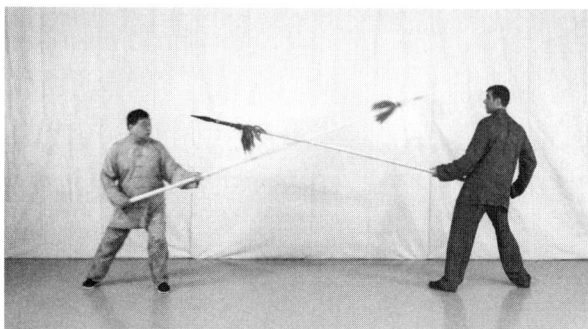

图 3-277

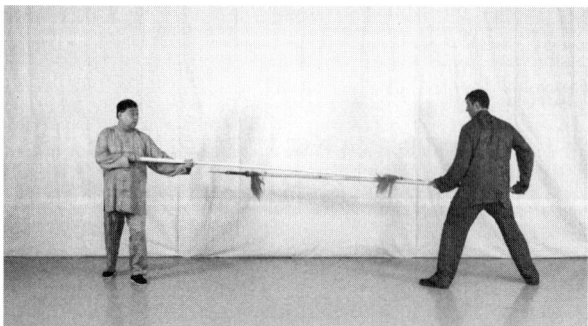

图 3-278

6. 下拦上拿搅劈

如果对手进枪攻击我前腿，我可以下拦之劲将对手枪头向我左侧格开（图3-279）。如果对手顺势将其枪从左侧翻起来攻击我头部，我需在枪杆上以粘黏劲保持与其枪杆相随不离，也同时翻转起来（图3-280）。当我枪头搅起后，立即以前手向前下方推枪杆；同时身法略沉，以腰腿助力，使枪头对准对手前手，向前下方劈之（图3-281）。

图 3-279

图 3-280

图 3-281

劈枪时，枪杆需保持在中线上，可以将对手之枪甩到外侧。

7. 败中求救

此练习中虽然有一撤步，但常被归于定步练习。在枪法实战中，如果对手将我枪击落于地，同时也使我左手脱离枪杆，失去对枪的控制，则成为败势。如果败势已成，对手进枪攻击，唯一的解救方法就

是我快速后撤，与对手脱离接触；同时用右手拉起枪根，以枪杆左右
格挡。如右手向下、向外拧翻，可向左格拦（图3-282）；向内、向
上拧翻，用于向右侧格拦（图3-283）。我需要在撤步与格拦的过程
中寻求左手重新持枪的机会，称为死中求活。

图 3-282

图 3-283

活步对扎

活步对扎是说做对扎练习时双方有步法变化，可以进退、闪展，
有固定步法与自由步法等不同练习方法。固定步法是按照预先设计好
的步法练习，开始先练进退步，而后再练闪展腾挪。自由步法即指练
习时步法是灵活的，可以是各种进退闪展的混合，且没有固定顺序，
见景生情，追求的是随势而动、因敌变化。在太极枪的活步对扎练习
中，需要特别注意粘黏连随的运用，这是太极枪的特点。通过阴阳相
济、阴阳转换去实现控制是太极枪技术的核心。要多研究、练习轻巧

精灵的变化、控制，最忌斗力、斗狠。虽然太极枪中的控制技术多是从粘杆训练中得到，但需特别注意的是粘杆所研究的不是棍法，不要以一般意义上的棍法代替枪法。分不清枪、棍在技术上的区别，是枪法训练中的大问题，是枪法的境界问题。

事实上，活步对扎与实战已经很接近，强度、烈度都相当高，过去练习时有"须枪枪见血，以辨真伪""对枪稍留情面，即不能辨""习时稍容情，临阵无用矣，临阵无以杀人矣"之说，可见其求真之意。当然，时代不同了，现在练习还是应该把安全放在第一位。

以下所介绍的几种活步对扎练习都不是固定的套路，而是一些可以随机变化、灵活运用的例子。在练习中，不但需要知道各种技术技法的准确使用，更需要理解其中的道理与意义。通过练习，对前面所讲的理论与技术要能够融会贯通。

1. 进退练习

在此练习中，以进步、退步等步法为主，重点是从进退中体会双方之间的距离与攻防技术之间的关系。比如我可进步、进身，以上枪虚点进攻对手（图3-284）。如果对手欲以上拦防护，我可快速退步、退身，并调枪向下（图3-285）。如果对手感觉有危险而后退，我可快速进步、进身追击，在步法移动变化的过程中，或拦（图3-286）或拿（图3-287），也可上下调枪变化（图3-288）。

图3-284

图 3-285

图 3-286

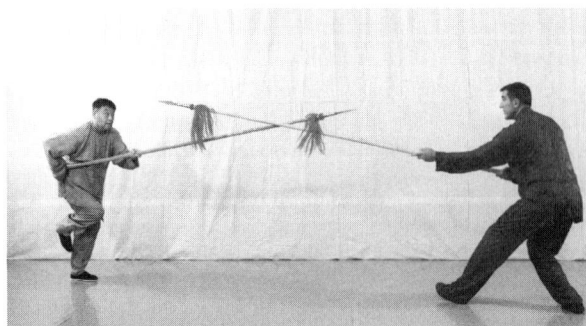

图 3-287

图 3-288

2. 闪展腾挪练习

在此练习中，以左右闪展中的进步、退步等步法为主，重点是从闪展中体会如何进退。如果对手以上枪进攻我，我可以先略向左闪，并以上拦之法防守（图3-289）。当双方枪杆发生接触后，我需保持粘黏，前手略向上翻转，并使我枪杆沿着对手枪杆下滑，以加强控制；我并不用力拦截，而是以轻快的步法向右前方上步，有闪开正中定横中之意（图3-290）。对手如果欲退身摆脱我控制，我需向其左后侧上步紧跟，保持粘黏，并使我枪头总处于对手身前很近的位置，以便随时攻击；而对手枪头总处于我身体左外侧，无法对我形成威胁（图3-291）。同理，我可以用上拿之法防守对手的上枪进攻（图3-292）；并以粘黏之劲控制对手之枪（图3-293）。我可以背步倒插，以快捷的腾挪步法侧身向左前方闪躲；在身法、步法的移动变化中，我枪杆需始终保持粘黏控制，使对手枪头总处于我身体右前外侧，无法对我形成威胁，而我枪头总处于对手身前，可以随时攻击（图3-294）。

图3-289

图 3-290

图 3-291

图 3-292

图 3-293

图 3-294

3. 左右惊扰

所谓惊扰是说通过灵活的步法，以虚扎的形式干扰对手，使其心惊而慌乱，从而应对失误。这种练习一般没有固定套路，属于自由技法练习。比如双方对峙，我枪在下（图3-295），若对手欲进上枪攻击我头部，我可以背步向左侧躲闪，相对而言，其枪头已偏离我中线；我需在闪身的同时出枪对准对手腹部或前腿，以虚扎扰之（图3-296）。如果对手来不及回防，我即可虚变实，发枪扎之；如果对手退身躲闪，并以下枪拦拿（图3-297），当双方之枪发生接触时，我需在保持粘黏劲的同时，将枪从下向右、向上搅起，顺势向右前方进身、进步，再向左前方侧转，使我枪杆沿着对手枪杆，枪头对准其头部劈下（图3-298）。

图 3-295

图 3-296

图 3-297

图 3-298

4. 随势缠进

在此练习中，重点是从进退缠绕中体会粘黏控制。我进上枪欲劈对手头顶，对手以上拿之法格开我枪，使我枪向我左下方落下（图3-299）。我略撤枪，并顺势将枪头从我左侧绕下，再从右侧翻起；对手做拿法后需在枪杆上保持粘黏，随之下拦，并欲向上搅起，这时我需进身、进步，并顺势略压枪（图3-300）。我以枪尖对准对手头部，枪杆沿对手枪杆滑进，从缠绕中压枪、进枪，对手如若抬枪推拦，我枪头也能够横扫其前手（图3-301）。

图 3-299

图 3-300

图 3-301

5. 随势进退

在此练习中，双方在进退中体会如何随势调枪。对手进中平枪被我拦开（图3-302），我欲进步追击；对手随势调枪，使其枪头从其左侧向下、向右翻起，我枪与之相随，拉枪横隔（图3-303）。如对手继续调枪向上转，我需顺势退身躲避，即他法行、随法行（图3-304）。

图 3-302

图 3-303

图 3-304

6. 粘黏控制

当双方枪杆发生接触后，如何按照太极拳之理，使用粘黏劲去控制对手，是太极枪法中的重要能力。比如双方之枪杆均以枪胸位置接触，我欲从右侧进步进身，对手下压并略向其左侧横推枪杆，产生截劲，使我难以前进（图3-305）。这时我可退步、退身，同时后手下压枪攥至右胯旁，左手随势向右推枪杆，使对手截劲被破坏。如果对手不与我对抗，而是前手略上托，后手略前推，同时向我左前方上步进身，会使我枪杆上的控制劲落空（图3-306）。当对手进身到我身体左外侧时，可以使用其枪根从我身后劈盖我头顶，这时我不可躲闪，需以侧身背步去贴近对手，同时枪杆向我左后方横推，有追其左膝之意，使其难以发力（图3-307）。

图 3-305

图 3-306

图 3-307

7. 翻枪撩挑

在此练习中，从进退粘黏中体会如何能够使对手之劲落空。我
进下枪攻击对手前腿，对手以下拿防之（图3-308）。我顺势调枪，
从我左前下方将枪头翻起，欲攻击其头部，对手也从其左前下方将枪
头翻起，以上拿法截压我枪（图3-309）。我前手略托，后手突然向
前、向上、向后摇起，同时进步、进身，保持枪杆接触点上的劲不
变，枪头摇动，顺势向下、向前撩挑对手腹部，也使对手截压之劲落
空（图3-310）。

图 3-308

图3-309

图3-310

8. 撤身掀搅

此势练习从粘黏连随中突然发劲。如果我进步，以下枪进攻对手前腿，对手可以用下拦御之（图3-311）。如果我顺势调枪，将枪头翻起进攻其头部，对手可以保持粘黏，顺势将枪翻起做上拿（图3-312）。如果对手略向前推枪以保持枪杆上的压力，同时枪头对准我头部横扫，这时如果其劲力已经问住我腰，则我无法推枪拦阻，也不能将我枪收回（图3-313），我只能突然向左后方撤步，同时后手握枪攥向回拉至腰部贴紧，前手略向右侧推枪，以腰腿助力，使枪杆在向后拉的过程中产生向右上方的掀搅之劲，此劲可以将对手枪头向其左后上方甩起，失去控制（图3-314）。

图 3-311

图 3-312

图 3-313

图 3-314

9. 虚扎闪进

在此势中，我以灵活变化的进退步法，配合左右闪赚、上下颠提之调枪虚扎，扰乱对手神智，使其疑惑，以致产生错误判断。比如双方对峙，我先进步、进身，以下枪从对手枪下进攻其前手（图3-315）。我枪并不进满，离对手前手半尺左右即可撤回，使对手拦拿之法落空（图3-316）。我枪撤回后，需马上又做出进步、进身，欲以上枪进攻对手头部之势，这时眼神很重要（图3-317）。如果对手将其枪上抬以拦阻，我可以突然将枪坠下，同时进步攻击（图3-318）。如果对手落枪下拦，我又可左右调枪，仍以虚扎扰之（图3-319）。这种连续变化的虚扎，常常可以令对手手忙脚乱；一旦有机会，虚可立即变为实，成为杀手。

图 3-315

图 3-316

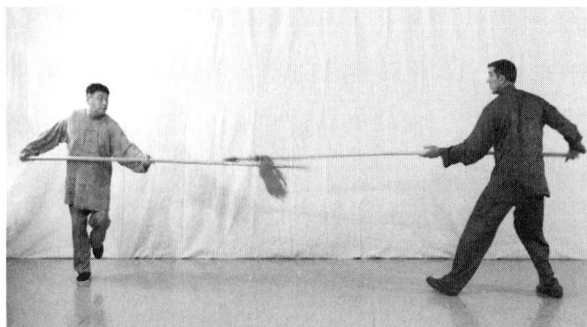

图 3-317

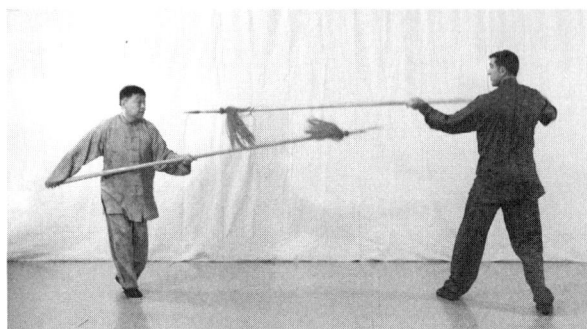

图 3-318

图 3-319

10. 回带滑劈

在对扎中，如果双方枪杆发生接触，一方面我需要用粘黏劲保持接触，另一方面也可主动使我枪杆在对手枪杆上滑动，也即通过改变接触点产生不同的控制力，给对手造成威胁。比如对手进上枪劈我头顶，我以枪胸从外侧粘黏其枪，并顺势向左后上方提带（图3-320）。如果对手欲收枪回撤，我可以顺势跟进；我枪杆不但要与对手枪杆保持接触，还可以顺势向下滑动，在以枪杆击其前手的同时，枪头也要对准其头部劈之，使对手顾此失彼（图3-321）。

图 3-320

图 3-321

枪法实战

在冷兵器时代，枪是最强有力、最实用，也是技术水平发展达到最高程度的器械，所谓"枪为诸器之王，以诸器遇枪立败也"。由于高级枪法的难度极大，练枪很吃功夫，所以在传统武术界，人们常常以枪法水平作为判断某人功夫程度的标准。但也正是因为高级枪法的难度，同时也造成很多误解，"人惟不见真枪，故迷心于诸器，一得真枪，视诸器真儿戏也"。所谓"真枪"，不是花枪、花架子，是实战枪法，"真枪手手杀人"。枪长而多变，杂入棍法后，更能彰显其耀目之势。因此，也常使高级枪法流于低俗，这是自古以来枪法训练中普遍存在的问题，对此必须有清醒的认识。太极枪是实战枪法，即使在当今社会中没有真的机会去使用，也要把它当成一门艺术来研究，必须按照实战枪法的要求去练习，这样才有可能真正体会到太极枪的精髓，得到艺术享受。

枪法的基本原则

本章介绍了一些基本枪法，这些枪法在实战中使用时有许多基本技术原则需要遵守，这些原则往往不分门派，代表枪法的本质，因此，在太极枪中也需要理解掌握。

（1）持枪要稳，变化要灵。稳，但不能僵硬；灵活，却不能松散。需要的是稳中灵、灵中稳的状态。

（2）枪之所以能称为诸器之王，全在于其变如神。枪之变化在范围上可以极大，也可以极小；在速度上可以极快，也可以快慢相间；在劲力方面有刚有柔，刚柔相济，相互转换。所有变化全从圆圈中出，所谓圆机，伏而待用，可以随时随意变化，收放自如，极为灵活。

（3）扎枪要快、狠、准。所谓"来如电，去似箭，疾上又加疾，扎了还嫌迟"，言其快；所谓透壁之戳，言其狠；所谓眼到枪到，言其准。要能够把握机会，见机行事，当扎则扎，不可犹豫，所谓"机不可失，时不再来"。

（4）身法要正，三尖相照。正中寓斜，侧身偏闪，斜进紧逼；斜中寓正，斜进而"枪（尖）须紧对彼之心、喉、头面"。身正才能保持枪在中线，各种变化方能顺遂流畅。对战时，当自己的枪居中时，对手的枪必然在外，其势之利，不言而喻。

（5）"枪是缠腰锁"，枪杆贴在腰间，相当于多了一个持枪点，增加了对枪的控制。有了腰这个持枪点，前、后手的灵活性与稳定性都可以大大提高。特别是前手，由于它是距离对手最近的点，最容易被攻击，又由于前手需要保持相对稳定，故其变化也往往不够灵活。因此，"枪是缠腰锁"这个原则特别重要。另外，以枪杆，特别是枪根部分贴在腰间，对于劲力的运用、输送有很大益处。吴殳在注释这个原则时说："夫拿拦而枪根稍起，则全体皆浮，彼之变弄百出矣。必枪根低于枪头，而后全体坚实，不困于闪赚颠提，即以我枪头制彼枪根之理也。缠腰只是正势，……"这里讲的就是劲力问题。

（6）以我之枪根制我之枪尖，以我之枪尖制彼之枪根。这是枪法中控制的核心。当枪法至精时，变化更加精微细致，枪尖上的变化全在于后手对枪根的操纵。对战时，无论拦拿，黏住对手的枪后，须以我枪尖直压彼前手，使彼难以变化，再随势跟进，直击彼后手。

（7）虚扎与实扎。虚扎是说当枪扎到半途时抽回，枪杆在手中进退滑动，但是不发实力。一般虚扎时，枪可向前进到对手前手附近。由于枪的灵活、快速、多变的特点，对于对手而言，枪进到如此近的距离是十分危险的。实扎是说不但出枪要进到能够扎到对手的距离，而且还要发劲。实扎需快、狠、准。由于实扎需发劲，故一旦发出就很难变化，全部完成之前也很难将枪收回，所以实扎轻易不发，发则需有必中的把握。枪之所以难以对抗，全在于虚扎、实扎的变化、转换，虚中有实，实中有虚，虚虚实实，极难判断。古法中的蜈蚣钻板、双头枪、穿指、穿袖等，都是虚实相合的技术。进枪时将枪尖略压低，在对手枪下贴杆而进，虚实并用，是进枪的核心技术。若再突然加入闪赚颠提类的大幅度变化与进退步法，就更难防范了。

作为防守，对于虚扎几乎没有什么有效的方法。比如拦拿，由于对手处于松柔状态，即便能够拦到、拿到，往往也没有什么效果。唯一有些作用的就是粘黏，这也正是太极枪的优势之一，因此需要多练粘杆。事实上，如果对手只用虚扎，根本不必管他，但是危险性在于其虚扎随时可以变为实扎。如果对手发枪实扎，则拦拿可见效，可是实也可变为虚，使我拦拿落空，这时需以连随进之。如果单纯讲如何防守反击，就是要诱导对手发实扎，我须等待他的枪进满，见肉分枪。这个时机极难掌握，需要通过长期练习去体会。

（8）督枪、缠战是正法，是基础。所谓"正而无变，其用不神"，所以有大量招法变化，过去称为"行着"，这些变化皆不离督枪、缠战之本。各种变化以闪赚颠提为母，扎法中的虚实变化再与闪赚颠提相结合，就成了如神般的应用。一般说左右变化为闪赚，上下变化为颠提，也可以说贴枪杆而变为闪赚，离枪杆而变为颠提。总之是在轻入轻出中做变化，使对手极难应对。

（9）知阴阳。将阴阳观念引入武术的技术应用中，是中国传统武术的一大特色。阴阳是一对矛盾，相互依存，对立统一，相互转换。至少在明代，阴阳的概念已经运用到枪法中，如进退、虚实、动静、刚柔、轻重、深浅、紧疏、真假、横直、正斜等。在具体运用中，第一是要阴阳相济，如直中有横、横中有直；第二是阴阳转换。知阴阳，是懂得真枪技法的重要标志。需注意的是在太极枪中所讲的阴阳是太极阴阳，强调的是阴阳一体，也就是太极拳中的懂劲之理，所有太极枪中的技法均要追求这个原理，形成特殊的枪法应用。

（10）知时机。这里主要是指接触与发劲的时机。过去人们常用"拍位"来讲述时机，但并不局限于枪法。比如俞大猷在其《剑经》（棍法著作）中说："刚在他力前，柔在他力后，彼忙我静待，知拍任君斗。"这里讲的就是时机，也适用于枪法。另外，如"后人发，先人至""旧力略过、新力未发而急进压杀焉""顺人之势，借人之力"等经典语句都是对时机的描述，需认真体会。

（11）长兵对短兵。一寸长一寸强，长兵器对短兵器，长兵能够击中短兵时，短兵够不到长兵，故从器械上讲，使用长兵者已占上风，所谓"短无破长之理"，当然，某些特殊情况除外。所以有人说：刀能破枪，不是因为用刀的一方刀法好，而是因为用枪的一方枪法太差。具体而言，长兵对短兵，比如以枪对刀时，有一些常用的基本原则需要掌握。第一是将枪尖放低，以拦阻持短兵的对手进步，保持距离；如若短兵无法接近，则无法应用；对下方来枪，即便短兵能够防范，也很难顺势进身（图3-322）。第二是以退步虚扎为主，退步即是要保持距离，虚扎即是变化。"枪之虚，变幻百出"，虚实结合，使之极难判断，不敢进步近身。比如虚扎进枪至对手前手（图3-323），对手如果用扇拦，我即抽枪回收，使其扇空（图3-324）。第三是大幅度变化，使对手顾此失彼。枪之后手上很小的变化即可引起枪头上的大幅度快速变化，如果再加上步法的进退闪展，则刀法难以相随。比如我向右前方上步，同时以下枪对对手扰之（图3-325），然后可迅速背步向左移动，同时将枪头从左侧颠起攻击对手头部（图3-326）；如果对手拦格，我又使枪头直接下落至其腹前扎之（图3-327）。第四是可以连劈带打，因枪杆长且重，放松劈打，其力度之大，短兵常常很难承受，即使是动作幅度较小的点剁或上崩等技术，短兵也难以抵挡。

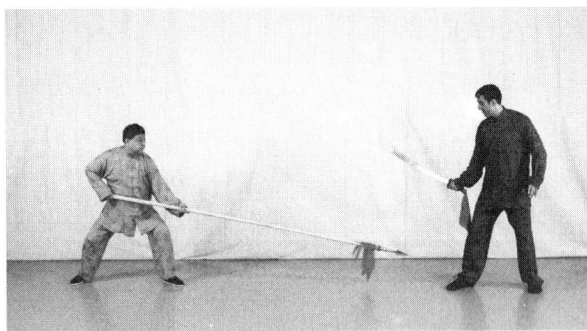

图 3-322

图 3-323

图 3-324

图 3-325

图 3-326

图 3-327

（12）"救命枪"与长兵短用。"舍命刀，救命枪"，讲的是短兵长用，长兵短用。在前面关于刀法的描述中，已经介绍了短兵长用的道理，即持单刀类的短兵一方，必须要避虚就实、舍命进身而战才有机会。长兵短用就是说持枪类的长兵一方，在面对"舍命刀"进身时，特别是当对手能够粘黏，控制枪杆顺势而进时，长兵一方必须迅速退步收枪，尽快与刀脱离接触才有救。长兵枪遇到短兵刀时，只要能够保持距离、脱离接触，则刀就没有机会进身，所以必败。而短兵刀欲进身须先格拦开身前枪尖之阻挡，但是枪之虚实变化使得短兵一方难以判断，虚扎则无法跟进，故需舍命扑向枪尖，强迫枪手发出实扎，以求在迎面格拦中进身。当刀进至可以有效攻击的距离时，枪因杆长而致枪头在外，或在对手身后，无法回援，而在近身处，以木杆对钢刃，也处于极为被动危险之势。为救命，枪手必须脱离接触，拉开距离。所谓"救命枪"就是讲在这种被动情况下如何自救。比如我以中平枪与对手对峙，对手有舍身扑向我枪尖之势（图3-328），如果我发枪，而对手进步、进身，以刀横拦我枪杆，并沿我枪杆推刀向前，这时我枪头已在其身旁，无法使用（图3-329）；此时我须立即使枪杆在手中向后滑动，脱离与刀的接触，使长枪成为短枪，枪头回收，仍在对手前面，使刀又落入难以判断的困境（图3-330）。所以说短兵胜在进，长兵胜在退。因此，在枪法中，使枪杆能够在手中自然、快速、灵活地滑动、变化是十分重要的技术，在太极枪的套路中，这类技术多次出现，这也是为什么在高级枪法中死把枪极少用到的原因。

图 3-328

图 3-329

图 3-330

（13）枪法实战首要在于治心，所谓"用技易，治心难"。实战中，要"能乱人，勿为人乱"。对敌时，以上下左右浅出浅入为乱，使之难以判断，扰其心智。而自身需心平气和，坚固正中，以逸待劳，有"他行任他行，他搭由他搭，惹动真主人，龙动如摧拉"的心态。

太极枪法在实战中的原则

太极枪法一方面继承了传统枪法的精华，另一方面又加入太极拳的拳理拳法，使其实战技术更为全面、深刻、细腻。若练太极枪不懂基本枪法，就不能够熟练使用手中枪，则必然造成根基不稳，整体执行能力差的后果。但是如果只知道基本枪法，而不懂如何将太极拳理应用于枪术，不知太极枪之基本原则，则不是太极枪。因此，下面所讲的太极枪法在实战中的基本原则，都是建立在传统基本枪法原则之上的，或者说太极枪是对传统枪法的进一步发展。

（1）传统枪法的练习中常常会有三大病：身法不正；当扎不扎，犹豫；三尖不照。在太极枪法中也同样需要避免这三大病。第一，每一技法招式都有身法，这里讲的"正"既是端正，也是正确之意。在太极枪中的"正"，即是太极拳中所强调的"中正安舒"，是太极阴阳变化的标尺。太极枪中的身法，源于太极拳徒手训练中所建立起的身法，如身法九要等。身法是身体运动与劲力运用的基础，身法不正则必然导致出枪不稳，变化不灵，力不能达，也会造成阴阳转换的困难。第二，实战中的变化很快，战机稍纵即逝，故当扎则必扎，最忌犹豫不决，错失良机。太极拳中讲求神意气劲与技术动作相合，在太极枪中就是眼到、枪到。当扎，是指得到了可以发实力而扎的机会，不是盲目乱扎。第三，三尖不照，即是太极拳中所讲的中线原理。实战中要使自己的枪尖保持在鼻尖与前脚尖所形成的中线上，以逸待劳，使对手总是处于偏离的状态；三尖不照，则身体不能够协调，必导致扎枪不准，力道不够。

（2）在太极枪的实战中需要避免犯硬，不是说不能发劲或不能有磕碰，而是讲需以松柔为本，所谓"软字枪中至极处也"。练时"以重硬为初门"，用时"以轻虚为脱化"。太极枪之神境，在于能够应用太极阴阳之理，以感知为基础，知己知彼，因敌变化，达到刚柔相济、虚实变化，阴阳相合、相互转换。在枪法运用时需能够轻搭轻拿，借软用硬，以柔克刚，变于无形，动于无声，在粘黏连随中忽隐忽现，追求对于对手之人、枪的完全控制。

（3）粘黏连随是太极拳中最典型的技术特点，是所有技术的基础，太极枪也是如此。由于枪杆是刚性物体，因此，在太极枪的实战中做粘黏连随往往不能如同空手技术那样明显清楚，很多时候只是在瞬间发生，练习时需要认真体会、领会粘黏连随在枪法应用中的作用。

（4）能够粘黏连随，就能够在枪上发展感知能力，即通过枪去感知对手。有感知能力，才能知己知彼、因敌变化，才能知道如何运用太极阴阳之理将太极拳的技术原则应用于枪法，才能够实现对于对手自身的稳定性、运枪的灵活性以及劲力之应用的控制。

（5）太极枪实战特别强调控制与反控制，"只欲制死彼枪，使不能动，不须发枪着彼，彼自心伏（服）"。控制有两类，对人的控制与对器械的控制。对人的控制又分直接与间接。直接控制是说以我枪直接威胁到对手生命，使之既不敢也不能反抗，比如我以枪尖顶在对手咽喉上。间接控制是说我以技法控制了对手的运动能力，比如使其失去平衡稳定。对器械控制也分直接与间接。直接控制是说以我枪直接控制住对手的枪，使其不能变化，比如我以粘黏之法使对手枪头坠地，成为死枪，进退两难，无法变势。间接控制是说我以技法使对手失去用枪的能力，比如我可以使用拦滑的技术直压对手前手，使其松手弃枪，致使其枪不能用。有控制就有反控制，就是后发制人。本质上讲，反控制的核心就是不能让对手的控制行为顺利完成。通过干扰，使其技术出现偏差，达不到目的，其中的关键是时机。因此，枪杆上的感知能力非常重要。太极枪的控制与反控制都需要极好的感知能力，道理与徒手拳术相同，但在实战中，太极枪的控制与反控制要比徒手拳术中快得多，也更隐蔽。由于多数技术是通过枪杆实现的，因此难度也会比拳术中更大。特别是反控制技术，需要极灵敏的感知能力。这些主要从太极粘杆的训练中得到，所以练太极枪必须先练粘杆。太极枪中的控制与反控制难度大，这也是为什么说枪术练习会对拳术有很大帮助的原因。

（6）外形上从开展到紧凑，劲法上从重实阔大到轻虚紧小，内外相合，能粘黏连随，由听劲而知己知彼，因势利导，顺力而为，阴阳转换，后发先至，以柔克刚，整个训练就是为了不断地寻求最高效率。

（7）虽然前面套路中讲了许多枪势以及定势练习方法，但实战中需因敌变化，不可死板，需理解"枪虽无意于势，势自随枪而成"。"行枪不可有势，势乃死法，存于胸中，则心不灵矣！况势遇庄家则得益，遇会家则受损。古诀云'他法行，随法行'，正谓此也。"

太极枪的追求

将前面讲的实战枪法之基本原则自然融入太极枪法之中，与太极枪的实战原则融会贯通，成为一体。从训练到应用，所求的是枪人一体，神意引领，神到、意到、人到、枪到，能如此即为"脱化"，最终达到"枪至无形始有神"，这就是太极枪的追求。

第四章

说手——太极拳训练中的一些体会

「说手」是传统武术教学中非常重要的一部分，其形式类似于现代教育中的习题课与讨论班，这种形式在太极拳的训练中特别重要。「说」就是讲解、答疑、演示，「手」就是技法技术。

说手
太极拳静思录

　　"说手"是传统武术教学中非常重要的一部分，其形式类似于现代教育中的习题课与讨论班，这种形式在太极拳的训练中特别重要。"说"就是讲解、答疑、演示，"手"就是技法技术。当学生的基础功夫水平达到一定程度时，老师就要经常给学生说手。在整个太极拳训练的初、中级阶段，大多数的训练内容都是按部就班、按规矩进行的，使学生一步一步地掌握基本原理与基本技法，逐步形成对太极拳的正确认识。当训练进入高级阶段之后，一方面，由于在练习中有许多新的感觉、感悟，会产生大量的、不确定的问题；另一方面，要进行大量的实际操作，也就是说，这时学生应该多与其他人，包括同门或其他门派之同好，进行推手或技击交流。由于实际情况千变万化，所以会有大量的在系统教学中没有涉及的问题，或虽然讲解过但需要更深入细致分析的问题产生。说手就是师生间共同将练习或交流中所遇到的各种问题重演，由老师进行分析演示、深入解读，使每个问题都变成讲解太极拳体用的具体例子。通过在说手中对大量实际例子的讲解，使学生逐步加深对太极拳的理解与掌握。从形式上讲，说手并非只是口头解说，还必然需要肢体接触，只有从实际接触中才能真正体会到"说"的意义，做到理论与实践相结合。说手最忌讳的就是空谈。对于老师而言，前面的教学重点是传道、授业，而这个阶段的重点是解惑。对于学生而言，说手既是一个学习的过程，也是一个实践的过程，是理论与实践相结合的过程，更是一个练习与思考密切联系的过程。重点是要学会举一反三、融会贯通，万不可只会照葫芦画瓢，把注意力放在一招一式的具体使用方法上。要学会透过现象看本质，通过有限的例子，理解掌握太极拳中的原理。我们常说一把钥匙开一把锁，学习太极拳的技法技术并非囤积钥匙，而是学习开锁的原理，并最终能够学会自己制作万能钥匙。

说手的范围很广泛，从推手中的一个简单的劲、一种练习方法、一个理论的应用，到实战技击中的心理；从拳架子中的一个动作与劲力的关系，到盘架子过程中的内在感受与技术的关系；这些都可以是其中的内容。在这一章中，我们将以说手这种方式介绍一些盘架子、推手与技击中常见的理论、技法与技术概念，其中部分内容在前几章中已经讲过，这里的重点是通过一些具体的练习方法与使用方法，进一步讲解如何将理论与实践相结合。这里的许多例子都是当年王培生师爷与骆舒焕恩师给我们说手的内容，也有一些是我们自己多年教学中给学生说手的内容。所有这些都是我们在实践中验证过、自身有切身体会的东西，绝非空谈。从本质上讲，说手就是老师将自己的切身经验直接传授给学生的过程，这些经验往往是老师身上最宝贵的东西，特别是有些即兴而发的解说往往是最出彩的。因此，在现实生活中，学生应尽可能地请老师多说手，这是取得进步的重要途径之一。

一般而言，说手的对象应该是已具有较好基本功法的学生，因为这时的重点主要集中在理论与实践相结合的技法技术应用上。但在现实教学中，常常是不同层次的学生在一起上课，因此，可以见到，基础好的学生一点就透；基础较差的学生，老师说了半天还是做不好。学生的基础能力不够好，譬如放松得不够或身体散漫等，会直接影响他对技术的理解与发挥。因此，老师的责任不仅仅是解释技法技术，同时还要注意指出学生身上存在的问题。要帮助不同层次的学生认清做不好技术的原因是什么。将基础能力与技术能力相混淆是教学中常见的问题。

说手的一个特点是想起什么就说什么，没有什么系统。在这一章里，我们以这种较为灵活的形式进行一些专题讨论。这些专题所涉及的基本理论与技术，在前面各章节中都有系统论述，所以从表面上看，有些重复之处。之所以要重复讨论这些问题，是因为其重要性，我们希望能够在这里进一步提供一些比较具体、深入、详细的解释，并尽量给出一些实例，从不同角度探讨这些问题。因此，也可以说这是对以前论述的一种温习，也是一种补充，是为了使读者能够更深刻地理解并掌握太极拳。这里每个小题目专门讨论一个问题，它们之间并不存在着次序关系，但是要能够看到它们之间的内在联系。在整体上必须牢牢掌握住太极拳的基本原理，千变万化都不能出了这个一定之规。希望读者能多思考、多实践，将每个问题所讲的道理在不同形式的实践中应用起来。

太极拳大纲

在中国传统武术中，太极拳是最高级，也是最复杂的，它包括大量的内容细节。在本书中对于太极拳的理论与实践有全面深入的讨论，这里再提纲挈领地总结太极拳的最基本概念，使学习的视角从局部回到整体。在整个学习训练中，既需要不断地深入研究、追求细节，也要时时能从细节中跳出来，保持整体上对基本追求的正确认识，保证大方向正确。

中国武术发展纲要

自古以来，人类为了求生存而需要争斗技巧，武术或格斗术、搏击术即是这种需求下的产物。开始的争斗方式都是以本能为基础的直接动作，抡拳踢脚都是日常自然动作的反应。当争斗的烈度提升后，有人开始对此进行专门研究，包括肢体动作的合理运动、力量的增强与运用、应敌时的策略战术以及训练方法等，也就是将自然自发的打斗动作上升为更为合理有效的技术，这种技术的发展至少经历了几千年的历史，全世界各个国家、民族皆如此。虽然这种打斗的技术五花八门，但本质上都是在先天自然之能基础上对人体的强化，无论其中的技术技法如何发展、演变，都没有超出这个范围。现在能够看到的绝大多数技术门派，基本都是如此。因为人们普遍认为人的自然合理的运动行为只能，也只有这一种方式。在中国，以这种观念发展起来的拳种门派后来都被归为"外家拳"，虽然这不是一个非常严格、严谨的武术分类。

中国传统文化中有一些很独到的特点，就是在研究学问时特别关注术与道的关系、小学与大学的关系；特别是道家哲学思想对道的追求，更是在全世界独树一帜。另外，从两千年前，中国人就特别注重身体内部的感觉与修炼，深入研究体内脏器与穴位经络等对人行为及生命健康等的影响，从而引发出有关"气"的系统观念，以及由此而产生的人体内的修养方法。这些文化特点影响到中国人生活的方方面面，无论是在思维方式还是行为方式上都有不同。中国武术的发展过程中，也不可避免地受到这些文化特点的影响，部分拳种进行了新的探索，形成了自己独特的发展之路。

正是由于术与道的思想，人们在研习武术时没有简单地局限在"术"里，而是不断地寻求更符合"道"的理念、方法，譬如顺其自然。道家哲学思想为人们提供了新的视角，使武术理念得到了升华，促进了对武术技术技法的新的研究，譬如将不争、无为无不为等理念付诸实践。同时，中国传统中的"气"等养生观念，为武术提供了新的训练方法，使人们产生了对人体的新的认识，极大地开发了人体潜能，譬如增加肌肉并不是增加力量的唯一方法，譬如通过对气的控制运用达到对劲力最合理有效的运用等。这种将道家理论和人体修炼的文化与武术的融合的过程是漫长的，从现在零星的史料记载中可以判断，至少在唐代已经出现了。最终从这种融合中产生了最具中国文化特征、以道家思想为基础、以练习内功为主导的"内家拳"，这里并非单指张松溪之内家拳或清末在北京形成的内家拳，而是指具有相同理念的一类拳法。内家拳是一个并不严谨的武术分类，它代表的是一种新的概念，是武术发展的一个方向。最终，这种融合使得中国武术成为中国传统文化的一部分。

外家拳是指自然发展起来、以强化先天自然之能为本的一类拳术，其历史久远已无法追溯。从现有文献中可知，至宋代，这类拳术的发展已经很完善，已有完整的训练体系，有门派、传承，也有因技法而成名的人物。内家拳一类拳术的发展建立在外家拳高度发展的基础上，以道家哲学为本，对外家拳进行理性改造，进而寻求新的发展。"外家拳至少林已臻绝诣。张三峰（丰）既精于少林，复从而翻之，是名内家。"这句话便是这个改造过程的旁注。拳谚"外练筋骨皮，内练一口气"也是对这个事实的反应。从现有文献中可知，在明代中叶，内家拳的基本思想已经比较清晰。同一时代中有关夫子李的记载说明道家的炼气观念也已经融入武术。张三丰、夫（麸）子李的记载都说明内家拳的形成与武当山道士有关，也就是说与道家的修炼有关。当内家拳的概念、训练方法等渐趋成熟后，有些门派出现了理论升级，譬如明、清之际形意拳中的《九要论》、十三势中的《十三势歌》《十三势行功心法》等拳论以及《手臂录》《苌氏武技书》等著作。这些理论著述中都有关于内家拳的基本理念、训练与应用的系统描述。外家拳向内家拳演变的过程是漫长且不均衡的，似乎对北方的拳种影响更大，但是并非所有门派都发生了演变。在现在可知的门派中，太极拳、八卦掌、形意拳等完成得比较彻底，而通背拳、八极拳、三皇炮捶等似乎都是处于演变之中，也有些拳种没有完成演变而又退回到外家拳的理念中去了。

从现在的史料看，太极拳的前身——十三势，也叫长拳，很可能就是在明代中、末期内完成了从外家拳到内家拳的演变。说十三势最早是外家拳，是因为其中有很多拳势名称、动作都与当时的外家拳相同或相似，说明了它们之间的继承关系。说十三势后来演变为内家拳，这点可以从《十三势行功心法》等拳论中清楚地看出，这些拳论的形成说明十三势中与内家拳相关的最重要的内功心法训练已经完整、成熟。

在成熟的内家拳中，十三势又有一次深刻的变化，即经过一次大的理论与实践上的整合，完善了整个系统，实现了系统升级。这个整合就是将太极理论融入，形成了以太极阴阳哲理为指导，以懂劲技术为核心，以新的、更加独特的概念为依据的太极拳。这个最后的整合工作的完成不会晚于清中叶。《打手歌》的出现标志着太极拳独特的技击理论已经形成。王宗岳《太极拳论》既是这个整合的产物，也是这个新拳种的标准。《太极拳论》以太极阴阳哲理规范了拳术的技法原理，同时也就从理论上严格定义了太极拳的核心本质，是内家十三势到太极拳转换最终完成的标志。认真研读有关十三势的拳论，可以发现虽然其中有丰富的内功心法，但是却没有清晰的太极原理，这也旁证了太极拳的形成是十三势的升级。必须注意的是，这个发展过程说明太极拳中讲的太极阴阳理论是建立在道家思想基础上的。从十三势到太极拳，这是武术发展中的飞跃。类似的理论整合也在部分门派内时有发生，譬如形意拳中之五行理论、八卦掌中之易经八卦理论等，但是从整体上看，在理论与实践的契合程度上都没有达到太极拳的水平。因此，从中国武术发展整体过程的纵向比较来看，无论是理论、概念、技术，还是所承载的文化内涵等方面，没有哪一家能够达到太极拳的高度，太极拳是武术发展的巅峰。而从世界搏击门类发展的横向比较看，太极拳以全新的概念、完全不同的角度解释技击而特立独行，体现了中国传统文化的独特魅力。从我们今天所实际继承的、有完整理论体系与训练方法的太极拳中，可以清楚地看到这个发展脉络，我们所学所练正是由此一脉相承的。

有意思的是，如果我们认真检视今天太极拳的完整训练过程，可以看到它正是太极拳发展过程的重演。譬如，开始是以外三合为核心、以拳架为主的形体动作训练，这是外家拳练习的反射；其次是在拳架中加入以内三合为核心的内功训练，同时道家思想被引入成为基本指导思想，道家的炼气方法也被融入，这是成为内家拳的标志；然后是以推手为主的懂劲训练，这是太极哲理整合到拳术中的结果。这就是我们常说的太极拳产生发展的三段论。只有了解太极拳的发展过程，才能理解太极拳的高深之处，才能知道其理念是什么、追求的是什么；否则就会在训练中找不到方向，有发生退化的可能。

中国传统武术发展受传统文化的影响，同时也承载了传统文化，也就是说武术不仅仅是一种简单的打斗技术，它还包括对人的全方位的修炼改造。从短期的身体强壮到长期的身体健康、护体养生、益寿延年，从武德修为到修身齐家，从修身养性到求道悟道……如此种种，武术的研习已经远远超出格斗中的胜负问题，外家拳到内家拳再到太极拳的三段发展演变，正是传统文化融入武术的反映。而太极拳正是在这种传统文化中孕育出的奇葩，它完成了从形而下到形而上的演变，代表了中国传统武术发展的最高阶段。对于传统武术，包括太极拳的传承，也要站在传统文化传承的角度上看，如此才能知其本而不失其真。

太极拳的理论

太极拳是以道家哲学为理论基础、以太极阴阳哲理为其技术应用的指导思想、中国传统武术之内家拳流派中最具代表性的拳术。必须反复强调的是，太极拳的理论是在道家思想基础上对太极阴阳哲理的应用，一个略带幽默的说法就是"老子玩太极"。如果离开道家思想基础而单讲太极理论，就不是真正意义上的太极拳，常见的错误就是在对抗中使用阴阳转换。

太极拳以其独特的武术技击训练为载体，从改变人之体能做起，追求最高效率的技击方法、最有效的健身效果、最高的思想境界，使武术、健身、求道成为一体。学习太极拳，首先必须将其视为武术来追求，脱离了武术就失去了太极拳的本意；同时，又不能仅仅将其视为武术来追求，要通过练拳习武达到强身健体、益寿延年、感悟人生、参悟大道的目的。

学习太极拳必须理论与实践相结合，而且理论起主导作用，可以说没有太极拳的理论就没有太极拳的实践。所以学习太极拳就需要学习、掌握道家"道法自然"的哲学思想与太极阴阳辩证哲理，而这两个理论体系正是中国传统文化的核心，包括世界观与方法论。因此，学习太极拳不仅仅是体能、技术的训练，必然也是一个学习理解传统文化的过程，是思想上的修养、改造，也是精神境界的升华。这正是太极拳与其他一些单纯追求技击格斗之胜负的拳术的不同之处，也是说太极拳是一种文化传承的缘由。

太极拳的实践

完整的太极拳学习与训练中包括"体""用"两大部分。"体"是指以拳架为主体的训练，其目的是建立起全新的体能素质；"用"是指以推手为核心的技击能力的训练，其目的是通过接触性训练建立起全新的运动能力、劲力的使用能力与反应能力，通过"知己知彼"的能力，实现对人体的完全控制，使技击技术达到最高效率。

学习太极拳必须做到体用兼备。有"体"无"用"，就是说"体"中没有包括"用"，即不能发挥其应有的、特殊的作用，那么这种"体"训练就变得空洞、没有意义。这就是现在许多人练拳，但是并不能真正获得太极拳所能带来的利益的原因。无"体"之"用"，是说没有"体"的依托支持的"用"，不可能是太极拳之"用"。现在许多人讲太极拳技击，但是并没有太极拳的基础，没有获得太极拳的能力，所以一动手，还是"先天自然之能"那一套。

　　在太极拳的所有体用训练中都包含外功与内功，需要内外兼修，不可偏废。有人每天坚持练拳，在形体动作方面很下功夫，追求所谓"舒展大方"之类的表面功夫，而不知道如何进行内功训练。这种空架子练得再好，最终也无法领会太极拳的真正意义。也有些人整天追求内功训练，神意气不离口，但是其基本身法等还存在着很多问题，甚至错误。这种内功追求讲得再好，如果身形上还存在问题，就只能是空中楼阁，最终功夫也无法上身。太极拳中所有内功训练都是建立在正确、坚实的外功基础之上的。简单地说，在错误的形体动作上，不可能产生正确的内功感受，也不可能获得真实的内功效果。所以，我们一定要准确理解"内外兼修"的含义。还需要注意的是，有些人在讲内功训练时，总是用高深的言辞，让人听得天花乱坠、云山雾罩，实际上空洞无物，对实践毫无帮助。这是太极拳界中长期存在着的一大弊端。

太极拳的训练

　　太极拳训练的主体是武术训练，就是从实实在在的武术技术训练中产生转化、升华，逐步领会对于太极拳文化的整体认识，在获得特殊的武术技能的同时，也获得健身养生的效果与悟道修身的机缘。

　　太极拳有完整的训练系统，需要按部就班地练习。要先从正确的形体动作训练开始，由外而内，通过对身形的改造，在体内建立起内功感受，而后根据内功感受开始内功训练。内功训练的重要任务，就是对内功感受加以引导、控制、强化、利用，最终在神意的引导下达到由内而外、全新、自然的全身协调。整个训练是在"无为无不为"

状态下"顺其自然求自然"的过程。这个训练过程，既是形体、体能、技能的训练，也是心理、心智、思想境界、德行修养、艺术气质的修炼，是对练习者从外到内，再从内到外全面的、脱胎换骨式的改变。因此，必须牢记太极拳的训练主体是对人身心的改变，不是简单的强化。

太极拳训练是对人体的全面改造

从历史上看，太极拳的产生发展是源于人们对传统武术局限性的认识。在全世界各个国家、民族中自然产生、发展起来的各种格斗技术，从本质讲，都是基于对人体自然本能的直接强化与运用。无论技术上有什么区别，其本意都是相同、相通的。在中国也不例外，绝大多数武术门派所遵循的也是相同的道理。在这种基于本能的，太极拳中称之为"先天自然之能"的技术体系中，技术发展的局限性主要是对体能的依赖程度过大，也就是说在一个人的综合技击能力中，对力量、速度等体能要求所占的比例太多，造成"有力打无力，手慢让手快"的现象普遍存在，这也是现代各种搏击比赛都需要按照体重分级的原因。这个局限性的问题被普遍意识到，也有各种改进方法，但是能够真正认识、理解并从根本上提出有效解决办法的，只有太极拳一家。

中国独特的道家思想为此提供了理论基础，以此为指导思想，太极拳建立起了一套新的武术技击理念。从无欲、不争、无为、以柔克刚、阴阳辩证等理论出发，解决力量对抗的问题，从而引发出顺其自然、舍己从人、以静制动、后发先至等技术概念，解决过度依赖绝对速度的问题。在新的理论基础上，太极拳又建立起以太极阴阳哲理为核心的技击技术指导思想，通过阴阳相济、阴阳转换、对立统一等，去实现具体的、以最大程度减少对体能依赖为目标的技术方法。

太极拳的理论决定了太极拳的技术与众不同，需要习拳者无论是在思想境界、思维方式、处理问题的角度方法，还是身体内部的机制运行、肢体运动的方式、对外界刺激的反应方式等，都要有与固有的"先天自然之能"不同的独特方法。因此，太极拳的训练过程本质上是一个对人体从外到内脱胎换骨式的改造过程，或者说是一个新的能力的建立过程；而太极拳的实践，就是一个从内到外、对于新的能力的应用过程。

新的思想、技术观念，使得太极拳的训练有别于通过练习去强化原有能力的训练。这是对身体机能的全面改造，而最终得到的是一种全新的能力。所谓"改造"就是说需要去掉或限制旧的、习惯性的思维与行为模式，同时建立起新的模式。由于这个改造是全面、深入的，故其训练也就必然是一个长时期的、艰苦的、困难的过程，以"脱胎换骨"来形容这个过程并不为过。这些改造从人的外部肢体动作、反应方式开始，一直深入到思维方式、思想境界，具体包括：

（1）肢体运动与行为方式：需要特殊的、为实现太极拳技击原理所需要的身体运动方式，如身法九要、松与整等。

（2）用力的方式：将直接的、分离式的用力方式转化为以神意为引导、以气为串联、整体协调的用力方式，即劲。

（3）反应方式：包括技击时与对手的接触方式，如不丢不顶、粘黏连随等；以及与对手接触后所使用的按照太极阴阳之理建立起来的应对方式，如黏走相应等。反应方式是人体惯性最大的行为，对它的改造也是最困难的。对反应方式的改造需要完全彻底，最终要使新的反应能力能够达到应物自然的程度。

（4）感知能力：发展出超级敏感的感觉，即听劲，并使之与符合太极阴阳之理的应对行为相结合。既要有敏锐之感，又要懂阴阳、知应对，达到"人不知我，我独知人"的境界。

（5）神意气的应用：以身体的外部运动触发身体的内部机制，产生特殊的感觉、感应，再以此引导、指导技术行为，所谓"用意不用力""全凭心意用功夫"，使周身内外相合，形成特殊的运动能力。

（6）思维方式：以道家思想与太极阴阳哲理去思考、看待一切技术问题，如不争、无为无不为、以柔克刚、阴阳相济、对立统一、阴阳转换等。这种思维方式的建立必然会超越拳术的范畴，给练习者带来思想方面的改造。所以练太极拳的意义不仅仅是身体上的训练，也是思想上的修炼。

（7）思想境界：思维方式的改造必然促进思想境界的提高，使习拳跳出简单的技击上的胜负之争，以求道之心追求更高的精神诉求，达到人的自我完善。

正是由于全身心改造的困难，也造成学习太极拳的困难，对此需要有充分认识。在所有的技术学习、练习中都包括两个过程：第一是通过学习、练习而理解掌握；第二是提高程度，即执行能力，也就是常说的先要解决"懂不懂"的问题，而后再求"好不好"的问题。对于建立在"先天自然之能"基础上的技术，不管多复杂，基本不存在听不懂、学不会的问题，人们面临的只是可以达到何种程度的问题。对于太极拳而言，在新的基础建立好之前，人们不可能真正理解太极拳的技术，所以在很长时间里，练习者会纠结在"懂不懂""会不会"的问题中，根本还没有条件、没有资格去谈"好不好"。只有完成对人体的改造后，先解决了"懂不懂"的问题，才有可能去解决"好不好"的问题。譬如在学习"黏走相应"这个基本原理时，如果还不具备周身相合这个基础能力，那么就不可能有对于阴阳相济的切身体会，也就不可能真正懂得、掌握这个技法原理，更不可能正确执行这类技术。

太极拳与其他拳术的最大不同之处在于，虽然在训练中太极拳也追求锻炼体能，但是在应用中，太极拳追求的是如何能够最大限度地减少对体能的依赖。由此太极拳所追求的"引进落空""牵动四两拨千斤""借力打力"等技术原则，就是对体能最合理、最有效的应用，也就是所谓如何省劲的问题。对于这种发展体能与体能应用之间的不一致性，练习者需要有充分的认识。

太极拳以新的思想与训练方法对人体进行改造，从而得到对体能的依赖最低、效率最高的技击能力。这种脱胎换骨式的改造带来的是整体蜕变，这并不仅仅是关于身体运动或技术应用方面，更重要的是思想境界。所以，太极拳的训练最终是对人的全面改造，使习练太极拳者能够站在更高的境界上。

太极拳的功效

太极拳是一种个人身心的全面修炼，通过正确、持久的学习、训练，可以获得不同层次的效果。首先是可以获得健康的身体状态，包括运动健身与传统养生两个层面；其次是通过对人体潜能的充分开发，获得高效的武术技能；第三是通过对道家与太极理论的学习、研究、参悟，达到通透清明、淡泊宁静、高瞻远瞩的思想境界。这些功效可以促使个人的身心健康全面提升；更进一步与传统内丹养生功自然相合，实现性命双修。

太极拳的修炼

太极拳不是一门单纯的技术，而是一种艺术、是身心的修炼。因此，学习太极拳就是一个艺无止境的过程，是活到老、学到老、练到老、悟到老的修炼。譬如，在技击技术与能力方面，六十岁以后还能有所领悟、有所提高，这在其他武术门派中几乎是不可能的事。在完整的学习训练完成以后，练拳就是修养，人们常说练太极拳会上瘾，欲罢不能，需要天天把玩、时时领悟，是品味、气质、境界、神韵的修养。太极拳的修炼就是从形而下升华到形而上的过程。

太极拳的境界

学习太极拳，从训练到修炼，都需要境界，既要深入、细致，又要开阔、致远。譬如拳架训练，不只是追求正确的形体动作，更注重的是内在的味道、气势、神韵，这是拳架训练的境界。又譬如推手训练，从追求如何省力而不计较眼前的胜负得失开始，到精益求精，追求最高效率，总是能够看得更高、更远，有超越其他拳术的追求，这是推手训练的境界。再譬如，从心静、意专、无为、不争，达到以柔克刚、应物自然、以无法为法，是技击中的高级境界。通过这类学习训练，不断领悟，在技艺提高的同时，思想境界自然也会不断地提高，进而从技中求艺，以拳悟道，得大自在，是修炼的境界。

太极文化与太极拳

太极概念是中国传统哲学的主要基础之一，以太极思想为核心的太极文化是中国传统文化的重要组成部分。古代先贤通过对自然界的观察、思考，得出关于阴、阳的抽象哲学概念；又通过研究阴阳之间的平衡、变化、发展、转换、对立统一之辩证关系去理解、认识世界，最终，有关阴阳的理论被统合发展成为太极系统。太极是传统世界观的基础，也是认识论、方法论。中国两大主流传统思想体系——儒家与道家，均以太极思想为其宇宙观与方法论的基础，太极思维反映在中国人生活的方方面面。

太极拳是在道家哲学的基础上对太极阴阳哲理的应用，具体而言，就是以太极阴阳辩证法将道家的理念应用到拳术之中。因此，通过学习太极拳，练习者必然会对太极文化有更深刻的理解，得到认识上的升华。通过学习太极拳修身养性、强身健体，提高分析能力、逻辑思辨能力，获得认真求实、精益求精、诚心坚持、追求完美的精神与有胆识、有毅力、有担当、有勇气的品格，成为有高尚道德修养的谦谦君子，达到与世无争又能坚持原则的境界。因此，传统太极拳承载着传统文化，学习传统太极拳就是学习传统文化。现在有些人练太极拳但是不讲传统，不讲道家理论、太极哲理，既不知如何将这些理论融于实践，也不知如何以这些理论进行身心的修炼、改造，这样的练习也许会有一些简单的健身效果，但是与传统文化无关，讲继承就是空话。

学习太极拳的目的

人们学习任何东西都有其目的，前面讲过太极拳的三大功能是技击、健身、求道，那么学习太极拳的目的也不外乎这三者。而事实上，只追求三者之一，不能算是完整的太极拳，学习太极拳的最终目的应该是这三者合一。

　　太极拳是拳术，因此武术训练是它的根本，是基础。由于其拳理、拳法的特殊性，需要特殊的训练方法，作为训练的结果之一，就是在一定程度上取得健身、养生的效果。而其整个的学习过程中，特别是理论学习，又自然地与求道渐渐重合，使得练习者在太极拳的学习过程中得到了思想境界上的升华。

　　武术本意是专指格斗、搏击之术，而与其他只是单纯研究攻防技术的体系不同，中国传统武术将习武上升为"止戈为武"，既包括技术练习，又有品德的修养，把习武的境界提高了。太极拳正是其中最深入、最细致、最全面，同时眼界最高、看得最远的，能够集身心修炼为一体的拳术。太极拳研究技击的目的，不是简单地通过体能的提高去实现技术的提高，而是追求实现技术时的最自然、最合理、最高效方法；不是仅追求短期的效果，而是寻求如何能够以最佳的途径达到最高效率。太极拳对武术技击的研究已经超越了简单的技术上的胜负问题，而是探讨技术下面更深层的理论，发现技术的规律，将技术升华为艺术，是技术与道的契合。

　　武术是肢体运动，生命在于运动，运动就会有健身效果，故习武必然会有强身健体之效果。但是做任何事都要有度，传统武术为了寻求特殊效果，某些训练会对身体造成伤害，譬如很多练硬功的都是通过先自伤而形成某种适应，才能显现出特殊能力。而现代搏击中的专业训练，常常都是超负荷训练以求在短期内获得效果。从长远看，这些往往都会对身体造成很大的，甚至是永久的伤害。由于太极拳的境界已经超越了一般武术中的胜负之争，故习武而伤身的行为是太极拳所不为的。太极拳要求的是顺其自然，无过不及，凡是对身体短期有效、长期有害的训练，太极拳都拒绝。由于太极拳的理念与训练方法中融合了大量的传统养生功法的内容，也与传统中医中的卫生祛病的理论相符，所以学习太极拳的同时也能达到健身养生的效果。因此，从强身健体、养生卫生的角度讲，除了运动健身外，太极拳追求的是处于更高层次的养生健身，练习太极拳的效果会比其他大多数健身方法更好。

太极拳对于武术与健身的高境界追求，是以传统哲学思想为基础的，以传统哲学重新审视、督导武术与健身训练，把习武与养生的过程从简单肢体动作练习提高到思想理论上的修炼。也就是说太极拳将武术训练与追求道法的学习自然结合起来，即传统中所说的求道。通过练拳而悟道修身，以性命双修为最终目标。

因此，学习太极拳，为的是改变气质，提高思想境界，开发心智，培养高尚的情趣，增强艺术修养，强健身体；使身体各个部分、各种机能，从外到内都能够得到最合理的锻炼与最佳的维护；同时，能够获得最高效率的防身抗暴能力。

拳架辨证

　　这里我们综合讨论一些拳架训练中的问题。太极拳拳架是太极拳的体，太极拳中的所有能力的改造、重建、强化都是从拳架训练开始的，因而拳架是所有技术的基础，也是太极拳训练中需要投入最大、用时最多的功夫。太极拳拳架中包含的内容很多，也很精细，特别是有关内功方面的练习，很难理解、体会，必须以极认真的态度练习、领悟，不能忽视任何细节。拳架训练是一个长期、缓慢的积累过程，要以"功夫无息"的态度"仔细留心向推求"。日常训练中最忌讳的，第一是走过场，虽然每天练习，但是不走心，练习的质量直接关系到训练的进步幅度；第二是不能持之以恒，三天打鱼，两天晒网，有些进步却无法巩固，枉费功夫。

基础与技术的关系

　　很多人在学习太极拳技术时，分不清基础与技术之间的关系。当一个技术做不好时，很多时候人们会将注意力集中在技术层面上，譬如胳膊、腿的动作方面，而事实上更可能是因为基础不好所致。所有技术都需要一定的基础，譬如你有能够举起180斤杠铃的力量，请一个举重教练讲解举重技术，你就有可能举起200斤或更重。但是如果你只有举起100斤杠铃的力量，再好的技术指导也无法让你举起200斤，这是因为你自身的力量基础不够。太极拳的技术要求特殊的基础能力，譬如身体运动时的特殊的协调性、放松的能力、感知的能力等。如果这些基础能力还没有练好，那么就无法保证技术的正确实施。因此，学习太极拳，按部就班地训练很重要。没有练好拳架就不要练推手，定势推手没有练好之前就不要问劲、散推。任何急于求成的行为，最终都会是事倍功半。

练拳过程中的正确感觉

当太极拳的练习进入中级阶段后，练习者身上会开始产生一些特殊的感觉，譬如"虚实转换"之感。一直到进入高级阶段，这些感觉会逐渐加强，同时会产生另一些新的感觉。内功训练本质上就是为了得到这些感觉，并依赖这些感觉去寻求应用功能。因此，能否得到感觉，感觉是否正确，就是训练中需要面对的重要问题之一。

对于练习者而言，开始可能会对这些感觉很疑惑，缺乏判断。那么正确的感觉应该是什么样的呢？这是一个很难回答的问题，因为没有人能够把自身的感觉清楚地讲述出来或者做出来，并使其他人能够完全清楚地理解；特别是当倾听者自身还未感觉到时，往往会不知所云。所以过去常说只可意会，不可言传，不是不传，确实是很难说清楚；而意会就是在老师的提示下，通过练习去体会。在练习拳架的过程中，需要的是师生之间的相互摸索、猜测、体验，所谓"默识揣摩，渐至从心所欲"。下面以我们个人的经验，对几种常见的感觉进行举例描述，希望能够对读者有所帮助。事实上，只有当练习者自身产生了相应的感觉，才能真正体会到这里说的是什么。当训练达到高级阶段中的高层次后，才可能对这些感觉有理性的理解，也才能应用自如。

1. 中气晃动

中气是说以顶头悬为准的身体中正，精神上提，气向下沉，上下相交。沉稳中有轻灵，故稳重而不僵滞；轻灵中有沉稳，故灵活而不浮躁。晃动是说轻微、柔和地在前、后、左、右各个方向之间的来回晃动，是身体因顶头悬被提起来后而产生的、在保持中正状态下的晃动，这里需要特别注意"晃"字的含义。这种晃动没有固定的方向、节奏、规律，似乎只是被周围的空气所推动。当沉气达到松净后，气向上返，形成"气腾然"之势，这时就会有中气晃动之感。开始如同站在一只浮于平静水面的小船上，轻轻地自然晃动；而后身体有如钓鱼时所用的鱼漂，下面的铅坠使之沉稳，而自身的轻又使之上浮，一上一下，使之中正，同时水的微波又使之微微晃动。这个感觉是体会身体内太极阴阳相济、相互转换之标志。

2. 球浮于水

想象自身如同一个充满气的、有弹性的皮球，放入水中，而且此球之重量使之一半沉入水中。当有一单一外力欲将其按入水底时，由于球内充满气，外力不能将其按扁或使其凹陷，故外力不能将其控制；同时水之柔可以使其随意沉浮、转动、漂移，使之受力不稳定、不平衡，故外力无法在一点上持续，必然落空。当这种感觉与中气晃动、丹田气旋转相结合，就可以在练拳时做到轻灵活泼、变化自如。这也是对随遇平衡概念的一种假借应用。

3. 贯串

贯串是体内一种协调运动的感觉，是一种气感，就是体内有一种似乎是气体流动的感觉。这种感觉通过训练产生，并且可以通过训练加强。"节节贯串"就是讲通过这种气感，使身体的各个部分连接起来，按照太极拳的技术要求协调工作。贯串本质上是对松的整合，在太极拳中，如果只能松，那基本上做不了什么事，必须通过贯串，在运动中对放松的身体进行整合，所以有时也将贯串称为"整"或"合"。贯串是太极拳技术的基础之一，譬如"忘掉接触点""意念转移""用意不用力""黏走相应"等都是建立在此基础上的。在实践中，如果贯串做不好，任何有关技术的完美理论、绝妙设计都是空话。

4. 鼓荡

鼓荡是形容身体上自内向外整体上的一种柔和、有弹性的膨胀与收缩的感觉，也是一种气感，即"气宜鼓荡"。想象如同风吹进帐篷，有阵阵膨胀、晃动之感。这种鼓荡之感总有向上、下、前、后、左、右各个方向上同时动之意，而且没有间隙，"气遍周身不稍滞"。有了鼓荡之感，才能体会柔中刚、刚中柔的意义。

5. 弹簧

弹簧就是说身上要有弹性，所谓全身无处不弹簧，包括了传统中讲的弓。练习太极拳时所说的松紧、张弛，都是讲弹性问题。很多练太极拳的人只讲松，不知紧，结果松就成为弱、懈怠，这是一个常见的错误。特别是缺少实战经验时，这个错误往往不被重视。很多人在训练中的一个普遍问题是，对下肢的弹性重视不够，常常以为下肢的主要功能是提供单向的力量支持。如果这时上肢也用力，则会形成单向、僵滞的对抗；如果上肢的技术偏弱，则腰马上会被挤压住，无法灵活变化。想象自身的胯、膝、踝关节都是弹簧，上肢受力时，下肢各个关节都有弹性地颤动。这时再想象脚底下有弹簧，如踩在席梦思软床上，沉而不滞，稳中有晃动。

6. 脚下之感

训练中脚下的感觉时有不同。开始是如树植地生根，通过慢练松沉，两脚如能瞬间插入地下三尺，得到沉稳的感觉。之后是提纵之感，上肢稳定而可以轻松地提膝迈步、蹿腾蹦跃，得到轻灵活泼的感觉。然后是脚心有吞吐之感，想脚下涌泉穴处一吞，即空，提脚；脚心涌泉穴一吐，即凸，脚便能摊开如三尺直径的大吸盘；得到提放自如之感。再然后是想象两脚各踩着一个球，得到动中求稳、稳中有动的感觉。最后所有这些感觉都要融合到一起，这时才能体会"其根在脚"中"根"的真实含义。太极拳中，一切技术的根源在于脚下之阴阳转换。必须注意，通过脚下蹬劲的全身发劲是太极拳的技术之一，但不是重点，更不是核心技术。如果在训练中将主要精力放在此处，则很容易误入歧途。

7. 刚柔相济

一方面，感觉到全身精力体能都很充足，所谓气壮，有不惧与任何力量相碰撞、相对抗之意；另一方面，感觉自身很轻灵、飘逸，有虚空之感，可以被外界的任何一点力量所移动，是随之而动，但动而不散乱。太极拳中的刚柔如水一般，其内含的劲、势很强大，但外在表现是柔和的。可以随形就势是其柔，不可被压缩显其刚。当这种感觉比较清楚之后，身上就能感觉如弹簧，对手来力，既可以即刻将其反弹回去，也可以如泥牛入海，全部柔化吸收。

8. 神意引领

以神领意，有可以用眼神与对手交流之感；以意导气运身，有可以用意扳动对手之感。神意可以舒敛自如，有能够以神打人的感觉。所谓心想事成，纯以意行；所谓"先在心，后在身。在身，则不知手之舞之，足之蹈之"。在训练中，通过神意的引领，能够产生轻松、潇洒、自如、飘逸的感觉，产生心旷神怡的感受。

9. 内外相合

全身内外有高度的、在松柔基础上的协调性，"一动无有不动，一静无有不静"，从神、意、气、劲，到形体动作全部如此。感觉全身内外运动没有任何阻碍，柔和、流畅、圆活、飘逸、潇洒、自如，如同水母在大海中游弋，悠悠荡荡，随波逐流，又不失自我控制。

以上所讲的都是一些训练中比较常见的感觉，描述不一定准确，只是给出一些参考。读者可以常与自己训练中产生的感觉进行比较。在此方面，不可能一开始就有正确的体会，必须在训练中不断研究、感受、体会、修正。

炼精化气，炼气化神，炼神还虚

"炼精化气，炼气化神，炼神还虚"本是道家养生功内关于内丹功夫修炼过程的描述，讲的是以所谓调坎填离、还精补脑等内功修炼方法，对人体之三宝——精、气、神的修炼，其根本目的是追求性命双修。太极拳基于道家思想，因此许多道家养生功内的概念、方法也都自然地融入太极拳的训练中。由于太极拳兼有武术与养生的双重意义，所以与养生功相关的概念也被赋予了武术技击方面的意义。在太极拳训练中，"炼精化气，炼气化神，炼神还虚"除了本来在养生功法内的意义外，也被用于描述与武术技击相关的内功训练。

"炼精化气"，在养生功中讲的是将身体内物质上的精华转化为气或能量，使气足而身体健壮。在武术内功中就是通过训练，将直接的肢体体能运动，即以先天自然之能为基础的、直接的运动与用力方式，转化为以气为引导的，更合理、更高效的内功运动；也就是将力转化为劲的训练。在这个过程中，通过肢体训练，如盘架子、推手等，使气的感觉越来越强，形体运动与之配合得越来越顺遂自然，达到以气运身的效果。

"炼气化神"，在养生功中讲的是将身体内的能量转化为健身、健脑的功能，使精神饱满、精力充沛；在武术内功中，就是通过训练，将以气引导的内功运动转化为以神、意为引导的更高效的内功运动。在这个过程中，通过用意不用力的肢体训练，如盘架子、推手等，使神、意对身体运动的影响越来越强，形体运动通过气的自然连接，与神、意之配合越来越趋于自然，达到以心行意、以意导气、以气运身的境界。

"炼神还虚"，在养生功中讲的是内丹修炼进入出神入化的虚无境界，抱元守一，有无之交，在虚空中，明心见性，合神入道；在武术内功中就是通过训练，将以神、意为引导的高效的内功运动转化为"无形无象"的自然运动。在这个过程中，通过以神、意自然引领的肢体动作训练，如盘架子、推手等，使神、意、气引导的感觉越来越自然，在有无之间；形体运动与神、意、气之配合也越来越自然，达到能够应物自然；同时在思想境界上也完成了对道的全面、深刻的认识，至此完成太极拳的全部训练改造过程。

在完成以上训练过程后，还有继续修炼，就是"炼虚合道"，也就是道法自然、大彻大悟的修道。

盘架时是否应该在形体上做到虚实分清

本书中有关虚实分清的问题已经讲了许多，为什么这里还要讲呢？因为这个问题很特殊，一方面它太重要了，可是另一方面它又特别容易被忽视。关于虚实分清，在老谱中有一些描述，如"虚实须分清楚，一处有一处虚实，处处总此一虚实""一身之劲练成一家，分清虚实""要开合有致，虚实清楚""变换虚实需留意，气遍周身不稍滞""练拳不谙虚实理，枉费功夫终无成"，这些都说明在太极拳的训练与实战中分清虚实的重要性。那么，什么是虚，什么是实，什么是虚实分清呢？杨澄甫弟子陈微明在其1925年所著的《太极拳术》中，有"太极拳十要"说，其中对虚实分清在形体动作上的表现有清楚、具体的描述：

> 四、分虚实
>
> 太极拳术，以分虚实为第一要义。如全身皆坐在右腿，则右腿为实，左腿为虚；全身坐在左腿，则左腿为实，右腿为虚。虚实能分，而后转动轻灵，毫不费力；如不能分，则迈步重滞，自立不稳，而易为人所牵动。

在我们门中所传承的拳架训练中，也特别强调这种与上面描述完全一致、两腿在形体动作上的虚实分清。正如前面讲过的，在盘架子过程中，每次重心转换都必须做到百分之百完成，即全部重心完全落在实腿上，虚腿不负担任何体重。这里解释一下为什么要强调形体动作上的虚实分清，为什么分虚实是太极拳术中的要义之一。

首先要说明的是，我们在这里说的形体动作上的虚实分清，主要是指在训练的初级、中级阶段，也包括部分高级阶段中的拳架与定势推手练习中的动作。其次，这里说的是训练方法问题，而非实际应用时形体动作所必须遵守的技术原则。

形体动作上的虚实分清在训练中的重要性必须认识到，要保证在训练中认真执行。这是因为，第一，这种训练是建立步法、身法运动中轻灵活泼与稳定平衡能力的基础；第二，这种训练是太极拳基本走化能力的基础，譬如随遇平衡问题；第三，这种训练是技击技术中，以阴阳虚实变换达到用意不用力的基础；第四，这种形体动作上的虚实分清训练，是建立内功感受、进一步发展内功中虚实转换训练的基础。

以重心转移为方法的虚实分清训练中，必须特别注意虚实的对立统一，即所谓"实非全然站煞，实中有虚；虚非全然无力，虚中有实"。这里"全然站煞"就是说死板、呆滞、固定、没有灵活性的沉重；而"实中有虚"就是说以"精神贵贯注"使实腿活起来，具体讲就是弹性，特别是那种幅度不大但是可以有很快变化频率的弹性。"全然无力"是说松散、虚弱、不起作用的状态；而"虚中有实"是说以"气势要有腾挪"使虚腿能与全身协调运动，具体讲就是抽胯提膝、轻抬脚、轻落步。这些都是虚实分清训练中最重要的方面。从太极理论讲，在这种虚实概念中，虚为阳、为主动，实为阴、为被动；虚中有实就是阳中一点阴，实中有虚就是阴中一点阳。因此，虚实分清本质上就是脚下的太极阴阳转换。

有一个普遍现象是，虽然很多人都知道虚实分清在训练中的重要性，但是在日常练习时却往往并不在意，甚至于经常忽略。这个训练必须非常仔细，每一步都要认真检查自己，务必达到完全彻底。譬如，当重心前移做弓步时，首先要全程保证提顶与身法的中正，再以尾闾指向前脚跟，使重心向前腿上移动。在移动的过程中必须特别小心保持裹裆、溜臀，避免小腹前凸或臀部后撅（图4-1）。当感觉重心转移基本完成时，要不断地以松腰、抽胯来测试后腿是否完全达到空。如果后脚不能在保持身体丝毫不动的前提下轻松移动，则说明重心转移还不彻底，虚实还未分清，还需继续。实腿上有两个感觉特别需要注意，一是大腿上的肌肉，尤其是股四头肌特别吃力，要有火烧火燎之感和颤抖的弹性之感；二是感到身体松沉，一直到脚底下，越松、越沉，脚底与地面的接触越大、越紧密，脚似乎也在变大。实腿上的松沉感觉越清楚，虚腿上轻灵活泼的感觉就越明显。整个过程要均匀缓慢地做，在初级与中级阶段盘架子时，特别强调匀与慢，匀才能发现问题，慢才能有清楚、深刻的体会。匀与慢也是自我检验最好、最有效的方法，如果虚实分不清，则无法达到匀与慢。要特别注意，行拳速度较快而产生的运动惯性往往会使人忽视练习中的感觉，而所谓快慢相间也常常会掩盖问题。在这个练习中，最常见的问题是步幅过大，致使身体需要向前倾或者后腿蹬地才能拿起后脚，导致整体上的感觉全失。还有的初学者因腿部力量不够，致使腿部弯曲度不足，导致无法使用标准步幅。这些都需要有清楚的认识，并通过训练不断改进。虚实分清与盘架子的节奏也有关系，如果虚实转换不彻底，则在整体运动中必然无法达到慢与匀。从长远角度讲，每次练习中有一点不彻底，都会对将来的进步产生很大影响。必须明白，这种训练应该是从初级阶段就要认真执行的，但是却要到高级阶段才能有

图 4-1 弓步中的虚实分清

比较明显的效果。在太极拳中，这种不马上见效的训练有很多，没有立竿见影的效果，正是训练时很多细节被忽视的原因。

虽然虚实分清训练被列为太极拳的第一要义，但是却很容易被忽视。考察现在流行的许多门派，许多人在练习拳架套路时，大都不做这种形体动作上的虚实分清，两腿在承受体重上的分配大约是3：7或2：8。这也许就是很多人练拳多年而进步不大的原因。这里有一个需要特别说明的问题，即太极拳的功架设计与练习方法是为了实现太极拳的技术要求，而不是为了其他人的观赏需求。有时人们说太极拳并不难，只要能够按照要求认真练习，不用很长时间就能掌握。但事实上，太极拳很难，难在这类不能直接见效的训练往往不被重视。对于虚实分清之类的要求，在训练中做得不对，譬如只做到了2：8，但是你不会感觉到有问题；做得正确，你也不会马上感觉有效果、有作用。因此，对于练习是否正确，在练习时的感觉、判断上是不清晰的，练习的效果需要长期积累来证明。难与不难尽在于此，这就是为什么拳论中说"若不向此推求去，枉费功夫贻叹息"。

虚实转换中的要点

"虚实转换"或"虚实转化"是以太极阴阳之理应敌实战中最重要的技法原则。太极拳训练的重点之一就是从初级阶段形体动作上的虚实分清训练，到中级阶段产生的中气晃动，进而达到高级阶段的丹田旋转，最终在应敌时能够虚实转换，这是懂劲的基础。从技术上讲，在推手或实战中，这种虚实转换表现在手上，却源于脚下。与对手一搭手，虚实、刚柔，或黏或走，全都依赖脚下的虚实变化。经过虚实分清训练，脚下产生的既松沉又轻灵的感觉，形成了一种随机、无规则、与对手相随的虚实变化，由此产生身体整体上的漂移之感。就如同一个半浮在水中的球体，无论外力有多大、来得多快，都无法将其按入水底。在应敌时，要时刻保持这种状态，随着对手的力漂移、浮动、转动，这就是"随""走"的初始状态，也就是能够做到舍己从人的基础。这时再以意念指导"黏"，形成黏走相应的太极之理。

在做虚实转换时，由于需要手脚配合，有两个要点必须注意，一个是上下相随，另一个是手脚分离。表面上看，这两点似乎有些矛盾，实质上是对立统一的。

上下相随是讲全身的协调性问题，要通过训练达到气遍周身、节节贯串。在人体上，以腰作为上、下的分界。由于上肢的主体——手臂与下肢的主体——腿脚活动范围都很大，灵活性高，上、下的协调性不易掌握，所以在训练中，上下相随就是一个必须特别注意的原则。这里要避免一个误区，即以为上下相随就是要心往一处想、劲往一处使。有人还常常从力的支撑结构出发，分析脚下的力如何支撑到手上。这个误解大概源于拳论中所述的"其根在脚，发于腿，主宰在腰，形于手指。由脚而腿而腰，总须完整一气"，其实仔细研读这段话与其上下文，我们会发现这段话的本质是以气遍周身、节节贯串来讲全身整体的协调性，而不是说劲力在身体内的传输问题。

手脚分离就是说，手有手的工作，脚有脚的任务，不要手、脚同时做一件事。譬如手上受到对手压迫之力，要以掤劲对之，而这时脚下就要松，如水中浮球；如果手上也松，就如同球瘪了，无论脚下如何松，也会成为弱。反之，如果从脚上向手上输送力量，增加对抗之力，就会造成整体僵滞，无法变化，成为双重。如图4-2中表现的是如何以这种虚实转换的状态去应对对手的直推力。这里我完全不必以腿上的蹬劲与对手形成对抗。而图4-3中所展示的是一种更极端的练习形式，由于是单腿站立，所以就更需要身体上的放松与弹性，对虚实转换的要求更高、更严格，更不可能单纯以力量与对手抗衡。注意，图4-2与4-3中所展示的都是练习方法，在练习时需要尽量维持这种状态以寻求正确的感觉，而在实践中往往需要的只是一个瞬间。

　　虚实转换是几乎所有太极拳技术的基础，因此才有"练拳不谙虚实理，枉费功夫终无成"之告诫，万不可等闲视之。

图 4-2 单手抱圈与脚下放松，虚实转换，不对抗

图 4-3 单手抱圈、单腿站立，体会脚下放松与虚实转换，不用腿力对抗

虚实转换练习

虚实转换如此重要，但是理解、掌握它并不是一件容易的事。因为这是一个体内的感觉问题，而这种感觉的建立必然是一个缓慢的积累过程，是从量变到质变的过程。而且在开始训练的很长一段时间里，练习者自身往往缺乏足够的判断能力，常常是已在歧途而不知。这就造成很多人虽训练多年而终无所成的状况。

在前几章中，我们已经介绍了虚实转换在各个训练阶段中的不同练习方法，这里再提纲挈领地给出一个综合描述。

1. 从形体运动中的虚实到内功中的虚实

从训练初级阶段的拳架练习开始，以重心的百分之百转移为手段，以虚实分清为标准，进行形体上的虚实转换训练，就是脚下的太极阴阳转换。通过这种练习，身体会产生形体动作上的举步轻灵的活泼之感与中正安舒、支撑八面的放松与沉稳的感觉。再经过一段时间的正确练习，体内会逐渐产生一种被称为"中气晃动"的内在感觉，即虚实与气的结合。这是以外形动作练习触发体内机能变化产生内功感应的一个重要标志，也是训练进入中级阶段的标志。这时的虚实变化，从单纯的形体动作变化转为以感觉为主的变化，但仍伴随着形体动作。当这种虚实与气相结合的感觉逐渐增强、趋于自然之后，形体上的一切都不重要了。一切虚实变化都是以丹田气旋转为主的心意上的变化，并自然反映到劲上的变化，这是训练进入高级阶段的一个标志（图4-4）。这个整体训练过程，就是以外部形体动作练习带动、触发而产生内感，促动内功训练的例子。

图4-4 中气晃动与丹田气旋转

在整个训练过程中，确保形体上的虚实分清是最重要的一步。可是在实际中，初学者甚至于有些已经练了很多年的人，都不能认真严格地遵守。这是因为在具体行拳的过程中，重心转移是完全达到100%，还是只有90%，其实在当时并不会有什么非常不同的感觉。如果练习者自己不够认真仔细，就会将这点忽视。由于这种功夫是需要长时间、一点一点地培养起来的，特别是在出结果之前，难以分辨正误。练得对不对，其结果可能会在三年、五年，甚至十年后才能显现。练对了，脚下就会有感觉，继而身上也会有感觉。这些感觉导致技法的应用变得清晰；练得不对，却不会有什么不对的感觉。因为这种不对是在"先天自然之能"范围内的，所以人们不可能自然地感受到错误，因此也就不能认识到自身的问题。

一个非常尴尬的情况是，如果在训练开始时没有充分注意到这个问题，几年后才发现，这时光阴已逝，空留遗憾，因为这种错误不是可以通过纠正形体动作就能马上改正的，而需要重新培养。为了避免日后的尴尬，学习太极拳必须从一开始就培养专心致志、认真练习的良好习惯，不忽视任何细节，即要做到"勿使有缺陷处"。

2. 练习中的原理

整个虚实转换训练的背后是人体上的奇经八脉之理，也就是说，整个练习过程，就是锻炼如何使用心意指导，通过这些经脉的作用，形成气与劲的合理应用。

在初级阶段的训练中，以形体动作上的虚实分清为练习手段，实际上练的是任、督二脉的提放，使气能够在督脉上上提，在任脉上下沉，形成循环。在中级阶段，以中气晃动为应用，实际上练的是以冲脉为核心，以丹田气结合阴阳跷脉与阴阳维脉的升降作用，形成推动虚实转换的功用。到高级阶段，以心意为引导，练的是劲力上的虚实转换，这时形体动作方面已经是自然相随，实际上就是以带脉约束，整合任、督、阴跷、阳跷、阴维、阳维、冲脉，使八脉协调，于内形成丹田气旋转，内外相合，使身体在应敌时可以如同水中浮球般随意转换，舍己从人、黏走相应之理可以自然而成。

在本书中，虚实转换被反复强调，第一是因为这是极其重要却又十分容易被忽视的训练之一，它需要长期积累，而在积累过程中又难以辨别正误；第二是因为这是太极拳所有技术的基础，也就是过去所谓打通奇经八脉之内功心法，在此基础上，其他技术也可视为气与劲在十二正经上的应用。这是太极拳中内功训练在技击方面的完整意义。

盘低架子的利与弊

在盘架子的训练中，多数情况下应使用标准架，即采用的是一脚长、一脚宽的标准正步幅，或是半脚长、一脚半宽的标准隔步幅；在提顶、保持身体中正的前提下，使承重腿上保持百分之百的体重，同时使身体前面鼻尖、膝尖、足尖三尖相照，身体背面达到松腰、溜臀，尾闾对正承重腿的足跟。这种姿势是在可以保证身法九要中与躯干有关的七个要点都能正确的前提下，身体所能保持的最低状态，或者说是承重腿所能弯曲的最大程度。由于人体的骨骼结构与比例是固定的，当承重腿更加弯曲、身体下降时，有关身法中的某些要求，或者使承重腿保持百分之百体重的要求就会被破坏。因而，与其说标准架是可以保持身法正确的最低架势，不如说保持身法正确的最低架势被称为标准架。我们前文讲过，初级阶段中百分之百的重心转移是理解高级阶段以后虚实变化的基础，而保持身法的正确性是所有技术的基础；在高级阶段以前的训练中，这二者都必须兼顾，因此在日常训练中，使用标准架练习应该是主体。

低架子是指拳架练习中身体重心低于标准架的一种训练形式。在练习低架子时，承重腿更加弯曲，使身体重心降低。这种变化使承重腿更吃力，因此对腿部，特别是大腿肌肉的练习有促进作用，同时对松沉的训练也有一定帮助。低架子在外观上也常常会给人留下功夫好的印象，因此很多愿意下功夫的人，或者热衷于表演的人喜欢练习低架子。但是必须明白，低架子的练习也存在着弊端。当架势整体上低于标准架时，必然导致身法的正确性在某些方面产生变异。譬如，大腿骨的长度决定了，如果承重腿的膝部弯曲更甚，同时要保持百分之百的体重在承重腿上，那么就必然要身体前倾或者臀部后翘，失去正确的身法，否则就无法保持身体平衡；反之，如果要保持立身中正、裹裆溜臀等身法方面的正确性，则必然无法使承重腿上保持百分之百的体重，对虚实分清造成影响，这个矛盾是不可避免的。

从太极拳训练的整体追求上讲，保持身法的正确性，同时保持百分之百的身体重心转换，远比大腿肌肉的增强重要，因为这些是建立正确内功感受的基础。而低架子的练习对建立正确的内功感受无益，甚至还有破坏作用。所以，整体上讲，低架子练习是弊大于利的。当然也不是说绝对不可以练，但是必须清楚其中的道理，控制好练习量与程度，绝不可以反客为主。

快架子的意义

太极拳拳架的早期形式现在并不能确定，从现存的一些记载中，基本可以认为杨露禅刚到北京传拳时，只有一趟拳架，其基本形式应该就是老谱中所记的张三丰的十三势，这里按传统将其称为"老架子"。按照后来的一些说法，杨露禅教拳时，对拳架的练习进行了改进，主要是去掉了发劲、跳跃等动作。这里不讨论改变的原因，只比较改变的内涵。结合拳势的编排，从中可以看到现在有些门派中存在的快架子或者就是老架子的早期形式，或者是老架子的变异。无论是哪种情况，问题的核心是太极拳的发展方向。

从19世纪中期，杨露禅开始公开传授太极拳后，无论是理论还是实践方面，太极拳都逐渐成熟。人们对太极拳的理解、认识也越加清晰，训练内容更加丰富、精细。这点可以从当时流传下来的拳谱、拳论中看到。从这点上看，太极拳架的练习形式向着柔慢轻匀的方向发展是必然趋势。这种发展方向，促使人们对训练方法上的改进与新的尝试不断出现。这点可以从后来的武禹襄、杨班侯、杨健侯，或者全佑、杨少侯、杨澄甫、王茂斋、吴鉴泉在演练方面的改进，以及一些新的训练方法中看到。这些改进正是后来各式流派形成的基础。从太极拳训练的本质上讲，太极拳更注重内涵，即内功的训练，而内功训练的体会是因人而异的，这是造成人们因个人体会而修改拳架的根本原因。当然某个人的个人体会是否正确，也就直接影响到拳架的改动是否合理。

太极拳训练的外部表现形式与人们熟悉的武术形式有很大不同，当太极拳向柔慢轻匀这种更高级的训练形式发展的同时，由于其健身功能更加明显，大多数人就逐渐形成一种错误的认知，即太极拳柔慢轻匀的运动方式是为了健身练习而做的；如果讲武术技击，还得是蹿腾蹦跃，快手发力。这正是现在有些人大讲发力、提倡练快拳的原因。这也正说明这类提倡快拳的人并不是真正懂得太极拳的训练方法以及技击原理。另外，提倡快拳的背后还有一种厚古薄今的思想作祟，有些人不懂得事物的发展规律，总是以为什么都是越老越好。当我们说太极拳是中国武术发展的最高阶段时，是说太极拳从基本理论起，已经形成了新的概念与训练方法；特别是在技击方面，从理论到实践都与人们平时所理解的武术不一样；如果还用评价其他武术的目光来看待太极拳的技击，以为练快拳对提高技击能力有帮助，那么结果必然导致对太极拳的认识出现偏差。从太极拳的发展角度讲，所谓快拳已经失去了其本来的意义，或者说失去了它的必要性。如果喜欢，当然可以练，可以当成是对传统的尊敬；但是如果是为了提高技击能力而练快拳，则属无必要，甚至会造成困惑；如果认为不练快拳就不能技击，则说明此人对太极拳的认知太肤浅，而且这种认识必然会导致太极拳技术的退化。

竞赛套路无法获得真实的太极拳功夫

太极拳的竞赛套路是从武术比赛中发展起来的。既然是比赛，自然是要按照比赛的规则、规范、要求去追求最好的成绩。这类打分比赛的共同特点是把作为攻防格斗、性命相搏的武术，以及以内功为最高境界的修炼，变成观赏性的形体动作表演。这个特点也就决定了比赛只能是比那些看得见、外形上的东西。作为高级技击技术的核心——内功，其本质决定了它几乎无法进行直观判断并制定出比赛的方式、规则，因而也就不可能被关注到，更不会被列入比赛的打分范围之中。从这点上看，武术套路比赛与武术的本质相脱离是必然的，太极拳的套路比赛也不例外。因此，作为武术技击动作中的攻防意义与内功应用，以及作为健身养生的内功修炼，都不会被列入套路比赛，故而对于比赛而言，这些高级功夫也就变得毫无意义，对于参赛者而言不关注于此也是自然的事。由此套路比赛的发展趋势，也只能是去追求外形动作方面的漂亮、新颖与高难度，这正是今天我们在比赛中所能看到的。

真实的太极拳功夫是以拳架训练为基础的，其中又以内功修炼为主体。外形上虽然有严格的要求，但不是那种显见的、高难度的、观赏性强的形体动作。要想练出真实的太极拳功夫，必须遵循前辈几代人经过实践检验的经验积累，按照太极拳自身的规律进行训练。譬如作为形体动作基本准则的"身法九要"就必须严格执行；又譬如为了能在体内建立起虚实转换的正确感觉，就必须在拳架练习中，从形体上的虚实分清做起；而为了能真正理解太极阴阳之理在拳法中的应用，则必须有大量的、各种层次的、意念引导下的内功训练。这些基本上都无法从形体动作中清楚地表现出来，并成为打分标准。从本质上讲，太极拳拳架练习是一种个人修炼，而不是做给其他人看的。

套路比赛的目的与追求首先决定了竞赛套路不必考虑、也无法考虑真实的太极拳功夫的要求，甚至可以完全将其忽略；其次决定了竞赛套路中的动作必然向着追求漂亮、新颖与高难度的方向发展，而且这种对动作的追求也必然是为了满足人们一般的观赏要求，如舞蹈、体操等。事实上，从套路比赛的发展过程中可以看到，在20世纪90年代之前，比赛套路基本上还是延续传统套路的形式。毋庸讳言，那时的太极拳比赛几乎没有什么跌宕起伏的节奏、高难动作，因而对于大多数看比赛的人而言，这种比赛显得沉闷，缺乏娱乐性。因此，从提高竞技对手间的竞争性，以及加强观赏性的角度看，竞赛套路就必然要去追求新颖与高难度的动作。这种发展方向对于参赛者与观赏者而言，本身并没有什么不妥之处。有人愿意这么比，有人喜欢看，都是他们个人的选择。这里只有一个应该澄清的问题是：现在的竞赛套路与传统的太极拳套路已经是两类完全不同的东西，虽然在形式上还有一些相似之处，但是在训练目的与方法以及整体的追求等方面早已大相径庭。因此，如果只练习竞赛套路，是不可能练出真实的太极拳功夫的。

我们并不反对太极拳套路竞赛，而是要告诉大家，现在这种以竞赛为目的的训练，已经发展成为与真实的太极拳功夫的训练完全不同的东西，千万不要混淆。如果你愿意参加比赛并且关心比赛成绩，自然就需要按照要求认真练习竞赛套路；但如果你希望能够理解和获得真实的太极拳功夫，那么还请回归传统的训练，否则不可能成功。这是因为很多对于太极拳技术至关重要的原则、要求，都无法在竞赛套路中兼顾。譬如常见的竞赛套路练习，多是使用较低的身法、较大的步幅，以展示所谓舒展大方。但是当身法压低后，立身中正、裹裆溜臀与虚实分清这几点必然会产生矛盾，不可兼得。这是人体生理结构所决定的，是无法改变的。正是由于比赛与真实功夫的目的与追求不同，使得在训练的许多重要方面，竞赛套路的要求必然是与真实的太极拳功夫的要求相违背，甚至于是十分有害的。如果既想参加比赛拿到好成绩，同时又想按照传统练习练出好功夫，这几乎是不可能的。因为所有的功夫都需要经过长期刻苦的训练，最终达到"久而久之出自然"。这里所说的"自然"，首先就是通过有目的的训练，建立起肌肉记忆。不同目的的训练，会建立起不同的肌肉记忆。如果同时进行两个目的截然相反的训练，肌肉记忆就会产生混乱，哪个也做不好。更重要的是，真实的太极拳功夫是需要经过正确的形体动作训练，从而建立起准确的体内感觉，如果形体动作不对，自然也就得不到相应的感觉。由于真实太极拳练的是反先天自然之能的新能力，需要建立起新的肌肉记忆及与之相应的体内感觉，由此而建立起来新的运动与反应能力。而现在的竞赛套路，是在先天自然之能的基础上对之进行强化。正是这种理念与训练的方式方法不同，如果同时练习比赛套路与传统拳架，可以肯定的是，传统拳架必然练不好。一个人不可能一方面练习对先天自然之能的强化，同时又练习反先天自然之能的新能力。

如今太极拳竞赛套路的发展已经完成了从量变到质变的过程，除了一些基本动作与传统拳架还有些相似之处以外，已经与真正传统的太极拳毫不相干了。这是传统太极拳整体上退化、变异的极致。可悲的是，由于种种人为的原因，在很多人的心目中，这种变异后的太极拳反而成为正宗、高级太极拳的代表。而真正的传统太极拳反而常常需要给自己名字前面加上"真正传统"这类定语以示区别。这不能不说是太极拳传播、发展中的悲哀。

"拳打万遍理自通"

"拳打万遍理自通"是句拳谚，也说"拳打万遍，其理自现"，说的是熟能生巧，强调了练拳须下功夫的重要性。这种说法对于某些以体能为本、以招法熟练为用的拳种而言，基本上正确；但是对于太极拳而言是基本不正确，甚至会误导练习者。因为这种说法过分强调了形体与技术方面的训练，认为只要下功夫练拳架，就可以自然懂得太极拳；完全忽视了太极拳中的理论作用。太极拳的功夫绝不是仅仅靠埋头苦练就可以得到的，太极拳中的技术原理也不可能从熟能生巧中自然产生。练太极拳必须是理论与实践相结合，在刻苦练习的同时还要多动脑子、多思考。虽然人们常听说有些老前辈刻苦练习的故事，但那大多是为了激励年轻人努力，而真正有作为的太极拳大师，没有一个是只靠苦练就能够获得成功的。王培生师爷曾说过："在太极拳圈子里，下功夫的不动脑子，动脑子的不下功夫，这两种人都成不了。"练太极拳如果没有正确的理论指导，必然只能停留在先天自然之能的功夫之中，越下功夫就会离太极拳越远。

"低头猫腰"——"高"还是"不高"

拳谚云："低头猫腰，学艺不高。"太极拳讲"顶头悬""提顶拔项""立身中正"，这些都是练拳的普遍要求，是保证自身既能轻灵活泼，又能沉稳平衡的主要因素。"低头"即是"丢顶"，"猫腰"即失中正，都是练拳的大忌。

有一次王培生师爷在给我们说手时说："一般都讲'低头猫腰，学艺不高'，可等你真懂拳时，却是'低头猫腰，学艺很高'。"接着他举了其大盟兄张立堂师爷的例子，讲解了实战时"低头猫腰"的意义。

事实上，懂拳与不懂拳时的"低头猫腰"的内涵不一样。不懂拳时的"低头猫腰"只是讲外部形体动作，这种动作会造成身体的懈怠，是不对的，特别是它会影响建立中正的感觉，也会影响推手中对平衡稳定的保持与调整。这种"低头猫腰"会对整体功夫的提高产生绝对负面的影响，因此必须避免，否则不可能懂拳。通过正确的训练，必须做到"顶头悬""提顶拔项""立身中正"等，达到懂劲，即懂拳，这时所谓的"低头猫腰"实际上是一张拉满的弓。虽然从外形上看身体是弯曲的，其内部仍然是顶上提、气下沉，曲中求直，充满弹性，是能量正在聚积，这时的"低头猫腰"就会对对手造成很大的潜在威胁。能够做到这样的"低头猫腰"，确实是"学艺很高"。

花架子与套路中的拳势

在传统武术的大部分门派中，拳架套路训练都是重要的组成部分。有一个常见的观点是认为练拳架子没用，这是因为似乎拳架子中的大部分动作并不能直接用于实战，特别是那些幅度比较大、看起来漂亮的动作。当一个套路中这类动作较多时，就会被称为"花架子"，所谓花拳绣腿。当武术套路比赛被普及、提倡，拳架套路被当成是武术的主要内容后，这种观点被固化。

虽然因为种种原因，有些门派中的拳架套路被用于表演，其中许多拳势动作被程式化、舞蹈化或戏剧化，但这并不是拳架套路训练的本质。在传统武术的整体训练中，拳架套路训练是基础，其后还有拆手与实战训练。如果只练拳架子而不进行拆手训练，自然不能理解拳架子中的拳势动作在技击中的具体用法、变化与意义，如果只做拆手的讲解演示而不进行实战练习，自然各种技术原理、技巧也很难能够真的应用到实战中。因此，在完整的训练体系中，拳架子、拆手、实战训练是环环相扣的，缺一不可。判断拳架套路是不是花架子，要看整个训练体系，单独把拳架子拿出来批评是偏见。虽然说以为拳架套路训练就是武术的主体，是以偏概全，但是也要看到有许多练武之人，自己也确确实实不知道拳架子的用途，也真是把套路练成了花架子。

毋庸讳言，在武术的发展过程中，确实有些门派中的有些套路被人为地改造成了专门用于表演的花架子，譬如现代武术比赛中为了追求所谓新颖与高难度而编排的套路。太极拳也面临如此状况，因此需要对传统太极拳之拳架套路有正确的认识，能够区别什么是花架子。在传统太极拳套路中，有些拳势确实不能如同散打拳势般直接、有效地运用在实战中，这是因为它们本来也不是为此而设计的。太极拳拳架中拳势练习的主要目的是改变身体状态，求身体内外相合，求放松协调，求劲力的贯串，求更高级的感知能力和新的行为与反应模式。在训练时讲解套路中拳势的技击作用，本质上只是技击练习中的举例说明，并不代表真实的技击方式。

在太极拳拳架中，某些动作形式以及其柔慢的练习方式也常会使人误解，被冠上花架子这顶帽子。太极拳技击能力所需要的基础比其他门派要求得更高、更复杂，其中包括许多特殊的、与具体技击技术没有直接关系的动作练习，因此太极拳拳架训练虽然更重要，但是更不直观，需要摆正拳架训练与技击技术之间的关系，拳架里某个具体动作是否可以直接应用于技击，它们之间没有必然联系。如同对于练散打的人而言，力量是重要的基础，但是多数练习力量的方法，譬如做俯卧撑、举杠铃等，也不会直接用于实战，因而批评俯卧撑的动作在实战中无用是没有道理的。这里由于基础训练与实战应用差距很大，反而可以使问题更清楚，大概没有人会质疑那些力量练习的动作不直接用于实战。而作为基础训练，拳架子中的技术动作与实战技术

太极推手练习

接近、相似，本来是有好处的，但也造成了迷惑。

有关花架子的偏见十分流行，主要还是由于很多练传统武术的人自己也不明白，没有把问题讲清楚。甚至有些人以为学会了拳架子就可以实战，或者以为拳架子练习就是武术的主体，而这种认识的后果就是实战能力太差。如果自己还糊涂着，也就别怪别人批评了。

搭手要义

在传统武术交流中，有"盘道"与"搭手"之说。"盘道"即是理论探讨、辩证，"搭手"就是双方通过肢体接触而较技，故而人们也常把技击称为"搭手"，是一种比较客气的说法。在传统太极拳中讲搭手时，可以是推手或技击，但一般都是特指竞技性，而非练习类的推手或技击，所追求的是"搭手见输赢"的境界。同时，在太极拳中讲搭手，也总会带有比较强的研究色彩，而非单纯的打斗。盘道与搭手互为表里，就是理论与实践相结合；只盘道不搭手就是空谈。这里我们重点讨论的是推手与技击中某些实际问题的基本原理与具体运用。

推手的要点

为了使以后的讲解更清晰，这里首先要把推手的一些要点再提纲挈领地重复一遍。无论是在推手还是技击中，这些要点都必须时刻牢记心间，反复演练，直到它们成为你身体内的自然状态。

1. 听劲

听劲就是感知，从听劲中求知己知彼，一是要有极为灵敏的感觉，二是要知道对于所感觉到的东西的正确反应。在推手与技击中，只要一发生接触就要有听劲。通过听劲，让对手直接告诉你正确的应对方式，即应该在何时、何地，如何以最小的力量、最有效的方式去战胜他，能如此，自然是"英雄所向无敌"。这是太极拳技击中最重要的特点，是能够克敌制胜的基础。

2. 身法

"身形腰顶岂可无，缺一何必费功夫。"身法上的各个要点是基础，任何不足都可能导致技法技术实施的失败。因此，无论练习什么技术，首先都要检查自身的身形是否正确，这是能否保持正确有效竞技状态的基础。其中"身法九要"最为重要，练习时，必须认真严格地执行，不可忽视，更不可有任何疏漏。

3. 粘黏连随

粘黏连随是太极拳的基本技法，是太极拳的技术特征，也是所有具体技术的基础。"粘黏连随不丢顶"是推手技击中需要时刻保持的状态。"粘黏不离得着难""黏粘不离宗""若能轻灵并坚硬，粘黏连随俱无疑""果能粘黏连随字，得其环中不支离"等，讲的都是这些基本技法在推手与技击中所产生的作用。

4. 意念转移

意念转移就是要忘掉有麻烦的接触点，将意念从这点上移开，如果有多个接触点，则是指造成主要矛盾的点。意念转移是能够建立起太极阴阳、实现阴阳转换的基础。舍己从人讲的就是这个麻烦点上要做的事，即在没有自己意念的指导下随着对手而动，同时将意念转移到其他点上，使有麻烦的接触点与意念转移后所在的点之间形成一个太极，即是黏走相应。这是太极拳能够做到不与对手直接对抗、以柔克刚、以弱胜强、后发先至理念的基础。譬如对手以其右手推我的左臂，这时如果按照先天自然之能的反应，我的意念会放在我左臂与对手右手的接触点上，做对抗或躲闪等变化。如果按照太极拳的原理，我需要做意念转移，如可以将意念转移到左脚涌泉穴处，以意念想此点向下松沉；同时全身放松，使我左臂以及左侧身体都处于一种随对手而动的状态；动多少、怎么动，完全由对手的推力决定，这就是舍己从人；这里还需以我左手劳宫穴略向下按，造成在我左臂接触点上有一点向上的托力，注意这个托力不能直接在接触点上做（图4-5）。

如果对手继续加力推我，我左臂与左侧身体会随之而动，同时可以通过中气晃动，将意念转移到右脚涌泉穴处；这时我身体随之略向左转，左手有向回采之意，可以使对手有向前引空之感（图4-6）。

继续随着中气晃动之感，将意念转移到左脚涌泉穴处，想我左脚向前下方插到对手右脚下面；同时我身体随势略向右转，且我左肩向我右前下方进，这时在接触点上所产生的黏走相应的效果，可造成对手站立不稳，向其左侧倾倒（图4-7）。

这时我需随势将意念转移到左手指尖，以左手向我右前下方走一

說手
太极拳静思录

图4-5 意念在左脚，左手略向下按

图4-6 意念在右脚，左手略向回采

图4-7 意念在左脚，进左肩，产生黏走
相应的效果

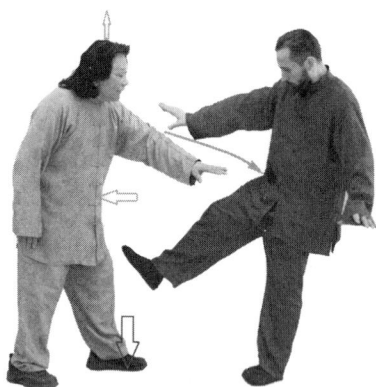

图4-8 意念在左指尖，提顶收腹，在黏
走相应中借力打力

弧线，从对手腹部穿过；同时提顶、微微收腹、左脚沉踩，以强化前面已经产生的黏走相应之效果，使对手向其左后侧倾倒（图4-8）。

在这个例子中，对手越用力推，则我可以通过意念转移得到越明显的借力打力的效果。

5. 舍己从人

"随"是接手的第一要义："随"即是顺随，就是要顺从对手、随之而动，所谓"你要给你"，就是拳论中说的"舍己从人"，是太极拳技术的根本。从随中用听劲求知己知彼，产生变化，达到"我顺人背"。这里松是随的基础，松不开则必然会产生丢、顶等问题，就不可能做到随，所以太极拳中特别强调松的练习与应用。

6. 周身无数太极圈

全身的动作都要符合太极之理，常说一动一太极，即太极圈。而事实上，技术的复杂性造成一动周身皆动，故会在不同范围、方向、位置上产生大小不同的太极圈。这些太极圈既是外部形体动作上的，也是内在神意上的。在训练与应用中，对这些圈要分清层次，内外相合，协调统一。每一层次的太极圈都有其自身的运动时间与空间以及神意的应用指导，各层次形成多个协调统一的多维空间。

7. 形圈与意圈

形圈是指外形或形体动作上的圈，应该越练越小，"越小小到无圈时，方知太极真奥妙"；意圈是指意念中形成、以神引导、存在于意念中的虚拟的圈运动，应该是越练越大。所以太极拳追求的内外相合就是意圈与形圈的相合，意圈的核心是"静中触动"，形圈的要点是"动犹静"，其中的大小、动静、虚实等，全凭心意用功夫。

8. 周身应敌

在技击中，太极拳追求的是全身无处不转盘、不浮球、不弹簧、不翻板、不钩杆，如万向接头，处处可以接招，"要哪儿有哪儿"。全身何处与对手相遇，则在何处用太极之理，随其势而分阴阳，实施太极拳之技，既没有应敌之定式，也不必换势变法，故能以无法为法，无中生有，无为无不为。这是太极拳最省劲、最省事的原因。

9. 黏走相应

黏走相应是太极拳技术的核心，是太极阴阳哲理在太极拳技术中的具体运用。所有推手与技击中的技术应用，最终都可以归结到这个原理上，就是"虽变化万端而理为一贯"中的一贯之理。能够正确理解并在推手中实际运用这个原理，就叫懂劲，也就是真正懂得了太极拳。

10. 避免双重

"双重"即是接触中的对峙，是人基于先天自然之能的自然反应，在太极拳中就是不知阴阳，故是与黏走相应原理完全相反的，所谓太极拳的改造就是以黏走相应代替双重。因此，理解、克服双重是太极拳训练中最重要的课题，也是技术应用中最主要、最难的功夫。与对手较技时，有形、劲、气、意、神多种层次上的接触，因此也要在形、劲、气、意、神各个层次上避免双重。一般形、劲方面的双重容易理解，而神、意方面却不很明确，需要特别注意。譬如推手时一个常见的问题是弱，即在应对进攻时想做松柔，结果反而被追着打。造成弱的原因也是双重，即这时对手与我的意念都在接触点上，形成意念上的双重。解决问题的方法就是意念转移。太极拳所有训练的重点就是如何去掉双重之病，达到懂劲。这是一个长期的磨炼过程，最初需从自身练习中的分阴阳开始，譬如拳架练习中的虚实分清。

11. 松

松是训练的关键，是实施太极拳技术的基础。因为松不易理解，也不好练，所以在训练中需要反复强调。但是需要注意的是在应用中不能只讲松，必须是松紧相合。一提一沉、一张一弛，要能松而不懈，紧而不僵。知道松紧才有弹性，才能有变化。在推手练习中讲松，必须准确、清楚，否则常常会造成错觉，引发问题。要从不丢不顶中体会松，需要正确区分松与弱的不同。另外需理解，在训练中有各种不同层次的、具体的关于松的练习方法，但是在应用时松是状态，不是某些具体的行为。

12. 柔化

由于太极拳对柔化的要求很高，故需先学柔化，引而不发，技方能精，这是训练的方法、途径问题。要通过训练真正体会到如何以柔化解脱，这里无关胜负。柔化练习的要点是身法，而身法又需以腰腿求之，因此柔化练习是一种全身协调的感受。太极拳中一个最常见的误解就是将训练与实战混淆，以为技击中也应该先化后打，故造成阴阳分离，背离了太极拳的基本原理。

13. 水中浮球

身如水中浮球是对身体应敌状态的一种描述，是讲如何能够使对手摸得着但用不上力。水中浮球的变化不是突然躲闪，是逐渐转换，使对手在不知不觉中失衡。这是太极阴阳转换与两仪阴阳变化之根本不同，需有正确的理解。

14. 平衡稳定

平衡稳定是一切技术的根基，失去平衡稳定则一切免谈。在推手中，需要保持自身的平衡稳定，不用对手当拐杖；同时要破坏对手的平衡稳定，不给对手当拐杖。保持平衡稳定的核心是提顶，练习中需要从形体上的提顶体会过渡到意念上的提顶。

15. 立如平准、活似车轮

立如平准是用天平比喻极灵敏的感知能力，任何微小的差异均可以触动变化，所谓"静中触动""动之则分"。活似车轮是以车轮比喻松、活的能力，变化一经发生，则非常圆活、协调地运动，所谓"动犹静""静之则合"。这些能力的要求极高，要达到"一羽不能加，蝇虫不能落"才有意义。从大的方面来看，说的是身法，实际上可以是任何与对手发生接触的地方。"左重则左虚，右重则右杳"，是讲走或随，是立如平准之天平原理的应用。而在实际运用时需要与黏相配合，"两手支撑，一气贯串。左重则左虚，而右已去；右重则右虚，而左已去"。在实际操作中，以全身为例，身体左右平衡如天平，协调运动，形成一个圆圈，围绕圆心偏转，如同车轮。其中"顶如准，两手即平左右之盘也，腰即平之根株也""车轮两命门，一纛摇又转，心令气旗使，自然随我便"，如图4-9所示。走圆是一般理解，其实很难真的做到。在实际应用中的关键点是偏转时要走一个偏心圆，即是以圆心漂移，形成不断变化的偏心圆，使接触点上的运动轨迹产生变化，让对手难以应对。如果从应用天平原理的角度讲，就是这个天平的支撑点可以移动变化。

图 4-9 静则立如平准，动则活似车轮

16. 动作与呼吸

形体动作与呼吸之间需要有自然的配合，"盖吸则自然提得起，亦拿得人起；呼则自然沉得下，亦放得人出。此是以意运气，非以力使气也"。从内功方面讲，吸提、呼沉就是内肾的提放旋转问题。这些都是呼吸气（或外气）与内气的自然结合应用，不能强努，努气用力是大忌。同时要能够通过听劲感觉得到对手的这种配合并加以利用。打呼吸就是要抓住对手呼吸的间隙弱点加以打击。呼气将过，吸气刚刚开始之时，常常是最佳时机。

17. 腰与腿

"有不得机得势处，身便散乱，其病必于腰腿求之。"腰是身体上下部分的连接处，故是控制全身运动的总机关；腿是全身的支撑，是所有变化的基础。在推手中如果感觉自身不舒服，或者被对手所控制，无法正确地执行技术，那么问题多是出自腰腿。一般是通过放松来调整，但必须注意的是，腰腿二者不可一起松。腰腿的调整能力常被称为腰腿功夫，过去经常用腰腿功夫来形容一个人的整体功夫水平。

18. 腰腿与身法的关系

腰腿的运动与身法有密切的关系，在推手中，被直接攻击的部分往往是身，而解决问题的部分往往是腰腿。譬如，背弓是身法中最重要的状态，当对手进攻我上身时，我必须时刻保持此身法。在做正背弓时，意念在神阙穴向后推，去贴后腰上的命门穴，这时脚上运动多以脚跟为主，脚尖可以抬起；特别是前脚尖抬起回钩，以脚跟为轴，如同转门轴；左右摆脚尖，如同摆动门扇，称为"门轴"原理。同理，在做反背弓时，意念在命门穴向前推，去贴肚脐上的神阙穴，这时脚上运动多以脚尖为主，即以脚尖点地，脚跟可以抬起；特别是以前脚尖为轴，左右摆膝，形成"门轴"。这是通过保持腰腿部的放松，以意念引导去化解对手推力的有效方法。"门轴"原理是体现太极拳中腰腿与身法关系的重要应用。

推手时，我右脚在前；如果对手向前猛推我，我需提顶沉气，略以掤劲保持稳定，使对手有与我相持之感而欲加力推我（图4-10）。

我随势略涵胸收腹，以右脚跟着地，将右脚尖抬起，意念想右脚尖与我头顶百会穴连接，在我身前形成一个与身体为一体的圈，如同一扇老式的门，右脚跟为门轴，我身体、右腿以及身前的圈为门扇；这时对手有能够将我推倒之感，所以加力推我（图4-11）。

当对手加力推时，我上身仍需以掤劲维持与之抗衡之势，同时随其前推之势，我略向后坐身，使对手与我几乎成为一体，与此同时我需以右脚尖向右侧横摆，似乎是以脚跟为轴开门。"门轴"转动带动"门扇"开合，使对手的前推之力随之向其左侧落空，导致其失去平衡而向其左前方跌倒（图4-12）。

"门轴"原理是实践中常用的技法之一。

图 4-10 推手中，我可以提顶、沉气、坐身，以前脚跟为门轴

图 4-11 对手推力加大时，我略坐身，前脚尖抬起与身体合一为门扇

图 4-12 随着对手的推力，我转动"门轴"，摆动"门扇"，使对手的推力落空

19. 接触点

不要怕接触，对手主动来接触我与我主动去接触对手是一样的。与其我追他，不如让他来找我，这样更容易做到省时、省力、省事。另外也万不可养成抢手，即与对手争抢接触点位置的习惯，不要有意识地形成某些惯用的招法。譬如总是想将对手的手臂拦在外面，或总怕对方将手放在自己胸前。在接触时，既要忘了接触点，又要从接触点中讨生活，感知对手，有接触就有太极，不必在意谁先接触谁。因此在技击中，如果对方先发手，不必躲闪，我可在他接触到我时再走，后发先至，以无法应万法。这里的技术基础是要有足够好的感知能力与放松能力。

20. 推手技法的完整过程

一个推手技法的完整过程包括听、引、化、拿、发五个步骤。练时需分清，用时是一体。需要注意的是，发是最后一步，也是出结果的一步，所以常常被过于强调。必须理解，发的效果是建立在前面听、引、化、拿的基础之上的，在训练时过于强调发常常是舍本求末，这也是很多人练习太极拳时偏离主题的重要原因之一。

21. 追求高效率

在技击中总会存在着多种可能性，太极拳不但要取得制胜的效果，更要追求最高的效率。因此在训练中，必须学会从多种可能性中得出最佳选择，而这种追求是太极拳技术能够精益求精的根本，也是太极拳能够引领出更高境界的基础。学习推手最忌讳的是只顾眼前一时的效果，而忘记了对最高效率的追求。

22. 对待输赢的态度

不要怕输，学太极拳推手，开始时输手是正常的，关键是要弄清输手的原因，找出问题所在。要特别注意分清正误对错与功夫水平程度之间的关系。必须明白，在推手练习中，特别是在达到高级阶段之前，更加注重的是每个技术的每一次执行过程，而非具体的结果，这是因为太极拳要做的是改变先天自然之能，而非强化。注重执行过程就是要按照太极拳的理论，认真做好每个细节。当新的、非先天自然之能的能力还没有完全建立起来时，技术的执行能力不足是正常的。如果将注意力放在胜负的结果上，必然会导致使用固有的、先天自然之能的能力作为补充去争胜负。也就是说，会很自然地，或者说下意识地将训练从"改变"拉回到"强化"。由于怕输想赢的思想是人的正常心理状态,这种将先天自然之能的能力加入练习中是十分常见的现象,这样的练习自然不可能达到期望中的太极拳技术效果,这个道理必须想明白。在训练中常常有很多人很享受推手中获胜的感觉,然而在一次次享受的同时,却离真正的追求越来越远了。

推手需要进入状态

这里所说的状态当然是指太极拳的状态,是一种特殊的、经过长时间训练而得到、从身体内部之神意气运行到外部之形体动作兼备的状态。通过训练,人体内外均产生变化,于内就是一些特殊的感觉,譬如周身鼓荡之感;于外就是一些特殊的行为模式,譬如时时刻刻身体都能保持放松、运动都能符合"身法九要"中的要求等。其中最特殊的是按照太极阴阳之理建立起来的反应模式,譬如与对手一接触就知道阴阳在哪里、如何转换。

进入状态,就是说在与对手接触时,自身已经准备好,所有拳中的要点都已按要求做好。只要与对手一发生接触,就可以自然地用太极拳所要求的行为与反应模式与之对应。有些人推手时不在状态,与对手接触后再现想现做,譬如遇到力时,现想放松,这样必然会成为弱,不能应对自如。当然有的人是认识问题,有的人是功夫水平问题,无论哪种,都需认识清楚:进入状态才能达到"应物自然"。在推手或实战中,如果应付不了快速、强力的冲击,没有进入状态必然是主要原因之一。

推手中能力、技术与技巧之间的关系

在太极拳推手中，一个人的水平由能力、技术、技巧三大部分组成。这三部分之间有层次关系，但是很多人搞不清楚，常常只看到表面，而忽视背后的深层原因，造成学习、练习中的困难。所谓能力是指太极拳推手所需要的特殊基本能力，譬如特殊的身法运动能力、整体的放松能力、超级灵敏的感知能力等。技术是指能够按照太极阴阳之理运用技术的执行力，譬如能够正确地执行按照黏走相应原理形成的技术。技巧是指当技术的熟练程度大幅度提升后，可以在很精细的地方做很小的调整而使得整个技术的效率大大提高，譬如发放的时机方向问题。从训练角度讲，需要先打好基础，再在此基础上练习技术，大量的技术练习使得练习者熟能生巧。显然对一个高手而言，必然是这三者都能够达到高水平。但是对于处在学习过程中的学生而言，当他看到高手做出漂亮的技术时，最注意的往往是技巧部分，而常常忽视能力；当练习一个技术时，如果做不好，常常只是纠结于技术动作本身，而不去想是否是因为基本能力不够好。这类误解常会使得学生在学习中产生困惑，抓不住问题的重点。须知，太极拳中的所有技术都是建立在基础能力之上的，能力不够好，技术就做不好。譬如身法没有按照要求做，一搭手身上就会紧张，无法放松，导致粘黏连随产生问题，自然无法正确地执行黏走相应的技术；同样，如果基本技术做不好，那么技巧就无从谈起。所以，在练习推手的过程中，每当遇到问题时要追问自己是哪里出的问题，是因为自身的基础能力不够好，还是技术的执行有偏差，这样才能知道自己应该努力的方向。基础能力打好了，技术的执行力强了，技巧就会自然产生，一方面是自身的感悟，另一方面是明师的点拨，常常是一点就透。

推手中的硬与弱

在推手中经常出现的错误是"丢"与"顶"，即在对手主动进攻时与你的接触点上出现的问题。丢是讲在接触点上与对手脱离，而不能与之相连。顶是讲在接触点上与对手对抗，而不能与之相随。这里讲的都是大原则，而在实际情况中，经过一段训练后，大顶、大丢的现象会大大减少，但是随之而来的却是为了克服丢与顶而产生硬与弱。常见的是为了不丢而过于主动地去相连，造成自身动作僵硬、缺少变化。为了不顶而过于主动地去相随，特别是当对手的劲力产生直接威胁时，主动地相随就会造成自身动作柔弱，不能变化。这些都是有一定推手能力的人推手时常见的现象，甚至一些水平较高的人推手时也常常会出现这类问题。

无论是哪类问题，其根本原因是过于主动。虽然从主观意识上想避免丢与顶，但是客观上一个人无法完全知道另一个人的思想意识，所以不可能时时刻刻都对其对手的行为提前做出正确的判断。当与对手发生接触时，从感知、判断到做出反应动作，都需要时间。当你做出反应时，对手可能已经变了。不管你的反应有多快，你总是跟着对手变化，故总是滞后的。如果是主动地跟着对手，但是又无法保证正确判断，则必然会出现问题。跟得太快就是顶，略快就是硬，从理论上讲就是刚中无柔。跟不上了就是丢；还能跟上，但是缺少作为就是弱，是柔中无刚。想要克服这些问题，最重要的就是学会忘掉，放弃任何主动的意识，只是被动地与对手相随，真正做到舍己从人。不做主动判断，就不会产生判断上的错误。

从具体技术上讲，常见的是，当进手时易犯硬的问题，当化解时易出弱的问题。在太极拳的训练中，由于放松、柔化、不用力等概念总是被强调，故而弱的问题更常见。为了解决弱而成为硬的现象也十分常见。总的来讲，为了学习掌握太极拳，出现弱是正常的，只要能够明白其中的道理，在训练中不断修正自己，是能够克服的。如果缺乏对太极拳的正确认识而犯硬，却是很难改正的问题，因为犯硬时，常常会有一定的技术效果，容易使人迷惑。

手要绵

"沉肩坠肘手要绵"是王培生师爷常说的一句话。"沉肩坠肘气到手"，这时要保持手的松柔绵软，才能灵活自如，粘黏连随无不得机得势。此话说起来简单，做起来并不容易。太极拳中的大部分技术在执行时都是以神、意为引导，以手指带动形体运动而完成，即"形于手指"，也就是周身六合，劲力也是从这种相合中产生的。"手要绵"正是其中的关键。

无论是推手还是技击，手都是使用最多，同时也是与对手接触最多的地方。当你进手与对手接触时，能够做到"沉肩坠肘手要绵"，才能保持劲力直到指尖，在保持松柔的状态下对对手产生威胁。当在接触中你的进手遇到拦阻时，手之绵软是能够保持随机变化、阴阳转换的必要条件。当对手在接触中使用抓、捋、採、挒、拉、拽等技法时，如果你手上不能做到松柔绵软，则对手的力很容易通过你的手臂带动你的身体，由此造成你身体僵滞、重心不稳，甚至失衡。手上能做到松柔绵软，才能"上下相随人难进"，才能"粘黏不离"，使对手"得着难"。本质上讲，"手要绵"就是要做到柔中刚，绵里藏针；其柔能化于无形，能粘黏连随，看着有，摸着没，妙手空空；其刚如泉涌连绵不断，如波涛汹涌、高坝决堤，势不可当。

随的意义

《太极拳论》中最后一句带有总结性的话是"本是舍己从人，多误舍近求远"，并以"学者不可不详辨焉"来劝导学习者认真思考、仔细辨别其中的意义。这里将舍己从人列为太极拳的"本"，即本质、基础、根本。能够舍己从人才能够获得最有效、最高效率的技术执行能力，除此之外，其他方法都是舍近求远之法。所以，太极拳技术的第一步是要能够做到舍己从人，舍己就是舍弃、忘掉自我、不主动；从人就是顺从、跟随着对手而动，如此才能活起来。而此中最关键的就是一个"随"字，能随才有机会感知对方，达到知己知彼，否则舍己就没有意义，这是一切技法实施的基础。

1. 随的定义

在太极拳中，随的意思是指当双方接触后，我不与对方之力相抗，而是顺随对方之力而动，使对方之力在我身上（接触点上）找不到作用点，有落空之意。由于在形体动作上能与对方达到一致，没有相互作用，从而使对方的劲力无法产生作用。

2. 随的目的

第一，不与对手在发生接触的第一时间里直接对抗，就能减少外力对身体的作用，进而使身体保持放松、灵活的状态。

第二，放松、不对抗，才能保持灵敏的听劲，有好的听劲才有机会感知对手用力、用招的情况，从而找到最准确的应对方法。

3. 随的基础

从形体动作方面讲，松是随的基础，不能松就不能随。在身体上，松一方面是指肌肉保持松弛的状态，另一方面是指通过抻筋拔骨使运动幅度增大。从内功方面讲，意念上的忘掉是做好随的根本，如果脑子里总是想着如何跟随对手的行动，那么就总也摆脱不了滞后，总会晚一点。所以说，随是无法以主动的方式直接达到的。要想做好随，只能先将其忘掉，而后因为松而能够自然地随人所动。忘掉接触点是太极拳训练中的难点之一。一般的训练方法是通过想其他点的方式去转移落在接触点上的意念，也就是将接触点（或力点）作为阴，而另寻一点为阳，意念保持在阳点上，阴阳相合为太极。虽然松是随的基础，但是松必须是自然的，若是主动地想松，则多成为弱。初学者总是想松，将意念放在接触点上去松，其结果是孤阴，故必成为弱而给他人可乘之机。

4. 随的变化

如果只是随，那最终就是输，因对手的动作就是要造成你输。因此虽然随是重要的，但不能无限地随。随不是技击的最终目的，而是技击过程中的手段，随到一定的程度就要有变化，变化才是关键。在刚接触时，要做到放松与忘掉，使自身的动作与对手能够充分和谐，使之感觉不到变化。然后顺着其动作的运动轨迹逐渐改变其运动方向，引导成我顺人背之势，而后可拿可发。

随中生变时，需要注意变化的路线、方向与时间。

变化路线：人的技术动作可简单地分成直线与弧线。当对方运动轨迹为直线时，先随其直线而动，而后逐渐离开，走一弧线；当对方轨迹为弧线时，先随其弧线而动，而后逐渐离开，走一直线（切线）。

变化方向：当开始离开对方运动轨迹后，我方的运动方向应是向引导对手失去平衡的方向，同时要不断地变化调整，使对方不易跟随。

变化时间：一般来讲，最佳的时机就是所谓的"重里现轻"之时。开始随对方走时仍能在一定程度上感受到他的力（人的运动总会多多少少有一些惯性，故刚开始时不可能完全与对方合拍。功夫好，合得会快一点，功夫差的会慢一点，太差的就总合不上），这时称为"重"。当运动一段后，双方能完全合上（理想状态），这时就感觉不到对方力的作用，这时叫"轻"。当这种"轻"的感觉出现时，就是"重里现轻"，拳论里讲"重里现轻勿稍留"，就是说当这种感觉一出现，就应马上变化。事实上这时正是对手旧力将过、新力未生之际，变早了对手的旧力仍起作用，故会比较费力；变晚了，对手已感到其力用空而开始自身的调整，故不光费力，而且危险，因其新力可给你造成新的麻烦。因此，虽然在训练时总是去寻求最佳点，但实战中，宁可稍早一点，不可晚了。早了虽然多用些力，但是比较安全。练习时要高标准严要求，实战中要求稳。有意思的是，如稍早一点，离开的时候出一点断劲，虽多用了一些力，但也常能打出一些很脆的劲，产生使对手心惊的效果，故实战中不妨一试。

5. 随与其他技法的结合

一个完整的太极拳技术应包含听、化、引、拿、发五个步骤。

听是指感受对手之行为动态，知道对手正在做什么与想要做什么，达到知己知彼。化是指将对手加于我的麻烦化解，太极拳中的化不是硬要，而是柔化，即以柔顺的方式，顺而化之。引是通过引导使对手陷于不利的情况，注意不是强拉硬拽，而是引诱、引导。拿是控制住对手，也不是用力强行，而是不断随着对手调整，使其永不合适，总要寻求帮助。发是指发放，这里主要讲发力的大小、方向、作用点以及时机。在前四个步骤中都含有随的技术，不能随，其他也做不好，故随是最重要的基础之一。

6. 有关随的误解

人们对随的最大的误解就是以为做随时，己方的形体动作要在相当大的幅度上很明显地与对手的形体动作相随。这是一种对大松、大柔概念的误解。这种大幅度的随常常会导致弱。在实际应用上，大多数情况下，随只是一个瞬间的小动作，在外形上常常看不出来，就是常说的"将将够了就行"，因此在练习中需要特别注意掌握这个度。

7. 随的训练与应用

随的一个重要问题是要分清训练与应用时的不同。不与对手对抗而是以放松状态相随是相当不容易的事，是最难改的"先天自然之能"。所以在训练开始时需要大量的意念指导，正如李亦畬在《五字诀》中所说："起初举动，未能由己，要悉心体认，随人所动，随曲就伸，不丢不顶，勿自伸缩。彼有力，我亦有力，我力在先。彼无力，我亦无力，我意仍在先。要刻刻留心，挨何处，心要用在何处，须向不丢不顶中讨消息。从此做去，一年半载，便能施于身。此全是用意，不是用劲，久之，则人为我制，我不为人制矣。"但是在实际应用中，做好随的关键是要忘掉接触点，意念转移。所以需要正确理解在不同训练阶段中意念应用之不同，要清楚在训练与应用中意念的运用是如何转化的。

忘掉接触点

在太极拳中，要改变的"先天自然之能"中最主要的一条，就是不要在对手在你身上制造麻烦的地方与之对峙，以免形成双重。无论是直接对抗还是逃避，都属于主动对应，都不对。反之，太极拳要求的是以松柔的方式与之相随，即被动对应，这就是常说的要"忘掉接触点"。当然这里说的接触点并不仅仅是字面上的双方相互接触的地方，其准确的含义应当是：第一，在双方接触的所有地方中，给你造成威胁或麻烦最大的那个地方。在实践中，根据技术与感觉的精细程度，这个地方可大可小。譬如对手用双手分别抓住你的左右臂膀，如果你感到左臂上的力量更大，那么可以将左臂上对手的整个抓握视为接触点。如果你能进一步感觉到，左臂上对手的大拇指用的力比其他四指用的力更多，那么就可以将与其大拇指接触的地方视为接触点。对于接触点识别的精细程度或者说层次，是技术精细程度与变化复杂程度的基础。第二，所谓接触点，并不一定是指肢体上的接触位置，当技术水平达到高级阶段以后，很多时候是指神意方面的接触。

简单地讲，需要被忘掉的接触点就是在"先天自然之能"状态下的技击接触中意念的第一反应点。把意念放在这个接触点上去处理问题、解决矛盾，是人们在成长过程中自然形成的一种习惯性反应模式。特别是在武术运动中，为了规避风险、自我保护，更是如此。

在这种主动的反应模式下，产生的必然是直接对抗或者躲避的行为动作，这是绝大多数武术技术的基本模式。在太极拳中，将这类技术模式统称为"先天自然之能"。太极拳改变"先天自然之能"的训练中，最难的就是要忘掉这个接触点，在这点上将主动转化为被动，形成舍己从人之势，这是太极拳的根本所在，是所有技术的基础。

以忘掉接触点的方式做技术应用，其基础在于全身的协调性。也就是常说的信息畅通。在推手或技击中，意念不可能是空白的，在忘掉接触点的同时，必然要有另一个主动的、起主导作用的意念应用点，使这两点形成太极。这两点共同运动中的协调性，即信息畅通，是技术动作质量的关键。

为了忘掉旧的、建立新的意念应用点，在训练中需要使用大量的意念引导练习，譬如"想对立面"等。需要反复练习，以新的行为与反应模式替换旧有的"先天自然之能"的行为，最终达到"久而久之出自然"，即新的自然反应。所以说，太极拳的训练是一种脱胎换骨式的改变。

另外要注意，推手是接触性训练，而其中又有忘掉接触点之说，需要正确地理解其中的原理，不要造成混乱。

松柔的作用

太极拳讲以柔克刚，其中的"柔"就是指如水之柔，正所谓"天下至柔莫如水"。这点在本书的理论部分已经讲述，这里着重讲在实践应用中的原理。譬如在推手时，当对方来力击我，因其为主动，可以视之为刚；而我应以柔，即被动的方式，与之对应。这种被动的方式，即是具有水的特性的柔。在双方接触的一瞬间，我不可以有任何主动的意识去做任何事，而应该如水一般随形就势，与之相随，真正做到舍己从人。随中要有粘黏，即与对手的接触要无间隙，就是常说的"要糊在他身上"。这时要使自身如水一般不可压缩，就是不能弱，要注意，这里说既要柔和相随，又不能弱，似乎有些矛盾，这正是太极拳的奥妙之处，需要在练习中反复认真体会。在松的同时要支撑八面，即水压在各个方向上均相等。全身进入放松状态，如水向下流，自然下落，有渗入地下之意。所有这些都必须达到自然，不能有任何主观作用。

关于松

在太极拳的推手或技击中，松是指一种身体状态，而不是一种行为。常见的错误观念是，有人以为松是某些可操作的行为，譬如自己推手时想去松，或者看到别人推手时，提醒人家放松，甚至于很具体地说松腰、松胯等。自己想放松的，必定成为弱；提醒别人放松的，必然是干着急，因为那人肯定松不开。需要明白的是，松不是想做就能做出来的行为，松是需要通过长期训练，逐渐积累、培养起来的一种状态。一个人在某一时刻所能达到的松的状态或程度是固定的，不会因为想松就能松得更好，或者说达到更高的程度。当然在讨论这个单纯的技术问题时，不必考虑心理因素。如果由于某种原因而心理紧张，造成身体僵硬的，这时提醒放松是会有些效果。这里讲的单纯的、身体上的松是状态或能力，与太极拳初级阶段训练中所说的形体上的松不是一回事，那只是一般的肌肉的紧张与放松，但是其中也有些联系。肌肉紧张是因为要用力，很多人推手时用力太多，甚至用了许多不必要的力，特别是用了许多用于内耗的力。尽量保持肌肉放松，尽量不使用无谓的力，尽量减少内耗，是学习太极拳松的第一步，是基础。

在训练中，松的状态的练习就是在意念的指导下，通过一些可以明确做到的行为，去一点一点体会如何使身体与思想上保持放松的状态。譬如盘架子时，要求柔、慢、匀、圆、活，这样练习就可以使身体逐渐学会在运动时少用力或不用多余的力。这时还要想一松到底，提顶拔项，自头顶百会穴至脚下涌泉穴，全身一层一层下沉，既有骨肉分离之意，又要一气贯通，同时顶头悬，保持中气中正，达到脚下轻灵，所谓"腹内松静气腾然""满身轻利顶头悬"。又譬如在练习定势推手时，与对手搭手后，要极其认真地在接触点上随之而动，既保持极轻的接触，又保证不丢。当对手的劲力加于我身时，如何能始终保持松而不懈的状态是推手训练的核心。能松才能舍己从人、粘黏连随，这是所有技法的基础。无论是盘架子还是推手，在训练时都要先学会一节一节地往下松，即松沉。松的同时想顶，往上长，提顶如同头上长犄角。当松到涌泉穴入地生根时，犄角已长到一尺以上。当松沉练好后，使用顶头悬，结合拉开骨节的方法练习松轻，即身体被提起而脚下空。松沉与松轻结合起来才能出现虚实变化，达到忽隐忽现。这是太极拳推手或技击中最主要的能力。

从训练过程讲，需要先在形体上达到彻底放松，甚至身体的各个部分如同散了一般；然后再从这种松散中求整，即以气从内将松散的形体重新贯串起来，松中有整才能应用。在整个训练过程中，某一时刻放松的程度即是当时的状态。松是所有训练中最重要的，也是最难掌握的，需要通过长时间具体的练习，逐渐培养出松的状态。

关于掤

掤或掤劲是太极中最重要的劲之一，是基础。"掤"字之本意是勉强支撑。为何需要掤？太极拳的技术是在以柔克刚的理念下追求最高效率，其中松与紧是最主要、最基础的功能。松与紧的能力很难理解掌握，常常会出偏差。常见的是过于松而弱，或过于紧而僵。掤正是解决此问题的方式，要做到松而不弱（懈）、紧而不僵、柔中刚、刚中柔，掤就是其中的调节剂。所谓不丢不顶，本质上就是求正确地使用掤劲。关于掤劲的理解与应用必须反复研究讨论，一些要点也需清楚：

（1）掤劲可以是一种具体的劲，但是广义地讲，它是一种用劲的能力，其在太极拳中之真意就是能够在保持变化的前提下使用最小劲的能力。

（2）松是太极拳技术的基础，而松中若无掤则会变为弱。

（3）掤劲的表现形式是一种向外的膨胀之劲，即不使自己被对手压偏而无法变化，因此掤劲常常容易与膨胀之意混淆。膨胀通常意味着是自主的、没有限制的扩张，而掤劲之中的膨不是主动地尽力去膨，而是被动的、最小限度、能够勉强维持变化的膨，必须理解两者的区别，万不可混淆。这是掤劲练习中最难理解之处。

（4）掤劲不是死劲，是一种可变化的活劲，所谓能够因敌变化，斤对斤，两对两，不多不少，正合"勉强"之意。故掤劲的应用不是死撑，而在变化。掤的使用需根据具体情况而定，是灵活的。对手进攻，自己需保持放松，其中有掤，即寻求能"勉强"保持自身变化之最小劲，能保持不被对手问住、压死之最小劲。故水平越高，所需掤劲之力越小。

（5）对掤的误解，最常见的就是用劲过多，将掤当成是死劲，不知变化，以为越大越好。事实上，练习时追求的是越大越好，而应用时追求的是越小越好。有个实验可以对理解掤劲有帮助，即将一个充满气、可以半浮于水中的皮球放在水中，用手指慢慢向下按此球，欲使其沉入水底。这时需认真体会手指上受到反作用力的感觉，这种感觉与掤劲所表现出的特征很相似：第一，反作用力的大小随着下按之作用力的大小而变化，下按力量越大，反作用力就越大；第二，由于球处于浮动状态，所以作用力与反作用力之间有不稳定之感；第三，球会随着手的按劲变化而旋转沉浮，有与手不即不离之感。

（6）推手中的八法之掤，大同小异，其理相同，其应用小异，即使用恰恰合适之劲将对手向前上方推出，在推的过程中有调整，故并非使用蛮力直接推人。须知，八法之掤的练习是为了理解掤劲之意义，不要认为这是掤劲唯一、固定的技术形式。

（7）掤或掤劲只是太极拳的基础技术之一，虽然它几乎无处不在，但是不要以为懂掤就懂了太极拳。太极拳技法中包含许多精致细微之处，必须认真研究，其中包括对掤劲的正确认识。

松与紧

松是太极拳的基本能力之一，是在训练过程中被强调最多的。之所以反复强调，是因为松是最不易理解，也是最不好练的功夫。正是这种反复强调，给人们留下一种比较普遍的错误印象，认为太极拳只需要松，这是很多人手弱的根本原因。事实上，任何人体运动都是动态循环的，只有松而没有紧，则什么事也做不成。太极拳的训练目的之一是要使身体有弹性，就是松紧的对立统一。松而不懈，是说松中有紧；紧而不僵，是说紧中有松。只有松紧相合，相互转换，才是太极拳技术所要求的。因此，首先要明白太极拳中为什么要松，为什么要强调松；其次要懂得松的应用以及松与紧的辩证关系。

前面讲过松的定义与练习方法，在具体应用中，太极拳要求以最放松的状态应敌，也就是说在推手或技击的最初时刻，需要进入最充分的松柔状态，这样才能在与对手接触时保证高度灵敏的感知，能够不与对手直接对抗，保持粘黏连随，在此基础上才能实现符合太极阴阳哲理的技术。而所谓太极阴阳哲理的技术，就包含了松与紧对立统一之辩证关系。因此，强调放松并没有错，因为这是基础，是最初的状态；但是如果只强调松而忘了紧就是大错特错了，因为如此就没有阴阳变化了。

松与紧很难量化，一般只能使用程度来形容。对于松而言，总是需要在最长的时间内保持最大的程度；而对于紧而言，总是需要在最短的时间内维持最小的程度。放松多是全身整体上的，而紧多是局部的。譬如在推手时，如果对手搭手即进，我需全身处于放松状态，随其力而走；在随的过程中，右指尖略紧而黏，形成向下松而上略紧之势（图4-13）。

如果对手持续推进，我可以在接触点上完全放松，而同时前腿略蹬，上身松而随，脚下紧而黏，使对手的前推之力有落空之势（图4-14）。

如果对手欲向后撤以维持自身稳定，我可以顺势涵胸、紧背，神阙穴向后推，形成背弓拉紧之势，使对手身体向后倾斜；同时我在接触点上彻底放松，而我右肩或者右肘顺势略紧，以追击对手，可将对

图 4-13 我全身放松而右手指尖略紧，整体上呈下松上紧之势

图 4-14 松与紧的转换，整体上呈上松下紧之势

图 4-15 我涵胸紧背，整体上呈前松后紧之势

手向其右后方发出去（图4-15）。

在推手或实战中，松紧的具体应用常常表现在吞吐、开合、张弛等技术上，运用时多是多重组合下的协调工作，并不容易掌握。另外在技术应用时，经常会有相同的肢体动作，而体内的松紧不同，容易产生混乱，因此在练习时，往往需要先做一些简化的技术练习，得到直接的体会，而后再练习比较复杂的技术。

吞吐、开合

从技法概念上讲，吞吐、开合都是松紧的具体应用。一般而言，吞吐是指纵向的技术动作（纵向运动即是指在自己面对的方向轴上的前后运动），吞为紧，吐为松；开合是指横向的技术动作（横向运动即是指所有与纵向交叉的运动，如左右、上下等），开为紧，合为松。但是在实践运用时不可能如此简单地划分，常常是混在一起做的，所以常有"吞即是开，吐即是合"之说，需要注意，不要产生误解。在推手时，吞或开都带有随着对手进攻的劲力而动、让其进来的意思，但不是让其随意索取，必须有能够将进来之力化解的能力；吐与合都带有随着对手回撤的劲力而动、送其回去的意思，但不是强行打回去，而是要随势而为、顺势而动。在实际中，一个常见的方法叫"打回头"。譬如当对手进手向前上方推我时，我先以手指向前下方点，似乎形成一个对抗之势（图4-16），随之做开，即顺着对手的前推之力引其劲力之方向偏离（图4-17）；或者做吞，即身体向后移动，引其力向前而落空（图4-18）；或者二者兼而有之。

在操作时需注意不能只是单纯退却，其中要有黏走相应，如此才能使对手在进攻的过程中产生失去平衡稳定的变化。如果这时对手有回撤稳定平衡之势，我需保持与之粘黏，顺其回撤之势送之，即吐或合，有将其打回去的意思，所以称为打回头。回送时也可以顺势加力，如落井下石（图4-19）。在操作时需注意不能只是单纯地追击，其中要有黏走相应。另外需要特别注意的是必须在方向上有所变化，做打回头时不懂方向变化，将对手按原路送回到其初始的稳定位置，是最常见的问题。

說手
太极拳静思录

图 4-16 运用打回头时，需先与对手形
成假意对抗之势

图 4-17 以开化解，引导对手对抗之力偏
离

图 4-18 以吞做引进落空，并以黏走相
应使对手失去平衡稳定

图 4-19 顺对手回撤之势加力送之，即
以吐或合之意打回头

张弛

张弛是以拉弓放箭来形容劲力的蓄发，其背后也是松紧问题，其
表现多是与吞吐、开合相关的。一般对张弛的解释就是身体的屈伸问
题，从肢体上讲就是骨骼、肌肉、筋膜的运动，从内功角度讲就是内
气的运行以及与之相关的劲力运用。身体上所有可以屈伸的关节都可
以做张弛，任何一个技术都必然是全身多处张弛的协调组合。因此，
在实际运用中，张弛是非常复杂的。在推手练习中，需要先从身、
臂、腿上的"五张大弓"开始练。有几点需要注意：第一，讲张弛之
蓄发，不仅仅是指爆发力一类的发劲，也包括非常细致、隐蔽的内劲

运用；第二，讲全身协调不是说把劲都向一处集中、往一处使；第三，对于全身运动，张弛不是统一的，在一个技术的执行过程中，身体上有些弓需要张，同时有些弓可以弛，把握住不同弓之间的张弛协调是技术执行顺畅的关键。

松中的"过"与"不及"

在松的应用中，存在着"过"与"不及"。一般人们在讲"过"与"不及"时，总是说"过"就是顶，即在接触点上与对手发生顶撞；"不及"是丢，即在接触点上与对手产生脱离。所以"无过不及"就是"不丢不顶"。这是因为在训练的初级、中级阶段中，一般练习者放松的能力还不够，连随的功夫还没练好，产生丢丢顶顶是常见的现象。到高级阶段后，虽然已经理解掌握了太极拳的原理与技术，但是由于对技术的时机掌握还欠火候，同时总想追求更高的境界，常常会造成在松的应用过程中"过"与"不及"。这里的"过"与"不及"主要是在时机上，"过"就是松的时间太长，松紧转换太慢，有僵滞处，造成时机延后；"不及"就是松的时间太短，松紧转换过快，不够圆润顺随，时机上没有达到最佳。

火候

太极拳的所有技术背后都有一个松紧转换的问题，也可以说是阴阳转换问题。而转换的时机决定着实现技术的质量，老话管这叫"火候"，有老、嫩之分，老就是"过"，嫩就是"不及"，当火候正好时叫"入榫"。太极拳训练中特别强调这点，需要认真追求入榫的感觉，这也是为什么太极拳技术能够更加精确、细腻、高效的原因。过去有些老师比较保守，教技术但是不传火候，就是不讲什么样的感觉是入榫，导致学生长时间没有进步，从此可知其重要性。由于实际情况千变万化，每次的感觉可能都不一样，而且是动态的瞬间即逝，故极难抓住。对此，既没有直接的传授方法，也没有固定的练习方法，唯需师生互动，在推手中寻求。通过肢体接触，每次当正确的火候出现时，老师必须实时地告诉学生马上去感受，如此反复，学生才能从大量的感性认识中逐渐体会到其中的规律，再经过老师的分析解释，上升到理性认识。当训练达到高级阶段以后，火候是训练中的一个难题，即使是老师毫无保留，也没有简易的方法，学生需要极认真地去感觉、体会。

论一松到底

"一松到底"是太极拳训练中常说的话，有时也说"大松"，用以形容放松练习需要完全、彻底。太极拳中的松是一种能力，练习时没有明确的量化指标，靠的是身体内的感觉。在训练的初级与中级阶段，利用重力的效果去感受松是常见方法。此法就是通过肌肉的放松去体会身体下沉，身体越放松，这种下沉的感觉就越明显。因此，这种感觉也就成了放松程度的自我检验指标，所以松与沉总是被放在一起说。这里有两个方面，一是感觉的清晰程度，二是感觉的位置。这种感觉也往往与气感相合，甚至可以说是一致的，譬如气沉丹田与松沉之感就是一致的。

关于放松的清晰度感觉，一个有意思的状况是，放松得越好，越清楚地感觉身体的松沉，则动作就能越轻松。譬如肩的放松越好，可以感觉到胳膊越来越沉，但是胳膊的运动却可以越轻灵活泼。关于放松感觉的位置，是说放松的感觉在身体上的某些部位比较明显，如肩、肘、膝、踝、丹田、足底等，这种位置也可以反映出放松的程度，一般而言，位置越往下越难体会到。这种放松感觉的位置与清晰度的感觉密切相关。一松到底就是根据放松的清晰度，放松感觉的位置对放松程度的描述。具体讲，就是放松的感觉能够向下达到脚底下。

从训练角度讲，松沉到脚底是完成形体放松的最后阶段，能够达到此，才能保证脚下的平衡稳定，防止漂浮，即"定之方中足有根"；并且能够从沉稳中出轻灵，保持虚实变化。因此，获得一松到底的感觉，常常被作为完成中级阶段训练的指标之一。也就是说这只是太极拳训练中的阶段性成果，这点必须清楚。

再论松与弱

松是推手中的一种状态，由于太极拳对于放松的要求很高，所以在训练中被反复强调，以至于很多人以为太极拳只需要松，松能解决一切问题。因此，在推手中有人总是主动地想去放松，而这种主动去松的做法，往往会带来弱的问题。必须记住，松是状态，不是一个放松的行为。凡是主动在接触点上放松的，必然导致弱。

在放松训练中，开始把松练成过于松懈、松散是必然的，是矫枉过正的结果，这也是造成弱的原因之一。所以松后必须要有合的练习，要对松进行整合，就是说放松中要有协调性，也就是过去常说的"先打散了，再串联起来"。

虽然在练习中松被反复强调，但在实际应用中，松必须与紧相结合才能真正发挥作用。松紧也是阴阳的一种表现形式，因此单纯的松或紧都不符合太极阴阳之理。松与紧也需要相合、相济、相应，二者对立统一又要能相互转换。弱的本质就是在与他人接手时过分强调松所致。

造成弱的主要原因，第一是训练中的认识问题，第二是缺少实践。很多练太极拳的人平时只是在自己的小圈子里练，推手也多是熟人之间的游戏，缺少真正的对抗性。当对抗性不足时，弱的问题并不明显。譬如，常常是你已经弱了，但是由于对手并没有强烈的乘虚而入的企图心，因此你可能不但不觉得有危险，还会觉得自己的柔化做得挺好。当训练达到高级阶段以后，需要适度进行一些竞争性、对抗性较强的练习，也需要与不同门派的人多切磋，以发现问题、解决问题。要想真正理解掌握太极拳的实战技击技术，对弱的问题必须有清醒的认识。既要有追求高级技术的理想，也需脚踏实地地去练习，更需要在实践中验证自己的所学、所练。

虽然弱是问题，但是在初级、中级阶段里不必过于在意，宁可弱一点也别顶。因为弱是正确追求中的问题，而顶则是向先天自然之能后退，是方向性错误。这并不是说对弱的问题可以放任，而是说必须要能够认识到问题，时时调整自己。在这个问题没有真正解决前，往往会对松柔缺乏信心。

脚底下的轻与沉

练太极拳需要先求松沉，这是所有以柔为本的技术的基础。练松沉需要追求松到脚底下的感觉。在具体训练中，松沉的练习也会带来一些负面影响，其中最常见的就是脚下过于滞重，不能适应实战中所要求的轻灵快捷的粘黏连随运动。因此在训练中，当松沉达到一定要求以后，必须加入轻的练习，使松沉与轻灵合一。我们所追求的脚底下的感觉是：一接触地面，马上有如树植地生根之稳定，"静如山岳"；同时又要有随时都能够轻松灵活提腿迈步的能力，"动似江河"；松沉与轻灵不可分，这也是太极的阴阳相济、阴阳转换。

中气晃动与虚实转换

中气是指贯串人体内中轴线的内气，或者说是冲脉之理；从形体方面讲就是提顶吊裆，或者说是保持从头顶百会穴到裆下会阴穴为一条垂直线。当脚下能够分清虚实，从头顶百会穴到实脚的涌泉穴应该是与地面垂直的，也就是说，中气之所在与此垂线重合。如果脚下有虚实变化，达到百分之百的转换，那么从百会穴到涌泉穴这条垂直线就会左右变化，因而中气也就随之左右移动，以保持与此垂直线重合。当这种中气的左右移动变化处于很柔和、顺遂、流畅的状态时，就称之为"晃动"。所以中气晃动就是通过虚实分清练习而产生的内气变化之感受，是推手训练中有关内气应用的第一步。当经过正确的、足够长时间的、以虚实分清等形体动作为主的虚实转换练习后，身体内部产生变化。先是向下从气沉丹田到"如树植地生根"的感觉，然后是向上"腹内松静气腾然"的感觉。当上下贯通后，从节节贯串到"气遍周身不稍滞"，这时就会有一种轻微的上与提顶相通、下与脚下虚实有关的中气晃动之感，这是能够在推手中以虚实转换去应对外力的基础。如果体内还没有产生中气晃动之感，讲内气的运用就是空话，遵循太极之理的推手技术也不可能真的做到。

丹田气的旋转

所谓丹田气的旋转，就是讲身体以丹田为中心，催动内气在多方位、多方向旋转，从而带动劲力的作用。这是高级阶段中推手应用的重要基础。这种旋转是前面所讲的中气晃动在多维空间上的扩展。这里的丹田主要是指中丹田，但不是一个固定的位置，而是指整个腰腹之间的空间范围。

应用时，旋转方向很重要。譬如，当右脚在前而身体重心偏于后脚时，平面旋转多是按逆时针方向；身体重心偏于前脚时，则平面旋转多是按顺时针方向。同时，旋转轴心的位置也是动态的。这里讲平面旋转，只是为了让大家在形式上能够比较直观地理解。事实上这种旋转应该是立体的，或者说是一种球形的旋转。而旋转的初始方向是由外力，即对手之力所触动，先要随之而动，再产生变化。在变化中，球的大小、形态、旋转中心都不固定，需要因敌变化。

中丹田气的旋转是应用的主体，上丹田气的旋转有时也被称为"摇头"，下丹田气的旋转有时也被称为"摆尾"。在顶级阶段中，三田合一讲的就是三个丹田气旋转中的协调性问题。在具体运用时，必须特别注意形体上的旋转圈与神、意之旋转圈之间的协调配合，须以神意圈领动气，进而催动形圈，劲的应用就产生于其中。

中正的应用

太极拳的中正有几层意思：第一层意思是讲身体的中线，即从头顶的百会穴到裆下的会阴穴之连线，称为身体的中轴线。"上下一条线，全凭左右转"讲的就是这条中线。这条线在大多数情况下都需要保持垂直。与这条线相关的技术概念有：向上虚领顶劲，向下气沉丹田，三田合一。第二层意思是讲身体正面与背面的中线，即与正面的任脉和背面的督脉相重合的线。在内功训练中，任脉与督脉形成一个圈，称为小周天，是身体内气血运行的核心。与这条线相关的技术概念有：内气之提放所引导内劲之提放，身体运动与劲力运用的参照标准，如以鼻尖为准星、尾闾为舵。第三层意思是讲以鼻尖所指、脚尖所对、尾闾跟随的方向，在推手中需要时刻保持这个方向与身体的中线一致，这是保持自身稳定、劲力发放的最佳形态。因此，推手就是使自身保持这条中线，同时使对手偏离其中线而失去稳定，即所谓失中。所以推手即是争中。

中正与中气感觉密切相关，甚至可以说中正就是中气。在具体应用中，中正不是死的，不是僵滞不变的。中正的应用在于变化，开始就是中气晃动，即以两脚之间的虚实转换带动中气的变化，形象地讲有点像鱼漂，保持直立在水中，但总有些微微晃动；而后是以轴掼轮，就是身体四层圈的转动，是一种圆柱或圆锥体的旋转运动；再后是气宜鼓荡，就是丹田气之旋转，就是球可以在各个方向旋转，在旋转中产生整体鼓荡之感。

太极拳技击的核心问题，简而言之就是技击中的争中问题，就是如何在竞争中守住自身的中正，同时破坏对手的中正。如果推手中的双方都能够守住自己的中正，就是对抗，即双重状态。所以，推手就是研究自己的中在哪里，如何能够守住，就是所谓"知己"；同时研究对手的中在哪里，如何去破坏，就是所谓"知彼"。知己知彼才能百战不殆。

推手或技击过程中必须保持中正，有了中正就有中定。失去中正，身体上的某些部分就必然会产生僵滞状态，也就必然会失去平衡稳定。在推手或实战技击中，由于人体处于运动状态，身上颈、腰、胯、膝等大关节处的活动范围都比较大，因此要保持中正并不容易。在训练中有三段垂直线必须注意，它们是：上段线鼻尖到胸前膻中穴，这条线垂直则颈部的位置就可以保持正确；中段线后腰命门穴到尾骶骨尖，这条线垂直，则腰、胯部分的位置就可以保持正确；下段线支撑腿的膝盖尖到同侧的脚尖，这条线垂直则可以保证腿部位置的正确性。需要通过意念控制，使它们总能处于正确状态，即在动态中使它们在人体正面的映射线都能与人体的中轴线重合。在应用中，上段线的鼻尖所指即是神的方向，下段线的脚尖所指即是运动方向，而中段线命门穴即是劲力的控制。所以，在推手或技击中讲形体上的中正，就是必须懂得三线合一，即鼻尖领动、脚尖追鼻尖、命门穴对正脚尖。在练习中明白三段垂线的道理并能够自然运用，中正才不是空话。

虚领顶劲与顶头悬之同异

在太极拳的身法要求中，顶头悬是被强调最多的一点。有时也说提顶或提顶拔项。一般认为，顶头悬的主要作用就是为了保持身体中正、放松、稳定。在拳论的有关论述中，最著名的是"虚领顶劲，气沉丹田"与"刻刻留心在腰间，腹内松静气腾然，尾闾中正神贯顶，满身轻利顶头悬"这两组经典语句。在训练进入高级阶段以前，一般可以将这些都看成是相似的意思，即通过提顶这个意念，达到身体中正气下沉，使脚下生根，身法的灵活、稳定由此而生。当训练进入到高级阶段以后，需要理解这两组语句之间的差异，这是理解太极拳高级技法的一个重要概念。

顶劲是说向上顶的劲，从丹田一气向上直冲百会穴，冲过百会穴后还继续向上领起，当然这个上领之劲是通过意念形成的，故是虚领。"虚领顶劲，气沉丹田"讲的就是以意领气，上通下达。练拳时自身的中正源于此，是动中求静。

顶头悬是说放松下沉的劲，似乎是从头顶百会穴将身体提起悬空，悬起后越松越沉，是以神领意、心领神会之劲。如果松沉中没有顶头悬，就会死沉、呆滞。"满身轻利顶头悬"讲的就是从顶头悬中得到轻灵活泼的松沉之感。顶头悬是实战中动态地维持中正、产生虚实变化的核心，是从"静中触动动犹静"中求"因敌变化示神奇"。

抱七星是拳架子中的重要拳势之一，也是常用的桩功练习方法之一。可以使用这个势子认真练习，悉心体会虚领顶劲与顶头悬之间的差异。下面以左抱七星为例进行讲解，即以右腿为实、左腿为虚成右坐步，同时起左手在身前，掌心向上如同抱物，右手轻扶在左肘上，如图4-20所示。

开始以意念控制，先在身法上寻求涵胸、拔背、裹裆、溜臀、松腰、收腹，使体内渐渐产生"虚其心，使其腹"的感觉，也就是气沉丹田。中正感觉越清晰，下腹部越感到坚实，右大腿越感到压力；意念想以左掌托起右脚，越向下沉就越向上托。下沉之意与中气结合，从气沉丹田到入地生根，似乎右脚入地越来越深。上托之意与中气结合，向上直冲头顶，有提顶拔项之劲，似乎将身体从内部一节一节地顶起来。这时下沉是比较真实清楚的身体感受，上托是隐含于意念中的比较虚的势。当上托、下沉反复几次后，感觉几乎达到极限时，以意念守住头顶百会穴，似乎被固定住，提起精神，然后想从脚底下

图 4-20 虚领顶劲与顶头悬之同异

开始，向上一节一节地断掉，譬如从踝骨处断开，脚没了，从膝处断开，小腿没了等。所谓断掉就是失去支撑，就如同身体被从百会穴处悬吊起来，身体从下端一节一节地断掉，就是不断地加强这种悬吊之感，即是顶头悬，也就是从头顶将身体悬吊起来。当顶头悬的感觉变得清晰时，身体就会产生轻灵活泼的感觉，这时又可以去关注上托、下沉、虚领顶劲的练习。两种练习交替进行，使两种感受相辅相成。所有关于中正、中定、中气、松、脚下的轻与沉、虚实变化等，都是建立在此基础上的。

每一动，手先着力，随即松开

"每一动，手先着力，随即松开"，这是拳谱中对推手时第一接触的准确描述。一般认为，这句话是武禹襄对老拳谱中"一举动，全身俱要轻灵，尤须贯串"之句所做的进一步解释。老谱的句子讲的是大原则，而武的改动更具有实际操作的意义。

在推手中，与对手刚一接触的瞬间，身体需要保持放松状态，而接触点多数是在手上，需要有一点劲，即紧，就是一般所说的掤劲，才能保证松而不弱。但是紧后马上要松，不能把紧变成僵，也就是说松是常态，紧只是瞬间，不可持续。在实际应用时，按照多数搭手的情况分析，接触点多是在手背或小臂上，这个紧与松的具体操作可以是在发生接触的手臂上，譬如去想使用此手之拇指与食指轻轻一掐，再放开。这样紧的意念就在拇指与食指间，而不在接触点上。如果是以手直接推在对手身体上的形式发生接触，则这个紧与松的具体操作可以是去想掌心劳宫穴的凸凹，即掌心凸为紧，掌心空为松。无论哪种形式，松紧的转换既要轻松快捷，又需柔和顺随。

从命门、肚脐的意念转换中维持中定

在太极拳武术的应用中，中定的意念在丹田。从具体运用上讲就是意念在命门与肚脐之间的转换。命门是指后腰中间的命门穴，它的位置正好与身体前面的肚脐上的神阙穴（口语中常常就说肚脐）相对。而中丹田正好在它们之间。在实际应用中，维持中定不是简单地以意念守住丹田不动，事实上也守不住，而是通过意念在命门与肚脐之间的转换实现的。这种转换可以造成身体的鼓荡、轻灵、沉稳以及虚实变化。因此，中定不是一个静止的行为，而是一种在动态中实现的状态。凡是欲以静止的行为来实现中定的，譬如以大步幅、降低身体重心的方式维持稳定，则必然导致以气力与对手直接抗衡的行为。保持意念在命门与肚脐之间的转换，引发虚实变化，才能在动态中维持中定，使身体产生如球翻滚的感觉，不与对手的力锋直接对抗。在实践中，这种转换的幅度很重要，需要通过练习去认真体会。

在具体应用中，所谓意念在命门是说将意念放在命门穴向前推，所谓意念在肚脐是说将意念放在神阙穴向后推。以意念想用命门穴向前推去找神阙穴，或者说与神阙穴相合，形成反背弓状态；用神阙穴向后推去找命门穴，或者说与命门穴相合，形成正背弓状态。意念在这两点之间交替转换，身体产生松紧、张弛、虚实变化，使对手的进

攻之力无法确定虚实，反被我所借用，令对手失误。也就是说通过这种意念转换，动态地维护中定。譬如对手双手推在我前胸上，以直力欲将我推出去；我保持放松，忘掉胸部与对手的接触点，即不要在这点上做任何事；同时将意念放在命门穴处，想向前推去找神阙穴，这可以自然形成反背弓，使对手感觉我很强壮，似乎正在与其对抗（图4-21）。

当感觉对手的前推力比较实了，我可将意念转移到肚脐，并想向后推去找命门穴，这可以自然形成正背弓，这会使对手仍然感觉我很强壮，但同时又有不确定感，似乎他不得不加力对抗，而加力又会导致其脚下不稳（图4-22）。

在练习时我可以通过心里默念"命门肚脐、命门肚脐"的方法，引导意念在命门与肚脐之间反复转换，一方面维护自身的平衡稳定，另一方面造成对手不稳定（图4-23）；当对手的不稳定达到一定程度时，即可顺势发之。

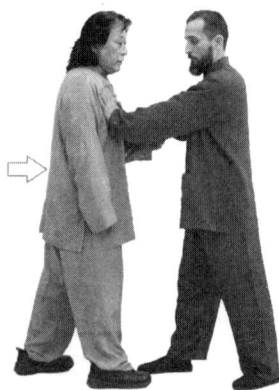

图 4-21 意念在命门穴向前推，身体形成反背弓状态

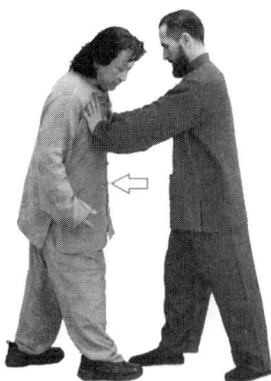

图 4-22 意念在肚脐向后推，身体形成正背弓状态，使对手越推我其脚下越不稳

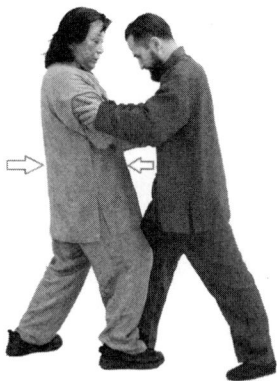

图 4-23 意念在命门与肚脐之间转换，以
保持自身稳定，并使对手不稳定

身体上四层圈的应用

在多数武术门派中都有三层圈之说。身体上的三层圈讲的是技击中的范围或距离问题。手圈是当手或脚伸出去时所能达到的范围，肘圈是肘击或膝撞等技术所能达到的范围，肩圈是肩靠、胯打或躯干冲撞等所能达到的范围。显然手圈的范围最大、离身体最远，手上的变化最多也最快，因此无论攻防，能够在手圈范围内解决问题是最安全的。与手圈相比，肘圈的范围小，肘上的变化少且慢，但是肘的打击力度更强。肩圈的使用范围更小、变化更少，虽然可以产生很强大的力量，但由于是身体躯干部分与对手发生直接接触，故也最危险。在讨论技击技术时，需要认真研究各个层次圈中的技术特点，找到最适合自己的方式。

在太极拳中常常讲身体上有四层圈，即手圈、肘圈、肩圈，再加上椎圈，即脊椎的旋转圈（图4-24）。这里的椎圈显然不是讲直接打击技术，而是气劲的操纵。在这四个圈中，除了上面说的技击中的范围与距离问题外，更注重的是在意念引导下的体内气劲旋转问题，所以椎圈的意义特别大，常用以轴摐轮形容椎圈与手圈、肘圈、肩圈的应用关系；另外，更重要的是太极拳中的圈都是阴阳一体的太极圈，所以在圈的运用中必须保持阴阳变化。譬如在推手时，当对手的手放在我的大臂上推按时，我需忘掉这个接触点，与其自然相随，同时将

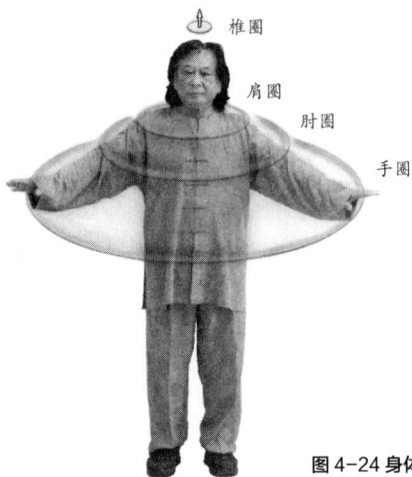

图 4-24 身体上四层圈示意图

意念放在肘或手上走圈。又譬如当对手以手推我胸部时，我可以用肩圈或椎圈相应。一般而言，圈越大，即意念点与接触点的距离越远，则越省力，但是在协调方面越难；反之，圈越小，协调越容易，但是需要更多的力。因此，这些圈的应用没有固定形式，而是要按需使用。无论推手还是技击，太极拳一动一太极，也就是太极圈。在训练中，需要认真体会各层圈的使用；在实战中，这些圈并不只是平面上的，应该是立体的，或者说是球，故需要因敌变化，选择最佳方式。

三节

三节是传统武术中用于形容身体各个部分的常用概念，不同门派中有些大同小异的解释。一般认为，三节是以树木比喻人，分别为：上节，也叫梢节；中节，也叫杆节；下节，也叫根节。但常常俗称为梢、中、根，而不说梢、杆、根。对于人整体而言，上肢部分为上节，躯干部分为中节，下肢为根节。各节中还可以细分，也可以以点为节，譬如上肢中，手为梢节，肘为中节，肩为根节；下肢中，脚为梢节，膝为中节，胯为根节。使用这种概念的主要作用在于可以比较简明、清楚地描述技术。譬如在太极拳的接手练习中，常常讲要让梢节、截中节、管根节。

圈在旋转中的膨胀与收缩

太极拳讲究圆运动，这只是一般的说法。实际上多是立体空间中的一些大小、方向不同的弧线组成的运动；而每个局部动作的运动趋势，都可以看成是旋转中的圈。有一点需要注意的是，这些圈的旋转运动轨迹都是动态的，不断变化的，其中膨胀与收缩是永远存在的形式。这种旋转中的圈的膨胀与收缩，必须柔和，既要顺遂，能与对手顺势而动；又要渐进，使变化产生于不知不觉之中，也就是要达到从"从人"到"从己"的变化。有时这种圈在旋转中的膨胀与收缩，也可用螺旋来形容。"力在惊弹走螺旋"就是对这种技术概念的描述之一。当圈的膨胀与收缩在多维空间发生时，就是球的鼓荡之感。

以轴掼轮与偏心圆

在推手时，想象双方形成一个车轮，我是轴，将对手置于轮上。只要车轮转动，就是以我为中心，对手围着我转。如此就形成我总是走小圈或里圈，对手走大圈或外圈的状况，我只微动，对手则需大动。这是能够实现以逸待劳、以慢制快、以弱胜强理念的技术原理之一，称为"以轴掼轮"。

在具体执行以轴掼轮的技法时，一个重要的技术问题是使用偏心圆。许多人以为太极拳中说转圈就是走圆圈，即旋转中心位于"走""黏"两点的中间。而在实践中，如果真走圆圈，则对手很容易适应、调整。走圆圈也会形成循环，回归原点，而不是循环变化。偏心圆是说"走""黏"两点之间的旋转中心偏于一方，会造成外圈的运动轨迹持续变化，使对手难以适应、调整。当转到适当角度时，可以轻松地按照切线原理，将对手掷出。

很多人以为太极拳中圈的变化总是停留在腰上，譬如当运用"左重则左虚，右重则右杳"时，以腰为中心，左右转动。虽然从理论上讲没有错，但在实践中并不是最佳选择。如果"左重"时将旋转中心向左前方移动一些，效果会更好。譬如当对手用右手推在我左臂上，我需忘掉左臂上的接触点，使左臂可以与对手自然相随；同时将意念放在左手指尖上，走一弧线，指向对手左后方，使我左指尖与左臂接触点形成黏走相应之势（图4-25）。这个黏走之动应该是在一个偏心圆上，其旋转中心应在我胸前偏左侧（图4-26）。

图 4-25 以我左指尖和我左臂上与对手的接触点同时旋转，形成黏走相应之势

图 4-26 将旋转中心置于我胸前偏左侧，偏心圆会造成外圈的运动轨迹持续变化

提与拿、发

太极拳中的"提"是指将对手的身体重心提高，使之失去稳定性。由于有稳定性常被称为"有根"，所以"提"也被称为"拔

根"。在推手或技击中，如果在打击对手之前能够先将其提起来，使其失去稳定性，则打击的效率会有极大提高。如何提高对手身体重心？最简单的方式就是直接用力，但是这种方式所需要的力量往往比直接将对手击倒还要大，这显然不是太极拳所要的。太极拳所追求的是引导对手自己做，譬如常用的方法是先给对手一个压力，造成反弹，再随之将其提起。这个方法的原理简单，但是实际操作起来并不容易。首先是这个压力需要多少，其次是如何能够保证对手持续反弹。在太极拳中，这个压力不是单纯的形体所产生的力量，更多的是通过神意给对手造成的心理压力，这往往会比实际的物理压力更有效。压力可以造成反弹，但是一旦对手因压力减小而感觉到你在做提，他就可以终止反弹行为。身体素质越好、反应越快的人，终止得越快。因此，需要使对手在感觉上出现疑惑，使其保持持续的反弹之势。具体做法是要保持压力点不变，而在其他地方放松，使对手在接触点上产生错觉，这就需要实施者全身有极好的协调性。

太极拳中的"拿"是指将对手提起后能够维持一段时间，所谓"拿住""拿稳"，也就是控制。太极拳中的"发"是指在拿住、拿稳后的发放，包括掷出、打击等多种方式。因此，在太极拳中，提、拿、发是一体的。譬如与对手一搭手，我可以马上想对手之命门穴，目光直射，似乎是要伸手抓住该点，配以很小的形体动势，以此造成对手的心理紧张（图4-27）。

我需随着神意伸出右手，指向对手命门穴，我左手与右手相合，却是做微微向前下方的採、按，如果我的神意与形体动作都能配合到位，可以使对手感受到真实的、对其有威胁的压力（图4-28）。

如果对手用力与我对抗，我需保持手臂不动，提顶、松腰，随着对手的反抗之力而动，这时对手的反抗力必是向上的；在随之向上的同时，我还可以顺势用手向上托起或向上提，以助其身体上移，达到拔其根的作用。如果这个动作的时机能够掌握得好，甚至可以产生使对手跳起来的效果（图4-29）。

所谓将对手提起来并不是我直接用力去做，而是要借助对手自己的反抗之力，当对手感到身体失控时，必然要身体下沉以维护重心，这时我需随之向下，在下降的过程中，我需顺势向其身侧，如左前方下按，使其重心发生偏移，无法回到初始位置，导致虽然对手身体重心降低，但是仍不稳定（图4-30）。

为了调整平衡，这时对手需要以左脚向左前方移动，但是此时其重心仍在左腿，故只能够通过跳动来实现移动；所以我可以顺其跳动之势，再次将其上提，提时仍保持向其左侧的捯按之劲，使得对手身体更加向其左侧倾斜（图4-31）。

上面的情况可以再次重复，即我随着对手跳动之势将其提起，在这个过程中再改变其身体重心下落的位置，使其再次失去平衡而必须再跳动调整；这种反复常常可以越做越大，最终对手完全丧失调整能力（图4-32）。

当对手的平衡完全失控时，我可以顺势发放，最佳的时机是其正要跳起时（图4-33）。

图 4-27 提与拿之前需以神领意，有欲直接攻击对手身体控制中心之意与动势

图 4-28 神意与形体动作配合到位，可使对手感受到真实的威胁

图 4-29 我需放松，随着对手的反抗之力将其提起

图 4-30 提起对手后顺势下按，使对手重心偏移，无法稳定

图 4-31 我需放松，再随其跳动之势将对手提起，使其身体更加倾斜

图 4-32 反复顺势提、按对手，并每次都改变落点，使对手处于持续跳动状态

图 4-33 当对手在我的控制下完全失去平衡稳定，我可顺势发放

发放的机与势

太极拳中讲的"机"是时机、机会，包括施展技术的最佳时间与方向；"势"是形势、势态、气势，即在敌对状态中取得对于对手最具威胁震慑的态势与最佳的做事位置。太极拳中的发放不是简单的力量使用，而是追求高效率，因此就特别强调机与势。在做任何发放之前，都需要先得机得势，即在最佳的时间、最有利的位置，以最好的方向达到最高的效率。太极拳推手训练中最重要的一部分就是要不断地寻求这种机与势，任何不顾及、不在乎得机得势的发放，都不是太极拳的技术。

在具体的发放训练中，机或时机包括时间与方向两方面，就是说要学习掌握正确的、最佳的发放时间与方向。这个时间就是对手刚刚失去平衡还没来得及调整之时，方向就是可以最轻松地进行发放的方向。相比较而言，时间比较容易掌握，方向问题比较复杂，每个具体情况可能都不一样。在发放方向中，一个常见的错误，就是以自己的发放之力，将已经失去平衡的对手送回到他本来的平衡稳定位置，也就是说，发放之前所做的提、拿等控制都白做了。

在具体训练中的势就是说在做发放的那一瞬间，自己处于一种舒服的状态，而同时让对手处于不舒服的状态。所谓舒服是指身体处于稳定的平衡状态，全身能够放松，并轻松自如地运动，心平气和，神意舒展；而不舒服就是相反的状态，如由于不稳定所造成的精神紧张、肌肉僵硬、反应迟钝等，俗称身上别着劲。所以，从本质上讲，推手训练就是不断地寻求自身舒服同时给对手制造不舒服的过程。

在做发放练习时，首先要练习如何通过控制（譬如以提法拔根）破坏对手的平衡稳定，取得得势的状态，而后在得势的基础上寻求方向、时机，达到得机，这时再在神意的指导下做蓄发转换，完成发放。开始练习需要将每一步都做清楚，明白其中的道理。当然，在实际应用中，这些往往都是混合在一起的，而且发生的速度也很快。因此，需要理解练习与应用之间的关系。练习中要特别注意与对手在接触点上的感觉，通过感觉调整机与势。其中"重里现轻"的感觉十分重要，所有关于发放时机的信息都包括在这里了，一旦出现，必须抓住。所以拳论中说"重里现轻勿稍留""中实不发艺难精"。

截劲是技击中常常用到的技法，就是武禹襄《四字不传秘诀》中的"对"字诀。在运用中，机与势都特别重要。由于截劲的使用都发生在快速接触的过程中，若机与势掌握得好，可以毫不费力，非常顺遂，似乎对手是自己弹出去的；若机与势做得有误差，则既费力又别扭，还可能有危险。开始练习时，喂劲的一方需要注意，在向前推时用力要实、要持续，不要中途变化，否则练习方很难掌握时机。截劲练习中必须注意速度与节奏，双方都要有耐心，需要一点一点地试。掌握好速度与节奏是打好截劲的关键。这里给出一个常用的截劲练习的例子。

我为练习者，对手为辅助喂劲者，我与对手对立站好，间隔一步左右，提起精神，全身进入放松状态，静观对手（图4-34）。

　　对手进右步冲我中门，同时双手向前欲猛推我身；我需立即略涵胸、收腹，身体微微下沉，同时提右膝、进右步，使我身体与对手相迎，有对冲之势（图4-35）。

　　当我与对手前推之力发生接触时，我须使接触点向前下方移动，就是改迎面接触为于斜下方接触，这里接触的时机特别重要，所谓"又要提起全副精神，于彼劲将出未发之际，我劲已接入彼劲，恰好不后不先。如皮燃火，如泉涌出"。而"彼劲将出未发之际"就是说对手已经启动发劲之势，但是其劲还未达到峰值之时。同时我需进右步并随之进身，以尾骶骨追前脚，使我身体处于得机状态，在接触的瞬间，造成对手前推之力的方向略有改变，产生一个向其后上方推的反作用力（图4-36）。

　　我需保持沉肩、坠肘，气由脊发，顺着对手自己的反推之力继续前进以维持这个力，使对手越用力，反弹到自己身上的反推之力越大，就是"力由人借"；当对手几乎完全失衡时，我可顺势略加些前推之劲，以促其势，"曲中求直，蓄而后发"，将其发出去（图4-37）。

图4-34 在做截劲练习时，我需提起精神，保持放松状态

图4-35 当对手进攻时，我需进身、进手，似与其对冲

图 4-36 与对手接触时，我手向前下方，尾骶骨追前脚，得机得势

图 4-37 截住对手的力，再借助对手的力将其发出

截劲的练习是高级阶段中关于发放的机与势主要练习之一，需要认真体会，做到"自己要安排得好，人一挨我，我不动彼丝毫，趁势而入，接定彼劲，彼自跌出"。要想在实战中取得"随手奏效，借力打人"的效果并不容易。如果截早了，对手还没有形成确定的发放之势，则其可以轻易变化，我也借不到足够的反弹之力；如果截晚了，对手的力锋已形成，就会形成与对手直接对撞之势，而这时对手的发力正是顺畅之时，必然对我不利。另外，如果接触的瞬间我自己身法有问题，譬如中正出现问题，或者接触点的角度不对，必然导致自身不稳定，无法顺畅地完成动作。"机由己发，力由人借"，这些都是练习中需要注意的。

"用意不用力"中的意与力

关于这个问题的基本理论，前面已有讲述，这里具体讨论在训练与推手技击中的应用。首先需要明确训练时与推手技击时之不同。在训练中所讲的意多是指用于指导训练细节的意念。在推手或技击中所用的意多是指意念转移中的意向。当然应用中的意向也是在训练中使用意念辅助练习得到的，两者不可能完全区分。太极拳中的力是指没有经过太极拳训练改造过的本能、直接的用力方式。太极拳中的劲是指通过对力的训练改造后得到的，以神意引导、以气推动或带动、符合太极原理的力量应用，或者说是能量流。因此，在训练中用意不用力的重点是意念指导下对力的改造问题，而在应用中用意不用力的重点是意向引导下劲力的使用问题，不是没有力，而是不直接使用本能的力。

在传统口语化的传承中，当说"用意不用力"时，常常会有不准确、不清楚的解读，有人认为这就是大话，根本不可能；也有人认为太极拳只能用意，不能用一丁点儿力。对此需要认真研讨，以免产生误解。譬如有人说："太极拳推手时一点劲都不能用。"这句话极易导致习拳者形成轻飘、弱不禁风的状态，无法实战。事实上，推手中双方的接触就是一个力学过程，不可能没有力量的作用。此话的本意是说推手时不要想直接去用劲，劲是在意向引导下自然产生的，劲的使用是间接的。

用意不用力：天罗地网

天罗地网本是神话故事中天神所用的神网，能够笼罩天地、擒拿妖魔，令妖魔无处可逃。在太极拳推手与技击的顶级阶段中，当神意之运用达到炉火纯青时，可以产生一种势，使对手感觉被笼罩在其中，进而能被你随意摆布。如果可以做到这种程度，可以说对用意不用力、意念转移的理解、掌握已经达到极致。

具体应用的例子之一是所谓"摇头摆尾"。"摇头"在上，可以视为"天罗"；"摆尾"在下，可以视为"地网"。这是从王培生师爷常讲的技术应用中衍生出来的练习方法。

练习之一：摇头撒天罗

此练习的意念重点在神庭穴，当对手以直力向前推我时，我需提顶、松沉，身体略有鼓荡，使对手的推力与我相合，并使对手有可以加力推我的感觉（图4-38）。

当我感觉到对手开始增加推力时，我右膝微提，命门穴略向前推，使我身体呈拉弓状；同时意念想从神庭穴向前上方两三尺的点，似乎是从神庭穴长出一个犄角，意念在此犄角尖上（图4-39）。

在与对手推力的接触点上需保持稳定，随之而动，譬如对手左手上的推力略大，我需随势以犄角尖在他头顶上画一个向左转、能将其身体完全笼罩住的圈；此圈可以在我身体上自然形成一个旋转的倒圆锥体，使对手随之向左前方倾倒，这时对手脚下运动的幅度不大，但上身大幅度倾斜（图4-40）。

当对手已呈现出倾倒之势，我可以用意念想再转头顶上的圈，以加速对手的倾倒（图4-41）。

从整体感觉上讲，这个练习有以意念在对手上方将其罩住而后兜起来之势，故称为天罗。

图4-38 我提顶、松沉，身体略有鼓荡，使对手的推力与我相合

图4-39 我微提右膝，身体呈拉弓状；意念想神庭穴前上方三尺处

說手
太极拳静思录

图 4-40 保持接触点稳定，随对手而动，
同时头顶上画能将其身体完全笼罩住的圈

图 4-41 通过摇头以意念将对手罩住并兜
起来，称为天罗

练习之二：摆尾布地网

在传统武术中，常以"摆尾"来描述腰胯运动，如青龙摆尾、乌龙搅尾、狮子摆尾等，这些技术的基本原理都是以尾骶骨的运动带动身体其他部位运动而起到一些特殊作用。此练习的意念重点在尾骶骨，也就是尾闾。当对手以右手从上方进攻我，我可以提顶、沉气、微微涵胸、收腹，使身体呈拉弓状，并以右手与之相迎；发生接触时，不要想接触点，自然保持松柔，意念想右手指尖略向前上方指，使整个身体有鼓荡弹性之感，同时使对手有需加力对抗之感（图4-42）。

当我感觉到对手开始增加推力时，我需保持提顶，同时涵胸、收腹，神阙穴略向后推，使我身体呈拉弓状；同时意念想从尾骶骨向前下方伸出，似乎是从此长出一条大尾巴，以意念将其连接到左手上，手指即是尾巴尖，使腰胯与手臂成为一体。摆尾既可以是以腰胯带动左手摆动，也可以是左手引导腰胯摆动。意念想我左手从左向右围绕着对手腿脚摆动，此时我右手上的接触点几乎不动，在我身体上自然形成一个旋转的圆锥体，使对手脚下不稳（图4-43）。

在与对手推力的接触点上需保持稳定，随之而动，对手右手用力越大脚下越不稳，我还可以随势想以大尾巴连续抽打对手的小腿肚或后脚跟，类似于过去小孩儿玩抽陀螺，也如同套索般能将对手下肢圈起来并完全捆绑住。此圈可以使对手随之向其左前方倾倒（图4-44）。

在这个练习中，以尾带手，有缠绕对手腿脚之意，故称地网。

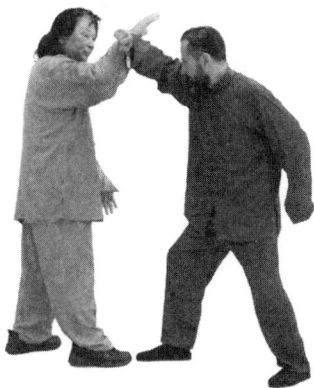

图4-42 与对手接触时需松柔，使整个身体有鼓荡弹性之感

图4-43 意念想从尾骶骨到手指是一条大尾巴，围绕着对手腿脚摆动

图4-44 通过摆尾以意念将对手腿脚抽打起来，称为地网

用意不用力：多维空间与多重空间

多维空间是指每个技术动作中，对于身体运作的全方位描述，既包括身体外部形体运动轨迹的四维物理空间，也包括身体内部指导运动的神、意运行空间。这种多维空间运行的协调性，即是传统中所谓的周身六合。在太极拳训练中，现在这只是一个用于解释技术原理的虚拟模型，但是在以后的科学研究中，这个模型应该被作为基础。

多重空间是说在一个技术动作中，身体不同部位各自独立的运动空间的多重组合，既是总协调，也需要通过意念来控制。所以每个技术都可以通过多重、多维空间来描述，重数越多越精细。因此，无论在训练还是应用中，都是在追求更多重的空间。

推手中的杂念

杂念本是指在练拳或技击中与技术实施无关的或有负面影响的意念。譬如盘架子时，脑子里想的是日常工作中的问题，这就是与练拳无关的杂念。这种杂念特别多，只要人是清醒的，就会不断产生，过去叫"心猿意马"，形容难以控制。由于太极拳是反先天自然之能的技术，所以，原本人们平常使用的意念在太极拳中基本上就都属于杂念，而且多是有负面影响的杂念。譬如在推手时，总想在遇到麻烦的地方直接去解决问题。这种根深蒂固的杂念，是太极拳不易理解、不好掌握的根本原因之一。

消除与技术实施无关的杂念的方法是专注，"锁心猿，拴意马"，也就是要以专注于正确意念的方式去阻止杂念的产生。人的思想意念很活跃，有人说要"什么都不想"，其实是不可能做到的。应该说除了指导正确练习的意念外，其他的什么都不想。在推手中消除有负面影响的杂念的方法，就是要彻底理解太极拳的原理，并且在实践中要能够坚持，能够守得住底线。意念转移是去除杂念常用的有效方法。在推手训练进入高级阶段之前，最大的杂念就是强烈地追求取胜之心，这种杂念可以催动许多不正确的反应行为，譬如直接用力对抗。消除杂念需要长期、认真的训练，而训练效果往往并不明显，因此需要特别关注。

上下相随与手脚分离

太极拳中有很多关于全身相合、动作协调的说法，如上下相随、内外相合、周身一家、总须完整一气。这些描述在太极拳的学习训练中常常被引用，但是其中有些说法似乎矛盾，常使很多人误解，如上下相随与手脚分离。

在太极拳中，"上"即是指人体的上半身，多数情况就是专指手臂运动。"下"即是指人体的下半身，多数情况专指腿脚运动。"上""下"相连的地方就是腰，所以腰是全身运动的总控制点。太极拳要求"一动无有不动，一静无有不静"，就是说所有技术都是全身运动，譬如发放时要求手到、脚到。上下相随就是说在执行技术时，身体的上半身与下半身需要协调一致，要做好协调，腰有很大作用。

手脚分离是说手与脚有各自的分工，自己做好自己的事，不要互相干扰。譬如在做粘时，手上的接触点不能变，需保持已有的状态，但是腿上要有弹性变化。如果手上也跟着腿做，接触点上就会有变化，对手很容易察觉、判断、调整他的反应，这样技法就无法实现。

要保证正确的手脚分离，腰上的连接、上通下达是关键。

事实上，上下相随与手脚分离并不矛盾，讲的都是技术执行过程中的协调性问题。上下相随主要强调的是时机方面的协调性，手脚分离更强调的是肢体动作方面的协调性。对于上下相随的最大误解是所谓整劲，很多人热衷于全身一体式的爆发力，以为无此就不能技击。这对某些门派也许正确，但是绝对不是太极拳中的主体。由于上下相随经常被提及，因此这个误解也相当流行。对于手脚分离的最大误解就是以为手脚可以自行其是，这种误解会造成身体散乱。总之，要能够清楚地理解上下相随与手脚分离的含义及二者之间的辩证关系，这些都需要"刻刻留意在腰间"。

推手时腰的作用与松腰

太极拳中讲腰，可以是指整个腰围，也可以是指腰椎，常常用后腰中间的命门穴代表。腰是上下肢连接的纽带、通道，上通下达，全身形体动作的协调统一都需要经过此处。腰也是推手时气血、劲力的控制中心，是技术变化的中枢，所以须"刻刻留意在腰间"。

由于腰在动作变化以及劲力运用上的重要性，无论是推手还是技击，腰都是双方攻防的重点。譬如在推手时，腰是被攻击最多的点。一方总是要想办法去控制对手的腰，使之无法变化，从而造成"有不得机得势处，身便散乱"；同时也要防止自己的腰被对手所控制。因此，既要留意自己的腰，也要留意对手的腰。一方面要学习如何通过控制对手的腰去取得优势、战胜对手；另一方面要学习如何通过松腰去应对、解决腰被对手控制的问题。松腰既是太极拳练习中身法的九大要点之一，也是推手中需要掌握的核心技术之一，必须认真学习、体会。

在实际操作中，当腰被人控制，称为被拿住或问住，这时往往会出现越想松反而越松不开的困境。有些人还喜欢使用快速躲闪的方式逃避对方的控制，常常会变成被人追着打而跑不掉的情形。这里的问题是，凡是想松、想躲的，都会变成弱，因为在有麻烦的点上都过于主动了。讲松腰时，其技术关键是松腰不想腰，譬如想腿、想脚等。也就是说将腰后面的支撑先放松，使腰部能够有空间旋转变化。当然其中还要有一点掤劲，使松出来的空间不会被立即压缩。关于松腰的具体做法，需要从练习中慢慢体会，是一个感觉问题。能把这个做好，对于松的理解就会有很清楚的感性认识，就上了一个台阶。

转腰子

腰在推手与技击中的重要性已经反复讲过，在应用中，一是要松腰，二是需要转腰。松腰是为了能够转腰，所以松腰是基础，转腰是应用。前面讲过松腰不想腰，同样，转腰也不能想腰，而是想"转腰子"。腰子即是肾脏的俗称，位置在后腰处，两个腰子分左右在命门穴两侧。从生理学上讲，腰子是不受人的意识所控制的，不能随意运动。但是在传统武术、气功等领域中，都有一些意念控制训练，使身体内可以产生腰子运动的感觉。在太极拳中，就有所谓转腰子的训练与应用。转腰子是说两个腰子围着命门穴转动，转动的幅度很小，方向可以是上下或者前后。通过转腰子引起内气的变化，进而催动劲力的应用，这是技术运用中的重要组成部分。

转腰子的训练与应用是与呼吸相结合的，如果是上下转，则左鼻孔吸气，左边腰子上提；右鼻孔呼气，右边腰子下降。如果是前后

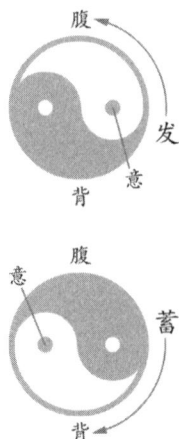

图4-45 劲力的蓄发与虚实转换

转，则左鼻孔吸气，左边腰子向左；右鼻孔呼气，右边腰子向右。由于人体的生理结构原因，这些转法比较舒服、顺遂，因而被称为正，当然也可以相反。

转腰子的一个应用是体内腰腹之间的虚实转换，并以此带动与劲力的蓄发相结合，如图4-45所示。

听劲与喂劲

太极拳中的听劲就是感知能力，是太极拳技击技术的基础，可以说没有听劲就没有太极拳。太极拳的超级敏感的感觉与特殊的知觉反应，是通过喂劲的方式训练出来的。在训练中，喂劲喂得好不好、对不对，直接影响听劲能力的培养。

喂劲是太极拳训练的重要手段，是同门中的互助练习，对此需要有正确的认识。有些人不愿意给别人喂劲，也有的人喂劲时不按规矩来，这些都是既不利己也不利人的做法。要学会从喂劲中体会听劲，这样既帮助了同伴，又能够使自己有所得，提高自己的听劲能力。

简单机械原理在推手中的应用

最早将普通物理力学中的简单机械原理引入太极拳的，是徐致一先生1927年出版的《太极拳浅说》一书。此书在当时有很大影响，其原因就是这本书第一次以现代科学的观点去解释传统太极拳。由于当时的历史背景，很多人在提倡科学的同时反对传统。事实上，中国有很多传统的东西都做得很好，但解释很差。由于种种原因，经常是实实在在的好东西，但说起理论来，却是神乎其神、虚无缥缈、不着边际。很多传统理论也与现代科学的观点、认知、思维方式不相容。这种传统与现代不兼容的现象，常常掩盖了事物的本质，因此会受到有现代科学思想的人的质疑。毋庸讳言，太极拳在当时也面临这种质疑。徐先生受过现代教育，其著作就是要证明传统的太极拳是符合科学道理的。

徐先生以简单力学中最初级的杠杆、轮轴、斜面、合力等科学原理（这些在当时属于只有很少人懂得的知识），去解释太极拳的技术原理，虽然具有开拓意义，但是实际用途并不大。主要是因为太极拳的技术十分复杂，其中除了力学原理，还包含着很多生理学、心理学方面的原理。即使单讲力学，太极拳的复杂性也不是简单的力学能讲清楚的。譬如在一个人用力时，身体上任何一个部分的微小动作都会对整体技术产生影响；与对手之间的合力就更复杂，并非一两个理想状态下的简单力学原理就可以描述清楚。因此，在训练中，这些原理可以作为大致的参考，但是不要机械地使用。下面举两个简单的例子来说明。

1. 杠杆

杠杆是一根可以围绕着一个支点转动的杆。杠杆原理讲的是支点两边的力矩（力乘以力臂）相等。因此，根据杠杆原理，可以通过延长力臂达到省力的效果，其中支点的位置是关键。譬如在推手中，如果对手用其双手推在我双臂上，这时我不用胳膊之力与其直接对抗，而是用手黏住对手的胳膊。这里可以将我胳膊上与对手的接触点想象成为支点，一方面从支点向前延长到我手是一个比较短的力臂，另一方面从支点向我身后的虚拟延长线是一个比较长的力臂；这时如果在长力臂的末端用较小的力，则可以在短力臂的末端，即我手上，产生较大的力，如图4-46所示。当然实际中是无法在虚拟的长力臂末端用力的，因此需要将这条虚拟的力臂转移到我身体上可操纵的部分，譬如脚上。通过转脚所产生的力，如图4-47所示，就会形成一个从脚到支点的力矩。由于从脚到与对手接触之支点的距离会比从支点到我用劲之手的距离长很多，就会产生一种杠杆效果。即我手上没怎么用力，只是转了转脚，就可以轻松地移动对手。在实际运用时，多数情况下杠杆原理并不是在理想状态中的一条直线上实现，而是通过将虚拟的延长线转移的方式，因此往往不是特别明显或清晰。在实践中，杠杆原理被运用最多的地方就是手脚之间的转换，其中的关键是上下相随，之间不能断了。在讲"牵动四两拨千斤"时，其中的"拨"多是使用杠杆原理。

图4-46 我胳膊上与对手的接触点为支点，从支点向前到我手是短力臂，从支点向我身后的虚拟延长线是长力臂，形成模拟杠杆

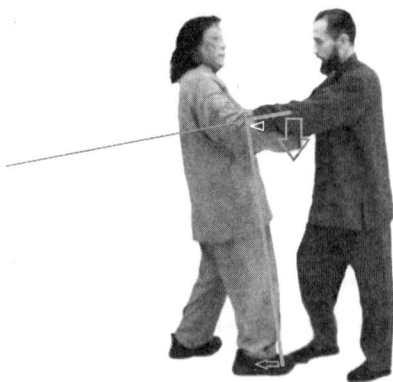

图4-47 将虚拟的长力臂转移到脚上，通过转脚所产生的力，产生杠杆效果

2. 斜面反射

斜面是说在与对手用力的接触点上，自身做倾斜变化，使双方接触部位的角度发生变化，进而引起用力的方向角度变化，同时也使反作用力的方向角度发生变化，给对手造成不利的影响。譬如在推手中，对手向前直推我胸部。由于在推之前总会对接触点有个预期，对手会自然地调整其手、腕、臂，以及全身用力的位置、方向、角度等，使其前推之力能够达到最佳状态（图4-48）。对手双手接触到我胸部的瞬间，我根据其推力，譬如其左手上的力更大，顺势调整胸部的接触点，形成一个向我右前下方的斜面，使对手因自己的推力形成身体偏斜的状态（图4-49）。这里变化的时机很重要，一定是对手的力已经发出，无法变化，但是还未达到峰值时；我在接触点上的变化会使对手的手、腕等处的用力角度发生变化，使其身形下降，手向上推，而其反作用力会加速使对手身形下降，如同其自己将自己推倒（图4-50）。这时我应该保持这个斜面，可以用我胸部左侧追对手之右手，使其不能离开，即令他无法脱离被动状态；同时可以用我左手扶在对手右臂上以助力；我眼神向对手左侧地下看，我胸部与对手右手的接触点与我左手在对手右臂上的接触点一起追神，可加速其倾倒过程（图4-51）。

图 4-48 对手选择最佳状态向前推

图 4-49 顺势调整接触点，形成斜面，使对手身体发生偏斜

图 4-50 掌握时机，使对手推力的反作用力加速将其自己推倒

图 4-51 保持斜面效果，使对手不能脱离被动状态

三角力原理

关于意念在推手中的作用已经讲过很多，但是在实践中，要想真正做到用意不用力是很难的。用意不用力的本质是讲意念转移。在人的自然反应中，每当遇到问题或麻烦时，为了解决问题或麻烦，意念就会自然地放在产生问题或出现麻烦的点上去。而这种自然的反应正是产生双重的原因，是太极拳所反对的。所以在太极拳中要懂得意念转移，将意念从问题或麻烦点上转移到其他点上，使问题或麻烦点成为阴，而新的意念点为阳，使这两点阴阳相合为太极。这个道理很多人都懂，但是在实际操作时，对问题或麻烦点，常常是越想忘掉就越忘不掉；同时新的意念点也总守不住，另外，两点间的协调也不容

易做好。为了能够得到正确的训练效果，王培生师爷有一种适用于中级阶段的训练方法——三角力原理，简称为"一、二、三"。在训练时，先按预设计的套路练习，久而久之，能够体会到其中的规律性，产生符合太极阴阳之理的感觉，而后即可灵活运用。

所谓三角力原理，就是在推手时以意念想三个点，形成一个三角，实际上就是合力。这里，对手接触你、给你制造麻烦的点，就是第一点；你的新的意念点，就是第二点。从太极原理上讲，第一点即是"走"，第二点即是"黏"，而由黏走相应所产生变化的运动方向所指的就是第三点。

王师爷说："推手时就老想着一、二、三，或者嘴里老默念着一、二、三。对手接触你就是一，你黏他就是二，然后想一、二点一起向三走。"

在应用时，想第一点就是与对手对应相接。当对手的劲一来，既不可想顶住，也不可想躲闪、柔化，只是略有一点迎合的意思即可。要注意的是，在这点上意念一有即可，不能停留，这样才能达到自然的"走"。第一点有点意思后，须马上转移到第二点去做"黏"。对第二点的应用，重要的是要稳，不能滑动、乱跑。第三点是目标点，想第一、二点同时向第三点运动，其作用就是为了使第一、二点协调运动，使这两点间的黏走相应达到最佳。下面以四正中的"按"为例，讲解此法的应用练习。

在四正中，"按"是为了化解"挤"之进攻。当对手挤我前胸时，我胸部与之手臂接触，欲迎还休，略带含蓄；我右手轻扶于其左肘附近，有欲推拉之形，而无推拉之力，这是第一点。在建立起第一点的同时，我左手马上轻扶在其右臂上，沉肩坠肘，有向下沉按之意，这是第二点。这时马上以眼神看我的右前下方，即对手左阳陵泉穴外侧，而后入地，一看即可，这是第三点。同时要有第一、二点去追第三点之意，这时形体上动作自然也很小，就是用意念追。即所谓"以心行意"，神与意合。这样在三个点之间就形成了一个协调关系，或称为一种"势"。也有人借用物理学的概念，将其称之为"场"或"场势"。也就是说，在这种类似于场的情况下，虽然你似乎并没有做太多具体的事，但是对手的神意气劲等全都受到你的影响、控制。在这种势下，如果对手继续做挤法，则可以造成对手向其左后侧失衡跌倒。

在具体练习时，第一点比较容易确定，而第二、三点却有很大的灵活性，特别是第三点需要因敌变化。因此在训练中，开始需要老师给出一些比较具体的练习方法，经过反复练习，学生便能够逐渐体会其中的规律，慢慢形成自身的体验。在实际技术中，第二点大多是与对手已有接触但无大麻烦的点，如上例中的我左手与对手右臂；而第三点往往是在对手身上某一关键点的延长线上，如上例中的从对手左阳陵泉穴向其外侧斜下方延长线的地上或地下三尺深之处。

对手双手推在我双臂上，其左手上的力较大（图4-52）。我先想意念在右臂，沉肩、坠肘，与对手推力相合，形成第一点；再想用我左手扶在对手右臂上，形成第二点；同时微微收腹，身体略向下沉（图4-53）。我眼神向我右前下方看，即从对手的右肩到左胯，再延伸到其左后下方地上，形成第三点；同时全身放松，第一点（我右臂上与对手的接触点）与第二点（我左手）一起去追第三点（眼神）；这个一、二、三的过程要协调、流畅，使对手向其左前方倾倒（图

4-54）。这时我可以略调整眼神，略向前，并更向下，要有入地三尺之意，同时第一、第二点还要持续追神；如果对手因为身体倾斜而使其左手失去推力，我可以改以其右手为第一点，这时其右手是麻烦点，同时保持第二、第三点；这种持续的一、二、三的追击可以使对手完全失去稳定性（图4-55）。

这时我仍保持与对手右手接触点为第一点，突然将第二点改到我右手上，眼神也突然转向对手右侧身后五尺而入地，第一点与第二点马上追神，这种发放方向的变化可以将对手轻易打翻（图4-56）。

图4-52 对手前推时，左手上的力量比较大

图4-53 我右臂沉肩、坠肘，形成第一点；我左手扶在对手右臂上，形成第二点

图 4-54 我眼神向右前下方看，形成第
三点；第一点与第二点一起去追第三点

图 4-55 当对手左手失去推力，我改以其右手
为第一点，我左手仍是第二点，眼神仍是第三
点；持续以第一点与第二点追神

图 4-56 我保持第一点，将第二点改到我右手
上，眼神转向对手右侧身后形成第三点，第一
点与第二点追神，仍以三角力原理将对手击倒

　　由于太极拳的拳理与技术不易理解掌握，初学者往往不知所措，
因此需要如三角力原理这类将练习简单化、具体化的方法，使练习者
能够清楚做什么、怎么做。这类方法容易操作，也有很好的指导作
用。需要注意的是，要时刻牢记太极拳不是使用预设计的技法，因此
所有三角力原理之类的技法练习都只是工具，不能练成死板的技术。
从训练之初的不知所措，到逐渐能够熟练使用，再从中体会体内之变
化而产生自然应用的感觉，达到可以因敌变化、灵活运用，最后能够
应物自然，在有意无意间完成。这个过程必须清楚。

旋臂时，轴线与手指尖之间的关系

在推手或技击中，手臂，特别是小臂与对手发生接触的机会最多。发生接触就会有力的作用，有力的作用时，变化就十分重要，没有变化而直接用力，这是很常见的错误。许多技术要求在接触点上不发生滑动，而是以转动的形式变化，这种转动类似于齿轮，与滑动不同。为了使转动变化的轨迹保持平滑、平稳，这时往往需要使用偏心圆的原理滚进、滚退。具体方法就是以手指尖到肘尖的连线为轴去转动小臂，五个指尖到肘尖的连线就是五条不同的转动轴，在接触点上就会造成五种不同的转动轨迹，产生不同的劲力变化。这种不同在形体动作上的区别很小，往往不被注意，但是作用很大，很灵活，常常在技术运用中起到至关重要的作用。很多人在运用技术时，基本技术动作看着都没问题，但是效果不好。如果仔细研究，很可能就是这类很小的变化没有做好。建议可以多做一些大指与小指转动变化的比较，建立感性认识。

黏走相应中的变化

黏走相应原理在具体应用时需要因敌变化，其中主要是讲刚发生接触时的变化。譬如对手进手的前冲力比较大且快时，我为了能够柔和接触，需要在形体上做比较大的相随，或者说走化。必须注意这种随或走很容易变成弱，即被对手追进来，产生弱后又很可能变成顶，而此时的身法可能已经顶不住了。因此，做"随"时有两点需要注意，第一是意念不能放在接触点上，即不能在接触点上直接想去做走化，可以放在其他位置，譬如手指尖上；第二是随与黏不能分离，随可以先开始走，但是黏必须尽快柔和地融入，达到黏走相应。如果是想先走化完再黏，必然已失去机势。能够黏走相应就是懂劲，这是太极拳技术的核心。有关黏走相应的例子与练习方法前面讲过多次，而在实际运用中其变化也是多方位的，这里再给一个练习的例子。

　　双方对峙成互推状态，即双方均以右手推在对方胸上，左手托在对方右肘下方，进攻时我以右手向前直推，同时左手推对方右肘，追其右肩到左耳，左右形成一个向前而略偏右的合力。假设这时对手以这种方式抢先主动进攻我，而且其右手上的直力更大（图4-57）。我需提顶、坐身，使我身体能够与对手右手推力相随，同时我右肘上不与对手对抗，而是沉右肩、坠右肘，以我右肘尖去黏对手左掌心；这样我左侧胸前与我右肘之间形成一个黏走相应之势，同时在对手的左手指尖与左掌心之间也形成一个黏走相应之势，这会使对手身体前倾并略向右转，造成失衡（图4-58）。

　　这时我可以顺势将我胸前与右肘上与对手的接触点都变成相随的走，同时以我左手黏住对手右肘，我身体顺势右转，身法如球之旋转，成黏走相应之势，将对手向我右侧身后发出去（图4-59）。

图 4-57 对手以右手为主、左手为辅，向前推我

图 4-58 我身体与对手右手推力相随，以我右肘尖去黏对手左掌心；形成黏走相应之势；同时在对手的左手指尖与左掌心之间也形成一个黏走相应之势；使对手失衡

图 4-59 我将与对手的接触点都变成相随的走，同时以我左手黏住对手右肘，身法如球之旋转，成黏走相应之势

引进落空之应用

引进落空是太极拳中最主要的技术追求之一，其本意就是在推手或技击中引诱对手用力，同时又使其力落空，即没有得到着力点，因此反而给对手自身的平衡稳定带来麻烦。在具体应用中，"引"必须做得真，让对手真的觉得有利可图，故而用出真实的力；"进"需要做得恰如其分，与引能够阴阳相合，保持自身的稳定，否则引就可能变成引狼入室；"落空"需带有一定的突然性，使对手产生惊恐、紧张之感，重点是使其失去平衡。在实际运用时，落空技术的形体动作往往很小，可能外人都没看到，只是对手心中一惊、脚底一晃，但是

这已经足够了。引进落空后紧接着就需要发放，就是"引进落空合即出"。下面是练习实例。

双方对峙，对手将其双手按在我双臂上，以直力向前推我；我需在整体上以舍己从人的状态随其而动，但是在双臂的接触点上略有掤劲，使对手感觉其推力已然按到我身上，可以将我推起来（图4-60）。

当对手感觉可以用力推我而增加推力时，我需以完全放松的状态与之相应，特别是在接触点上要与之相应，与之自然相随，以至于我上身会随之有些后仰，形成引诱对手持续加力之势；与此同时，我下身腿脚需要有向前进的意念与动作，譬如右腿弓、右膝向前顶，形成与上身之引相呼应的进；引与进必须协调，不可分离，引得越多，就进得越多；在做引与进时，需要保持提顶、松腰、鼓荡（图4-61）。

如果引与进做得好，可以使对手感觉必须再加力，这时我可以根据接触点上的感觉，按照黏走相应的原理做化与拿，譬如对手左手上的力更大些，则我身体会随之向右转，使其力落空，这时的关键是脚下需要有水中浮球的感觉；这种落空不是形体动作上的突然躲闪，而是柔和渐进地使对手的力量在不知不觉中落空，而且接触点往往并不脱离，所谓"粘依能跟得灵，方见落空之妙"（图4-62）。

图 4-60 在与对手对峙中我略用掤劲，
引其进攻

图 4-61 上身与对手自然相随，形成引；
同时腿脚需要向前进，形成进

图 4-62 脚下浮动，身体随势而转，使对手之力
在不知不觉中落空，达到引进落空

所谓在不知不觉中落空，是说当对手感到其用力落空之时，落空的事实已经发生，对手已经来不及去调整。因此，正确的引进落空技术，不但能够化解对手的进攻，同时也会使对手陷入失去平衡稳定、被我控制的被动境地，而后是打是发全凭我感觉、心意。

使对手落空是有条件的，不是任何时候都能够直接做到，特别是对持续用力时间较短的技术。譬如凡有过较好训练的人，打拳时，即使击不中目标也不会造成落空，所以必须认真研究在实战中如何引进，以创造条件。

牵动四两拨千斤之应用

牵动四两拨千斤是太极拳中最主要的技术追求之一，其本意就是在推手或技击中能够以比较小的力量控制比较大的力量，以弱胜强。注意其中的"四两"与"千斤"只是带有夸张意思的对比，并非真实的数量值。此技术的核心是我如何能以小力改变对手大力的作用方向，使其力不能达到预期效果，反而给对手自身平衡稳定带来麻烦。在具体应用中，必须注意，这个词里"牵动"是重点。在日常口语教学中，这两个字常常被忽略，导致学生在应用时产生困惑。须知，如果对手没有被牵动起来，小力是不可能与大力抗争的，以柔克刚、以弱胜强是有条件的。做好牵动有两个要点，一是要发现对手的弱点，譬如常说的牛鼻环，使其不得不随之而动；二是顺势引导，"牵动"也常常含有牵制、引动的意思。"拨"是说不做正面对抗，而是从侧面逐渐改变，譬如常说的铁路扳道岔。所以从哪儿牵、在哪儿拨，是实际应用中的关键。牵即是走，拨即是黏，需黏走相应。下面是具体练习。

双方对峙，对手将其双手按在我双臂上，以直力向前推我，其力实而大；我在整体上需放松、不对抗，处于随对手而动的状态，但是在双臂的接触点上略有掤劲，使对手感觉其推力已然按到我身上，可以将我推起来（图4-63）。

当对手感觉可以用力推我而增加推力时，我需舍己从人，以完全放松的状态与之相应，特别是在接触点上要与之相应，与之自然相随，以至于我身体会随之后退成左坐步，形成引导对手持续加力前推之势；这时我需要保持提顶、松腰、鼓荡，特别是脚下需要有水中浮球的感觉；同时我可以根据接触点上的感觉，譬如对手左手上的力更大些，则我身体会随之向右转，使其力在我右臂上持续推进，就是牵动；而我以左手顺势轻扶于对手右肘上，在我顺势退身、右臂被推的过程中，向对手的左阳陵泉穴轻推，即是拨（图4-64）。

事实上，牵动与拨即是黏走相应的原理，对手做的虽然是前推的动作，身体却被我牵动慢慢向其左侧偏移，而且由于其前推力的压迫，其左脚无法移动调整，导致其失去平衡而倾倒；这个过程应该是柔和、渐进的（图4-65）。当对手失去平衡稳定而被我控制时，我可打可发。

图4-63 对手以直力向前推我，我需放松，随之而动，我在接触点上略有掤劲

图4-64 我与对手自然相随，牵动其持续推进；同时以左手顺势向对手的左侧轻拨

图4-65 牵动与拨即是黏走相应，可使对手失去平衡稳定而被我控制

借力打力之应用

借力打力是太极拳中的主要技术追求之一，其本意就是在推手或技击中通过改变双方在力点上的接触状况，使对手发出的力量不能在我身上发生作用，反而给其自身造成麻烦，也就是后发先至、以弱胜强。此技术的核心是知己知彼，能知己知彼才能知道什么时机、如何借力，"机由己发，力由人借"。在具体应用中要注意，借力必然是对手用力在先，否则无力可借，所以如何使对手先用力也是技法中的重点之一。在推手或技击中，对手对我用力是为了给我制造麻烦，譬如使我失去平衡稳定，或者使我受到直接伤害。这个用力过程有两部分，第一是其自身力量的聚集与发射，即如何聚集起更大的力量，并以更加快速准确的方式发放出去；第二是当双方肢体发生接触时力量的传导，即对手发出的力量如何给我制造麻烦。因此，在练习借力打力时有两个要点：第一是要促使对手发力实且大，使我能够有实实在在的力可以借；第二是双方在力的接触点上的变化转换，包括时机、方向等，使对手发出的打击我的力，转化为给其自身造成麻烦的力，这些都需要从大量的练习中去认真体会。下面是具体练习。

双方对峙，对手将其右手按在我左臂上，以直力向前推我，其力实而大；我在整体上需放松、不对抗，处于随其而动的状态，以至于我身体有略向右后方晃动之意；但是我在左臂的接触点上需略有掤劲，使对手感觉其推力已然按到我身上，可以将我推起来（图4-66）。

当对手感觉可以用力推我而增加推力时，我在左臂的接触点上需舍己从人，以完全放松的状态与之相应，自然相随；同时我以左手指尖为引导，走一个向下、向右的弧形，从对手身体右侧绕到左侧，穿过左阳陵泉穴，直插入地下。这个左手的下插动作可以使我左臂上的接触点发生自然、柔和的变化，即向内旋转并向前下方运动；接触点的变化也同时造成对手之右手腕向内弯，其右肘、右肩被挤住而难以变化；这就会造成对手右手上的前推之力反作用到其自身右肩上，形成向其身体左下方的推力，破坏其自身的平衡稳定（图4-67）。

我需顺势将身体重心向我左腿上移动，提顶、涵胸、收腹、松腰、溜臀，使我身体呈拉弓状态，我左掌心微微下按，指尖仍然向右前下方指，继续破坏对手的平衡稳定，使对手感觉必须在右手上增加力量对抗才可以维持稳定。这时对于对手而言就形成了一个恶性循环，即对手感觉不稳定所以需要增加力量来对抗，可是越增加力量，我就可以借到越多的力量而使其更不稳定。在实际中，这个循环可以发生得很快，使对手感觉有一股极大的、持续增长的、既柔和又无法抗拒的力量，将其扔出去（图4-68）。

图 4-66 对手以直力向前推我，力实而大；我需放松，随其而动，接触点上略有掤劲

图 4-67 我在放松相随中，以左手指尖走弧，绕到对手身体左侧，使左臂接触点向内旋转并向前下方运动；造成对手的前推之力反作用到其自身，破坏其平衡稳定

图 4-68 我需维持可以持续借力的状态，使对手陷入越用力越不稳定的循环中

论知己知彼与后发先至

太极拳技击的特殊性是追求最高效率，其主要的技术追求是引进落空、牵动四两拨千斤、借力打力等，也就是如何能够不用力、少用力，或者是借用对手的力。这些技术的运用不是"拳打两不知"，而是需要对自身以及对手在技击中的状态有充分了解才可以做到，也就是要知己知彼。从哪儿引，往哪儿落；从哪儿牵，在哪儿拨；力从哪儿借，往哪儿打，这些都需要从知己知彼中寻找答案。这些技术在运用时需要对手先动，可以是其主动先动，也可以是我引其被动先动，只有对手动起来我才有机会。当对手先动起来，我又必须能够后发先至，从其动中获取信息，掌握先机，就是"彼微动，我先动"。因此，太极拳的技击过程就是从舍己从人中达到知己知彼，由此能够掌握双方全面状态，才能够后发先至，通过粘黏连随做阴阳转换而达成最高效率。

论六面劲

所谓六面劲是说上下、前后、左右六个方面上的相互平衡之劲，"有上即有下，有前即有后，有左即有右"。六面只是一种简单的概括性说法，实际上是讲所有的方向。一个常用的例子是往一只皮球中充气，球内气压是向所有方向均匀扩展的。太极拳训练中也借用这个概念，所不同的是不可努气，而是一种微微晃动、略不稳定的鼓荡之感。所有需要的劲力都是随着这种感觉而运用的，几乎没有在单一方向上的发力。六面劲就是这个概念中的一个常用说法，不可机械理解。

舍手攻身

舍手攻身是推手或技击中的一个战术。人的手臂能够做出的变化很多，范围也很大，相对而言身体的运动变化能力要小很多。因此，在与人交手时，如果能够直接进攻对方身体，而避免在手臂上与之缠斗，往往更加有效，这就叫"舍手攻身"。所以常说，不要给对手造成舍手攻身的机会。当然从太极拳原理上讲，对手攻手还是攻身都可以应对，不必在意。但是在具体应用中，特别是当技术水平还没有达到顶级程度时，这里还是存在着一些小的区别，对此要有清楚的认识与心理准备。在理解舍手攻身在攻防技术中的应用时，需要结合身体四层圈的概念，进圈、退圈，保持中正。

球与重心

人体的基本形态是一个立方体或圆柱体，重心大约在中间的位置。当人体受力时，如果重心产生了足够大的偏离，就会导致失去平衡。武术中的进攻技术所研究的重点之一，就是如何移动对手的重心，使之失衡，譬如可以通过强力打击，或引诱对手向错误的方向移动。武术中的防守技术所研究的重点之一，就是如何维持重心，保持平衡稳定，譬如降低重心位置，或使用大步幅增加支撑面积等。太极拳中黏走相应的原理，就是通过走去化解对手破坏我平衡之力，同时以黏去破坏对手之平衡。

在推手中，若身体重心被移动出脚下的支撑面积，就会失衡。对于平衡而言，重心越升高，平衡就越容易被破坏，重心越降低就越稳定；对于维护重心而言，支撑面积越大，重心就越不容易被移出。因此说重心低、支撑面积大的圆锥体最稳定。这就是为什么很多人推手时降低身形并使用大步幅的原因。但是这里有一个问题，即当以这种方式增加稳定性时，必然造成放松困难，也就失去了灵活性。这个问题在定步推手中不太明显，所以往往不被重视。须知，太极拳的技击技术不是仅仅停留在定步推手中，在竞技推手或实战中，放松与步法的灵活性起着至关重要的作用。因此，不应该在推手训练中养成这种以降低身形、增大步幅的方式去维护平衡的习惯，而是应该发展出既稳定又灵活的步法。

平面上的球体无论如何受力，其运动形式都是滚动，因此其重心没有变化，也不会超出支撑面。所以对于球体而言，没有由于重心的偏离而失去平衡之说，这就是随遇平衡的概念。太极拳借助这个概念，用模拟的状态发展出一种以随遇平衡概念为核心的身体运动方式。通过训练，使身体成为一个虚拟的球体，球上呈现出的是稳定与灵活的运动方式。对应外力，似乎是让对手站在球上，此球可以随其脚下蹬踩之力滚动。如果进一步将此球置于水中呈半浮状态，当外力来袭，似以一手指欲将此球按入水下，则球必翻转上浮，恢复稳定。训练的要点是：如何将身体练成一个虚拟的球体，如何维护重心，如何使球滚动或翻转，如何做到球浮于水。

太极推手与
技击练习

运劲如抽丝与抽丝劲

"运劲如抽丝"不是讲劲的使用问题，而是讲劲在使用之前的准备过程。这里"运"是运作、运动、筹备、酝酿的意思。也就是说劲在使用之前，先要运作起来。在太极拳有关劲的训练与使用中，都有这个过程。在训练阶段，需要长时间、认真仔细地练习。首先需要在形体动作方面做到轻、稳、匀、柔、慢、细、长，忌快、猛、断、促、粗、狠，如同从蚕茧中抽丝，不能把丝揪断了，"勿使有缺陷处，勿使有凸凹处，勿使有断续处"。其次是要做到连续、贯串。要点是"其根在脚，发于腿，主宰于腰，形于手指""由脚而腿而腰，总须完整一气""勿使丝毫间断耳"。在实战阶段，这个过程很短，或者说是隐蔽的，在外形动作上几乎没有明显表现。功夫水平越高，这个过程就越短。在实战技击中，需要使用各种各样的劲。无论哪种劲，在使用前都有运的过程。各种劲的运法可能不一样，但是其基本形式是相同的，即需要如抽丝般柔慢轻匀，当然这些都是相对的，不能绝对化。如果把运劲如抽丝解释为一种具体应用的劲——抽丝劲，显然不妥。

关于缠丝劲

缠丝本是陈式太极拳训练中的一种运动形式，是以形体上的缠绕拧裹等运动形式引导体内气与劲力的运行，最终获得被称为"缠丝劲"的劲力以及相应的应用方法。从名称上看，这是一个很好的名字，形象、准确地表达了这个技术概念。如果单从名称上看，这是今天陈式太极拳中所独有的，但是如果从技术角度看，这并不是陈式太极拳的专利，其他太极拳传承中，甚至于其他武术门派中都有类似的技术，只是多数在形式上没有那么明显，没有特别强调专门的练习，理论上也没有太多的讲述。

那么缠丝或缠丝劲为什么是陈式太极拳中所独有的呢？我们知道，除了陈式以外，今天太极拳的主要流派都是从杨露禅、武禹襄等人的传承中衍生出来的。但是杨、武以及他们的传人都没有直接使用过这个名称，也没有专门的练习方式，甚至在他们所传承的大量拳论中都没有提及。因此可以断定，至少在杨露禅向陈长兴学艺、武禹襄向陈清萍学艺的时代，这个名称与专门的练习方式在陈家沟与赵堡都还没有形成。不然就无法解释，为什么今天这个在陈式太极拳中如此重要的技术概念，却没有出现在杨、武的传承中。须知杨露禅在陈家沟30年，怎么可能对此一无所知呢？从另一个角度看，如果如有人所说的是因为陈家沟人保守，没有将此传于杨，那么杨露禅能成为同学中的佼佼者，并在后来成为一代宗师，不恰恰说明此法并没有那么重要吗？事实上，在陈家沟的老谱中也没有相关记载。从现在所能看到的记载中，"缠丝"这个名称最早出现在陈鑫的著作《太极拳图画讲义》里。在此书中，陈鑫将它称为"缠丝精"。那么这是来自陈鑫自创，还是他之前的人的发明，现在无法考证，但从可知的情况判断，陈鑫自创的可能性极大。

如果从武术技法的角度看，在很多门派中都有与缠丝或缠丝劲类似的东西。譬如在杨传太极拳系统中，就有力走螺旋、乱环术等。陈式太极拳中，从理论到实践都对此进行了强化，形成了自己的特点，这是好事。但是有一个倾向需要注意，现在有些人过于强调这个，特别是热衷于形体上的训练和所谓劲力方面的增长，把这个基本技术看成是太极拳中的主体，是最重要的部分，造成对太极拳整体认识上的迷失。这是舍本求末，对学习掌握真正的传统太极拳有害无益。

脚与门轴

前面提到，在推手中有一个常用的技术，俗称"门轴"，这里给出其运用的具体描述。譬如，当对手以大力推我上身，譬如胸部，如果其推力向前下方，我则可以略收小腹，抬起前脚尖，以脚跟为门轴，忘掉接触点，同时以脚尖勾起，意念想从对手身后将其拢住，使我自身与对手成一体，成为门扇（图4-69）。随着对手的推力，我摆动脚尖，带动我身体与对手一起如门扇被推开般转动，达到化解对手之力的目的（图4-70）。

图4-69 对手向前下方推我，我以前脚跟为门轴，双方身体如同门扇

图4-70 我随着对手的推力摆动脚尖，如门轴带动门扇转动，化解对手之力

如果对手的推力是向前上方，我则可以用胸部微微迎上，抬起前脚跟，以脚尖为门轴，忘掉接触点，同时以意念想膝盖向前上方钩起，从对手身后将其拢住，使我与对手成一体，为一门扇（图

4-71）。我随着对手的推力摆动膝盖，带动身体与对手一起如同门扇般被推开转动，达到化解对手之力的目的（图4-72）。

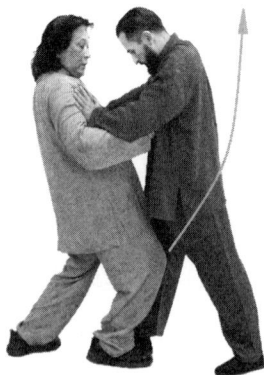

图 4-71 对手向前上方推我，我以前脚尖为门轴，双方身体如同一门扇

图 4-72 我随着对手的推力摆动膝盖，如门轴带动门扇转动，化解对手之力

　　在做这个应用时，无论是摆动脚尖还是膝盖，均以前腿为虚腿。当对手的力推来，不与其在接触点上纠缠，而是马上将意念转移到前脚尖或膝盖，使其横摆。而摆动的方向与对方推动我身之力相合，如同推一扇门，门随着门轴的转动而被推开。这里，前脚跟或脚尖即是门轴，前脚尖或膝盖与身体相合即是门板，推开门的力源自对手。要让对手感觉这扇门有点重，不用力推不开，可一用力就推空了，脚下就会漂浮不稳。当对手推空后，可顺势控制并发放。这里的要点是保持身体在实腿上放松，以及全身的协调性。这也是一个忘掉接触点、用意不用力的例子，也符合黏走相应的太极拳之理。

提顶中的阴阳

提顶时，保持中正，体内中气上升为阳，下降为阴。从形体动作方面讲，由于重力的作用，顶越往上提，身体下沉的感觉就越明显，虚升实降，阴阳相合。从内功机制方面讲，提顶可以使练习者提起精神，意念集中而活跃，又能心平气和，是动中有静；同时内气贯串、鼓荡之感加强，是静中动，是多层次的阴阳相合。理解提顶中的阴阳，才能做到轻灵但不漂浮，稳定但不呆滞。

护肫

"护肫"是武禹襄的"身法八要"之一，并不见于其他古典拳论。"肫"字的本意有三种：面颊，禽类的胃，臀。在武文中，"护肫"是与"裹裆"连在一起的，在大多数拳论中，与"裹裆"连在一起的是"溜臀"，而"肫"字本有"臀"的意思，所以很多人认为"护肫"与"溜臀"基本上是一个意思，由于武文对八法并没给出任何特殊的解释，因而也没有引起太多的重视，很少有人提及。

到底"护肫"与"溜臀"是不是一个意思，还是另有解释？从"肫"字的本意看，"面颊"之意显然不对，"臀"之意比较合理，但是如果说"护臀"，那这个"护"做何解释呢？似乎应该是往回收的意思，这也许就是改为"溜臀"的原因。那么"禽类的胃"之意是否可用呢？沈寿说："禽类的胃，此处借指人体的大腹部位。护肫，即随时以手或小臂保护这一部位。"如果按这种解释，护肫实际上就是收腹的意思。由于微微收腹也是太极拳中所要求的身法特点，此说也有一定道理。

总之，尾闾中正、吊裆、裹裆、溜臀、微收小腹、松腰、抽胯，都是太极拳对骨盆、腰、胯这部分的身法要求。无论使用哪种说法，都离不开这些要点。

如何掌握发放的时机与方向

在推手或技击时，通过引、化、拿等技术，使对手失去平衡而为我所控制，这时就可以进行发放。发放技术的关键是时机，这里第一是指时间点，"重里现轻勿稍留"讲的就是这个时机的感觉，必须恰到好处，早了太费劲，晚了就会失去机会；第二是指方向，可以有多种选择。

由于好的发放时机常常是瞬间即逝，所以练习中经常会有慌不择路的情况发生。在推手练习时要细心、有耐心，别太计较输赢，要能够发现时机、抓住时机。在练习中，开始需要老师直接实时地指导学生，每当正确的时机出现，要及时提醒学生注意体会。譬如对于发放方向的问题，当时间点的感觉有了后，就必须认真体会往哪个方向发放最省力。一般来说，当拿住对手后，总有一个最好的发放方向，也就是说可以用最小的力取得最好的效果；也会有一个最差的发放方向，就是帮助对手返回到其原来的平衡状态，即常说的"把人拿起来又放回到原处"。譬如图4-73（甲）中所示，对手已经失衡，并开始向A方向倾倒。如果你顺着A这个方向发放，或者略做一些改变，如向L1或L2的方向上发放，都是比较省力的方向。特别是当对手在A这个方向上倾倒的速度比较大时，这种顺势发放效果会比较好。但是，由于在发放前，对手已经开始向这个方向倾倒，故其心理上会有所准备，即出现自我保护意识，所以顺这个方向发放将其打倒，在心理上对其震撼不够大。如果发放前你能感觉到对手有较强的维护自身平衡的能力，也就是说他已有向回移动、调整平衡之势，这时可以借其势，向与A方向相反的B方向发放，叫作"打回头"，或者稍加改变，如向L3或L4的方向上发放，这样做仍可以看作是顺势发放。与前一种情况相比较，这里尺度问题特别重要。因为是向回打，如果回送的劲不够，则很容易造成你帮助对手恢复平衡的局面。因此，在借势回送时，必须能够送其超过原来的平衡位置，造成对手在相反的B方向上再度失衡而摔倒。这种方法与前一种形似，也存在着心理震撼不足的问题。如果想要给对手造成足够的心理震撼，可以在他已经失衡并开始向A方向倾倒时，突然改变方向，如图4-73（乙）中所示，向与A方向垂直的C1方向或C2方向去发放，或者略做一些改变。由于对手在倾倒的瞬间，或有向A方向倾倒的心理准备，或有向B方向做挣扎调整的机会，而在这两个方向的横向上既无准备，也无力挣扎。所以这时这种横向打击的发放，虽然要多用一点力，但是对你自身来讲更安全，更重要的是能够给对手造成巨大的心理震撼，因此从综合角度看，效果更好，这也是实践中常用的方法。

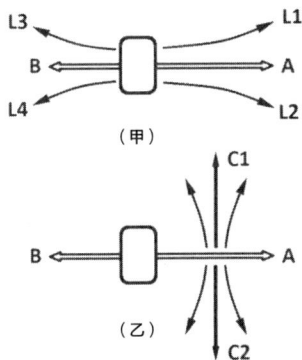

图4-73 发放方向俯视示意图。其中矩形为对手被控制时的初始位置，L1、L2、L3、L4、C1、C2 等方向只是一些可能的发放方向的示意，并不是固定的

在实际发放中，顺势发放相对比较简单，而运用突然变向的技术有一定难度，因为这里很难事先判断，必须根据因敌变化的原则进行实时调整。下面给出几个例子作为练习中的参考，练习时需要特别小心，不要为了调整方向而错失时机。

练习一

当对手向前进攻我时，我通过引进落空、黏走相应使其失去平衡稳定，而向其左前方倾倒，我需顺势将其向这个方向引导，加速其倾倒过程（图4-74）。

当对手落空失衡后会自然上右步，欲改变支撑点以恢复平衡。在其右脚提起向前迈出未落地之前，在我与对手的接触点上应该出现重里现轻的感觉，这时我眼神需立即向对手左侧看，同时双手马上与对手脱离原接触，以手追神，向对手左侧，即我右前方发放，这时的发放方向与对手开始的倾倒方向几乎垂直（图4-75）。

图 4-74 将对手向其左前方引导，使其失去平衡稳定

图 4-75 当对手向其左前方倾倒时，我突然改变发放方向，将其向我右前方发出

练习二

当对手向我进攻时，如果其左手上的力较大，我先通过黏走相应等方法，使其身体向其左侧倾斜，造成其左腿上产生焦点，不稳定状态已显现；这时我需顺势进步，欲将对手向其身后发放（图4-76）。

当对手为使自己不向后倒而加强对抗时，我以右手在其左侧引进落空，而后突然放松并脱离原接触，使其失衡；这时我眼神需立即向对手左后下方看，我左手需顺势追神，对准对手左膝外侧向其右下方发放。这种发放方向的突然改变，会使对手左脚无法调整而迅速失去平衡，向左跌倒。当对手已开始跌倒尚未落地之前，在我左手与对手的接触点上应该出现重里现轻的感觉，这时我可以顺势加力将对手向其左后下方发放，这时的发放方向与对手开始的倾倒方向在45°左右（图4-77）。

图4-76 先使对手向其左侧倾斜，我需顺势进步，欲将对手向其身后发放

图4-77 使对手左侧落空、失衡，我突然改变发放方向，向其左后下方发放

练习三

当对手与我双搭手并向前进攻我时，我需保持自身放松稳定，如水中浮球（图4-78）。我需顺势引进落空，造成对手有上左步前扑之势；我同时需以黏走相应使其身体略向左前下方转动，并有略向右侧拧翻之势；这时对手已失去平衡稳定，而向其左前方倾倒（图4-79）。

我顺势将对手向其前下方引导，使其头部向下，加速其倾倒过程。这里我整个的化、拿过程的方向是在我身体前画一个顺时针方向的圈。这时对手已无法通过移动左脚去调整平衡，只能自然将右脚向后伸以助平衡（图4-80）。

当对手落空失衡后，我眼神需立即向对手左后下方看，同时双手马上与对手脱离原接触，以手追神，向对手左后下方，即我右前下方发放，这时在我与对手的接触点上应该出现重里现轻的感觉（图4-81）。

这时我可以眼神突然向前上方看，以手追神，即松提后再向前之波浪形，这时的发放方向与对手开始的倾倒方向几乎是垂直的，而且包括弧形起伏变化（图4-82）。

在整个练习中，发放方向不是简单的直线上的变化，而是持续在圈或弧线中变化，这是更接近实际情况的练习方法。

图 4-78 与对手双搭手，我需保持放松稳定，如水中浮球

图 4-79 我需顺势引进，使对手向左前方倾倒，并有向右侧拧翻之势

图 4-80 我顺势引导，加速使对手倾倒

图 4-81 我改变眼神，立即向对手左后下方看，以手追神，向对手左后下方发放

图 4-82 我眼神变化，使发放之力呈弧形起伏变化

发劲时的控制与脱钩打法

"脱钩"或"摘钩"是太极拳发放中的一个常用技法。当对手失去平衡被我控制，我就可以进行发放。发放之前，在引、化、拿等技术控制过程中，敌我双方可能在接触点处产生黏着状态，由于对手已经失衡，因此这个黏着状态就常常会成为一个节点，我可以用这个点引导或控制对手，即给他一个摸得着但用不上劲的虚假支撑。同时对手也会试图从这个点上借力以找回平衡，这就会使他想离又离不开。这时这个点对于对手来讲就是一个扶手或拐棍；对我而言，就如同用一个钩子钩住对方，使其不得不随我而动。在实践中，这个节点常常是很紧密的，譬如对手可能紧紧地抓着我的胳膊。在我发放的过程中，我可以保持这个接触点，使我在发放中仍然保持主动，仍能控制对手，如果对手有变化，我可随之而变。但是，如果我在拿住对手时有十分的把握，能感知到对手已无力反抗，也无法变化，这时可采用脱钩的方法发放。所谓脱钩，从我方角度讲，就是在发放之前突然将接触点断开，如同把控制他的钩子摘掉；从对手角度讲，就是把支撑他平衡的唯一扶手突然撤了。这时对手就会被突然空起来，没有任何力点可以依靠，受到极大的心理震撼，如同在独木桥上，一脚踩空之感。这时发放的效果往往是最好的。人们常说太极拳高手发人并不伤人，但能使对手心惊胆战，就是由此而来。

在实际应用中，发放之前有时是我以比较主动的方式去控制对手，使之失衡，譬如我直接使用採、挒等技术；有时是我以比较被动的方式去控制对手，譬如对手已经抓住我，我需从粘黏连随中使其失衡。当使用前一种方式时，脱钩相对容易一些；当使用后一种方式时，有时需要一些技巧，譬如当对手抓住我手腕时如何通过滚转摆脱。下面是一个以比较主动的方式进行控制，然后做脱钩打法的练习，为了能够比较清楚地说明，技术动作的幅度做得比较大。

双方对峙，对手出右拳进攻，我起右手顺势横拦，横拦时需注意接触点要轻，自然相随，右肩需沉，右肘要坠，意念在右手食指，中指向我右前上方指点（图4-83）。

当发生接触而感到对手在接触点上有对抗时，我右手向我右侧横捋，同时身体略向下沉，在横捋中再顺势加入一些下采与下挒之劲，使对手右臂僵滞，身体前倾，呈失衡状态（图4-84）。

我需持续向右捋、采，使对手持续向其左前方倾倒；当对手欲向前迈步调整重心时，我右手突然改变用劲方向，抓住对手右腕向右、再向上举起，使对手重心上升，从而造成脚下不稳定；同时我左手放在对手命门穴，向内、向上轻拢，使其身体略向前倾，而且重心无法放下（图4-85）。

当我右手上有轻的感觉时，可以突然松开右手，形成脱钩之势，同时身体骤然下沉，眼神穿过对手腹部至其身后三尺地下，而此时对手身体仍有上升之势，腹部有完全没设防的感觉，其内心必然产生惊恐之感（图4-86）。

这时我可以顺势发劲打击，譬如以右钻拳直击对手胸口下鸠尾穴，可产生极度震撼的效果（图4-87）。

图 4-83 与对手接触时要轻，顺势横拦，自然相随

图 4-84 当感到对手有对抗时，我向右横捋，并顺势加入下採与下挒，使对手前倾失衡

图 4-85 当对手因前倾而欲调整时，我抓住对手右腕向右、向上举起，使其脚下不稳定；同时我将左手放在其命门穴，向内、向上轻拢，使其身体重心无法放下

图 4-86 当我右手上有轻的感觉时，突然松开右手，形成脱钩，同时身体骤然下沉，眼神穿过对手腹部，使其内心产生惊恐之感

图 4-87 脱钩后我可以顺势发劲打击，以产生极度震撼的效果

论重里现轻

使用脱钩方法发放，时机的掌握特别重要，重里现轻是最佳时机。所谓重里现轻，是指在引、化、拿过程中，在与对手接触点上的一种感觉。因为在这个过程中，常常需要通过接触点给对手提供一个虚拟的支撑点。我可以通过这个点，感觉到对手想要维持平衡的支撑力。当对手还没有完全失去平衡时，我会感到这个点还比较重，这是因为他的支撑力在这时候还是有根源的，还起作用；当他的平衡完全失去的那一瞬间，我会感觉到这个接触点突然变轻了，也就是重里现轻。譬如对手被我引、化、拿而向其左方倾倒，这时他的左手还与我右臂接触，维持一些支撑。这时他可能的选择，一是以左手推我右臂，以期取得调整平衡的反作用力。如果我的右臂保持放松状态，则他借不到力，这会使他继续向其左方倾倒。但这时在行为上，我的右臂还会保留一点力，使他在心理上还对这个点有依赖。他的第二个选择是向其左方迈一步，以期取得一个新的附加支撑来调整平衡。就在他抬脚但还没落地那一瞬间，由于失去脚下支撑，其左手上的推力会大大减小，也就是说我右臂上的压力会突然减小，即重里现轻。一旦他的脚落地，他马上会得到一个暂时的缓冲，那么在接触点上就会出现轻里现重。接触点上"轻"，说明他自身不稳定，身体比较僵硬，反应会慢，这是发放的最佳时机，同时脱钩也更容易。接触点上如果"重"，说明他相对还比较稳定，身上的劲力还可以变化，这时脱钩不容易，而且效果也不好。老话管这个时机叫"入榫"，或叫"火候"，早了、晚了，或者说嫩了、老了都不行。因此"重里现轻勿稍留"，千万不能犹豫，当出手时就出手。

发放的时机，即火候问题，说起来简单，要想能做对、做好却十分不易。在实践中，这完全是一个身上的感觉与体会的问题。由于这种时机明显出现的机会并不多，特别是当整体上听、引、化、拿的水平还没有达到炉火纯青时，这种机会即使出现，也往往是稍纵即逝，极难把握。因此，学习掌握的过程，就必然是一个与老师或高手长期互动的过程，也就是说需要手把手地教学、讲解。一方面，学生需要从被老师的拿发中去体会领悟时机；另一方面，老师需要给学生制造时机，使学生能够得到比较明显、清晰的感受。这种互动是高级与顶级阶段中推手训练的核心之一。过去说有些老师保守，并非说是有什么绝招、秘法不传，而是说不传火候，即不在互动练习时讲解、引导、协助学生去体会时机。

波浪力

波浪力是说发劲时，劲的运行方向有上下起伏，如同波浪翻滚。这种上下起伏之劲使对手很难相随，而且容易造成对手的反弹，使我能够更清楚地借力打力。波浪力属于长劲，即在对手身上作用的时间比较长，而且比较均匀。要注意的是，这里劲的上下起伏多数不是在手上操纵的，而是通过腰腿实现的。单纯以手臂起伏常常会造成断续的感觉，也会使对手察觉并容易放松相随。手上应保持比较均衡的压力，以腰腿上的松紧配合对手的反应。如果对手的身体比较僵硬，则波浪力的发放效果会很明显。在波浪力的应用中，劲的起伏变化需要与对手的反应密切配合，也就是节奏问题，这是比较难掌握的部分。因此在开始练习时，需要对手给予一定的配合，就是助劲。练习者需从对手的喂劲、助劲中慢慢体会其中的节奏。

　　练习时双方先搭手，我以双手搭在对手的右臂上，提顶，身体略向下松沉，意念想以其胸前之膻中穴去打其后腰之命门穴，同时手指引导，手追意念，产生向前下方穿透对手身体之力，此劲会造成对手脚后跟上的压力（图4-88）。

　　当感觉对手右臂上有对抗之力时，在保持提顶的同时，我身体骤然下沉，两手与对手右臂上的接触点不变，但手指向前指，使对手感觉其手臂上的压力仍在，但其脚下却有落空之感。这会造成对手为了维持稳定而增加反抗之力，而更多的反抗力又会使其更不稳定（图4-89）。

　　随着对手向上的反抗之力，我需空掌心，双手随之上提，同时进步，身体下沉，触发腿上的反弹之劲，使我身体缓缓上升；同时双手又向前下指，这时对手会感觉完全落空（图4-90）。

　　这时我可以进右步，保持提顶，身体向下松沉，再以意念想以对手胸前之膻中穴去打其后腰之命门穴，同时以手指引导，手追意念，产生向前下方穿透对手身体之力，此劲会比前次的劲更沉重，可造成对手脚后跟上有更大的压力，并使其身体向后倾（图4-91）。

　　这时如果对手增加反抗之力，则其力就会全部被反作用到自己身上，我可以顺势借力，轻易将对手击倒（图4-92）。

图 4-88 搭手后我以意念想对手膻中穴到命门穴，
以手指引导，追意念，产生向前下方的压力

图 4-89 感觉对手有对抗时，我身体下沉，手
指向前指，使对手的反抗力造成其自身不稳定

图 4-90 随着对手的反抗力，我需双手随之上
提，但身体下沉，以腿上的反弹之劲使我身体
缓缓上升，同时双手又向前下指

图 4-91 我可随势进右步，身体向下松沉，以
意念想用对手膻中穴去打其命门穴，同时以手
指追意念，产生穿透对手身体之力，使对手身
体向后倾

图 4-92 如果对手反抗，我可以顺势借力，轻
易将对手击倒

论粘

粘的本意是通过特殊物质（如胶）将两件物品黏合在一起。过去常讲的例子就是小孩子用胶粘蜻蜓、粘知了的游戏。这种游戏是先将一些胶抹到一根长杆子的尖头上，当发现知了落在树上时，以杆子尖头对准其后背点下去，使杆子与知了黏合在一起，然后将杆子向回提起，知了就被粘起来了。这里有几个要点，一是将杆子举到知了背后时要轻、要稳，不能将其惊飞了；二是杆子点下去时要稳、要准，并有一定力度，使胶能够与知了充分黏合；三是点到后，杆子回提时要缓、要柔和，太快、太用力就有可能造成脱胶。

在太极拳中，也有一个外表看似相同的技法，我们称之为"粘"，从形式上讲与粘知了相似，即先要找到合适的接触点，适当地在这点上施力，给对手制造麻烦，在与对手的接触点上，当我向上、向回撤我之接触部分时，能够使对手跟随着我而运动，似乎是我在接触点上抹了胶，将对手粘起来了。当然我手上没有胶，这种粘的效果，靠的是对手自己的反作用力将其自身移动起来。做好粘的核心问题是要能够充分感知对手，下面用例子说明这个技法的基本要义与练习方法。

首先，与对手接触时手要绵、要轻，不让对手察觉我要做什么（图4-93）。

然后，我需要一个稳、准且有一定威胁性的问劲，譬如我虽然用手推在对手的前胸上，但这个问劲能够直达对手脚跟，使其由于感受到真实的威胁而从脚下产生出足够的对抗之力。一般而言，我越松沉，对手所感觉的问劲就越大，其对抗的反作用力就越大、越整，问

説手
太极拳静思录

劲与反作用力使敌我双方合在一起，如胶黏合（图4-94）。

当感觉到对手的反作用力足够大时，我的反应要缓、要柔和，身上需保持放松，略向下沉，使我右腿上产生与对手反作用力相随的弹性之力，同时我手上不要做任何事，只需自然地保持与对手相合、相随，将意念放在右脚尖上微微点地，使对手自脚下产生的反作用力在接触点上落空，从而将其自身推起来，并使之前倾。由于我手上不做动作，只随着对手而动，对手的反抗之力是从脚下而起，所以在外观上是我的手向上、向后撤，而对手的身体是跟随着我向上、向前倾，似乎是我将其粘起来（图4-95）。

在最后粘的过程中，虽然说手上不必做什么，但是如果能持续保持一点问劲则会使效果更好，就是阴中有一点阳。当粘完成后，可以根据实际需要进行发放，譬如在这里我可以突然与对手脱离接触，将双手撤回，而后再突然改变眼神看右前方，意、气、动作均追神，顺势发劲（图4-96）。

图 4-93 做粘之前，与对手的接触要绵、要轻

图 4-94 需要做好让对手感受到真实威胁的问劲，使其产生出足够的对抗之力；问劲与反作用力使双方如胶般黏合在一起

图 4-95 我需保持放松，与对手的反作用力自然相随，使得其反作用力将其自身推起来并前倾；从外观上看，似乎是我将其粘起来

图 4-96 当粘完成后，可以突然与对手脱离接触，以神引领，顺势发劲

这里讲的粘的练习只是一个例子，太极拳中的粘或粘劲只有粘的形式，并无真正意义上的黏合的实质。外形看着似乎是把人粘起来，如同手上抹了胶；内涵上只是借助对手的反作用力使其自然移动。在实际应用中，粘可以发生在任何方向上，而且外观上也常常不显著，很多时候只有当事者自己有感，所谓脚下一飘，旁人根本看不到。在太极拳的基本技击技术中，如引进落空、借力打力等，都离不开基本技法之一——粘。能否正确理解、掌握粘，是太极拳技术是否成熟的标志之一。另，粘与黏在字意上有重合，口语教学中常常粘黏不分。

蛇行雀跃

在中国传统武术中，借用动物的行为能力来描述武术技能，是武术文化的一大特点。这种仿生的方式，常常可以使技术特点的描述更加直观、生动，使练习者更容易体会。太极拳也是如此，在各式太极拳中，"蛇行""雀跃"这两词在口语教学中经常用到。由于在传统拳论中，除了"蛇形蹚泥步"与"被打欲跌须雀跃"以外，并没有对这些概念的明确定义与讨论，因此各家都有自己的解释。

现在并不清楚蛇行、雀跃是何时被何人引入太极拳的。有一种说法是张三丰观蛇雀（鹊）相斗而悟出太极拳。其中蛇代表了柔和、顺随、缠绕，雀代表了刚猛、灵活、敏捷。所以蛇行、雀跃讲的就是刚柔相济，也就是阴阳太极。这里将蛇行、雀跃作为一体，放在了太极拳基本原理的高度。这种说法与流传更为广泛的张三丰观鹤蛇相斗而悟出太极拳的说法，在本质上是一样的，也可能是另一种变体，因此，很可能在太极拳发展的早期，蛇行、雀跃已经被使用了。

而在太极拳的训练中，蛇行、雀跃也经常被用于描述某些具体的技术原理，这时往往被看成是两个分离的概念。"蛇行"，也有说"蛇形"或"蛇缠"的，是说蛇的运动是在头的带领下，身体左右摆动来进行的。在技术上，常常在步法、身法、劲法中引用。在太极拳的基本步形中，两脚之间的宽度经常要保持一尺左右。在上步或退步时，移动脚需先向固定脚靠拢，再出步。这样就造成脚的移动如蛇行般左右而动，称为蛇行步。当以蛇行步运动时，身法也会随之左右移动，如果再加一点左右钻、闪之势，这种身法就称为身如蛇行。这些步法与身法，讲的都是形体动作上对蛇行的直接模仿。而在劲法方面，太极拳中对蛇行的应用很多，譬如节节贯串，即长蛇串珠，是以蛇行时的身体串联的感觉，描述以气运身，气血贯通，使劲力完整、流畅。譬如出手遇到障碍物时，蛇行就是以松柔的形态贴着走，绕过障碍物，而不是直接对抗或者移开障碍物，即是劲力的屈伸开合。譬如在技击中常山之蛇的打法，讲的是首尾相应，"尾能护头头护尾"，就是太极阴阳之理下的劲的应用。另外，也常用"蛇行缠绕"等词语描述劲的变化，如常用的蛇行练习方法，就是通过身法、步法的蛇行变化，产生在左右变化中前进的蛇行之劲，

雀跃在技术方面主要是描述主动的刚猛、灵活、连续、敏捷的行为。在技击中，能如雀跃般前蹿后跃无歇息。从劲力的使用方面讲，

雀跃主要说的是弹性，特别是指短促、连续、快捷的颤动或抖动类的弹性。譬如与人搭手时手臂上的问劲，或被人挤住腰胯时膝上的动作等，都可以归于此。雀鸟在跳跃时，总是双脚并拢同时跳。对此有一个具体的应用就是"被打欲跌须雀跃"，这里讲的就是对雀跃的直接模仿，即如同雀一般双脚同时跳跃。"被打欲跌"是讲在技击中自身已处于失衡之劣势，这时需要马上脱离接触，调整平衡，以雀跃的方式快速跳开，脱离险境，以这种方式移动可以保持身法不散，并迅速扭转败势。

太极拳论并没有对蛇行、雀跃给出过任何标准定义。各个流派中的各种说法虽有不同，但基本概念是相通的。其核心是阴阳相合、刚柔相济，这是太极拳的根本道理。能够明白这点，所有应用方面的细节，也就都一目了然了。

常山之蛇的具体用法

"常山之蛇也，击其首，则尾至；击其尾，则首至；击其中，则首尾俱至。"这是《孙子兵法》中的一条用兵原则，由于其基本原理与太极阴阳之理相合，故在太极拳技击技术中，这条原则被广泛应用，成为太极拳的技击原理之一。在太极拳技击时，第一要点就是不要在对手的主要用力点上与对手直接对抗。如果在这点上对抗就会形成双重，不对抗的方法就是忘掉这点，即以前反复讲过的忘掉接触点，意念转移。对应于常山之蛇，头被击，则忘掉头，而用尾去应对，即意念在尾；尾被击，则忘掉尾，而用头去应对，即意念在头；身体中间被击，则忘掉中间，而用头尾一起去应对，即意念在头尾间转换。从太极的原理讲，被忘掉的点是阴，被意念所操纵的点是阳，阴阳同时动而为太极，就是阴阳相合、相济，对立统一，相互转换，具体说就是黏走相应。下面介绍两个具体的练习方法，用以说明这个原理。其中我是常山之蛇技术的应用者，对手是辅助练习者。在练习中，为了方便讲述，我以右手为蛇头，右肘为蛇尾；而在实战中，蛇头、蛇尾可以是身体上任何相关的部分。

练习一：击其尾则头应

两人对立而站，我起右臂在胸前成平圆，如蛇盘踞；对手右手推在我右小臂靠近肘处，以直力向前推我，如击蛇尾，对手可猛然加力以便将我推动（图4-97）。

我需忘掉右小臂上与对手右手之接触点，先想我自己右掌心空，然后依次想自己的右手拇指、食指、中指三指的指尖略向上并向对手身后伸展，如以蛇头相应。这时对手的前推之力有落空之感，同时会感到有个从其右侧绕到其身体后面的力微微向其左侧推，事实上对手是被他推我的反作用力推动、后退（图4-98）。

在向对手身后伸展手指时，我右小臂会随着手指的伸展略有来回旋转、下沉之感，形成阳中有一点阴之势；同时特别要注意接触点不能回动，我右肘尖应该顺势略向前指一指，形成阴中有一点阳之势。因此这个击尾头应的动作，就是完全符合太极阴阳之理的黏走相应技术。

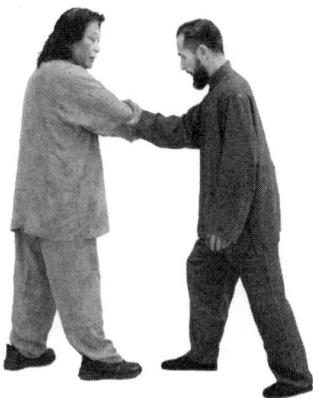

图 4-97 我以右臂为蛇，对手直推我右肘处，似击蛇尾

图 4-98 我忘掉右肘上的接触点，想我右手为蛇头，向对手身后伸展，形成黏走相应之势

练习二：击其头则尾应

两人对立而站，我起右臂在胸前成平圆，如蛇盘踞；对手右手推在我右小臂靠近手腕处，以直力向前推我，如击蛇头，对手可猛然加力以便将我推动（图4-99）。

我需忘掉右小臂上与对手右手之接触点，先想我自己右肘向我右侧指，然后想以我右肘尖推向对手胸部左侧，并有穿过其身体之势，如以蛇尾相应。这时对手的前推之力有落空之感，同时会感到有个从其胸前左侧插入并绕到其身后的力向其右后侧推，事实上对手是被他推我的反作用力推动、后退（图4-100）。

在向对手身后进肘时，我右小臂会随着肘的前进而略有旋转、下沉之感，形成阳中有一点阴之势；同时特别要注意接触点不能弱，我右手指尖应该顺势略向我左侧指一指，形成阴中有一点阳之势。因此这个击头尾应的动作，就是完全符合太极阴阳之理的黏走相应技术。

图4-99 我以右臂为蛇，对手直推我右腕处，似击蛇头

图4-100 我忘掉右腕上的接触点，想我右肘为蛇尾，推向对手之胸，形成黏走相应之势

　　以上两个练习中的要点：我必须全身放松，特别注意提顶、涵胸、沉肩、坠肘。与对手右手的接触点上要稳定，不要晃悠或滑动。切记不可以去想如何在接触点上放松，想松必然成为弱。接触点上要保持舍己从人，顺其自然。

转丹田

　　中气晃动讲的是身体前后左右的虚实变化，在推手中需要把这种变化与劲的蓄发结合起来。这种变化开始可以看成仅是平面上的阴阳变化，图4-101所示的是蓄时阴阳变化的俯视图，由于变化中身体重心的移动，使代表阴阳变化的太极图产生位移，故需注意变化中两脚的位置。图4-102所示的是发时阴阳变化的俯视图，也需注意变化中两脚的位置。结合图4-45中的情况，蓄中有发，发中有蓄。当把这种平面上的太极阴阳变化扩展成三维立体时，就成为球的状态，也就是传统所说的转丹田的状态。这时阴阳变化是立体的，可以是任何方向、角度，如果再加上时间以及神意的应用，就成为前面讲过的多维空间问题。对于这个概念，形象思维会比较困难，需要抽象思维。总之，转丹田不是简单的形体动作，而是包括多种内功因素的复杂的、涉及多维空间的动作。因此，在训练中需要先进行分解练习，而后逐渐合成，运用时才能随心所欲。

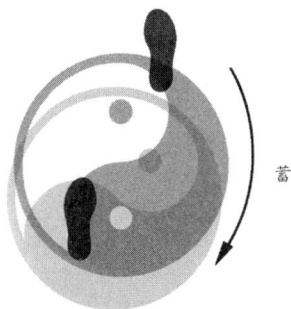

图 4-101 蓄之阴阳变化图

图 4-102 发之阴阳变化图

竞技推手中的定步推手与活步推手

前面讲过，推手可以大致分为训练与竞技两大类。竞技推手就是说两人以推手的形式比较各自的功夫水平，有胜负之争。在传统中，这类竞技并没有严格的规则，多是一些约定俗成的规矩。竞技推手是太极拳练习者之间使用最多的较技形式，其中又分定步与活步两类。定步推手是说在较技时脚不能动，动即是输。在实际中有不同的说法，有的认为双脚都不能动；也有比较灵活的说后脚不能动，前脚可以移动，但是不能撤到后脚的后面。活步推手对步法没有限制，输赢由其他情况决定，譬如一方倒地或被明显地发出去。由于规则的不确定性，活步推手的激烈程度往往会提升，使之与技击类似，所以有时人们说推手与技击是一回事。

从技术角度讲，推手的核心问题是通过控制对手的重心使之失衡。定步推手与活步推手所追求的方式是不同的。在定步推手中，双方的相对位置不变，当面对面站立时，两人的中线重合在一条直线上。推手本质上就是争谁的中线能够保持在这条直线上，谁的中线偏离，即重心偏离，谁就输了。这就如同两人站在独木桥上推手，谁偏离了，谁就掉下去（图4-103）。

由于双脚固定，在定步推手中，需要特别注意下盘的稳固，腰腿上的变化幅度往往也比较大，所以更吃功夫，因此在训练中都是先练定步推手。而在竞技中，定步推手更多的是比较双方的基础能力，并不能完全反映出真实的实战能力。活步推手竞技的实质就是实战模拟，"此为动功非站定"讲的就是实战。活步就是说双方的相对位置是可变的，就是双方以各自的中线为准，如果我的中线能够对准对手，而使对手的中线产生偏离，对手的重心就会偏离而导致失衡。因此，活步推手不像定步那样双方争一条固定的中线，而是通过调整步法使自己的中线保持稳定，即"放时腰脚认端的"，而同时使对手中线偏离（图4-104）。当然在实际中，活步推手已然包括了定步推手，或者说定步推手是活步推手中的特殊情况。

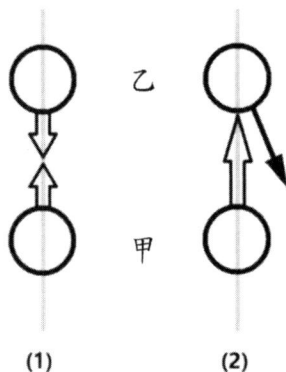

图 4-103 定步推手
（1）甲、乙双方的中线在同一直线上对峙
（2）甲保持其中线位置，同时使乙的中线偏离

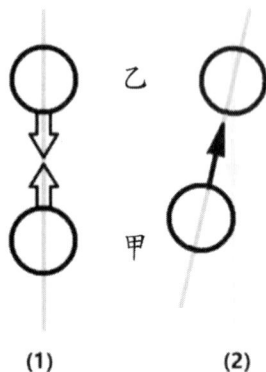

图 4-104 活步推手
（1）甲、乙双方的中线在同一直线上对峙
（2）甲通过移动步法重新建立其中线，仍对准乙的位置，相对使乙的中线偏离

这里讲的中线、争中线、变中线等，都是讨论推手中最基本、最本质的问题，只有清楚地认识这些问题，才能在训练中保持正确的方向。所有的具体技术问题都是在这些大方向下的具体实践。

推手或技击时接触点上的外在表现与内在状态

在推手或技击过程中，一旦发生接触，所谓外在表现，是说对手的感觉，即对手所能感觉到的你的作为，或者说表现在外、可以看到的你的肢体运动形式；所谓内在状态，是讲支撑外在表现的你自身的内部原因，或者说是你自己身体内部机能的运作原理。当应用纯正的太极拳技术时，这里没有固定的模式、技术，应该是因敌变化。但是在训练过程中，有四种最常见的、有代表性的外在表现形式应该先掌握，同时需要理解它们的内在状态之理。

1. 静如山岳

静如山岳的外在表现就是对手推不动你。但是这种推不动不是缘于直接的力量对抗，而是因为在身体内能够真正做到全身彻底放松，自然下沉，节节贯串，没有任何僵滞的受力点；特别是不要把意念放在被推的地方，通过意念转移将对手的力直接卸掉。对应的内在状态中最重要的是放松中的贯串之感，是柔中刚。当能够做得很好时，可以有几种表现：第一，外形动作方面，不必使用大步幅、降低重心的方式增加稳定性与反推力；第二，如果对手突然撤手、收劲，你的身体不会随之前倾，如果有前倾则表示有对抗之力；第三，虽然很稳定，但是脚底下仍然能够很轻灵活泼，譬如可以随意地轻松移动脚步；可以将脚掌抬起，只以脚跟着地，或将一条腿抬起来，只用单腿支撑。

在推手或技击时，每当接触发生，应用静如山岳的方式往往能够使对手在第一时间自然产生加力对抗之意，造成其身体僵硬、放松障碍。

2. 水中浮球

水中浮球的外在表现是当对手推你时，你可以随着其推力先有一些移动，似乎被推动了，然后顺势略有转动又返回到原处。也就是说使对手的推力每次都不能真正完成，虽然身体的外在表现上有一些移动，但是又能够恢复如初，如同不倒翁，所以结果还是推不动。但是这种推不动也不是缘于力量的对抗，而是因为一方面在自己身体内能够真正做到全身彻底放松，自然下沉；另一方面则是利用腰腿上的弹性与虚实转换。这种腰腿上的弹性如同水中的浮力，使身体如同浮在水中的球，每次下按时，开始会有些下沉，继而翻转又浮起来。做好这个技术，要保持球自己没有直接反应，通过意念转移使对手的推力与水之浮力一起荡漾。对应的内在状态中最重要的是鼓荡之感，是柔中刚。当能够做得很好时，可以有些不可思议的表现，譬如有时可以顺着对手的推力而身体后仰、腰向后弯到很大程度，致使腰似乎完全被拿住、不能变化时，仍能够从荡漾中恢复稳定。

在推手或技击时，每当接触发生，应用水中浮球的方式往往能够使对手在第一时间产生不确定感，导致其因加强对抗而不稳定。

3. 忽隐忽现

忽隐忽现的外在表现有两类，一个是指在接触中对手有主动进攻之意时；另一个是指接触中你有主动进攻之意时。刚一发生接触对手就进攻，忽隐忽现就是所谓"看着有，摸着没"，就是说在接触时对手总是感觉能够推倒你，但是每次用力推时，又感到推空了，而若对手想收手，你又来了，引得他还想继续推，有虚虚实实之感。如果是刚一发生接触你就主动进攻对手，忽隐忽现就是使对手感觉你的劲忽然如泰山压顶，势不可当，忽然如泥牛入海，无影无踪，让对手感觉若不以抵抗对应，则必入险境，而若抵抗，又因找不到力点而落空。

在推手或技击时，每当接触发生，应用忽隐忽现的方式，其对应的内在状态就是虚实转换，无论攻守，往往能够使对手在第一时间产生疑惑、犹豫，进而导致其精神紧张，身体僵滞，变化迟缓。

4. 触之即发

触之即发的外在表现就是"搭手见输赢"，也就是说与对手一有接触，只要对手有力，则马上在接触点上产生阴阳转化，以黏走相应之理将对手之力直接打回去。传统拳论对此有很精辟的描述，如"彼微动，己先动""彼有力，我亦有力，我力在先""彼之力方挨我皮毛，我之意已入彼骨内""又要提起全副精神，于彼劲将发未发之际，我劲已接入彼劲。恰好不先不后，如皮燃火，如泉涌出"。这个将对手直接打回去的力，基本上不是你直接用的力，而是借助对手的力，你的劲只用于控制时间与方向。由于是借助对手自己的力，因此这个过程可以发生得极快，使对手感到猝不及防。这个快不是你自己需要动得多快，更不是跟着、追着对手动，而是完全根据对手的动势而为，所谓"动急则急应，动缓则缓随"，讲的是作用力与反作用力同时发生。这里对应的内在状态就是阴阳相济。

在推手或技击时，每当接触发生，应用触之即发的方式可在第一时间将对手的劲直接截回去，这往往会使对手因为完全没有心理准备而产生紧张、害怕之感，导致其瞬间身体紧张，动作迟缓，大脑空白，判断缺失。

在训练中，以上四种外在表现形式可以分开进行具体的、有针对性的练习，领会其中的技术原理，重点在于内在状态的应用。在实战中并没有固定的形式，很多时候甚至没有清楚的区分，常常是混在一起使用，完全是因敌变化。

学习推手的态度

在学习太极拳推手与技击时，保持正确的心情、态度十分关键。端正学习态度也是自身修养的一部分，要坚决反对那种以粗俗、低级、野蛮为荣的倾向。对待太极拳的推手与技击，要将其中的技术当成科学、艺术来追求。科学是说要将其中的原理、道理研究透，既要有准确的理解，又要有精确的运作。艺术是说要能有心灵上的感悟，有精神境界上的升华。所以过去王师爷、骆师父在讲推手练习时，总是说研究推手，用心感悟。

1. 学习推手时不能怕输

在推手练习中，一个非常常见的情况是，学生之间学习使用一个技术，在对手身上试用，结果不成功，反复试用，总不成功。这时如果有懂的人在旁边看，往往会发现他们越试越错。其中最重要的原因就是，学生总是自觉不自觉地将取胜作为检验技术的标准。由于整体上对太极拳的技术还没有完全掌握，当学生想赢而调整技术时，就会很自然地将自己向使用先天自然之能的技术方向转变。对于真正的太极拳技术还没上身的人来说，推手时把输赢放在第一位，如果赢不了，就会自然地向使用非太极拳技术的方向调整，越想赢越调整，结果就会离太极拳越来越远。一旦赢了，自然认为自己做对了，结果就是把错误当正确。而使用这种先天自然之能基础上的技术是练习太极拳的最大忌讳，练太极拳就是要改掉这个。一时的胜负可能导致大方向上的失误，因此如果没有在思想上对这个问题有清醒的认识，努力练习常常会得到相反的效果。这也是练习太极拳时的特点之一，不可忽视。这样练习推手的人很多，他们可能练得很刻苦，但是每次推手时，都把注意力集中在输赢上，他们可以取得许多实战经验，也可以常常胜人。但问题是这样练的话，越练离真正的太极拳越远。这里还有一个要注意的问题就是所谓"面子"，这是很多人不能输的主要原因。练武的人都太讲面子，很多人追求的是一辈子都没输过手，甚至在同门之间练习时也要争先。练太极拳不是说不用讲面子，而是要分清情况。

正确的练习方法是，时刻只想着所习技术的要点，同时注意调整身体各个部分以保持正确的状态。也就是说只需关注自身是否都做对了，而不必在意输赢。

2. 要正确认识输赢与对错的关系

在以先天自然之能为基础的拳术中，对于一般人来讲，技术在理解上难度不大，大多数情况下，技术运用的对错与施技的结果，即输赢，有直接的对应关系，特别是在能战胜对手时，不会被认为出错了。也就是说，如果使用一个技术，其结果是胜了，则人们会自然地认为这个技术的使用是正确的；如果输了，则多数情况下人们会认为是技术的运用出错了，或至少是熟练程度不够。这种思想在很多人脑子里根深蒂固。对于练习太极拳而言，特别是在还没有达到懂劲阶段时，这种思想却十分有害。由于太极拳的难度较大，与人比试时要尽可能地分析胜负因素。对每一次的技术运用都要严格审视，胜了，要检查自己是否使用了正确的太极拳技法，如果不是，胜也是错，不可坚持；输了也要检查自己，搞明白是技术问题还是程度问题，如果只是程度问题，需要继续坚持。事实上，很多时候人们将技术运用是否正确与熟练程度相混淆了。如果不能正确地认识这个问题，对于太极拳的训练会有很大影响。

3. 学会认真思考，总结经验

很多人热衷于推手，虽然每次都能尽兴，但是推完就完了，并不去想每一回合胜负的原因，不能按照太极拳拳理认真思考、总结。"徒学不思是枉然"，就是说这样的练习方式不会有大的收获。学习推手的重要任务是要及时总结经验，做到举一反三，既要懂得其中的一贯之理，又要明白其中的因敌变化。

4. 正确认识"经验手"

当在推手中过于在乎胜负结果时，人们往往会对一些可以克敌制胜的技术技法产生依赖，即把这些技术技法练成固定形式而反复使用。这样做，其本质就是每次技术的实施都是根据以前的经验而主动实施。以这种方式练习推手的大有人在，人们称之为"经验手"。由于"经验手"在实践中的有效性，常常使人沉湎于此，无法认识其中的问题，最终无法真正理解太极拳。

在推手训练中，最忌讳的就是预先设计，因为这种想当然的做法完全违反了太极拳中"本是舍己从人""因敌变化示神奇"的基本原则。"经验手"本质上就是预设计，常见的就是"如果我这样，对手必然会那样，然后我这么变……"高明一点的就是多增加几种对手可能会做的应对方式与随之的变化。我们并不否认"经验手"的有效性。所谓熟能生巧，有些人可以把一些技术使用得出神入化，但是再好也不能保证你把所有的情况都考虑到、设计到，也不能保证对手不知道你的设计。因此无论效果如何，这种方式都不是太极拳的范畴，不能混淆。太极拳追求的是更高级、建立在知己知彼之上、从舍己从人中实时地追求因敌变化的技术。只有这样才能达到以无法应万变，才能获得最高的效率，使技击进入更高的境界。

5. 多交流

学习推手必须多交流，也就是说要多与不同的人推。多交流才能遇到更多问题，才能增强解决问题的能力。有些人长时间里只跟几个自己熟识的人推，这样很容易变成"推熟"，即相互熟知对手习惯的技术、变化等。问题是这种"推熟"会带来惰性，产生类似"经验手"的问题。还有人不喜欢交流，而是喜欢自己琢磨，这样常常会将自己套在自己的圈子里，闭门造车，只在自己个人的经验中打转，无法适应多种变化，也就很难体会有法与无法之间的辩证关系。太极拳可以达到高水平、高境界，其中主要原因之一就是有推手这种交流形式，而这种形式必须建立在多实践的基础上才能见效。

太极拳技击功夫练习之方向

在王培生师爷晚年时，王乃昭师叔曾问过师爷："武术技击中最重要的东西是什么？"师爷回答说："缩小绵软巧。"认真想一想，师爷这里说的正是练功的方向性问题。于外而言，形体动作应越来越小，从开展趋于紧凑，即"缩小"之意。对内而言，由于气血的流畅运行，体内会越来越松沉，能一松到脚，再从松沉中产生轻灵活泼，进而导致身手的"绵软"。这种内外相合可以自然而然地发展出熟能生巧的"巧"妙技法，即能粘黏连随，人不知我，我独知人，所向无敌。

有些人谈到太极拳技击时，无论是练习还是实战，总是强调发劲。认为是否有技击能力，本质上是由发劲的能力所决定的。虽然发劲是技击中必须具备的能力，但是在太极拳中并不是最重要的，不是太极拳技击技术的核心。太极拳技击追求的是在感知能力、粘黏连随能力、放松能力等的基础上的控制能力，控制下的发放才是太极拳所要的。过分强调发劲的练习与功用，而忽视追求控制能力，实质上就是还没有真正脱离先天自然之能的思维。这是一种常见的、似乎很有道理的错误认识，会严重干扰技击练习的正确方向。

正确理解太极拳的技击理念

有关太极拳技击的一句名言是："太极本无法，动即是法。"这句话准确地描述了太极拳技击的最高境界，以及太极拳与其他拳法的不同之处。太极拳或内家拳与其他拳法的主要不同之处有以下几点。

第一，强化与改造自然本能。其他拳法的技法是建立在自然本能（或叫先天自然之能）基础上的，因而拳法的练习过程就是对人体自然本能的修正与强化。在训练中基本不存在理解方面的问题，重点是进步的程度。而太极拳的技法是建立在反先天自然之能的基础之上的，所以拳法的练习过程就是对自然本能的根本改造，甚至是颠覆，即练习是为了建立起一套新的行为与反应系统。由于这个新的系统不是身体所熟悉的，因此在训练中，首先需要面对的是理解问题，即懂劲。在懂劲之前，根本谈不到功夫水平、进步的程度等问题，而这个有关懂劲的训练过程可能会需要很长时间。

第二，效果与效率。其他拳法的技法着重追求的是直接效果，只要能取胜即为正确。而太极拳的技法重点追求的是最高的效率，低效率的技法，即便能取胜也要被放弃。因此，从技术角度讲，太极拳所追求的是更细致、更精确、更深入、更完整的理论与技法。所以学习太极拳并不是简单地以胜负论英雄，其境界要比其他拳术高得多。事实证明，正是这种高境界，使得学好太极拳可以对其他各种拳术的学习有很大的帮助与启迪。当然效率是建立在效果之上的，没有效果也就没有效率。所以太极拳的技法必然是有效的。

第三，有法与无法，或说技法与能力。其他拳法研究各种各样的实战技法，并反复演练，直至纯熟，而后能在实战中准确应用。也就是说，练习技法是为了能在实战中熟练地使用它们。而太极拳练习技法是为了理解理论，培养能力。技法只是练习的工具，目的是改变先天自然之能而获得新的能力。在这种新的能力下，任何一个动作都是符合太极拳之理的，都是太极之法。在这种情况下，虽然在实战中可能也常常自然不自然地做出一些练习时的技法动作，但这时技法原本的意义已经不重要了。因此，有法是说在其他拳术中，练法是为了用法，也就是说技术使用都是有法可依的。而无法是说在太极拳中，练法是为了能够忘了法，即在舍己从人、粘黏连随等新的能力下，因敌变化示神奇。故可以说在练太极拳时，是练万法而为求一法，即从有法中求无法；在用太极拳时，是以一法应万法，即以无法应有法。这一法不是一般意义上的技术方法、肢体动作，而是运用太极之理的能力，即懂劲之法。所以从技术层面讲，太极拳中没有原来意义上的技法，故是无法。因此，练太极拳万不可陷入对技法钻研过多、过细而跳不出来的状况，一定要能够从一般的技法概念中脱化出来。慎之！

武术技击的品阶与太极拳技击的境界

中国传统武术虽然有很长的历史，但是各派武术的发展并不平衡。虽然各个门派发展出很多不同的理论与技术技法，如果能够透过现象看本质，大约可以归为三个档次：下乘、中乘、上乘。

下乘拳法完全是按照先天自然之能的规律拼体能。以力量、速度、抗打击能力等身体素质为基础，使用最简单、直观的技术，几乎没有理论指导，是人体本能的直接应用。在综合能力中，体能占极大比重，属于"一力降十会"。这个档次的拳法常被冠以"简单实用"的头衔，就是说一看就懂，一学就会。若想提高水平，训练的重点是在体能上。

中乘拳法也是以先天自然之能为基础，但是有系统的理论以及理论指导下的技术。技击中有条理、有战术、有策略，可以见招打招、见势打势，也常能做到"以巧破千斤"。在综合能力中，技术水平占很大比重，但是在技术的执行能力方面，对体能的依赖仍然很大。

上乘拳法以改变先天自然之能为本，建立起一种全新的行为与反应模式。有完善的理论体系，追求更高的境界。在技击中追求的是以理服人，是最高效率，技术上能够达到看着有，摸着没，以无法为法，忽隐忽现，无形无象，应物自然。太极拳就是上乘拳法中的上乘代表，完全超出了中乘、下乘拳术的思考、理解范围。因此，无法用太极拳与其他中乘、下乘的拳术进行简单、直接的比较，因为它们的基础不同、追求不同、境界不同。

我们这里将技术归类并没有贬低某些技术的意思，而是以武术发展的观点，以技术含量、程度看问题。每个人自身的条件、爱好不同，对技术问题的理解程度不同，看问题的角度、方法也不同，对于技术问题会有不同的解读、不同的选择。无论选择哪个档次的技术训练，关键问题都是如何在这个档次中达到最佳。

在现实中，个人的性格对修炼道路的选择往往起很大作用。例如年轻气盛的多缺乏耐心，加上体能条件比较好，自然去选择容易学、见效快的拳术。我们并不否定中乘、下乘拳法的有效性，特别是当只需要追求短期内的效果时，简单的东西自然更快、更容易掌握。我们将技术分档次，只是希望读者能够理解拳术的发展规律，能够站得更高，看得更远。

太极拳技击训练与散打训练

从训练角度看传统太极拳，如果与一百年前相比较，虽然现在参与的人多了，但是整体水平下降了很多。最主要的原因是普遍的练习量不足，特别是几乎没有专业训练；加之缺少正常的交流渠道，使许多传承遗失，这些都使传统太极拳处于退步状态。而在新的时代，又由于外在的社会原因与内在的保守因素，造成太极拳很少有新的发展（不是指那些胡乱编造的发明），特别是几乎没有能够有效地吸收、利用新的高科技成果。这些都使得构建新的非先天自然之能的技术基础变得更加困难。因此，现在练太极拳的人鲜有能达到高级技击水平的。

反观搏击比赛，无论哪一类，由于其技术都是基于先天自然之能，都易于理解、学习，因此上身快、见效快，能够在短期内显出明显效果，也就容易吸引人，特别是年轻人参与。由于先天自然之能下的技术都比较直观，故也容易制定出比较合理的比赛规则。有比赛就可以促进技术交流，就有实践检验，相互取长补短。同时，在现代社会，一旦比赛能够形成规模，就会因商业运作带来大量的资金涌入。有资金，不但能够吸引更多的人参加，而且新的高科技成果就可以被引入，用以辅助训练。譬如使一个运动员的体重在极短的时间内增加二十斤，同时还能保持充足的体能，这是一个综合性的，涉及生理、医学、营养等多个学科的问题。这些也促进了新的、高效的训练方法。可以说，与高科技成果相结合，使得以先天自然之能为基础的搏击类训练的成效比一百年前提高了很多，特别是近三十年有飞跃性进步。现在最流行的综合格斗就是最成功、最典型的科技成果与商业运作相结合的范例。

现代散打类搏击比赛的目的，导致人们更多地去追求短期效应。为达到在比赛中获胜的目的，在训练中甚至不惜伤害自己的身体。由于争取短期效果的目的明确，所以在训练中需要达到甚至超越人体自然极限的情况太多。极限训练造成运动伤害是现代专业体育运动中的普遍问题，越是专业的训练，它所造成的伤害越多、越严重。而多数传统武术，包括太极拳，技击训练虽然也强调刻苦，但整体上仍然是以人体的自然发展为本，追求的是综合平衡，这是因为其训练的目的并不仅在于短期的技击效果。即便是单纯地讲技击效果，太极拳所追求的也是人自身所能达到的最佳状态，所以太极拳的技击训练有更强的研究性质，老话叫"玩意儿"，就是需要琢磨、揣摩、把玩、欣赏，不仅是技术的练习，更是境界的提高。

太极拳能不能或者说该不该融入散打类比赛，现在还是个问题。但是至少现在以散打比赛为标准来衡量太极拳的技击能力是不公正的。现在流行的说法认为，只有散打擂台才是公平公正的竞技平台，这种观点本身就是偏见。散打擂台有其自身的规则，需要特殊的训练与比赛经验，与现实生活中的情况完全不一样，其中也有许多东西甚至是与太极拳训练相悖的，这些都是传统习武者所不熟悉的。现在绝大多数的太极拳练习者还没有条件去解决这个矛盾。有个不太准确，但略有相似的例子，即2017年拳王梅威瑟与综合搏击冠军康纳·麦格雷戈的那场按照拳击规则打的比赛，拳王获胜。赛后有许多专业评论，从许多细节上点评比赛。这些评论都持有一个基本观点，即如果仅从综合技击能力上讲，虽然多数人都认为搏击冠军具有更全面的技术、更大的优势，但是由于他缺乏足够的针对性训练，因而不适应拳击比赛的赛制与规则，譬如在比赛中对节奏的掌握等。也就是说，当人被限制在一个他所不熟悉的环境中时，其能力的发挥就会受到很大影响。

现在人们很愿意拿太极拳与散打类比较，往往只看到表面上的个人胜负，这很正常，不必过于在意。而作为太极拳的练习者，特别是希望能够继承传统、有所作为的人，必须清楚地看到其中的问题。要认真研究问题，为解决问题做出努力。

太极拳的技击能力辩证

太极拳真能打吗？这是当前社会公众的疑问，也是坚守传统太极拳练习者心中的结。明确的答案是：首先，传统太极拳不但能打，而且还能打出高水平，这是事实，否则太极拳也出不了名；其次，现在绝大多数练太极拳的人都不能打，或者说打的水平很低，这也是事实，否则就不会出现这个问题。这个看似矛盾的答案正说明了这个问题的复杂性，这里有历史原因，也有现实原因。太极拳到底有没有技击能力，当面对大量现代搏击、格斗比赛时，太极拳要如何应对，理清这个问题，需要辩证地、全面地分析，看到问题的本质。

太极拳是在中国传统文化下所产生的一门很特殊的武术，是为了寻找一条新的、高效的、能将武术技击与人身整体修炼相结合的途径。太极拳从其诞生开始，在基本理论、训练手段、追求目标等主要方面就与以先天自然之能为本、为大多数人所能理解的武术或其他搏击术不同。从过去几百年的实践中可以看到，这个新的实验是成功的，太极拳在技击能力上的表现也是不争的事实。从武术或搏击术发展的整体角度看，太极拳追求的是一种新的理论概念、新的思维方式、新的训练方法，由于太极拳的理念与追求太高，同时也就造成了学习、理解的难度太大。

世界在发展，今天，世人普遍能够理解、掌握的，以先天自然之能为本的所谓简单实用的拳理拳法，在新的高科技的帮助下，在各种比赛及商业运作的推动下，得到了很大的发展，整体能力有空前的提高。其中综合搏击最具代表性。从技术角度讲，这些仍属于旧的拳理拳法、旧的思维。然而，旧的东西在新的训练方法的帮助下，却得到极大发展。表现在个人的训练成果上，就是简单的技术在有效性与执行力方面都有大幅度提高。所谓新的训练方法包括两大部分：技术混合与体能训练。技术混合就是指全面性，门户之见被打破，凡是有用的全部吸收，已经不再注重流派传承。体能训练主要是高科技的成果，可以科学地以最快、最有效、最直接的方法提高体能，这是提高简单技术执行力的最大推动力。比赛与商业运作是催化剂，譬如柔术原本在实战中应用不多，这也是大多数传统搏击术都不重视地面格斗的原因，但是这类技术在擂台竞技中却可以有很有效的发挥，因此被吸收到训练与比赛中。

反观太极拳等一些具有高技术含量的传统武术，却因为内外种种原因，在近几十年里没有发展。虽然在拳理上具有更新的理念，但是仍然保持着旧的训练方法，对绝大多数人而言，训练量又明显不足，因此很难出成果，无法彰显其本身应有的水平。在技术方面，由于许多技术是需要切身经验传承的，这些经验、技术随着老一代拳师的逝去而逐渐萎缩，甚至失传。由于太极拳的难度极大，既不适合比赛，也缺少商业运作的空间，所以既缺乏对年轻人的吸引力，也缺少社会投入，因此肯用功练习的人越来越少，技术流失越来越严重，以至于陷入无法开展专业研究的困境。

学习太极拳的第一步是改变先天自然之能，然后才能提高整体水平。很多人第一步还没有走好，就去与人比胜负，所以一动手，还是需要使用先天自然之能的技术，那么，打不过以强化先天自然之能训练为本的人，就是很合理，也很自然之事。如果你不练力量，动手时却想以力降人，可是遇到的是天天练力量、练以力降人的人，那你怎么可能不输呢？过去说"太极十年不出门"，本质上就是说当你的训练还没有达到能够熟练使用非先天自然之能的技术时，你是打不过其他人的。

太极拳要想发展，首先在拳理拳法方面要更系统；其次需要在训练方面有大的改进，不能墨守成规，如何能够更快、更有效地出成果是最重要的问题；再者需要寻找适当的外部推力，太极拳不适用于现代比赛，需要有其他的方法来促进、提升太极拳的技击能力。现代搏击比赛寻求的是短期的直接效果，训练的目的很简单，就是在比赛中获胜，而比赛的终极目的表面上是证明自己，实质上是取悦他人，这些都与太极拳的基本理念、所追求的目标有本质上的不同。现代搏击比赛是否是证明实战技击能力的唯一途径，太极拳是否应该改变自己去迎合、融入搏击比赛，这些都是需要深入思考的问题。

拳苑杂谈

杂谈就是聊一些既不属于系统理论，也不属于具体技术的问题。太极拳与其他武术门派的不同之一，就是它不是一个单一的武术技术体系，而是包含了太多内涵、承载了太多传统的一个有广泛影响力的系统。由于太极拳概念独特新颖、技术难度大、内容丰富，在普及的同时，也就造成了很多问题，令人产生很多疑惑。对于认真、严肃的练习者而言，有些问题可以说是致命的，可能被导入歧途而自己还不知道，如果不能及时纠正，可能会导致一辈子"枉费工夫"。因此，提高分辨能力是最重要的，也是最难的。这里除了聊一些太极拳的发展演变问题，对一些拳术中常见的问题，重点讨论其产生的原因与本质，同时还提出一些问题，希望能够引发读者深入思考，以认真检查、校正自己的学习方向。

张三丰观鹤蛇相斗创太极拳

传说张三丰在武当山修道时，一日偶然看到一鹤与一蛇相争斗，从中悟出太极拳的道理，进而创造了太极拳。这是太极拳与张三丰最有名的传奇故事。有些人以此为依据，证明张三丰是太极拳的创造者，但是直到现在还没有直接可靠的证据证明这个故事的真实性。这里我们不去考证历史，而是要说为什么会有这样一个故事，它的背后反映的是什么？事实上，抛开这个故事的传奇外表，其内在的本质是太极拳的基本攻防原理。其中鹤是代表进攻，攻中有防；蛇是代表防守，防中有攻。在太极拳技击原理中，一般以阳代表进攻，以阴代表防守。进攻总是主动、先动，为刚，刚中有柔；防守都是被动、后发，为柔，柔中有刚。

以鹤代表进攻是说鹤有两条长腿用于捉拿、控制，而其长喙可用于如啄之打击。所以鹤攻蛇的策略是，先以两脚踏蛇之头与尾，使蛇无法解脱还击，再以长喙击其中，将蛇中分两段食之。其中体现了太极拳打法不是单纯的直接打击，而是控制下的打击。

以蛇代表防守是源于《孙子兵法》中的"故善用兵者，譬如率然。率然者，常山之蛇也。击其首则尾至，击其尾则首至，击其中则首尾俱至。"以此描述兵法战阵之中的机动灵活。常山之蛇是传说中一种可以首尾相顾的蛇。这里的防守不是说受攻击的地方直接躲闪或对抗,而是以其他部分进行还击。头被攻击则以尾还击,尾被攻击则以头还击,身体被攻击则头尾同时还击。其中体现了太极拳打法中不与对手直接对抗,而是遵循舍己从人、不丢不顶、黏走相应的原理。

这个故事告诉我们,太极拳的技击要守如蛇、攻如鹤。守时需舍己从人、不争、以柔克刚、后发先至,攻时需得机得势、拿而发之,而总则就是攻守同时、刚柔相济、黏走相应。这些就是太极拳拳理的本质。至于是先有故事再创拳理,还是先有拳理再编故事,都不重要,重要的是如何将这个道理应用到太极拳的实践中。

太极拳发展演变之推论

太极拳的早期源流已不可考,现存的口传历史与零星的文字记载中,都是尊张三丰创拳说或张三丰传拳说。这类说法是否属实,现在无法证实或证伪。

几乎所有中国传统技艺门派中都会有祖师崇拜,这与宗法社会儒家尊祖敬宗、慎终追远的文化传统有关,也与文化传承中厚古薄今的观念有关。崇拜的对象有三大类:第一类是真实的祖师爷,在这类人物身上往往会有些仙传类的故事,以显示其超乎常人的能力;第二类是某些历史上的名人,可能因为和技艺有某种关系而受尊,譬如拳术中尊岳飞的原因之一就是岳飞会武艺,但是一般都会被放大;第三类是完全杜撰的人物或传说中的人物,以显示技艺的神秘性。虽然有各种各样的崇拜,但并不是瞎拜、乱拜,里面都有内在的缘由,基本上都表示该行当、门派所遵循、崇尚的理念,拜祖师本质上就是拜理念。太极拳尊张三丰，本质上就是尊张三丰的以道家为主，兼容儒家、释家，儒释道三位一体的思想，这种思想作为太极拳的思想基础，由此奠定了太极拳的发展方向。无论历史上的张三丰是否真的创造了太极拳，几百年中太极拳的实践者都遵循这个原则，在这个思想指导下练习，脱离了这点就不是太极拳。练太极拳的人可以不相信张三丰创拳，但是不能不遵循以张三丰为代表的道家理论为拳术的基本指导思想，否则就不可能保持正确的训练方向。

今天我们学习的太极拳早已经发展完善，既包括完整准确的理论，也包括完整细致的训练方法，可简单地概括为：

顶层设计：以道家思想为核心，兼收儒、释、兵、阴阳、八卦、五行、传统养生功、中医等理论的武术；是对人身心的全面修炼；追求的是最高级的技击原理与技术、健身养生的功效、修身悟道之境界。故太极拳"以武入道"，成为博大精深的传统文化体系中的重要部分，这是本体；而太极拳的完整训练过程是以武术为载体，寻求更高效的技击方法与益寿延年的效果，是为用，这个体用关系是在最高境界中讨论太极拳的本质基础。

基本理念：以脱胎换骨的方式全面改造先天自然之能，建立起新的行为与反应模式。从道家守静、虚无、无为、不争等思想中，建立起新的、最合理、最高效的技击概念，实现以柔克刚、以弱胜强、后发先至等应用，并从中得到太极拳独特的健身、修身效果。

技击思想：以太极阴阳哲理为技击技术的中心思想，在技击应用中，以太极阴阳相济、相互转换、对立统一等原理去指导技击技术，去实现基本理念。太极阴阳哲理就是《太极拳论》中讲的"虽变化万端而理为一贯"的一贯之理，而这个思想在技击技术方面的具体运用就是黏走相应。

技术追求：被内功心意所引导、以舍己从人为本，在得机得势、以逸待劳中，以引进落空、借力打力、牵动四两拨千斤等技法，实现对于对手的完全控制以及控制下的打击。

技术基础：符合太极拳技术要求的基本能力包括身体的运动能力，如肢体上的松、整、协调及内功之神意等；保持放松状态的能力，能应物自然；维护平衡稳定的能力，总能保持中正、舒适、和谐；气的感应与控制应用能力，如身内的贯串、鼓荡；超级感知能力，在此基础上的知己知彼；劲力的控制使用能力，在因敌变化中追求最高效率。

基本技术：太极拳中有很多基本技术，其中最有代表性、最重要的技术是八门五步。太极拳中的所有技术基础是粘黏连随，所有技术都离不开粘黏连随，是太极拳最重要的技术特征。

训练方法：太极拳有完整的训练方法，包括基本功、拳架、推手、实战、辅助训练、理论学习等，其中拳架与推手的练习方式是独特的。拳架练习从基本动作要领开始，以柔慢轻匀的方式追求周身六合与八法应用，达到对身体由外向内的改造。推手练习从基本的感知训练开始，从粘黏连随中追求知己知彼，实现对于对手的控制，达到从体内向外之劲力的最合理、高效的运用。这些特殊的训练方法都需要大量的心意运用，是实现太极拳技术理念的保证。

如此完备、精致、高级的系统，很多人穷一生精力都学不好，是否可以由张三丰或某个人以一己之力发明出来呢？这里要打个大问号。

在传统中有一个很大的误区，即很多人都相信祖师爷是万能的，什么都是祖师爷传下来的，不能变。事实上，凡是高级的东西都是一步一步发展起来的，无法凭空创造。我们认为太极拳的创立、发展也必然是一个长期积累的过程，是历代先贤共同努力的结果，其中不乏集大成者。虽然现在没有直接的证据说明太极拳的发展过程，但是从某些历史文献以及历代所流传的一些人和事，特别是从现存的太极拳拳论以及完整的拳法与训练体系中，还是可以看到一些事实，得出一个比较合理的推论，即这个创立的过程是从外家长拳演变为内家十三势，再升级到太极拳。当然这个三段论之推论不是定论，只是一种观点，供大家参考。

中国传统武术在宋、明时期应该是比较繁荣的，各种门派开始形成，其中市井文化起到很大的推进作用。到明代中叶，从戚继光、俞大猷、唐顺之等人的著作中可以看到各种有特色的拳理、拳法、门派。其中提到的"绵张短打"显然是以柔克刚的技法。同一时期的张松溪与内家拳的记载更是清楚地说明外家拳向内家拳转化的情况（这里的外家拳与内家拳都是指拳法理念）。戚继光等人都是名将，也与民间武师交往频繁，他们带兵练兵，驻防从南到北，兵将们来自四方也归于四方，这必然会极大地促进武术的交流、发展、传播。

外家拳是对人体先天自然之能的强化，是武术发展的自然趋势。内家拳则是依据道家思想，在寻求更有效方法过程中深思熟虑的结果。所以说先有外家拳后有内家拳是合理的，内家拳是从外家拳中发展出来的，也是合乎逻辑的。除了格斗技术外，内家拳中还大量增加了以传统炼气为核心的内功练习方法，由此导致对先天自然之能的改造，同时也形成了新的力量运用方式与新的人体行为反应模式。明代中叶以后的许多文献中都有这类痕迹，而且都与武当山道家有些渊源，这是因为从历史上，道家、道教都深深地卷入了与炼气有关的研究训练中，所以说内家拳的思想基础与练习方法都尊崇道家是有原因的，也是合理的。太极拳的发展即是在这个潮流中达到了最顶端。

太极拳的前身是十三势，也叫长拳，这点几乎没有争议。十三势是什么人何时创编的，现在不知道，从零星的记载中看，也许可以上溯到唐代。从拳势讲，其中有许多势子至少在明中期已经存在了。如果单从练法与技术上看，早期大概与某种外家长拳属于同类。从唐村、王堡等地保留的记载看，明末清初时，十三势已经具备了内家拳的特征，基本完成外家拳向内家拳的转化。在同时代的一些武术文献中，许多内家拳的原理、特征都有清楚的描述，诸如阴阳等哲理也被引入拳理之中。从清代中叶的《苌氏武技书》看，那时内家拳的理论已然很成熟。参考整体环境，以描述内功训练方法、练拳时的体会与要点为主的《十三势歌》《十三势行功心法》等拳论，应该是在这个时期内出现的。《打手歌》的出现标志着太极拳独特的技击理论已经形成。王宗岳《太极拳论》应该是这之后的一次大的理论与实践整合，是以太极阴阳哲理规范了拳术的技击原理，同时也就从理论上严格定义了太极拳的核心本质，最终完成了从内家十三势到太极拳的转换。这个工作的完成不会晚于清中叶。今天我们实际继承的、有完整理论体系与训练方法的太极拳，其整体的技术形成过程正是这个发展过程的重演。

在拳术演化的历史过程中，肯定会发生自然的改变和刻意的修改，有的拳家拳法停滞、倒退、走偏或混杂，新生的拳法可能失传，古旧拳法可能长生，这些都是演化中的正常现象。太极拳虽然也有变化，但是基本传承还在，还可以从中看到拳术的演变过程。尤其从近代拳法历史上看，太极拳有三高——拳法高、拳论高、拳名亦高。太极拳拳法高，近代拳术的黄金时代就是由太极拳嫡派杨露禅、杨班侯父子去北京传拳开始，父子皆称杨无敌。拳论高，诸多太极拳拳谱、拳论，自外家而内家而太极之理论由浅至深，完整而完善，故内、外两家各路认真的拳法皆可从中借鉴。拳名高，"太极"是传统学术中宇宙本体的形而上符号，太极拳之名在各种拳术名称中也独占鳌头。这三高的结果就是近代很多内、外两家拳法大师虽然未能完全掌握太极拳，但能借鉴太极拳拳谱、拳论中内、外家拳理的内容，也可以形成新的拳法。更有新传拳法纯属盗用太极拳之名，以致名实混淆。无论对于太极拳源流有何争论，无论拳术的各种演变如何，今天我们手中所掌握的实实在在的拳理、拳法正是传统传承的铁证。

在历史长河中，有些人可能在某个时期内学到了外家十三势或内家十三势，这并不代表是得到了纯正的太极拳。而对于诸多名义上练太极拳，但是不按太极拳论追求的，其实都没有在练习真正的太极拳。太极拳拳论云"斯技旁门甚多"，恐非虚言。

内家拳的退化问题

从现在可以比较确定的史料上看，19世纪到20世纪前期是内家拳三大门派发展的高峰期，其中以太极拳最具代表性。而后随着社会的变化，特别是战争与经济条件的恶化，武术的发展失去了大环境的支持，总体上开始走下坡路。从改革开放后，武术整体上有所复兴，但是对于内家拳而言，在这种复兴中，在技术上表现的却是整体退化。

内家拳是从外家拳基础上发展起来的，但它并不是对外家拳的强化，而是改变，这是内家拳与外家拳本质的不同之处。所谓内家拳的退化是说内家拳的本质被逐渐忘掉了，内家拳被练得越来越像外家拳。譬如一些练形意拳的，整天把精力集中在如何才能更有力方面；练八卦掌的，整天比较谁知道的招式变化多；而练太极拳的，除了作假以外，一谈技击就是发劲、擒拿。最可悲的是将以技击能力成名的太极拳，练成只能健身的体操。也无怪乎有些外家拳的名家们总是说不应该有内家、外家之分，究其原因大概是他们所见的内家拳确实与外家拳没什么本质上的区别。

导致内家拳，特别是太极拳退化的原因有很多，譬如训练水平降低、选才困难等，其中主要原因之一是师资断代。内家拳的技法不是靠书本、照片、录像就能传承的，靠的是抚臂擦肩、口传心授。必须是通过老师长时间、手把手地讲解传授，才有可能把身体上，特别是内在的感觉、感受传承下来。这是实实在在的内家拳法传承的必要条件，任何间接的传承方式都是不可靠的。内家拳的技法不可能无师自通。高水平的老师不一定能够教出高水平的学生，但是不懂内家拳的人绝对不可能教会别人内家拳。

太极拳的变异

传统太极拳本来是一门武学体系，以武术技击为训练核心，以健身悟道为追求。由于其自身的技术特点以及社会条件的变化，在近百年的传播、发展中产生了一些变异，有些已经对太极拳的整体发展乃至生存产生了极大的影响。下面对几种主要的变异做一些分析。

健身太极：由于太极拳自身有很强的养生功能、健身效果，而且在训练方法上有很多与其他刚性武术不同的表现，譬如要求练习时动作放松、缓慢、柔和等。因此，从很久以前就有人专门以健身为主要目的去练习太极拳。但是他们仍承认太极拳是武术，并且遵循太极拳中的传统养生、健身理论与方法。但是从20世纪五六十年代起，太极拳被融入全民健身运动中且被大力推广、普及，由此催生了太极拳的一大变异——单纯以健身为目的的太极拳。首先，健身太极拳的武术功能被完全忽略，甚至被批判，譬如认为是低层次的末技、不符合社会的发展、不值得一提等。其次，健身太极拳没有继承传统太极拳中有关健身、养生的内涵，也与传统文化相割裂，取而代之的只是一些以太极拳外形动作为载体的肢体运动，使太极拳的健身意义与广播体操、散步、慢跑等运动没有太大的区别。因此，这种变异的健身太极拳已经与传统太极拳完全脱节，失去了传统太极拳中的精华内涵，所保留的只是部分表面形式。事实上，学习传播这种太极拳已经不需要任何传统传承，一个只学了几个月拳架子的人就可以当老师。这种变异是以24式简化太极拳的推广为标志的。这种变异的普及推广所带来的最大影响就是造成很多人以为这就是太极拳所应有的形式。

娱乐太极：太极拳训练本质上是一种个人的身心修炼，与其他人无关。也就是说在我个人的练习中不必去考虑如何取悦其他人。当个人训练的主体——盘架子成为取悦他人的竞赛表演时，原本拳架中的对自身各种训练要求的意义就变得不重要了，甚至可以完全忽略。这时练习者所追求的只是如何去满足他人的观赏要求，这就必然导致太极拳的畸形发展。譬如，现在的太极拳套路比赛中，类似舞蹈的优美形体动作，类似体操的高难度动作等充斥其中。这种套路比赛发展变异的必然结果就是，它从内到外几乎失去了所有传统太极拳的东西，最终成为一种仍冠以太极拳之名，但与真正太极拳的传统传承毫无关系的异类。这里也包括了影视与各类文艺表演中以娱乐为目的的太极拳。这种变异给人们带来的最大影响是，很多人会认为比赛冠军的高难度就代表了太极拳的最高水平。如果真能将这种太极拳推入奥运会之类大型国际比赛，其负面与正面的影响同样是巨大的。

游戏太极：推手是太极拳技击训练中的一种特殊方法，其本来目的是通过这种训练去理解掌握太极拳独特的实战技击技术。推手相对而言比较安全，因此也常常被用于较技。虽然带有对抗性质，但是往往也带有很强的研究意味，同时也有一定的趣味性。所以在练习时，有些人会自觉不自觉地将推手训练当成一种游戏。这时他们追求的已经不是真实的太极拳实战技击能力，而是对抗中的乐趣，推手成为师生、同学或熟人间的游戏。大多数练拳的人都是从兴趣爱好出发，而真实的传统太极拳难学难练，远不如这类东西吸引人，因此游戏太极愈演愈烈。同时在这种变异中，许多传统的观念被神化，也有些看似高明的概念与技巧被发明，以至于今天已经发展到了被广泛质疑的地步。由于这类练法都打着传统的旗号，所宣扬的东西中也夹杂着许多传统技法或说法，同时，其中的人物也往往与传统传承有着较密切的联系，因此常常被人误认为他们就是传统太极拳的代表。这类变异混淆了太极拳的本意，以假乱真，是传统太极拳被质疑的重要原因。

退化太极：传统太极拳式微，其内在原因是它本身难学难练，外在原因是没有太多的社会需求。这些因素导致愿意花时间下苦功的人越来越少，有真功夫的人也就越来越难见到。虽然仍有一些人相信太极拳曾经的辉煌，但是找不到传承，也缺乏耐心。这种困境使人们急于寻找简单易行的代替方法，这就直接导致了太极拳技术的退化。退化就是说大量的、以先天自然之能为本的技术技法被加入太极拳的训练之中。太极拳本来是要改变先天自然之能，建立起新的运动与反应能力，这是太极拳对武术发展的贡献，也是太极拳能成为武术的最高境界的原因。而这类退化性的变异，主要就是将太极拳的特殊技术概念与高级技法丢掉，退回到以先天自然之能为基础的老路上去，也就是去追求以拼力量、速度为本的技术。由于这类退化的技术在短期内的实效很明显，同时又常常以传统的旗号进行宣传，因此可以吸引一部分急于学习太极拳技击技术的人，特别是年轻人加入。虽然这类变异中往往也说传统，但是已经没有多少传统的内涵。其中最大的问题就是不讲太极拳理，因为其技术与太极拳的理念往往完全对不上，甚至是对立的。因此，这种太极拳实际上是否定了传统太极拳百年来的发展成果。

今天在人们谈论太极拳产业化时，各种变异、新奇层出不穷，声势浩大，以上几种只是其中最典型的，而且已经深入人心。虽然各自贩卖的内容不同，但是都打着传统的旗号。我们并不反对练太极拳健身、表演，也不认为练太极拳就一定得成为技击专家。而是说要认清传统太极拳是什么，要明白自己的追求。今天很多人都在讲传统文化，但是现在所提倡的太极拳多是以健身太极与娱乐太极为主体的变异太极拳，这是与传统文化无关、与传统太极拳渐行渐远、几乎毫无继承关系的变异。那么真正意义上的、原汁原味的传统太极拳是什么？是否应该给太极拳正名了？

太极拳练习内容的变异与完整的太极拳

我们常说要练习传统的、完整的太极拳。随着太极拳的普及，大部分练习太极拳的人实际上都只是在练完整太极拳中的一部分，甚至是很少的部分，特别是以健身或比赛为主要目的训练。但是由于种种原因，现在这类练习者却成为练习太极拳的主流，成为太极拳的代表。这种以局部代替整体的现象，已经非常普遍了。在太极拳这个名字下，它的内容已经被大大地简化，产生了大量的变化、变异。这个问题的出现说明太极拳在普及过程中，庸俗化、低俗化的现象十分严重，今天如果想继承传统，将太极拳发扬光大，必须对此有充分、清晰的认识。

公园太极拳与真实的太极拳功夫

这里说的公园太极拳并非指所有在公园里练的太极拳，而是指那些以健身、休闲、娱乐等为主要目的的太极拳。因为这类太极拳的练习者大部分是在公园里练习，故以"公园太极拳"称之。现在的太极拳练习者中，这部分人是主体。

从全民健身的角度看，这种以健身、休闲、娱乐等为主要目的太极拳练习并没有什么不妥，练习者只要自我感觉良好，能达到他们所追求的目的就可以了。这里只是要提醒那些想追求真正太极拳功夫的人，从严格意义上讲，这种公园太极拳已经不是本来意义上的太极拳，而是太极拳在普及后所产生的一种低层次的变异。真正太极拳的技术在深度、广度、难度上，都远远超过公园太极拳所承载的。如果将练习局限于此，最多只能得到太极拳的一些皮毛。虽然从某些角度来看，公园太极拳有其存在的意义，但是从太极拳传承、发展的整体上看，大力推广公园太极拳对太极拳的伤害也是巨大的。它的存在混淆了太极拳的真意，整体上降低了太极拳的格调，影响了太极拳的发展方向。

传统旗号下的偷梁换柱

现在常有一些人打着教授传统太极拳的旗号，却在教与传统相悖的东西。更有一些所谓嫡亲传人以家传为幌子招揽生意，而在真正教东西时，却又大谈与时俱进，以至于传统的东西完全看不到。这类人还特别喜欢到国外招摇，使很多学习者乘兴而来，扫兴而归，对太极拳的名声有很大伤害。必须注意到的是，随着高科技的发展，这种挂羊头卖狗肉的现象越来越普遍。在太极拳界，"打假"是一个严肃、艰巨又似乎不太可能完成的任务。

传统武术中的武德

武术作为一种伤人甚至杀人的技术，本身并没有好坏对错之分，完全看何人用之、去做何事。为了保证武术不被无德之人用于危害社会，除了法律以外，武术界还需要有自己的行为规范，即武德。武德是对习武之人在言行上的一种约束，通过日常修习，时刻规范、提醒习武者。武德所涉及的内容、范围多是与社会道德相符合的，甚至是更严格的。所以传统武术并非只是单纯的技击技术的训练，而且还包括了对人的道德修养、思想品行等方面的培养，反映了传统武术与传统文化是相连接的。

在传统武术中，武德有三大类：口德、手德、身德。口德是说话要有涵养，不能粗俗，不能口无遮拦、出口伤人、得理不让人，不搬弄是非，要实事求是，不吹牛说大话，更不能以谎言欺人，欺世盗名。手德是与人动手时要审时度势，适可而止，不能随意伤人。但要注意的是，讲手德并不是拒绝交流，只是要求在交流中掌握好度。有些人一方面说很多大话，一方面又以手德的名义躲避交流，掩饰自己低水平的技击能力，这是不可取的。身德是说习武者的言行必须符合社会道德，能够在社会上立身；身要正，要成为被社会承认的、正直的、有教养、有品质、有修养、有境界的人。

在传统武术界，各个门派都有自己"门规"一类的东西作为武德的标准。在传统太极拳中，也有如"十不传"之类的规范。虽然从今天的社会标准看，有些东西已经过时，但是整体的概念依然有效。今天学习武术，武德仍然应该是我们学习、训练中的重要组成部分。武德也是承载传统文化的重要部分，不能被遗忘。

"术高莫用"

讲"术高莫用"的有两类人：一类是不懂太极拳而常常苦练发劲一类技术的，在他们心中太极拳的高级技术只是刚烈的直接打击，而且这种打击的能力是他们自己也无法控制的。所以他们会认为太极拳不能随便打，一打必伤人。也就是说，他们的打击只有一个档次，而且一发就收不住，完全没有自我控制能力。事实上，如果是实战，他们那种练法未必能打得着人，即便是用他们所谓的内劲打，还真未必能够比其他拳种打得好。另一类讲"术高莫用"的多是自己没有功夫却还想显摆、吓唬人的。这类人在说大话吹牛的同时，又借用武德的名义，回避自己不能或不敢技击的事实。这类人也必然不懂太极拳，在他们的想象中，太极拳与其他硬拳没有区别，根本不知道太极拳高在哪儿。

太极拳中最高级的技法技术是什么？是控制！控制什么？首先是能对自己的所有行为有精确的控制，能随心所欲地控制自己应用各种技术时的量。其次是能够实现对于对手的控制，重点是控制对手的平衡。能控制住对手，想打想发，任何程度都可以。太极拳的高级技术追求的是"老叟戏顽童"的效果，而非既不能控制自己、也无法控制对手的蛮干。因此，空讲"术高莫用"的人必然是不懂太极拳的人，或者是水平极低的人。

隐士与高人

这里还要说一说所谓"隐士"的问题。受传统文化特别是佛、道等思想的影响，武术界长期有一种观念，认为有些高人不为人知，所谓"真人不露相"，这也是传统武术常常被神化的基础。事实上，武术的特点决定了对某个人的技术水平的判断只能是从实战中来，太极拳更是如此，闭门自修、拒绝交流的人，不可能真正理解太极拳的技术追求，也不可能真正掌握太极拳的技击能力。不为人知者，必然是缺乏与其他人交流的人。没有交流就没有实战经验；没有交流，那些需要经过交流才能理解掌握的技法技术就无从谈起；没有交流，又如何能够证明某个人的真实功夫水平呢？

现代社会与以前大不相同，其中一个特点就是一个低水平的人可以通过种种方法变得很有名，高水平的人往往由于不愿意炒作而知名度不高。但是高水平的人完全不为人知却是很难做到的，因为说某人是高水平的人，必然是他与别人比较之后才被认知的。现实中所谓不为人知的"高手"，除了自我吹嘘、作假的以外，大多是被一些水平较低、鉴定能力较差的人士所发现。这类"高人"大多能侃侃而谈，但是实战能力往往令人怀疑。当然也有个别人物可能以前水平很高，也很有名，但是因为某些原因而被现在的人所遗忘，这类人需要武林社会多多关注。

太极拳的难与易

"太极十年不出门"讲的是太极拳的难；而"不管你会多少法，我总比你多一法""懂了太极拳，人都变懒了"，这些话讲的都是太极拳的易。其实太极拳是学着难、练着难，一旦掌握，应用起来就十分容易。与那些以简单实用技术为主的武术流派相比较，没有经过长时间刻苦的综合训练，太极拳很难被理解掌握。因为太极拳是要对自身进行全面的改造，不单是身体上的行为动作，更重要的是思想意识、观念等，其中有很多东西都是在常规中难以理解和接受的。由于太极拳所追求的目的与所使用的技术方法的特殊性，一旦能够掌握太极拳，就会形成"人不知我，我独知人"的局面，那么与人相斗时自然就很容易了，"英雄所向无敌，盖皆由此而及也"。

人只能理解先天自然之能下的技术，不可能直接了解非先天自然之能的技术。譬如在许多拳种中，要想打好拳，就需要增加肌肉功能，而练习肌肉的方法是人人都能理解，而且可以直接体会到的。肌肉练习的方法与效果之间，也有显而易见的对应关系。而太极拳的训练是要改变先天自然之能，而且是脱胎换骨式的改变，建立起新的、非先天自然之能的能力。这个改变的过程是难的，因为在开始时你并不能真的理解为什么改变，也不知如何去改变，对于改变的方法也处于不能理解的状态。特别是训练方法与效果之间的关系往往不是直接对应的。譬如松，通过长时间慢而柔和的动作练习后，身上才能逐渐有体会，才能真正理解松的内涵。而当松的体会没有产生之前，练习是很盲目的。又譬如初级阶段中，通过百分之百的重心转移而进行的分清虚实的练习，是为了以后在中级、高级推手中的中气晃动而做的。这些练习的效果在练习阶段都是模糊的，无法直接看到或体会到。因此，在练习的过程中，在身体还没有体会之前，不知道老师讲的是什么意思。有个有趣的现象，对于初学者而言，如果有人给你讲太极拳的技术，你觉得很有道理，你完全能够理解，而且基本都能做到，那么这个人讲的大约就不是真正的太极拳技术。真正想学习掌握太极拳，必须知难而上，才有可能最终达到自由王国。

太极拳技法的真假认知

在一些太极拳推手或技击表演中，一些拳师在与他们的学生或同伴表演时，常常能打出一些超乎人们想象的效果。譬如，看似轻轻一碰，有时只是轻轻扬一下手，并未发生实际接触，被击者就会倒退几米，甚至于蹦高；还有六七个大汉从几个方向同时推一个老师，老师身上一抖，这些大汉竟然全都被击退，甚至向不同的方向蹦跳倒地。笔者最早目睹这类表演是在20世纪70年代，当时在许多门派中都有这类表演。是否在太极拳传播的早期就有此类表演了呢？现在不得而知。但从在20世纪七八十年代笔者的亲身经历可知，那时在我们门派中，王培生师爷、戴玉三师爷、刘晚苍师爷等前辈都不曾做过这类表演，倒是他们的学生中有几个人很热衷于此。所以当他们同台表演时，似乎这些晚辈们的功夫要比师长们高出许多，因而出现质疑与争论也就是再自然不过的了，这些争论有时甚至很激烈。现在看，那时的表演中真东西还是有的，只是有些过于夸张而已。

现在看来，这种表演在许多地方都有，也不仅限于太极拳。在某些圈子里，这种风气愈演愈烈，一些拳师的功夫似乎越来越神奇，打出的技法也越来越离奇。这些神奇、异常的效果，自然引发了人们对于他们技法真伪的争论，技法越神奇，争论也就越大。而这种争论更进一步引发了大众对太极拳技法的整体质疑。争论中，一方认为这是太极拳高级技法所能施展出的效果，是真实的。另一方认为这只不过是被击者刻意配合所做的表演，而非真实功夫，是虚假的。事实上，这种表演及其争论由来已久，只是在网络时代，媒体的传播使这种争论变得更加广泛及公开化了。许多不懂太极拳，甚至不懂武术的人都加入了争论，上纲上线、挖苦讽刺，其讨论范围已远远超出了太极拳技法的范围，这里我们只对此事的因果进行讨论分析，为同道们提供参考。

1．太极拳推手训练时发生蹦跳现象的客观原因

由于太极拳的技法复杂精微，教学中对于各种劲法的理解、应用，老师无法仅以口述形式讲解清楚，学生也无法仅从直观的形体动作教学演示中明白，只能通过大量的师生之间的直接接触，即推手训练来学习。老师通过接触将某个具体的劲法应用到学生身上，学生通过接触来认真仔细地感受、体验老师的劲，只有经过这种大量的切身经历，学生才能逐渐领会有关劲法的应用，最终能够懂劲。

在使用这种训练方法进行教学时，一个很重要的要求就是当老师讲劲时，学生要集中精力听劲，其间不要变化，要随着老师的劲走，让老师将自己推出去。因为只有这样才能清楚、完整、准确地体会到老师的劲力，才有机会学习到高级技法。因为太极拳讲的是因敌变化，如果学生在听劲过程中有变化，那么老师也必然要随之变化，这就导致老师正在讲解的劲可能还没有使用完整就发生变化，学生自然也就无法将这个劲听清楚。如果学生不变化，则可以比较容易地、

清楚完整地体会老师所用的劲。在这个过程中，学生常常也会下意识地顺着老师的劲走，以延长听劲的时间。由于多数劲的目的是破坏对手的平衡，所以当学生顺着老师的劲走的时候，其平衡会被破坏；又因为这种演示性训练的速度一般比较慢，当开始失衡时，学生常常可以通过一些简单的跳跃进行自身调整。这也就造成外观上学生随着老师蹦蹦跳跳。另外如果老师的劲拿得比较严、但发得比较慢时，学生随着劲蹦跳可以对受力略有减缓，既安全，又会有一点惬意之感，故学生往往会很自如地随之蹦跳。这些本是推手训练过程中所产生的一种现象，是阶段性的，并非真实的、完整的太极拳技击。因此在客观上，这种现象并不应该归于作假的范畴。在某些特定条件下，以这种形式进行表演也未尝不可，但一定要慎而又慎。学生可以随着老师的劲走，但切不可自己加力以助老师。因为前者还可以算是在真功夫的基础上略有夸张，而后者就是造假了。

无论是这种训练方法，还是它所产生的附加现象，本身并无问题。问题是有人把这种训练方法进行夸张式的改造，譬如，老师根本没有将学生的平衡破坏，学生就自己乱蹦，甚至师生间完全没有肢体接触，老师就将学生打飞，完全脱离了正常训练的范畴，把它搞成一种师生之间相互配合的游戏。当这种游戏成为一种在公共场合或公共媒体上的炫耀式的表演，就产生了质的变化，变成了为沽名钓誉而造假的行为。

2. 太极拳推手或技击时发生蹦跳现象的主观原因

在那些有争议的表演中，虽然表演者们一般都不明确说明他们在做什么，但又总是强烈地暗示他们是在做真实的推手或技击，即主观上是想让其他人相信他们掌握着"高深"的太极拳功夫。为什么会出现这种现象呢？最根本的原因是，真实的太极拳的高深技法确实常常能打出一些使人意想不到的、所谓"神明"的效果，然而这个层次却是非常难达到的，人们为了追求这些而刻意模仿，这种模仿从略有夸张逐渐发展到完全作假。表面上看，那些表演所表现出来的效果与真实的高级技法有相似之处，但本质上完全不同。真实的高精尖的技法是实实在在地练出来的，是功力达到一定程度后自然形成的。但是有些人自身功夫水平不够，为了追求效果而主观地刻意模仿。当人想要站到一个自己能力无法达到的高度时，最"省力"的途径就是作假。也就是说，他们只有通过作假，才能显示自己的主观愿望与追求。仔细看一看，那些拳师们大都来自出过高人的流派中，这是他们的主观动力。因此，他们在演示时，还常爱拿前辈们"要把真的东西打出来看着像假的似的"这句话为自己遮掩、辩护，实质上是自欺欺人。王培生师爷曾说过："真的东西可以打出来像假的似的，但绝不能拿假的东西当真的打。"

正是因为有过能用真功夫打出看着像假的效果的前辈，才会有以假乱真来蒙人的后辈传人，这真是太极拳界的悲哀。一般来说，这类人中的大部分还是有一定技术水平的，但是离大师的水准还相差甚远。他们希望成为大师，可惜的是一旦如此作为，就只能成为假大师了。当然，在这个圈子里从来都不乏欺世盗名之辈，这里就不多说了。

看看那些打击作假的太极拳名家，从他们的批评中可以看出，言辞最激烈的往往是对太极拳最无知的。他们大概从没亲身体验过真正太极拳的技法，往往只能局限于先天自然之能的观念中进行批评，所以他们的批评反而是最无力的，甚至是可笑的，这何尝不是太极拳界的另一种悲哀。

3. 关于太极拳"神功"的真假认知

当我们说这种"神奇"功夫是作假，并不是说学生摔倒是假的，而是说这种所谓推手或技击产生的使学生摔倒的效果并不是由于真实的太极拳技击技术所致，不是真实的武术对抗的结果。因此，如果演示这种"神奇"功夫的人能够公开宣布，他们不是在使用真实的太极拳技术进行真实的对抗，只是在做一种特殊的训练，或者是一种熟人之间的游戏，那么别人就不会，也不应该批评他们作假。问题是他们从来都不明确说明这点，相反，还总是暗示他们是在展示真实的太极拳技术。这也正是他们被批评作假的原因。

这类太极拳技术的真假并不难判断，然而多数参与其中的人并不承认，特别是那些学生。学生常常会为了在外人面前彰显其师的功夫，或者是为了向老师示好而主动地配合老师，当这种主观意愿很强时，日久天长，师生们便把这些当成是很自然的事。因此，沉迷于这种游戏的人必然是缺乏理性思维者，长时间主观地认为他们是在做真实的推手或技击。老师坚持认为自己能以这种方式将学生打倒，而学生并不认为自己摔得不真实。最后的结果就只能是"老师骗学生，学生骗老师"。"老师骗学生"是说如此下来，学生学不到真东西；"学生骗老师"是说长此以往，有些老师甚至也会相信自己真的能如此轻易地发放人，最终误人误己。事实上，玩这类游戏的，无论是老师还是学生，只能是一个圈子里的人，他们之间的相互影响、彼此"信任"、各种心理暗示使得他们达成默契，并共同在游戏中获得快感。其实他们并不在乎真实的太极拳技术应该是什么样子，只是自我欣赏而已。而一旦遇到外人，默契全无，所以基本上都是拒绝交流的态度。最可笑的是以对方没练过为理由拒绝，这不正好说明他们的技术效果是靠配合才能展现的吗？有时被逼无奈接受挑战，要想赢，基本上都还是要靠先天自然之能。这时，他们所崇尚的"真太极拳"是绝对看不到的。这种现象在当今太极拳界并不少见，有人喜欢这么玩儿，自己认为是真实的，我们无权干涉，也不做判断。但是如果公开宣称这样的东西是太极拳，那么我们就必须提醒真正希望学习太极拳的同道，这是作假，如果陷入其中，那么你就会离真正的太极拳越来越远。

由于太极拳技术的难度与特殊性，在教学与训练中，有时需要人为配合，也就是说不能够完整地体现技术本身的真实作用。这是学习过程中必要，也是必需的步骤，无论老师还是学生都要对此有清楚的认识。如果在公众场合做这种特殊的练习，就会引来作假的质疑；如果是有意炫耀，那就是作假，甚至是有意欺骗。无意中的作假与有意欺骗在道德上是有区别的。譬如，有个老师带着学生如此长时间练习，形成默契，以至于老师都相信自己有这种功力。有外来记者采访，要求试试，此老师欣然同意，但是几次尝试，结果都不灵，这老师只好给出几个可笑的理由去遮掩其失败。从此以后，虽然师生们还到处表演、展示，但老师就不再与外人试手了，无论外人如何请求、挑衅，都坚决不搭手。从这里可以看到，这位老师开始同意试手是因为其主观上认为自己能做，虽然其技术是不真实的，但是没有主观作假的意识。而其后不同意试手，说明他已经清楚地知道自己的技术是假的，可是这时还在到处炫耀，那就是有意作假，故意欺骗，这种作为也就完全丧失了他应有的道德品质。

4. 团体共同作假的内在原因

可以看到，现在这类作假的游戏常常是在一个不小的群体中进行。使很多人不理解的是，虽然这种游戏中作假的成分如此明显，但是许多参与其中的人却乐此不疲，其中的内在因素需看清楚。

第一，这类群体中必有"超凡"的老师与缺乏理性思维的学生。"超凡"的老师大多口若悬河，大道理滔滔不绝。可是认真听听，全是大话、空话、故弄玄虚之词，既没有真实清晰的拳理，也没有对实用技术的清楚解释。缺乏理性的学生大多没有独立思维的能力，人云亦云，盲目追求，还特别自以为是。第二，"超凡"的老师通过言语使缺乏理性的学生相信：学拳就必须跟着老师走，否则会受到伤害，美其名曰听劲。使学生只知道顺着老师的劲、随着老师走，长此以往，形成条件反射。第三，更有甚者，老师还向学生灌输"能随得好就是功夫好"的观念，能够随着老师的劲蹦跳得越高越远就是因为能对老师的气、劲的感受更好。使学生习惯于这种师生互动，并享受这个过程。第四，当学生比较多时，在以上三条教学方式的逐渐引导下，学生之间会形成一种逆向竞争的心理暗示，即学生们会暗自比较，看谁能被老师打得更漂亮、发得更远。因为他们会认为，能被老师打得漂亮，就意味着对老师的技法、劲力或气等体会得更深刻细腻，而这是功夫好的体现。学生如不随着老师的挥手而倾倒，他自己都会觉得不舒服，即所谓的气不顺。最典型的例子就是新的学生开始还对此有怀疑，以后逐渐适应，越练就可以越被老师打得漂亮，其心理上还会越有成就感。学生越多，相互影响越大，这种逆向竞争的现象就越明显。如果看到其他学生被老师打时蹦得远、跳得高，自己就蹦得更远、跳得更高。因此，当有多个学生轮番上阵时，可以看到他们倒地的方式越来越离奇，或者说越来越假，这时这种逆向竞争的特征就更加明显。正是这种心理原因，造成学生们争先恐后、自觉自愿地被老师打倒，为老师造假，从而形成团体性的共同作假。这种逆向竞争同时还造成学生们的自我欣赏心态很严重，既缺乏判断能力，又根本听不进任何批评。他们总认为自己站在一个极高的境界之上，其他俗人根本不可能理解他们，当然对俗人的批评更不屑一顾。练武的正常过程应该是学生与老师间的差距越来越小，学生希望最终可以超过老师。而练功到了不挨打不舒服的境地，越练被老师打得越远，这难道不是进入了一种畸形状态吗？当某个团体以此为荣时，也就彻底地迷失了练功的方向。

5. 真功夫就要当场试验

什么是真功夫？真假如何区分？是真功夫就可以当场试验，特别是与外人试，这里与输赢无关。武术就是技击之术，太极拳也不例外。当然练武不是打架斗殴，但是技术交流是必要的。不敢进行技术交流的，就不能算是真正的武术。在我们学习太极拳的过程中，王培生师爷总是不断地强调实践出真知，真东西就要当场试验。他在讲解、演示技法时经常说："你若不信，我们可以当场试验。"几十年来，他与国内外各种门派的拳师们比手无数，凡是与他直接接触过的人都没有对他的技法提出过质疑，这才是真正的传统。所以辨别真假的最简单、最直接的方法，就是搭手试一试。而对于外人提出的试一试的要求，作假者一般都会有如下反应：

第一，多数大师对自己搞的那一套从一开始就心知肚明，当他们对外展示时，总是装模作样摆出一副真实技击的架势。但其最明显的特点就是绝不与外人搭手，他们总是以各种各样的理由拒绝一切技术交流。那些理由中，常见的有：其一，怕伤着你。他们做出一种高深莫测的样子吓唬人。请问，如果您的功夫真的如此高深，为何不能有效地控制您自己，做到既能使我佩服而又不伤害到我呢？其二，你没练过，所以是没法打出又蹦又跳的效果的。这种说法事实上是在混淆真假功夫的界限。请问，是否跟您学拳的目的就是为了能被您打得又蹦又跳呢？如此，不如不学。其三，摆出一副居高临下的架势，做出对其他人都不屑一顾的样子而拒绝交流。事实上这正是他们心虚的表现。其四，以武德为幌子，拒绝挑战。其五，有时被逼急了又说他们只是自己内部练功而已。

第二，也有些大师略有自信，同意试手，但是一定要按照他的要求，受他摆布，常常还会让几个学生帮衬。但是无论怎么做，都难以做出他们表演时的效果，甚至当他们面对的是基本上没有武术基础的外行时，也多是以技术失败为结局。

第三，现在有些大师也知道，在某些场合完全逃避试手太丢人，所以他们也会挑一两个身体条件好的徒弟，以斗牛的方式迎接挑战。这时他们绝对是既不想也不敢使用他们的"神奇绝技"的。既然绝技不能用于实践，那么被贴上作假的标签也就是顺理成章的事了。

6. 结论

以我们个人观点来看，对于这类有争议的表演要做具体分析。有些是基本真实的，但略有夸张；也有些是以作假为主，间或有些真东西；还有完全作假、哗众取宠的，可笑可悲。

由于太极拳的特点，在某些训练中出现一些蹦跳的现象也是正常的，有时以略夸张的形式进行表演也未尝不可，但要慎而又慎。一定要明确其中的道理，要很清楚地知道自己在做什么，分清真假的界限。真理多走一步就是谬误。武术界历来鱼龙混杂，真假难辨，老话说"腥加尖，赛神仙""真东西三言两语，假东西万语千言""世人信假不信真""一天能卖十担甲（假），三年卖不出一筐针（真）"。这些都说明武术界造假由来已久，我辈须时刻提高警惕，明辨是非，千万不要"枉费功夫贻叹息"。

我们在这里想善意地提醒一下"大师"门下的学生们，认真地想一想，你们学习太极拳的目的是什么，追求的是什么？

这里也要谈一谈应该以什么样的态度去批评或质疑他人。须知学习太极拳最需要的就是理性的求实精神，批评是为了澄清道理，能够从批评中明白道理才有意义。今天能真正懂得太极拳真谛的人不多，大多数所谓大师对太极拳的理解掌握都只在很低的程度上，对于推手与技击多停留在以力量与速度为基础的，以左右抽闪、反关节擒拿等为主体的技术层次上，离真正的太极拳的懂劲相差甚远。因此，他们对于前面所谈到的表演的批评质疑，也往往只是以简单的物理力学原理为基础，以直观的印象为准，在先天自然之能的范围之内做评判，故缺乏说服力。

传统武术与现代散打

"传统"就是说有明确的传承，且有较长的流传时间。传统武术并没有严格的界定，一般是泛指在民国以前就已经形成的流派；也可以指在民间自然形成的、有别于由政府指导下编排的规定套路系统。据不完全统计，在民间流传的武术门派有400多种。据1982年全国武术挖掘、整理工作统计，其中有较为完整的传承、拳理、训练方法的拳种有129个。传统武术是中国传统文化中的一个重要的组成部分。

现代散打泛指近三四十年里发展起来的以比赛为核心的格斗、搏击类技术体系，有时也会将国外流行的一些搏击比赛包括在内。现代散打属于现代体育的一个分支，从训练、比赛到推广、宣传，都是现代体育、商业的运作模式。这些年，这类比赛花样繁多，但是无论国内国外，其基本理念与技术大致相同，主要的不同仅仅在于比赛中对某些技术的限制，以及某些比赛规则方面的限定。

虽然传统武术与现代散打都包含技击内容，但是从本质上讲有很大的区别，习武者应该对此有清醒的认识。

1. 传统武术的失落

传统武术属于个人的修炼，故在传统典籍中的位置不高，明确的文字记载很少，因此，很多拳术的早期源流都不可追溯。大约到明代以后，戚继光、俞大猷等武将，以及程冲斗、吴殳等以文入武的人士参与其中，才产生了大量的、高质量的武术典籍。这也反映出那是一个武术大发展的时代。到了近代，以太极拳、八卦掌、形意拳为代表的内家拳得到较大的发展，特别是武术进入大都市，形成更广泛的影响，在19世纪中末期，传统武术发展迎来了一个高峰。

近代以来，由于武术的社会需求降低，特别是其实用性，即技击能力不被重视，整体价值降低。一方面，由于社会发展的多元化，对此感兴趣的人少了，愿意学的人少了，真肯下功夫的人也少了；另一方面，由于老一辈的逝去所造成的传承断代，经验、技术与训练方法的流失，使传统武术中的精髓，特别是高端的技击技术大量失传，造成传统武术整体上的失落。对此，我们必须要有危机感。

2. 现代散打的兴起

在传统武术中，有散手与擂台竞技。散手就是指在武术的整体学习训练中，将技击技术分离出来，进行专门的研究训练，其目的就是实战。散手有时也指武术人之间的比武较量。擂台是一种比较正式、公开的比武竞技形式。事实上，除了武侠小说，在可知的历史记录中，除了民国时期的几次比赛，几乎没有什么真正有影响的擂台比赛，至少没有形成体系、制度。传统武术中的比武，大多还是民间的、以挑战之类的形式进行较量。

在我国，现代散打兴起于20世纪80年代初。自1982年正式开放散打比赛以来，从赛制、规则，到相应的组织、训练、宣传等都逐渐形成体系。虽然在最初阶段有人说散打比赛本源于传统武术的散手与擂台，但是现在已经完全不同了，无论是在赛制、技术、训练，还是在运作方式等方面，都越来越接近或趋同于国际上流行的搏击比赛。可以说现代中国的散打比赛与传统武术几乎已经没有关系了。

3. 散打比赛的结果分析

散打比赛开始是在体育院校中试点。在比赛正式开放之初，曾经有大量的民间人士参加。从当时的比赛过程与结果看，体育院校的学生明显占上风，而民间习武者则往往不尽如人意。与体校生相比，民间武者首先是体能普遍不足，力量、速度、反应、体力、抗打击能力等都跟不上；其次是没有什么实战经验，特别这种特殊形式的比赛经验，上台后往往不知所措，譬如有围着对手先转八卦圈的，也有先摆个三体式的，一看就是没真打过的人；再者针对性的训练明显不够，以至于现场上技术的执行能力较差，间或有几个能打的，又往往因为不熟悉规则而犯规，被罚下场。民间武者表现不佳的一个重要原因是那个特殊年代所造成的问题：当时"文革"刚刚结束不久，老一辈所剩无几，年纪又大，他们已不可能直接参与这类比赛；中年一代普遍学习、训练都不足，很多人也就不愿意出来一试；而年轻一代基本上还没学到什么本领。因此，传统武术当时所能展现出来的平均水平也只能如此。

反观体校生，个个年轻力壮，身体素质好。虽然只会一些简单的技术，但是在强大的体能支持下，可以充分发挥。同时，由于体校生在学校已经有过一段针对性很强的试点训练，所以比赛规则以及比赛经验等方面，也占有明显优势。武术技击的整体水平是由体能、技术与经验等几大部分组成的综合能力决定的。当体校生在体能与经验方面具备绝对优势时，即便在技术方面仍有不足，取胜依然是很自然的事，更何况当时多数民间人士虽然知道的技术可能更多，但是并不够熟练，执行能力普遍较差。

散打比赛的结果，导致人们普遍认为只要练好体能，简单的技术最有效；同时，也对传统武术产生了大量的质疑与偏见，这些观念极大地影响了散打比赛的发展方向。到20世纪90年代以后，国外的各种搏击比赛被引进国内，对散打比赛的发展产生了进一步影响。可以说，最初的比赛结果造成了以后传统武术在技击方面不被重视、无人扶持，处于一种自生自灭的状态。今天的现代散打比赛已经与中国传统武术完全剥离，成为独立于武术之外的、全新的体育项目。

4. 传统武术的打与现代散打

如今的传统武术与现代散打在追求、理念、技术、训练等方面已经几乎完全不同，可以说是两个不同的领域。要强说还有联系，那无非就是都有技击能力。但即便是技击，目的、手段也有很大差异。譬如对于散打比赛而言，要求技术的使用要在安全范围内；而对于传统武术，技击讲的是致命（当然现在多数人的执行力不足），这就是竞技体育与传统武术的重大不同。

既然传统武术与现代散打已然分途，为什么传统武术必须通过散打比赛证明自己呢？现在社会上普遍认为的、关于技击的所谓公平公正的平台就是散打比赛，这实际上是拿散打的规矩套在传统武术上，怎么能说是公平公正呢？

没有人认真研究为什么传统武术打不过散打。其实这里还有一个重要问题是训练水平。散打水平高的主要原因在于现在顶层的练习者都是专业训练；而在传统武术的传承者中，大多处于低层次的业余训练状态，存在的主要问题是训练不足、实战经验不足。任何一门技术，如果缺少长时间的专业训练，都很难达到高水平。以前传统武术中所出的高人几乎都是以武术为生，或能做到天天拳不离手，类似于现代的专业训练。当然今天也有一些以武术为生的大师，但是有几个是真有传承、真下苦功练习的？大多是忙于名利而已。这是今天传统武术自身的最大的问题。这些年里，欺世盗名的"大师"太多，平时借助各种平台，极尽吹牛造假之能事，真需要展示功夫时，或当缩头乌龟，或是耍些花样而避战，间或有几位吹牛吹到自己都信了的，真动起手来，也是一击即溃。

如果认为传统武术应该在散打类搏击比赛中胜出来证明自己，传统武术就要为适应比赛而做出巨大的改变。这种改变是多方面、多层次的改变，包括基本理念、技术、训练方法等。必须增加专门训练，必须将追求长期效果改为追求短期效果，就是所谓简单实用。但是这样做就会产生一系列问题：传统武术会不会在这种改变中失去自我？如果传统武术必须改变自己去适应散打，那为什么不直接练散打呢？散打比赛是否是能打的唯一标准？我们是否需要先认清能打的标准是什么？传统武术是否需要在散打比赛中证明自己？传统武术的价值在哪里？这些都是需要传统武术爱好者们认真思考的问题。

太极拳教学与训练中的改革问题

传统太极拳流传到今天，渐渐式微，时代在变迁，社会在发展，许多传统的东西不能适应时代的潮流，传统太极拳的教学与训练方法在很大程度上已经成为太极拳传播发展过程中最大的瓶颈。太极拳今后的发展，很大程度上取决于这个问题能否解决，这里首先讨论一下传统太极拳教学和训练方法与现代社会的问题。

传统的教学与训练方法本来就有其优点与缺点，当前，其优点逐渐丧失，而其缺点则更加显现。如今的问题是如何在今天的条件下发扬优点、克服缺点，如何对整个系统进行改革。

1. 教学

教学包括三个方面，即教学系统、师资及学生来源。

（1）教学系统。与多数传统武术门派相似，太极拳虽然有完整准确的训练体系，但从来也没有一个完善的、统一的教学系统、教学大纲与规范的教学方法，特别是对细节的教学研究方面，更是无章可循。虽然在传统的教学中存在一些基本原则，如先练拳架，后练推手等，但是由于传统的口传心授、面对面教学的形式是各自为政、因人而异的，随意性很大，再加上保守、故弄玄虚等陋习，使太极拳的教学质量、教学效果极为低下，而且在近一百年里越来越差。传统的传艺方式如果不进行改革，传统技术中的精华必然会持续流失。

在教学系统中，应首先明确太极拳的定义及特点、太极拳的理论，而后才能明确为达到太极拳的要求而需要的每步功夫，再研究各步功夫的有效练法，在不同的功夫阶段制定不同的检测方法。检测系统与教学质量是相辅相成的，没有完善的检测系统就很难提高教学质量。

过去靠经常与其他人过手比试来检测太极拳的教学与训练效果，但是在现代社会，这种机会越来越少。如何建立起一个可实际操作的检测机制，是一个大问题。太极拳是一门难度很大的艺术，在很大程度上是内修，是感受，所以很难设计出简单、直观的检测标准。比赛既是对教学的检测，也是对训练的促进。然而太极拳的特点决定了它不能以一般的形式进行比赛。近年来武术比赛中太极拳架的比赛，在比赛规则的制约下，选手们在基本功方面，如力量、柔韧性、协调性等都达到了很高的水平，但是在松、沉方面还有严重不足，特别是内功方面，看不出任何进展。由于内功这类东西很难在比赛中明显地表现出来，故比赛规则难以制定，因而就不比了，选手们也就不再去重视这些。问题是再好的外部功夫也不能代替内功，而内功正是太极拳所特有的。现在的比赛只是比了太极拳中的次要部分，而对其主体部分却无法判断，因此比赛就形成了逆向淘汰，失去其应有的意义。对于那些拿冠军的年轻人，虽然他们的拳架外形练得很漂亮，却很难得到真正懂太极拳人的尊重，这也正是这种比赛的悲哀。

对于技击能力的教学与训练的检测，一般武术可以使用比赛的方式，而且可以简单地以胜负为标准，而太极拳却很难做到这点。这几年推手比赛所带来的效果证明，现在的比赛方式已使太极拳面目全非。目前我们面临的问题是如何通过合理的比赛去检测训练的成果，不比就不能辨别真伪、促进提高，但比不好则往往情况更糟。

近年来散打比赛也很流行，但太极拳的练习者却很难参与。首先是太极拳的难度太大又不直观，训练周期太长，见效太慢，因此不适合这种比赛机制；其次这种比赛是以胜负为目的的，比赛是为了提高，而太极拳的提高，很多时候不能以简单的胜负为准，过于注重胜负反而对训练有副作用。

如何在提高教学质量的过程中完善检测系统，又以检测去促进教学，这是亟待解决的核心问题之一。

（2）师资。在太极拳的传播中，师资是极重要的一环，所谓"明师出高徒"，又有"名师易得，明师难求"之说。在传统系统中，老师的资格认证在很大程度上是依靠其在实践中的能力，也就是说是打出来的。杨露禅从一名下层社会的无名之辈到王府、神机营的教师，不是靠人际关系，也没有什么炒作、吹捧，而是通过一次次实实在在的比手，靠在比武中战胜对手，才能赢得"杨无敌"之美名。

过去也没有正式的教师资格认证，社会就是检验标准。一个人教拳要能经得住社会的考验，名气越大，考验越多。一个人想出名，就得出去挑战高手以赢得名誉。一个老师要想保住自己的名声，就必须能够面对各种挑战而不失手。传统的社会习俗对于各种挑战是鼓动的，譬如一个老师如果不接受挑战，那么整个武林社会都会认为他已经输了，而且这种输比被人打败更惨。故常说"宁可被打死，不能被吓死"，不接受挑战的老师是很难混下去的。因而许多人为了出名就会经常挑战其他老师，通过这种方式而获得社会的承认。故挑战与接受挑战就成为一种约定俗成、为社会所接受的师资认证标准。而当今的社会环境已发生了很大的变化，如今人们往往认为挑战者是故意制造是非，是没有教养，而不接受挑战的反而常能赢得涵养高的美名。因此，在一套切实可行的新的师资认证标准建立起来之前，这种新的社会准则就成了许多没有足够能力的老师的避风港，也为许多欺世盗名之辈提供了保护伞。我们并不是说传统的方法今天仍要照搬，而是讲问题之所在，是说在当前，传统方式不适用了，而新的方法还没有建立起来，因此造成大量不合标准的人能够充当老师，随之而来的就是教师质量鱼龙混杂，教学质量大幅下降，在很多太极拳的课堂里，老师们真假难辨，故弄玄虚，大话欺人，挂羊头卖狗肉。太极拳虽然更普及了，但教学质量却更低了。

这里并不是说非得达到多高的水平才能教拳，但应该有一个标准使人们明白谁能教什么水平的课。对于整个系统来讲，既需要小学老师、中学老师，也需大学教授、博士生导师。现在的问题是很多小学老师都宣称自己可以指导博士，而博士们上课不必考试、写论文也不必答辩，没有标准。当低能的博士也能够毕业时，不知道是此学生素质太差，还是他的老师水平太低。虽然按照一般社会习惯，人们总是先质疑学生，但是不负责任的老师才是最大的问题。过去也并非没有欺世盗名的，但比例小得多。过去讲"师访徒三年，徒访师三年"，就是说不但老师要选学生，学生也是要挑选、考察老师的。但是人生有几个三年呢？当下欺世盗名的人太多了，刚学了两年就创门立派，因此这种考察的结果往往会使人失望。这也许就是一些人学了多年，一事无成后的感受。甚至于有些人学了很多年以后，认为太极拳根本就没有真功夫。

关于挑战与修养的问题还要提一点，现在有些人也常爱用一些老前辈为例来说明不接受挑战是修养高，也能说明功夫好。最著名的例子是杨禹廷先师太，有人说杨老先生一辈子没怎么跟人动过手，照样赢得了很高的声誉，他不动手是因为修养好。其实说这些话的人没有看到杨师太的特殊位置，如果不认真考察杨师太的习武环境，就无法对他做出正确的判断。

杨禹廷师太不经常与别人动手比试，当然与其个人性情有关，他属谦谦君子，不争强好胜。不争也就是别人无法与之争，但不争是否就一定能获得并维持大师的名誉呢？这几乎是不可能的。而杨师太之所以能达到这点，与他所处的特殊环境是分不开的，而这个特殊环境并不是人人可得的。简单地说，这个特殊的环境就是既有好老师，又有好学生。

杨禹廷师太从师于王茂斋老师太，王老师太是当时最负盛名的太极拳泰斗，与吴鉴泉先生并称"南吴北王"，其盛名源于无数次战胜对手的经历。杨师太作为王老师太最主要的弟子，又长期代王老师太教课，那么王老师太在实战能力上的影响力，就会很自然地波及杨师太，人们会想，如此大师的大弟子必然也会很好。因此，即便杨师太不经常动手，人们对他的能力也不会有太大的质疑。有好老师这一点虽然很重要，但还不足以说明一切，因为老师好不一定意味着学生好，反之，有好学生则必然有好老师这点却相当准确。杨禹廷师太手下就出了几个好学生，如太庙五虎等。仅此一点，即使杨师太不亲自动手，也足以证明他的实战能力，从而赢得巨大声誉。如果没有这一点，好修养的名声大概还能有一点，但太极拳大师的名声就要大打折扣了。好修养也是建立在能力上的，无能力，何谈修养。在杨师太的学生中，特别是其掌门弟子王培生师爷出手很早，过去有来挑战、踢场子的，总是他先接手，而屡屡获胜，故杨师太不必动手而名自在。这里并不是说杨师太没有能力，而是说他不必亲自向每个挑战者证实自己的能力。可叹的是现在有些人总希望也能像杨师太那样，不动手也能赢得名誉。到了杨师太的徒子徒孙，好老师是有的，但是如果自己真的不行，也培养不出像样的学生，对实战之名声也就只有望洋兴叹了。实战不行，谈武德修养也是空的，"打不过人家，只好装清高了"。武术是实实在在的东西，而不是空谈。事实上，杨禹廷师太也并非从不与别人交手，只是由于太极拳的特点，技术高超时可将对手控制得很好，此时输赢已见分晓，不必非得将对手发放出去，这称为"引而不发"。而杨师太正是此中高手，还望不要误解。

关于师资，当前最大的问题就是面临断代。太极拳中所有高深的功法技术都是带在明师身上的，如果明师没有传出高徒，则这些精华将随着明师而去，这样的悲剧已经太多了。须知，许多东西一旦丢了，再想找回来几乎是不可能的。太极拳是靠明师手把手、面对面教出来的，庸师肯定出不了高徒。如果现在不能解决这个问题，不出三十年，真正的太极拳怕是很难见到了，所以说今后低水平的太极拳，或偏离真正传统技术的太极拳可能会更加普及，但高水平，甚至于中等水平的可能会失传。

（3）学生来源。即使有高水平的老师与正确的训练方法，如果不能够选到高素质的学生，一切也都无用。由于当今社会价值观的转变，太极拳对多数人，特别是青年人的吸引力越来越小。今天人们的选择越来越多，打电子游戏、打篮球、看电视剧、泡吧、唱歌，业余生活丰富多彩，这是社会进步的表现。但对于太极拳之类的传统艺术，喜爱的人少了，能专心于此的人就更少了。任何东西都是在普及的基础上提高。现在虽然有很多人练太极拳，但绝大多数只是为了健身，也就是说这种普及不是追求高深技艺的普及，因此这种普及对于太极拳的提高意义不大。

当今商品社会的各种观念也强烈冲击着各个领域，当前社会的主流意识是如何致富，当然这并没有错，但受其影响，像太极拳这种更注重个人修炼的东西就会自然而然地退到次要位置。多数人只能用很少的时间去练习，因此对于这种高难度的技艺，绝大多数人是很难取得成就的。

高难度的技艺总是需要通过专业训练才能达到。譬如今天的杂技、体操、武术套路等的水平，比一百年前提高了几倍。专业训练需要资金的支持，而商品社会中，资金是不会流向没有回报的领域的，当前太极拳与其他一些传统艺术正是面临着这样的问题。由于其训练周期长，又没有卖点，很难产生经济效益，故几乎没有什么资金投入，因此也就无法吸引大多数身体素质好的青年人投入。如此造成的后果就是我们今天看到的情况，不要说提高，能够维持住现有的高水平的东西都很难。总之，从专业角度来讲，没有投入，也就没有产出，提高几乎是不可能的；从业余训练来讲，既缺乏人才，又没有足够的训练，所以也很难出高手。

所谓"玉不琢不成器"，能成器有三个条件：第一是有美玉为材，第二是有能工巧匠，第三是要有适用的工具，缺一不可。对于太极拳教学而言，出一个高手也需有此三点，即高素质的学生、高水平的老师、正确适用的教学方法。

2．训练

所有教学最终是通过训练实现的，因此有必要分析一下太极拳的训练方法。训练包括两个面，一是质，一是量。

（1）质。质是指训练的水平与效率问题，高质量的训练可达到事半功倍之效。在传统训练中有许多行之有效的训练方法，但大多是经验总结，而缺乏理论上的整合提高，特别是缺少科学研究。在今天高科技的影响下，各项体育运动的训练水平都有很大的提高，但高科技在传统武术中的应用却还是空白。究其原因，从外部讲，传统武术不受重视，被整个社会边缘化，譬如太极拳，今天已经没有多少人真的关心、在意传统意义上的太极拳。现在被普及的只是低水平、大众化的太极拳，而这种太极拳的训练都太简单了，不必太在意。由于边缘化，没有利益，也就没有投入，当然就不会有科学的研究成果，因此在训练的理论上就没有提高。

从内部讲，许多练习传统武术的人思想都比较保守，接受新事物的能力较差，缺乏寻求高水平训练方法的动力，甚至于迷信一些不科学、不切实际的训练方法。

对于太极拳的训练而言，由于太极拳难度很大，在传统教学中，缺少对教学训练的深入研究，因而也缺少十分见效的训练方法，多数要靠练习者自身的悟性以及长期的刻苦练习，所以人才出得很慢，也很少。随着社会的变化，当多数人无法投入太多的时间进行训练时，这个问题就更为突出了。所以寻求高水平、高效率的科学训练方法就更为重要，特别是内功方面的许多问题，更需要从现代科技的角度进行理论探讨，譬如训练中常用到的概念——气，什么是气，如何产生，如何应用，为什么有作用，如何训练能快速掌握等，这些都需要系统化地研究。

总之要提高训练质量，对我们自身而言，首先是观念要改变，要能冲破旧观念，开阔视野，解放思想。太极拳训练的难度主要是在内功方面，必须以提高理论为基础，充分地、科学理性地认识分析太极拳技术的理论基础、内功各部分之间的关系以及相互影响的真实原因。要把传统中那些虚空的概念，那些玄而又玄的理论加以分析落实。现在还解释不清的东西，应该着重找出更为有效的训练方法。

在体能方面，应该充分利用现今科学的、高效的锻炼方法，但是需要注意的是这些方法多是对先天自然之能的强化，故可能会对太极拳训练产生副作用。由于太极拳在体能方面有特殊要求，这些要求又有许多与人身上固有的先天自然之能相矛盾的地方，故必须认真谨慎。必须对于每个方法进行具体分析，不可盲目，否则很容易走到与太极拳理论相反的方向上去。

（2）量。武术也被称为功夫，功夫指做事所耗费的时间和精力，所以练武术就要花时间。太极拳的技法高深而且特殊，因此就要花更多的时间，这是训练量的一个方面。另一方面的训练量是指训练的强度。对于专业人士来讲，时间与强度都不是大问题，只要能合理分配时间，安排强度即可。但是当今绝大多数太极拳练习者都是业余的，因此都面临着训练时间与强度不够这个基本问题。

太极拳最主要的特点就是改变人体的先天自然之能，不与对手之力直接对抗，这个改变或改造过程是需要长时间训练才有可能达到与巩固的。在实战中，千钧一发之际，人的本能表现得最强烈。故常见有些人在说手或相对比较慢的推手中还能使用正确的太极拳技法，但一到速度极快的实战中，太极拳的东西几乎都没了，有的只是先天自然之能下的本能反应，这就是在能力的改造上不彻底、不巩固。俗话说"太极十年不出门"，讲的就是这个问题。这并不是说十年还没有学会理论与技术，而是说还没有彻底完成这种能力上的改变。要特别强调一点，这里讲的是真正的传统太极拳技法，是符合太极拳原理的技法，而非那些实用之技。

一个人学太极拳越晚，他的本能习惯所形成的时间也就越长，因而改变也就越困难，改造成功需要的时间也就越长；相反，开始学拳的年龄越小，就越容易改变巩固。事实上大多数大师级的人物都是从年龄很小时就开始练太极拳了。如果一个人从15岁以前开始，每天练五六个小时，五到十年才有希望出手。当然这只是一个必要条件，因为能不能最终出手，还有很多其他因素，如本人的天赋、身体素质、老师的水平等。

当下最主要的问题是，练太极拳如果真想达到高水平，就要有足够的时间，而由于种种原因造成想练的没时间，有时间的不想练，这个矛盾如果不能解决，太极拳水平的整体下降就是不可避免的。

如果训练时间不够，可在提高训练强度上做些文章，以为补偿。在传统训练中，人们对训练强度的研究很少，基本上就是以数量代质量。

太极拳与其他武术不同，其他武术多是以强化人体自然本能为主，因此所有的训练都比较直观，易于理解，譬如增加力量和速度，在量与强度上也比较容易掌握。而太极拳中，训练目的主要是改变人体的自然本能，如放松与对手相随等。这些东西都很不直观，不易体会，训练量上也就很难掌握，这也就是很多人下了很大的功夫而见效不大的原因。因为太极拳训练中的量不是一般概念中的量。一般的力量训练可以很明确地确定训练量的大小，譬如使用五十公斤的杠铃举十次。在太极拳中，虽然也有一些练习是比较明确的（如腿部力量练习），但多数是一些不太明确或不易描述的练习，譬如放松这类练习就很难确定量化的指标。所以过去只能是靠多练去体会，靠老师的经验去引导，故对于练习的正确性也就不能完全保证，所谓"练得苦，不一定练得对""练得越多，可能错得越多"。因此，如何将许多练习内容量化，是提高太极拳训练水平的一个关键。

太极拳训练中的质与量相辅相成，缺一不可，而当今这两个方面都存在着很大的问题。过去那种单纯依靠老师的经验以及大量时间的训练方式，显然已经不适合今天的社会环境与生活方式，如果不能找出适当的方法，传统太极拳的精华将逐渐流失。

有人认为时代不同了，太极拳也应有所改革，这是一些没有或缺少传承的人喜欢讲的话。话虽不错，但改革不是改变其核心价值，不能是只留外壳而不要内涵，如果说将太极拳本质全改掉了，或者丢掉了，那就不是太极拳了，特别是不应将继承传统与这种彻底的改变混为一谈。现在常有人用一些似是而非的东西来代替真正的传统，甚至有些人自称是正宗传人，打着传统旗号，教的却是与太极拳原理相悖的东西。虽然很多"老师"面临着生存问题，但是否也应多想一想自己的社会责任？

当今最让人感到无奈的是，很多人不探讨如何改进教学与训练方法，如何使这门传统技艺流芳百世，而是打着适应潮流的幌子，以简单拙劣的方法将传统太极拳偷梁换柱，挂羊头卖狗肉，使其精华消亡殆尽。

太极拳产业化问题

在今天的社会环境中，传统文化的代表之一——太极拳能否被完整继承并得到发展是一个重要问题。太极拳产业化是现在的一个热门话题，似乎是解决太极拳发展的唯一答案。所谓产业化是讲现代商品社会中能够形成规模的产生与销售关系。产业化能够成功的前提条件，一是要有高质量的品牌产品，二是要有足够大的市场，两者相辅相成。如果说太极拳是个文化产品，那么可以说这是老祖宗给我们留下的传家宝。前辈们以他们精湛的技艺，为这个产品打出了名声，创立了信誉，也打开了市场。因此，今天讲太极拳产业化无非是如何做强、做大的问题，这个大方向应该是正确的。但是如果认真研究现在的情况，可以发现许多具体的想法、做法存在很大的问题。产业化能否成功，重点在于能否对这些问题有清醒的认识。当前产业化中的主要问题如下。

第一，没有品牌保护意识，对品牌过度消费。大家都在使用，但是鲜有人精心维护。太极拳品牌的核心价值是传统文化，如果不能维护这个核心，只将太极拳当成大众娱乐、全民健身，那么这个品牌的内涵必然会逐渐遗失，从而使太极拳失去其魅力。

第二，由于缺少有公信力的认证，假冒伪劣太多，鱼龙混杂，对品牌的伤害极大。

第三，在推广产业化时，只将注意力集中在市场上，而忽略了对品牌自身质量的保证与提升，这与现在急功近利的社会环境有关。这个问题的关键是如何能够持续培养出技术水平高超的人，太极拳这种特殊品牌的质量是通过人表现出来的，如果现在只将目光放在市场而忽略了对高端人才的培养，那么很快太极拳的精华就会遗失。

要想做好产业化，有几点需要认真考虑：

第一，要正本清源，把这个文化产品的方方面面讲清楚、说明白，要让消费者知道真品、正品是什么样。不给假冒伪劣留空间，要杜绝、至少要尽量减少假货流行。

第二，不能只想着从中获利，要有投入，特别是在高端上需要有维护与研发的投入。只有能够保持住高端、维持住高品质，才会有长久的吸引力，才能带动起低端。如果高端持续流失，品牌的品质就会持续下降，最终人们所能看到的就是低质、低价、枯燥无味、少人问津的东西。

第三，产品可以多样化、有层次，但是要有统一标准、统一认识。

第四，对太极拳在传统文化中的意义、作用需要有正确、清楚的评估，要建立起长期战略，不能只顾眼前利益。

太极拳产业化似乎没什么不妥，但在今天的社会环境中，讲产业化时，常常已经将经济利益放在第一位。因此，保持住对传统文化的自信与尊敬之心，是把握方向，不被经济利益所驱使的关键。是通过产业化，能够使太极拳的理论与实践得到继承、发展，还是以太极拳为幌子，欺世盗名，为某些个人或小团体谋利益，这是大是大非问题，必须摆正。太极拳是以个人身心修炼为核心的艺术，如果将利益放在前面，必然会产生扭曲。练太极拳，推广太极拳，能否守得住太极拳所追求的真谛是关键。如果心存不正，或者为名利所累，则必然会成为假大空。

太极拳之传承

从前面的论述中可以看到，太极拳发展到今天，已经成为一个理论与实践密切结合的复杂系统。由于其反先天自然之能的本质，从技术到训练的大部分内容都是不直观、不清晰的，这造成了理解与学习的困难。虽然现在我们对于此拳最初创立的情况并不了解，无法判断人们是如何开始的，但可以确定的是，前人的经验积累并非一朝一夕可以完成的，整个系统应该是在很多代人的不懈努力下逐渐完成的。整个系统技艺的核心部分是由个体所承载的，也就是说功夫是带在人身上的。而功夫的传授也不是简单给予，需要的是传授者与受教者个体之间长时间地互动、磨合，是一个言传身教的过程，使受教者能够在实体上感受得到传授者的经验，并能够在自己身上重复，这就是传承。太极拳的特性与难度决定了学习传统太极拳必须有传承，功夫的传承包括教、学、练、悟几个环节。传授技艺、继承技艺、发展技艺，使技艺能够一代一代地传承下去，并能够发扬光大，是每个技艺传人的责任与义务。

传承中的教与学

在传统太极拳的传承中，教学是非常重要的一部分，是技艺得以传承的基本保证。一般练拳达到高级阶段以后，才具备基本的教学能力。这是因为只有能懂劲，才能明辨拳法技术中的正误，才能算是真正懂得太极拳的意义，这时教学生才能保证教学内容的正确性。如果自己还没明白就去教学生，必然误人子弟。

在教学传承中，对于老师而言，有一些基本原则应当遵守。第一是实事求是，知道多少就讲多少，不能信口开河。王培生师爷曾经讲过："我所说的都是我能做的，做不到的绝不说。"这是个基本态度问题。第二要从优秀传统文化的角度看待传承，不能盲目保守自密。这些技艺都是前辈们的心血，你如果有幸得到了，你就有责任、义务将其传下去，这也是对前辈的尊重。第三要注重教学方法，"师者，所以传道受业解惑也"。教授太极拳必须能把其中的道理讲明白，传艺时必须一丝不苟、毫无保留，解答问题时要切忌空话、大话。毋庸讳言，传统教学中有许多不合理的部分，需要调整，但是也不能无根据地修改，更不可随意创新。第四要注意与学生之间的互动，要鼓励学生多提问题，甚至质疑。学生能质疑老师，说明学生在思考，是好事，也能促进老师思考，教学相长。第五要因材施教，太极拳是非常注重个人体会的。现实生活中，每个人都是不相同的个体，因此根据每个人的特点进行有针对性的教学，是提高学生水平的重要举措，这点在进入训练的高级阶段后特别明显。

在传承中，学生的个人品质极为重要。首先自然是要尊师重道，一个不尊师的人，没有任何理由可以得到真实、高级的传授。第二是学习上需认真刻苦，自觉自愿，勤学习、多思考是学生的本分。第三是要懂得学、练、悟的次序，切忌自以为是，自我封闭。第四，要敢于否定自己。以我们的个人经验而言，习拳三十年后，仍会有以新的体会去修正甚至否定以前经验的情况发生。须知，学习太极拳是一个不断探索的过程，自满自足是最不可取的。对于初学者而言，太极拳的一个特点是，当评价一个技术技法时，并不以是否有用、有效为唯一标准。另外，在开始学习时，往往会有一些以前已经掌握得很好的实用技术需要放弃使用，这点常常会让学生感到疑惑，必须时刻注意。

传承中的师生关系

在太极拳的传承中，一个重要的特点就是口传心授、抚臂擦肩、面对面教学，所谓"入门引路须口授"。太极拳技艺不是书本知识，学生也不可能自学成才。这种技艺的传承必须，而且也只能够通过师生之间的大量肢体接触进行，其他任何方式都只能是辅助作用。一方面老师需要通过接触向学生示范技艺，另一方面老师需要通过接触去感受、检验学生掌握技术的程度，同时也需要通过接触去纠正学生的错误。也就是说，老师不但要教学生，还要给学生当靶子。当靶子对老师自身的功夫就会有负面影响，同时还会有潜在的危险性，因此师生之间面临一个信任问题。过去管这种信任叫"换心"，学生能不能与老师换心是能不能得到老师真传的关键。另外，当技艺传授与谋生问题产生交集后，利益问题也随之产生。传统中的拜师行为，就是从社会道德的层面上为解决这些问题提供某种程度上的规范与保证。师生之间建立起一种很神圣的师徒关系，师徒如父子，还要有见证人，以社会道德约束。这种关系不仅仅是教学关系，还包括生活中的方方面面。老师不但要教学生武艺，还要教学生做人，也常常需要关心学生的个人生活与工作等。学生不光是学武艺，还要按传统尽晚辈的孝道。通过建立这种密切关系，师生之间获取信任与承诺，明确责任与义务，逐渐建立起感情，这种感情往往不是亲情胜似亲情。维护师生关系是传承中需要师生双方共同面对、共同努力的问题，学生的表现往往更主要。

拜师传艺是传统文化中的一个重要组成部分，在大多数手工技艺的领域中，基本都使用这种形式。一方面是向下，保证技艺可以传承；另一方面是向上，可以保证传授者的利益。这是一种双向受益的结构，是技艺能够世代传承的保证。拜师的意义，第一是宣示了技艺的传承关系，没有拜师的学生基本上不可能学到技艺的核心部分。第二是规范了师生之间的社会关系，包括相互间的责任与义务。第三是规定了行为准则，这里主要是通过"门规"对师生进行道德规范的约束。由于传统社会对德育的重视，每个人的个人行为并不仅仅代表其个人，而且还代表了他所属的整个团体在社会中的形象地位。因此，不同传承中的"门规"基本上都是以道德规范为中心的。由于武术的特殊性，在这方面的要求往往更高、更严格。虽然各个门派中武德的条目细节各有不同，但基本上都是讲"手德、口德、身德"这三大部分。

拜师的意义重大，因而过去都有很严肃、严格的仪式，各个门派虽各有不同，但是基本上都包括几大部分：第一，摆香案拜祖先，表达对传承的尊敬。第二，磕头拜师，磕头是中国古代的最高礼节，古人的一生中只能磕头跪拜天、地、君、亲、师。第三，老师向学生讲门规。第四，多数情况下，拜师需要有拜师帖，有介绍人，有同门观礼等。拜师也称为入门、入室，表示学生从此以后就进入了老师的技艺家庭，正式成为这个家庭中的一分子。这个家庭中的所有人物关系都与血缘家族相仿，只是冠以"师"字。老师如父，就是师父；老师的妻子如母，就是师母；老师的师父是师爷，师爷的师父是师太，早入门的学生是师哥、师姐，还有师伯、师叔、师弟、师妹、师侄等，学生入门后被称为徒弟或弟子。同一门中，长幼有序，各司其职，譬如代理老师处理日常事务的是掌门弟子。

传统中拜师收徒是一件很隆重、严肃的事情，有"师访徒三年，徒访师三年"之说，即是双向考察。虽然今天的社会有很大变化，很多老的传统、规矩不一定完全适应当今的社会，但是我们认为有些基本形式还是应该保留。因为这些传统往往不仅仅是形式问题，如今仍然有很大的社会约束力，也有心理作用，所以对传统技艺的传承是有正面促进作用的。但是必须注意，现在许多人不懂得拜师收徒的意义，学生瞎拜，老师乱收。有些人自己都没有传承就收徒弟，更有甚者，将收徒当成敛财的手段，金钱交易，完全亵渎了传统传承中的师徒关系。

传统中有些糟粕今天我们也需要正确面对，其中对拳艺发展影响最大的就是在传承过程中老师的保守自密。其中原因很多，主要有：第一，自己学艺时很难，费尽心机、功夫，故一定要比照自己的经历去要求学生。这是一种"媳妇熬成婆"后再去熬媳妇的心态，是一种典型的传统弊端，并且常常会越来越严重。有些老师对跟了多年的徒弟都十分保守，直到去世也没把真东西传下来。因为需要保守的必然是最精华的部分，所以这种保守往往导致一派传承中最好的东西最先流失，这是对传统武术伤害最大的弊病。第二，有教会徒弟饿死师父的思想，惧怕将来学生与师父竞争。这种想法主要源于私利，是缺乏胸怀、境界低下的表现。第三，是怕学生练不好，会给自己或自己门派丢脸。这种想法往往产生于一些大师级的人物，他们重视自己的名誉胜过生命。但是一旦碰到好苗子，他们也会全力以赴地去教。当然更多的时候是他们错过了一些机会。然而今日传统日渐式微，即便是广种薄收，也得先种了再说。第四，当认为学生的资质不够时，想让其知难而退。第五，考验学生，一是怕学生没有常性，二是怕学生的德行不够，三是怕学生得艺忘师。在过去，这些问题确实需要慎重考虑，但是由于社会的变化，现在这些问题的重要性已大大下降。不是不应该考虑，而是不必想得太多。第六，是传统的"师道尊严"思想的畸形发展。在传统武术中，一个非常普遍的思想就是认为老师要永远比学生强，学生不能超过老师。有些老师认为学生如果超过了自己，自己就失去了教导的尊严，所以需要留几手看家的技能。这就造成在有些传承中，总是一代不如一代。以上种种传统弊端并不易修正，其中有社会的传统习俗以及个人等多方面的因素。每个称职的老师都需要思考，需要有清楚的认识，要有危机感，这是一个系统改造问题，现代教育理念应该可以作为参照。

第五章

艺无止境——太极拳的修炼

太极拳的修炼是指全面系统的训练完成以后的后续过程，是掌握或者说是懂拳以后的自我进修、完善、感悟。能达到修炼阶段，便有可能从中悟出新东西，对太极拳的发展有所贡献。

本书前面所讲的太极拳训练的四个阶段，属于继承传统的范畴，是学习、练习、掌握、提高的过程。而太极拳的修炼是指全面系统的训练完成以后的后续过程，是掌握或者说是懂拳以后的自我进修、完善、感悟。能达到修炼阶段，便有可能从中悟出新东西，对太极拳的发展有所贡献。

从训练到修炼

前面各卷中所论述的太极拳训练的初级、中级、高级、顶级阶段，主要是为了对太极拳训练有比较清楚的论述。初级阶段训练的重点是筑基，中级阶段训练的重点是熟练、定型，高级阶段训练的核心是理解掌握，顶级阶段训练是为了融会贯通、彻底完成身体内外的全面转变，而所有训练的最终目的是要建立起新的、符合太极之理的自然之能。在实际训练中，这些阶段之间的区分是很模糊的，也经常会有交叉、重复。当取得进步而进入一个新阶段后，对前面已练习过的东西，也还要不断地温习，从而巩固、加强、提高。因此从整体上讲，全部训练过程是螺旋式上升的，没有止境。譬如盘架子，在初级阶段所讲的身法的九个要领，在以后的各个阶段中还要不断地检验、强化。训练最终求的是状态、气势、境界、神韵。要顺其自然求自然，在螺旋式上升中达到"术到尽头翻成悟，拳至无形始有神"，是一步一步地脱化，既不必墨守成规，又不可失了规矩，最重要的是要有自己的风格。

在传统训练中，即使是达到高层次的人，也常常会在其日常练习中把几个阶段的主要训练内容都走一遍。譬如有的人每次练习时要盘三四遍架子，每次按不同阶段的要求去练。又譬如推手时，常常是先练一些定势推法、打打轮等，然后再练散推或散手。也就是要经常不断地强化、固化已掌握的功夫，以保证不会慢慢出现懈怠、松散等情况，不会产生不利的变化、退化。

在整个训练过程中，开始身体体能方面的锻炼是很多的，譬如每次盘架子后，腿部肌肉应该有酸痛之感。当加入内功训练后，对体内功能的锻炼也是很多的，譬如气感。这种内外的双重锻炼，就是太极拳健身作用的本质。太极拳通过肢体运动所产生的健身作用，可以从初级与中级阶段的训练中得到比较明显效果。社会上大多数太极拳爱好者都是在这两个阶段里打转，如果单从简单的健身角度讲，也不必求全责备。而更符合传统养生学的修身养性的作用，则需要从高级到顶级的训练阶段中体验，最终在修炼中完成。训练的高级与顶级阶段中的主体部分是太极拳的技击，因此可以说，在这些技击训练中，也包含了健身养生作用。由于传统养生功的主要原理与方法已经被大量融入太极拳的训练中，能够正确、准确地练习太极拳，健身与养生的作用自然已经包含在其中了。当然如果愿意，也可以将一些专门的健身养生功法加入其中。

可以看到，在太极拳的训练过程中，理论学习，特别是哲学方面的学习是必不可少的。也就是说习拳者在身体训练的同时，其思想、精神等方面也会得到修炼。这就意味着习拳者会从自觉到自然地步入一个求道的过程，从而从太极拳的技击训练中脱化出对道的理解认识，达到认识人生的最高境界。从习拳过程中领悟"尽性立命，性命双修"的真谛，最终能够道法自然。

在整个太极拳的训练过程中，最大的难点就是很多东西无法直接体会，无法即时看到效果。特别是很多内功的东西，是需要经过长期练习，悉心体认，逐渐积累，慢慢形成的。譬如虚实转换能力，就是通过长期在盘架子中坚持形体上的虚实分清而获得的。可是在刚开始训练时，练习者并不能因为做到了形体上的虚实分清就马上直接体会到虚实分清的效果。这时，步法中的重心转移不管是100%～0还是80%～20%，身上的感觉也没有明显的不同，因此练习者就会非常容易在练习时忽视这点。须知，重心的100%转移不是自然的行为，如果不使用意念去推动，身体就会自然而然地将其忽略，也就是常说的"身体总是会自然地偷懒"。其结果就是虽然练习多年，但是最终没有取得效果，"枉费功夫贻叹息"。而更可叹的是，很少有人能认识到这一点。因此在太极拳训练中，就需要练习者有足够的耐心、信心、恒心、诚心、细心，要充分理解各个训练阶段的目标与任务，能够按阶段自我检查。耐心是说没有捷径，要按照各个训练阶段的具体要求一步一步地走，每一步都要做到家，特别是细小之处，追求从量变到质变；耐心也不是躐等，需要按部就班地积极进取。信心是说要有信念，能坚持、坚守，不能知难而退，不能练了两年效果不明显就放弃。当然在很大程度上，学生的信心来源于老师。老师需要以自身的功力时时帮助学生建立、巩固信心。恒心是说要下持久的功夫，功夫是逐渐积累的，须持之以恒，不可三天打鱼，两天晒网。诚心是说要心存敬畏，不能将训练视为儿戏，要严格要求自己，不要自己糊弄自己。细心是说练太极拳需要有极端认真的学习态度，不可马虎，不能忽视任何细节，对老师的传授，无论是否理解，都要一丝不苟地认真执行，细节决定成败。要认真比较各个训练阶段的同异，最终达到从感性到理性的升华。

太极拳的训练是一种对练习者从外到内、从体能到精神境界脱胎换骨式的改造。与一般技术类的武术技艺不同，它不是一个简单的关于某些技术的学习过程，而是集学习、改变、领悟、创新为一体的身心的训练过程。特别是由于有大量的内心感悟存在，因此，它是艺术、是道。经过太极拳训练的高级阶段达到懂劲，这标志着对太极拳系统的学习理解已经完成。在训练的顶级阶段，通过对实战技击的练习，将以前所学融会贯通，是对整个系统的彻底通透，由此太极拳的技击技术达到了神明阶段，术就成了艺。将技术提升到艺术，或说武术提升到武艺，这是传统训练所追求的终极目标。太极拳的训练，本质上是使太极拳在自己身上完成从"形而下"到"形而上"的转变，完成从技术到艺术的升华。

在完成全部训练过程后，继承传统的学习过程基本结束。这时习拳者对于太极拳的本质已经有了全面深刻的理解与认识，习拳就从训练转为修炼，也就是说，从学习与继承的过程转向研究与发展的过程。必须牢记，没有继承就不会有发展与创新。

太极拳的修炼

当一个太极拳的习练者完成了全部的学习、训练过程以后，就开始进入了太极拳的自我研习过程，也就是修炼阶段。这个阶段是学习继承后的自我发展，从境界上讲就是要将武艺提升到武学。所谓"修炼"是通过不断的研究、体验、思索、练习，以自我修养、自我感悟，达到自我完善，完成技艺与思想境界的不断升华。在这个过程中，首先要完成的是从武艺到武学的脱化过程，武艺不仅仅是格斗的技术、技艺，习练者还可以通过对武艺的研习实现个人整体素质的提升。到达武学的境界后，"求道"逐渐成为修炼的主体。以求道的心态修炼，才有可能完成对整个太极拳系统的最本质、最完整、最深刻的认识，才有可能形成新的认识，对太极拳的发展有所贡献。而这个修炼的过程必然是一个心境自然、不为其他外部利益所干扰的过程，就是"炼虚还道"，从自觉到自然，最终能达到自由。对于个人而言，修炼是无止境的，或者说它的终点即是生命的尽头。

太极拳训练是一个通过学习、练习而继承掌握技术，进而将技术提高到艺术的过程。要学习就需要有传授，"入门引路须口授"说的就是训练阶段传授的重要性。对于太极拳这种高精深的系统，无师自通的情况是不可能出现的。修炼是训练阶段完成后的自我体验，是养、是悟，是形成系统学问的研究过程。所谓"功夫无息法自修"讲的就是自我修炼，是说通过不断研习，巩固加深已有的认识，进而感悟到新的、属于自己的东西。

在进入太极拳的修炼阶段后，练拳就成为养拳、悟拳。养就是细心照顾、精心护理，使之健康茁壮成长。譬如，修炼时盘架子已经不是为了达到某些技术目的而练习，而是通过自然的运动，仔细体会内情外景，得到一些自身的体验，如感觉身体越来越轻、越来越舒服等。悟就是在行拳中冥想、感悟，得到情趣上的提高，是思想、精神境界的升华。譬如，盘架子已成为一种使身心愉悦的艺术享受，甚至于推手技击都是艺术享受。以这种体验来不断地充实、提高、完善自己。有很多技术中的感觉在训练阶段经常讲，但是真正能有所体会，多是需要进入到修炼以后，经过养与悟后才能得到。譬如"虚静"之类。什么是虚静？如何才能做到虚静？这类东西从来没有人给出过严格、准确的定义，为什么？因为都是比较虚的感觉方面的，很难用语言来具体描述；只能意会，不能言传。在没有练到一定程度时，是无法体验到的，意会也就无从谈起。只有当身上有了真实的体会，才有可能明白这些东西的真正含义，这时才能进行培养。这也正是有些不懂太极拳的人，以他们的惯性思维去想象太极拳，以致认为太极拳中的理论与实践都是空话、大话的原因。同时，这也成为那些没有真正功夫却口吐莲花、说话云山雾罩的人欺世盗名的遮羞布。

太极拳修炼的核心是修身养性。这里"修身"，第一，讲的是如何增强防身自卫的能力，当有危险临近时，能够自我保护、防范。第二，是讲如何通过锻炼强身健体、益寿延年，也就是讲人的健康问题。第三，是讲内养精气神，气血通畅，五脏六腑阴阳协调，与外练四肢健康活泼相结合。简单说就是去邪扶正，少得病、不得病，减少各生理机能中不必要的消耗、损害，使之保持以最佳状态运转。第四，"修身"中也含有修炼德行的意义。这里的"德行"不仅仅是一般的武德，而是指更高尚、更具普遍意义的人品、素质与行为准则，譬如诚实、守信、正义、爱人助人、负责任、守规矩、明是非、知廉耻等，也就是中国传统文化中所提倡的各种美德。因此，太极拳之"修身"包含着传统文化的内涵，是对传统文化的传承。

"养性"是指思想、精神境界方面的修养，包括严于律己的生活态度；能看破看透世事又积极进取的做事准则；遇事能保持心平气和、稳重自信，不争强、不对抗又坚持原则的心态；要保有顽强奋发、吃苦耐劳、坚忍不拔的意志，敢于担当、见义勇为的侠义精神。"养性"也是对自然、对人生的认识，是悟道，是比一般的德行修养、智慧思辨更高级的境界。通过"养"的过程而参悟，进而能够达到清静无为、宁静致远，能以虚无之心智参透万物，能以平和之心态对待万物，能够应物自然，是人性的解放与超越。所以说，如果讲太极拳的健身作用，达到这种修炼阶段的修身养性，才是真正的与传统文化相结合的独特健身方法。而这个阶段之前的训练中的健身作用，无非是通过一些比较平和的肢体运动，加一些简单的静心养气方法，达到一定程度的健身效果。

只有达到了修炼阶段，才能明白太极拳中技击与健身的基础作用，才可以将已经达到神明程度的技击之艺称为"末技"。这时，对于技击技术已经不必刻意追求，应该是自然、潇洒、和谐的。练习与思索成为一体，体能与思想相结合，不断碰撞出悟性的火花。从自然中不断提升，向尽善尽美跨进。只有达到这个层次，才能不受过去所学的形式的制约，心神可以自由地流淌，不受任何拘束，得到大自在；这时对技术问题才能有完整深刻的领会，才有可能产生对拳理、拳法上的新的感悟；这时才可能对一些大道理，譬如大道无形、无欲

图 5-1
王培生修炼太极拳

无争、虚灵逍遥，有所体会、领悟。只有到了这个阶段，才能对技击中的技术、境界、胜负等问题有通透的认识，才能理解太极拳中技击与健身、求道之间的关系。太极拳的发展，正是在前辈们的修炼中产生的。

当进入修炼阶段后，人们常常会对自己所学所练的功夫进行回顾，如果有能力从中总结、领悟到一些新的东西，就可以对太极拳的发展做出贡献（图5-1）。譬如王培生师爷在晚年创编的"乾坤戊己功"，就是他从常年修炼的感悟中得到的启迪，是他一生所学的整理、总结，是融会贯通后的领悟。任何改进、创新都只能建立在对现存体系的全面继承上，没有继承何谈发展？现在有些所谓大师们，连太极拳的基本原理都没搞懂，基本技术技法都没有掌握，就大搞改革、创新，结果就是搞出了许多笑话。事实上，这也是当今社会上浮躁、急功近利的风气的一种表现。

能达到修炼阶段，一般至少要经过二十年以上的训练，这时对太极拳的全面理解、认识已然完成，所以修炼已进入的是"功夫无息法自修"的状态。这时已经没有什么固定的修炼方式方法，每个达到这个阶段的人都有能力根据自己的经验、自身的情况，找到最适合自己的修炼方法。譬如盘架子，可能并不是每天都固定盘几趟，也不一定每次都是从头到尾完整地练习一套架子，而是随着自己的心态、感觉，随意而为，也许是半趟架子，也许就是几个单势。所以常说这时盘架子盘的是情绪的舒展、心境的抚慰，盘的是气质、气势、神韵、境界。事实上，达到修炼阶段的人，往往会以平常心、以自然的态度对待日常练习。一般而言，这时的练习会趋于简化。譬如形体动作已经是完全自然地按照太极拳的要求而动，不必特别在意每个动作的方位、幅度等的具体要求，甚至可以说无论怎么动都没问题。多数动作的幅度可能会自然减小，盘架子时也不必在意速度、均匀等要求。内功心法的练习也是在似有似无之间。而在这种自然的、似乎是很随意的练习中，常常会出现一些新的体验、感受，从而产生新的领悟。这些领悟有的可能是对已掌握技法的更深刻的认识，常常在应用时更加简洁；有的可能是内功心法上的要点变化，可以使感觉更清楚；有的可能是对拳理拳法的新的理解或发展，产生新的训练方法或新的理论描述；也可能是全方位的全新感悟。这些多是在有意无意之间无求而自得的。因此，对于太极拳的修炼，这里我们只能给出这样一个大致的描述，其中的具体感受只能是个人自身去体会。

需要注意的是，由于修炼是个人的体验，所以没有固定的模式，也没有统一的练法。训练是按照规矩学、练，所以"须口授"；修炼是个人体验，所以是"法自修"。修炼时，一个人的体会也不一定适用于其他人。所以在个人的修炼过程中，其他人的经验可以参考、借鉴，但是一定要经过自己的实践去体会。而没有达到修炼程度的人，不要去刻意模仿、追求其他人的修炼成果。譬如说杨禹廷师太在晚年仍然不断改进一些拳势的练法，这种改进并不意味着对以前的否定，而是由于他自身的练习，使身体上的体验有所变化后所做的调整。因此，这种改进或调整是否适合你，一是要看你自身的基础、程度，二是你个人的体会。不能认为凡是杨之传人，就都要这么练。这里要注意所谓名家效应，千万不要因为某个名家如此做了，就认为一定也适用于你而马上模仿。这里需要再次提请注意，修炼是个人的体验，不必模仿他人。如果还有欲模仿他人的思想，说明你还处于训练阶段，没有达到能够自我修炼的程度。

很多老拳师在晚年时，经常会修改他们的一些拳势动作、练习方法等。这些修改往往是基于他们在长期训练的基础上再经过认真修炼的个人体会。所以他们所做的，多数并不一定适用于初学者或程度不够高的人。譬如王培生师爷在创编的"乾坤戊己功"时，其本意是希望将武学里最精华、最本质的东西以明确的形式传授给大众，但是很多人把此功当成初级、中级的功夫练，以为练了此功就可以直接达到顶级水平。当你还不具备与他相当的基础时，单纯的外形模仿，不会取得相同的效果。很多老师父晚年所练的拳势动作往往小而简，还有许多略。能够如此，是因为长期按照"表里粗精无不到"的方式练习，是"先求开展，后求紧凑""久而久之出自然"的训练结果。如果学生没有这个基础就去模仿老师的精简，盲目追求，结果只能是适得其反。须知，从精细中归纳出的简，是饱含大量内涵之简，是随时随地都可以体现出精妙的简，而从简单模仿中学到的简，必然是空洞无物的无用之简。太极拳从顶级训练到修炼的整个过程，就是从精细入微到删繁就简的过程。人们常说太极拳就是阴阳转换，道理甚简，但是这个简单的道理背后有多少细节需要通过长时间学习、练习去理解体会，需要大量的经验积累。不明白这个道理，"大道至简"就是一句空话。在实际中，这种现象是很普遍的，其主要原因在老师身上。有些老师对教学系统缺乏整体的把握，或者完全不重视，只凭经验教学，对学生缺乏真正的关心、关注；同时，对这类问题，往往他们自己都缺乏认识。

虽然修炼是个人的领悟，但是也离不开交流。修炼不是自己关在屋里想当然、故步自封，更需要以实践检验。能达到修炼阶段，必然会有一些曲高和寡之感，需忌盲目清高，仍需脚踏实地，寻师访友，从不同的角度寻求启发。练太极拳很容易被一些大道理迷惑，结果就是眼高手低。事实上，往往某些技术水平低的人可以给出更直接的问题，进而触发自身的某些感悟。只有理论与实践相结合的感悟才是真实的，训练离不开实践交流，修炼也离不开实践交流。

在谈到太极拳的修炼时，要特别避免玄学、清谈之类的不切实际的言行。有些人总喜欢讲些大道理，讲许多虚无缥缈的大话、空话，论述一些看似有理但又无法具体指导实践的理论。譬如，有人说："太极拳的道理都在太极圈里，只需悟。"这就是典型的空话。又如，有人说："推手时只要达到自身能够松透与天地合，对手就会不由自主地随你而动，由此就可以化解一切进攻。"这就是典型的大话。另外，还有人常常喜欢大谈太极拳最高境界的追求，以显示自己的高尚。譬如，说练太极拳不在于能否胜人，而在于自身能否保持平和、平静。这实际上就是在偷换概念，把太极拳的技术与境界割裂开来，以此来掩盖自身在技术方面的低能。如此种种，对太极拳的整体发展都有负面影响。当自己还没有达到修炼阶段时，需要的是扎扎实实的训练，要彻底避免这类空谈。

在太极拳中，有些人自身水平并不高，没有全面、扎实的训练基础，却特别喜欢谈修炼。而且还常常以居高临下的态度做出玄虚浮夸的言行。还往往故作清高，却从来不实际展示他们的"真功夫"。这种空谈在太极拳中有个好听的名字，叫"文人太极"。事实上，这种空谈对太极拳的普及发展危害很大。当然，太极拳也不是谁的专利，别人爱怎么说、怎么玩，我们也管不着。这里我们只想提醒有理想、有追求的练习者，要有足够的分辨能力，要懂得扎扎实实练功的必要性与重要性，从实践中探索真理，实践出真知，练习太极拳没有捷径！

在达到修炼阶段后，太极拳已经不是一般意义上的、单纯的武术或健身运动，它已经是我们思想与生命中的活力、动力；是生活中的情趣、乐趣、意境；是文化的修养与传承，成为我们人生中不可缺少的一部分；是一件可以天天欣赏、时时把玩以求感悟的艺术品；是用于开启心灵、悟道、使生命得以升华到更高境界的指南。

传统文化之传承

　　作为认真、诚心的习武者，特别是能够达到修炼阶段的人，学习、练习太极拳不仅仅是个人的事，也是对传统的传承。而我们今天讲传统传承并非只是技艺、技术的传承，也并非只是一些传统的形式，更重要的是传统文化的传承。在传统文化中，除了哲学、艺术等以外，传统武术中所承载的一个重要方面就是传统道德，即武德，武德是社会道德的重要组成部分。在中华民族五千年的文明史中所形成的道德品质、标准，是传统文化能够传承的重要保证，是社会发展的基石。今天的社会中，某些人处处以利益为先，见利忘义，弄虚作假，损人利己，没有基本的是非标准，频频突破道德底线，这是造成社会不稳定的主要因素之一。因此，在继承传统武术时，更需要强调习武修德。虽然社会有变化，传统道德观念中也有一些不适用于现代社会的东西，但是从整体上讲，作为一个社会人，基本道德标准并没有大的改变。尊师重道，礼貌文明，爱国爱家，知晓大义，明辨是非；存仁义之心，与人为善，助人为乐，惩恶扬善，见义勇为；能吃苦耐劳，有坚韧不拔之志，诚心、专心、诚信、守约、勇敢、认真、坚持、自律、自信、自强、自尊，这些通过传统武术训练所倡导的武德信念，今天仍然都是基本的做人标准，是需要传承下去的宝贵精神财富。我们要让后继传人们懂得，传统武术，包括太极拳，是对人身心的全方位修炼。习武的最终目的不仅仅是为了要达到某种技术层次，事实上也不可能人人都成为大师，更重要的是为了要不断地完善自己，做一个具有高尚道德、完善人格的人。不可否认，传统文化、传统道德观念日渐式微，特别是在青少年中的影响力正在持续减弱，因此我们更需要呼唤传统文化、道德观念的回归。从这个角度讲，当我们一开始学习太极拳，太极拳的修炼过程就已然被开启了。

个人的作用是有限的，从社会意义上讲，今天我们宣传提倡包括太极拳在内的传统文化，是希望在整体上提高人民素质，振奋民族精神。传统文化复兴的希望寄托在年轻一代身上。太极拳的传承也是如此，我们要纠正太极拳只是老年人的健身操这种十分错误的观念，让太极拳尽可能地吸引年轻朋友，甚至是少年朋友加入。年龄小，可塑性强，更容易建立非先天自然之能的能力。事实上，真正的大师大多数都是从小练起的。须知，在技术方面，两代人的时间就可能造成传承的遗失断代。更重要的是，要让更多的青少年参与进来，通过练习太极拳，帮助他们从小建立起正确的人生观、世界观，成为有用之才。因此，如何吸引更多的青少年加入，是当前传承是否能够真正传下去的最重要的课题。从更高的层面上讲，这不是简单的出几个高手的问题，更是有关社会发展的问题。对于太极拳的修炼者而言，要有更深刻的感悟。

我们都是从传统传承中走过来的人（图5-2），深知其中的利弊。今天整个社会结构都产生了很大变化，如何改造传统，使传统传承能够适应新的时代，保留其中的精华，剔除其中的糟粕，使之能够继续发扬光大，传承下去，这是所有传统传人必须面对的问题，也是我们肩负的责任与义务。

图 5-2

王培生大弟子骆舒焕名下"友山堂"弟子（按门中师兄弟排序）：
掌门大师兄张德山（左二）、赵泽仁（右一）、鲁胜利（右二）、张云（左一）

后记：太极拳的昨天、今天与明天

　　太极拳是中国传统文化的精华，是前辈们智慧与心血的结晶。从传统文化的层面讲，太极拳的功用包括个人健身和更高阶的修身追求，但基础是其独特的技击技术的学习，是对人体功能的自我认识、控制以及最大限度的发掘。太极拳技击技术以反先天自然之能为特征，以新的概念诠释高效率的技击方法，完全不同于其他搏击术，可以有"应手辄扑"的震撼效果。中国传统武艺具有独特性，而太极拳更是其中的顶峰和精髓，是中国传统文化中最具特色的道家思想孕育的精华，是中国文化的名片之一，需要精心保护。今天太极拳已经传播到全世界，其传统特性是其生命力的保证。而作为中国的太极拳爱好者，最重要的任务就是努力保护、继承完整的传统太极拳。

太极拳的历史

关于太极拳的发生、发展历史，虽然很多细节还缺乏直接证据，但是如果认真分析现存的太极拳拳理、拳法、训练方法与步骤等实物证据，结合传统中对传承的记述以及大量史书中的一些只言片语，可以很清楚地看到太极拳的发展过程和其脉络，即太极拳不可能是某个人的即兴发明，必然是一个长期积累、演变的过程。太极拳的发展过程也反映了中国传统文化对武术的影响，以及传统武术的发展道路。

从世界范围讲，各种搏击类技术的发展，基本上都是以强化体能为根本。无论是几百年前的戚继光长拳，还是今天世界流行的综合搏击，本质上都没有超出这个概念的范围，所不同的只是训练方法上的进步。在中国，人们习惯将这类以先天自然之能为基础、以发展体能为重心的拳术称为外家拳。中国传统文化的特点之一就是道家思想，而且影响人们生活的方方面面。当道家思想介入武术，同时与道家修炼有密切关系的内功训练被引入到武术中，从而启发、改变了人们对武术的认识，发展出以道家思想为基础、结合内功训练、追求更合理有效的新的技击方式——内家拳。这种从外家拳中产生出来的内家拳，以新的概念在基本理论、训练方法等方面对传统武艺进行了全面改造。在内家拳的发展过程中，太极原理又被引入，形成了实现内家拳原理的新的概念与方法，使拳术从理论上得到升华，在技术上产生创新，形成了以武学为本，兼健身、修身为一体的特殊拳种——太极拳。太极拳的理论与技术是中国武术发展进程中的一个全新、独特的概念，是对人体能力全方位、全新的认识。

当然我们这样说并不是要否定个人的作用，我们相信在太极拳的形成发展过程中，一定会有些集大成的人物起到决定性作用。但是由于现存的资料不足，无法佐证，所以对于学习太极拳而言，我们不必过于纠缠某些历史人物、历史故事的真伪，而应该将精力集中在现存的实物上，即拳谱、拳论，以及与拳谱理论相符合、一脉相承的训练方法与技术技法。我们前面反复讲过的，王宗岳《太极拳论》是内家拳升华为太极拳的标志，是衡量是否是太极拳的唯一标准，今天我们所继承的理论与技术正是以此为核心的。

虽然太极拳的早期历史问题还有待研究发现，但是自19世纪中期，一个从理论到实践都相当完整、成熟的太极拳技术体系已展示在人们面前，这是不争的事实。那时，太极拳就已不是仅仅关注于从简单打斗中争胜负的武术，而是以更高的境界追求技击艺术，是从形而下的术演变为形而上的道，是从习拳中得到个人的身心修炼，是文化传承。学习太极拳也不只是单纯的肢体动作练习，而是研究学问，是思想上的修行。太极拳中承载了大量传统文化，使得太极拳站在了现在已知的中国传统武术发展的最高点上。因此，太极拳的学习、训练过程就是继承传统文化的过程。

自20世纪初，太极拳开始向大众普及，这个时期虽然也出现了一些大师，但是当高精尖的艺术变得通俗化后，不可避免地出现了鱼龙混杂的局面，许多低层次甚至于假的东西开始流行。而后由于整个社会长期动荡、处于战争或经济上的不稳定状态，虽然练拳的人越来越多，但是能够认真静下心来做深入研究者却越来越少见，能够传承真实功夫的人也越来越少，由此导致人们对太极拳的认识越来越模糊，以至于很多人练了一辈子都没有明白自己练的是什么。

20世纪50年代以后，由于不提倡武术技击，本来以武立身的太极拳便处于一种十分尴尬的境地。一方面是练拳的人多了，太极拳的名声传播得更广了；另一方面却是懂拳的人少了，太极拳的声誉大幅度下降了。以至于很多在武术界有名望地位的人都放弃传统，热衷于为太极拳重新定义。这种随意篡改往往还打着与时俱进、适应现代化之类的看似高大的旗号，事实上他们的所作所为彻底摧毁了传统太极拳。这种情况在20世纪80年代略有好转，但是进入21世纪后，却又愈演愈烈，几乎所有著名人物、门派均有此倾向。

面对曾经的辉煌，摆在我们面前的两个大问题是，到底我们应该继承的是什么，能继承到的真东西还有多少？当然这也不仅仅是太极拳一家的问题，可以说是传统武术所共同面临的问题。只是对于难度更大、更复杂的太极拳系统而言，这种情况更严重、更迫切。虽然太极拳有辉煌的历史，但是在这个问题上，必须有清醒的认识，切不可自欺欺人。

太极拳的现状

在现代化的冲击下，传统文化中许多方面被质疑，甚至被否定，这是社会发展的必然。如何坚持传统中的真东西，如何使传统价值观在现代社会中仍有存在的意义，这是每个传统传承者所面临的问题。

传统文化有"死"有"活"，"死"文化是物，比如古董；"活"文化就是非物质文化遗产，是只能由活人承载的无形资产，比如手艺等。"活"文化多是生活中的经验积累，其传承多数以面对面、手把手、口传心授的方式进行。因此，"活"文化的传承总是会面临失传、断代的风险。传统文化无论"死""活"，都可以成为文化图腾。太极拳就是中国传统文化中活的文化图腾之一，在今天也依然对个人和社会有直接的功用。

时代的发展使武术的现实作用大大降低。今天，对太极拳武术作用的研究自然不是为了去打架，而是应该将其作为一门艺术去研究。高效的技击方法，有效的健身作用和观赏价值，身体上自我改造的内涵，思想上的自我修炼意义等，这些前辈先贤的经验总结，是人们能够更全面、深入、细致地认识自我的重要参考。

与其他武术门派相比，太极拳不仅更为精细，而且是对先天自然之能的根本改变，这使其在理解与训练方面都存在着极大的难度。幸运的是，在太极拳的历史中曾出现了王宗岳这样的大师，给我们留下了较为完整的、高水平的理论著述，使我们今天的学习仍然能够有明确的标准。但是在具体的传承上仍存在着很多问题，比如，在传授方面保守、故弄玄虚、以假乱真，教学方法不系统、不严谨、不科学等。虽然造成这种情况是有其历史原因的，但是如果这些有害的传统意识不改变，太极拳的衰落是不可避免的。太极拳能够成为传统武术中的翘楚，重要原因之一是有完整、系统、高水平的理论。然而由于很多人常常将空泛的表达视为大智慧，所以也有些著述空洞无物，这种弊端由来已久，这也是影响当今太极拳理论发展的一大阻碍。

长期以来，太极拳受到很多批评，其中最主要的说法是太极拳的理论与训练方法是与实战相脱节的。绝大多数的批评都源于太极拳外的专家，他们大多是以他们自身的、建立在先天自然之能基础上的习武经验，来批评太极拳。由于先天自然之能是人们基本经验的产物，因此这类批评会被一般人认为是有道理的。另外，这类批评者由于不懂太极拳，在他们的批评中，常常将太极拳的理论与技术问题，以简单通俗的方式解释，结果完全不是太极拳中的概念。比如对于"以慢制快""后发先至"等的批评，往往是以先天自然之能基础上的拳法概念去看待太极拳，以至于造成很大的曲解。这类批评与太极拳的基础完全不同，因此也就很难简单地反驳。因为如果想要把问题讲清楚，就必然先要讲清楚一大堆基本定义。当然也有简单的办法，就是通过实践证明。这就牵扯到另一个问题，即太极拳自身的问题，太极拳的练习者能不能通过实践证明自己。

由于太极拳自身的难度以及社会环境变迁等外部因素，从武术技击的角度看，现在能够掌握真实太极拳技艺的人已经很稀有，这个太极拳自身的问题变得越来越明显。大多数的太极拳练习者并不具备实战能力，特别是有些所谓的名家、宗师们，不能在大众面前展示真正的太极拳技能，因此对外来的批评也就只好充耳不闻。理论上讲不清楚，实践上又做不出来，自然就没有说服力，这不能不说是当今太极拳的悲哀。

作为武术的本体，其主要作用本是以杀伤对手为目的的防身御敌，但随着社会的发展，今后这种作用会越来越小，就是无用武之地。其中部分技术转化为搏击比赛，这是世界各种拳术发展的大趋势。而中国传统武术在这个转化过程中似乎有些不适应，至今还没有太成功的例子，其中最主要的原因就是犹豫不定。因此，传统武术要发展首先要解决自身的定位问题，太极拳也是如此。太极拳是否应该介入与自身的理念差距很大的搏击类比赛，太极拳是否需要在擂台上证明自己，这也是需要认真讨论、研究的问题。

认真考察当前世界上所流行的各种搏击类比赛，参与的各种技术门派所使用的技术，在本质都是以先天自然之能为基础的技术。也就是说，其基本指导思想仍是传统的，没有什么新的变化。在技术层面上，主要的变化是在简单实用概念下的各种技术的融合，其中综合搏击是最明显的例子，比如将站立格斗与地面缠斗结合在一起。而最大的进步是训练层面的，由于高科技的介入，一方面形成各种短期内见效快的体能训练方法，直接提高技术的执行能力；另一方面有大量的针对比赛的心理、策略等的研究训练，使比赛本身成为一个专业化的系统工程，这与以前那种跳上擂台就打的方式已然完全不同。一个人打比赛，后面会有一个庞大的专业团队与巨额资金去支持。可以说是旧观念、新方法。从整体的综合能力上看，以现代搏击类比赛为代表的技术水平已达到了空前的程度。不要说比一百年前好，就是比二十年前，都有巨大的进步。我们必须客观地看待这些进步，正确地分析、理解和借鉴。

然而相对于太极拳等传统武术，虽然在技术理论与概念上比搏击类技术门派更新、更高，但是在训练方面，百年来并没有本质上的发展。相反，由于各种因素，反而在个人训练中呈现出巨大的退步。比如普遍存在着由于缺少师资而产生的理解困难，由于缺少社会需求而导致的选材困难，由于专业问题而导致的训练量严重不足，由于环境因素所造成的实战经验极度缺乏，而最大的问题是缺少新的、高效的、有很强针对性的训练方法。这些问题使大部分练习者在整体的综合能力上表现欠佳，常常不足以应对其他挑战。太极拳要发展，必须解决这些问题。太极拳的未来如何，很大程度上取决于今天所能做的教学与训练方法上的改革。传统教学与训练的问题是不系统、不明确，其主要原因一是整体投入不足，二是保守。试想，一个个性保守的老师，怎么可能总结出高效的教学系统？保守固然有其产生与存在的历史原因，但无疑也是武术发展中的最大弊病。许多其他问题，比如弄虚作假等，也都是由此而产生的。如果有人练拳只是为了健身，这本没有错，但是如果打着传统的旗号而不讲或不敢讲太极拳的核心部分——武术技击，或者讲的是没有太极之理的技击方法，那么就成了挂羊头卖狗肉。

太极拳的训练中，精益求精地钻研技击技术，却能达到个人修身养性的目的。这是中国传统文化中的一种辩证统一关系，即不功利地追求实战而更能实战。这使太极拳成为中国武道武术的代表。

由于今天大部分练习者每天练习的内容，已经与传统太极拳所要求的相差甚远，他们心中对太极拳的认知已经相当模糊，但是由于这类人数量众多、影响广泛，以致反客为主，使真正传统太极拳被边缘化。如果今天不能正确认识这种情况，传统太极拳就面临着失传的危险。很多人对传统太极拳的精华日益流失并不感到惋惜，这是因为他们从来也没有真正体会过太极拳的魅力。

虽然传统技艺日渐式微，但是现在有些人在贩卖假货时，仍然先胡编一个传承，结果就是从学者众多，这说明"传统"这两个字的影响力依然存在。无论什么新编的套路、新的解说，往往都会先将"传统"这顶帽子戴上，以此来招摇。但是由于假冒伪劣太多，传统的声誉已经被消耗、损害太多了，以至于现在很多人已经开始怀疑或者根本不相信传统了。如今"传统"这两个字，已经逐渐成为没有根基、没有内涵的空话。为真正的传统正名，是一项十分艰巨的任务。

当前太极拳的发展状况令人忧虑，其中最重要的问题就是对太极拳的认识，或者说是对于什么是真正传统意义上的太极拳的定义。所谓名不正则言不顺，现在的首要任务就是正本清源，如此才能辨别真伪，使真正的太极拳功夫传承下去。

今天，太极拳发展所面临的最主要的问题是还要不要继承传统。这里的继承是说继承其核心内容，而非仅仅是"太极拳"这个名字。继承是当今最重要的任务，说抢救并不为过，没有继承也就没有未来。继承发展讲的是在继承的基础上发展，没有继承何来发展？没有继承就是新发明。如果有人想发明新的健身类锻炼项目，也请发明个新名字，如果使用"太极拳"这个名字就是欺世盗名。这样说并非危言耸听，须知"太极拳"这个名字是申遗成功的，说明这是专指传统太极拳而言的。请尊重"太极拳"这个名字，让其回归到它的本意。

太极拳的未来

中国拳术中的太极拳一脉由外家而内家、而太极，一路发展至今，迥异于世界各地徒手格斗术的发展。太极拳是中国民间传统文化精髓——武道武术之一种，即以武入道之术，就是通过拳法练习达到个人各方面的进步。太极拳的主要功能有：拳法防身、功法健身、道法修身。武道武术，特别是太极拳的这三种功能，与现代体育的竞技性、大众性和教育性这三种性质有相当程度的契合。拳法追求最高效率近似于竞技体育，健身是大众体育，修身是教育体育。因此，太极拳与现代体育运动并不矛盾，甚至于在某些方面高于其他体育项目。如果能够从这个角度看问题，传统太极拳在未来仍有很大的生存发展空间。

太极拳的道法修身，简而言之，"修身"就是增进个人品行，目的是有益于个人、家庭、国家和社会，其道是"生活之道"。所谓以武入道，就是通过拳术的研习与修炼而增进个人品行，包括为人处世等各个方面，最重要是有切实可行的方法。太极拳难练，要修炼有成，必须特别有耐心，还需勤奋、认真、勤思考、守规矩，这也是一般人事业有成的必要条件，因而太极拳的修炼就能促成这些处世能力的养成。太极拳修炼是通过传统师徒、师兄弟之间的授受，"师徒如父子，兄弟似手足"，门内遵循传统道德，规范人际间的各种关系。简言之，就是对人恭敬、慈爱、平等、友善的做人原则。这些传统美德在人际关系淡漠的现代社会中，符合新社会提倡的价值观，有利于增强社会凝聚力。尤其太极拳是一生的修炼，各种人都可以参与，更彰显其社会价值。

太极拳是具有强烈中国传统文化特征的艺术，其特殊的指导思想、技术理念与训练方法是中国传统文化的产物。在今天，虽然其实用性已经不那么重要，但是作为文化传统，应该被原汁原味地保留、保护、保全。太极拳这样的文化精品、文化名片"濒危"，显然需要社会关注、政策支持，有两个方面特别重要：第一是高端技术人才方面的保护，要以有完整传承的老拳师为中心，充分尊重，如果人没了，技术就没了；第二是在推广方面需要端正认知，要摆正普及推广与维持高端之间的关系，需要在诸如全民健身这类太极拳普及活动中加强对高端技术的展示，形成社会关注，引导社会认识真正的太极拳，恢复其传统和正统的地位，要防止由于普及推广而带来的低俗化倾向，特别需要注意消除假冒伪劣所产生的负面影响。

太极拳产业化似乎是一个能够引领太极拳走出发展困境的途径。但是必须注意到，所谓产业化必然是建立在普及的基础之上的，然而能够被普及的，必然是简单、低层次、易于标准化的东西，而真正高精尖的东西必然只有少数人可能达到，所谓"阳春白雪，和者盖寡"。因此，如何扶持高端，以高端为标杆，树立起形象，使各个层次都能够按照这种标准去追求；如何避免高精尖的技艺在产业化的过程中流失，是需要认真研究的。将低层次的产业化带来的利益，转化运用于扶持、保护高层次的精华，才是产业化的发展方向。要充分理解、注意到所谓太极产业化给传统太极拳带来的负面影响，产业化是否会牺牲传统，产业化的是否只是太极拳的外壳，而将其内涵丢弃了？这些都需要认真研究。另外，产业化的目的是什么？产业化必然涉及经济利益，不能只图眼前利益。需要明确，产业化是为了传统艺术能够更好地传承。

中国武术产业化过程中，政策扶植的产业和产品目标是几十年来不断"创新"而来的操、舞和能实战的硬拳，虽都有用、无害，但和世界上早已流行和规范的各种大众健身操、竞技体操和格斗术没有本质上的区别，实际上成了跟在别人后面的模仿。即使依靠地方政府和社会名流加持而形成"品牌"，做成相当规模，也难免被人质疑，不可能真正产业化，形成稳定市场。就是说，操、舞、能实战的硬拳等都类似于"不值钱的假古董"，不可能成为稳定的、有中国特色的优质品牌。我们可以看到，以"舞"为核心的武术套路比赛之衰落，证明无论发明多少高难度的新动作也无法摆脱无人关注的尴尬困境。太极拳的继承发展，不应该以丢掉其中的传统精华为代价，更不能改变它的本质。若如此，只有失去与歧途，何谈继承发展？

就传统文化产品而言，"创新"不如"守旧"，保守传统才能与现代相区隔。"民族的就是世界的"，只有自己独有的东西才会吸引他人注意。中国传统武艺就具有这种独特性，而太极拳更是其顶峰和精髓，值得保守。申遗的本意就是"守旧"，就是保护传统文化。需要特别注意的是，不可被某些利欲熏心的人所利用，一方面打着继承传统的旗号招摇过市，以此来吸引眼球、扩大影响、牟取利益；而另一方面又打着与时俱进的口号抛弃传统。这种虚伪、虚假的所谓传承现在有不少，需要引起警觉。

太极拳的未来首先需要的是对太极拳的正确认识，是把太极拳作为我们民族宝贵的文化遗产而敬畏它、珍惜它、保护它，使之能够流传久远；还是将太极拳当成手中的玩物，当成致富的工具，任意欺诈，肆意妄为，最终彻底毁掉它？我们要充分认识传统太极拳的实用价值、文化艺术价值与保存价值；要增强文化自信，使传统文化能够适应新的时代；要保存其中的精华，剔除其中的糟粕，继续将其发扬光大，使之久远流传。再次强调，太极拳的未来是所有传统传人必须面对的问题，也是我们肩负的责任与义务。

结束语

"上士闻道，勤而行之；中士闻道，若存若亡；下士闻道，大笑之，不笑不足以为道。故建言有之：明道若昧，进道若退，夷道若纇。上德若谷，大白若辱，广德若不足，建德若偷，质直若渝。大方无隅，大器晚成，大音希声，大象无形。道隐无名，夫唯道善贷且成。"太极拳就是道，学习研究太极拳就是理解掌握大道的最佳途径。所有的太极拳爱好者们，请共同担负起传承、弘扬我们中华民族传统文化与艺术的责任与使命，不忘初心，锲而不舍，勤勉力行，不要让太极拳成为一个传说！

（全书完）

百家功夫丛书

绘像罗汉短打	升霄道人 编著　崔虎刚 点校
六合拳谱	崔虎刚 点校
单打粗论	崔虎刚 点校

拳道薪传丛书

三爷刘晚苍——刘晚苍武功传习录	刘源正 季培刚 编著
乐传太极与行功	乐匋 原著　钟海明 马若愚 编著
慰苍先生金仁霖太极传心录	金仁霖 著
中道皇皇——梅墨生太极拳理念与心法	梅墨生 著
杨振基传太极拳内功心法	胡贯涛 著
卢式心意拳传习录	余江 编著
习练太极拳之见闻与体悟	陈惠良 著
廉让堂太极拳传谱精解	李志红等 编著
武当叶氏太极拳	叶绍东 何基洪 蔡光復 著
功夫上手——传统内功太极拳拳学笔记	陈耀庭 著 霍用灵 整理
会练会养得真功	邵义会 著
八级心法	徐纪 著

功夫探索丛书

| 内家拳的正确打开方式 | 刘杨 著 |
| 借力——太极拳劲力图解 | 戴君强 著 |

编辑推荐

扫码一键购

太极功源流支派论
定价：68 元
宋书铭 著　二水居士 校注

吴氏太极拳八法（配光盘）
定价：86 元
张全亮 马永兰 著

习练太极拳之见闻与体悟
定价：78 元
陈惠良 著

功夫上手
——传统内功太极拳拳学笔记
定价：108 元
陈耀庭 著 霍用灵 整理